중국을 말한다

04 열국의 쟁탈

기원전 403년 ~ 기원전 221년

천쭈화이 지음 | **남희풍·박기병** 옮김

좋은 책 좋은 독자를 만드는
㈜신원문화사

Copyright ⓒ 2003 by Shanghai Stories Culture Media Co., Ltd.
Korea copyright ⓒ 2008 by Shinwon Publishing Co., Ltd.
All right reserved.

이 책의 한국어판 저작권은 상해문예출판사와의 독점 계약으로
신원문화사가 소유합니다.
저작권법에 의하여 한국 내에서 보호를 받는 저작물이므로
무단전재와 무단복제를 금합니다.

발간에 즈음하여

역사란 사람에 따라서 여러 가지 뜻으로 사용되고 있지만, 일반적으로 두 가지의 뜻이 있다. 하나는 인류가 살아온 과정에서 일어난 과거의 모든 사실과 사건 그 자체를 말하며, 다른 하나는 이러한 과거의 모든 사실과 사건의 기록을 의미한다. 즉 역사는 '사실로서의 역사' 와 '기록으로서의 역사' 라는 두 가지 측면이 있는 것이다.

기록으로서의 역사는 과거의 사실을 토대로 역사가가 이를 조사하고 연구하여 주관적으로 재구성한 것이다. 이 과정에서는 필연적으로 역사가의 가치관과 같은 주관적 요소가 개입하게 되며, 이 경우 역사라는 말은 기록된 자료 또는 역사서와 같은 의미가 된다.

역사는 정치, 경제, 사회, 문화 등 여러 방면에 걸친 지식이 포함되어 있는, 과거 인간생활에 대한 지식의 총체를 의미한다. 역사를 배움으로써 우리는 인간 생활에 대한 지식의 보고에 다가갈 수 있다. 역사를 알지 못하면 현재를 살아가는 우리 자신의 정체와 우리를 둘러싸고 있는 현재의 상황을 바로 알 수가 없다. 그러므로 현재를 바로 알기 위해서 뿐만 아니라 미래를 예측하고 설계하기 위해서도 과거의 역사를 바로 알아야 한다.

이 책《중국을 말한다》는 총 15권으로 구성되어 있으며, 중국의 원시 사회부터 마지막 왕조인 청나라가 멸망하기까지의 역사 과정을 서술하고 있다. 본서는 유구한 중국 역사의 흥망성쇠를 시대별로 나누고, 그 시대의 주요 역사적 사실과 인물들에 관한 이야기를 1500여 편의 표제어로 엮어 구성하였을 뿐만 아니라 누구나 쉽게 읽고 이해할 수 있도록 이야기 형식으로 서술했다.

또한 당시 사회생활을 반영한 3000여 점의 그림 및 사진 자료가 매 페이지마다 실려 있어 본문의 내용을 생생하고 깊이 있게 이해하도록 도와준다. 나아가 사진과 그림들을 문

화적인 유형으로 분류하면 또 하나의 독립적인 복식문화사, 풍속사, 미술사, 과학 기술사가 될 것이다.

특히 본서의 번역에 있어서 최대한 원서의 내용과 의미를 살리고자 했으며, 중국 지명 및 인명 표기에 있어서는 독자들의 혼란을 야기하지 않기 위해 외래어표기법에 의한 중국식 발음이 아닌 우리나라의 한자음으로 표기했다. 부득이 중국식 발음으로 표기한 인명에 있어서는 한자를 병기했다. 수많은 중국 고대의 문명과 인물, 그리고 생소한 지명 등을 일일이 찾아 번역하기란 쉬운 일이 아니었다. 중국의 역사는 그만큼 방대하고 폭넓기 때문이다.

《중국을 말한다》는 중국인들이 그들의 역사를 보는 시각이다. 때문에 분명 우리와 그 맥락을 달리 하는 부분이 있다. 그럼에도 불구하고 이 책을 발간하게 된 취지는, 비록 내용 중 우리 역사와 충돌하는 부분이 있지만 중국과의 교류가 날로 늘어 가고 있고, 또 중국의 국제적 영향력이 확대되고 있는 상황에서 중국을 제대로 이해할 필요가 있다고 판단했기 때문이다. 우리의 역사를 올바로 이해하기 위해서는 밀접한 관계에 있는 주변국들이 주장하는 그들의 역사도 분명히 알아야 한다. 때문에 중국인의 세계관이 잘 드러나면서도 쉽게 읽을 수 있는 역사서를 소개하고자 하는 것이다.

청소년들과 일반인들에게 더 넓은 지식을 알려줌과 동시에 역사를 전공하는 사람들에게는 비교 분석을 통해 실증적인 연구를 하는 데 도움을 주고자 이 책을 출간하게 된 것이다.

신원문화사 대표

꿈과 추구

중국 상해문예출판사 편집위원 허청웨이何承偉

독자들을 위해 엮은 중국 역사 백과사전

찬란한 문명사를 가진 중국은 생기와 활력이 넘치는 나라이다. 선사 시대부터 동방에 우뚝 선 중국은 오늘날에 이르기까지 끊임없는 발전을 거듭해 오고 있다. 수많은 역사가 그 땅에 살고 있는 사람들에 의해 선도되어 왔으며, 그 역사는 또한 길이길이 남아 후손들에게 지혜와 슬기를 안겨 주고 있다.

우리는 지금 매우 새로운 시도를 하고 있다. 보다 많은 사람들에게 중국 역사를 알리고 싶은 소망 하나로, 이야기 형식의 역사책을 만들고 있는 것이다. 그래서 이 책은 보통의 역사책처럼 지루하지 않다. 마치 할머니에게 호랑이 담배 피우던 시절의 이야기를 듣는 것처럼 흥미진진하다.

이 시리즈는 모두 15권으로 구성되어 있다. 제1권 〈동방에서의 창세〉, 제2권 〈시경 속의 세계〉, 제3권 〈춘추의 거인들〉, 제4권 〈열국의 쟁탈〉, 제5권 〈강산을 뒤흔드는 노래 – 대풍〉, 제6권 〈끝없는 중흥의 길〉, 제7권 〈영웅들의 모임〉, 제8권 〈초유의 융합〉, 제9권 〈당나라의 기상〉, 제10권 〈변화 속의 천지〉, 제11권 〈문채와 슬픔의 교향곡〉, 제12권 〈철기와 장검〉, 제13권 〈집권과 분열〉, 제14권 〈석양의 노을〉, 제15권 〈포성 속의 존엄〉 등이다.

역사에 대한 현대인들의 감정에 가장 넓은 공감대를 형성하고 있는 문학 장르는 이야기이다. 사람들은 이야기를 통해 재미와 슬픔을 느끼고, 경탄하거나 한숨을 쉬기도 한다. 이야기는 한 민족의 잠재의식 속에 존재하고 있는 집단적인 기억이다. 이야기는 또한 역사적인 문화의 유전자를 독자들에게 심어 주고, 그들의 의식意識을 깨끗하게 정화淨化시켜 준다.

그래서 이 책은 이야기체를 주체로 했다. 또 기존의 역사서들이 갖고 있던 중국 중심의 전통적인 틀에서 벗어나, 세계적인 안목을 가진 일류 역사학자들의 견해를 우선시했다. 나아가 중국 역사의 발전 맥락과 세계사의 풍부한 정보를 함께 실어 이야기만으로는 부족하기 쉬운 지식의 결함을 보완했다. 이야기가 가진 감성적인 감동과 역사 지식에 대한 이성적인 의견을 통일시킨 것이다. 그래서 이 책을 읽은 독자들은 한 그루의 나무뿐만 아니라 거대한 숲도 한눈에 볼 수 있으며, 각각의 이야기가 주는 심미적인 흥미와 함께 역사적인 큰 지혜도 얻게 될 것이다.

또한 이 시리즈에는 많은 사진과 그림들을 첨부했다. 비록 편면성을 갖고 있다 할지라도 오늘날 독자들의 수요와 취향이 그것을 요구하고 있기 때문이다. 이 책 속의 사진과 그림들은 감상을 위주

발간사

로 하는 사진이나 기존의 그림과는 크게 다르며, 독자들로 하여금 생생한 역사적 사실감을 느끼게 해줄 것이다.

이 책에 실린 사진과 그림들은 그 영역 또한 대단히 넓다. 역사의 현장을 깊이 있게 재현하고, 발전과정과 변화를 입체적으로 돌출시킴으로써 본문의 내용을 생생하고 깊이 있게 이해하도록 도와준다. 따라서 이 책 속의 사진과 그림들은 중국 역사와 문화의 전면적인 정보를 알려 주고 있다고 해도 과언이 아니다. 나아가 사진과 그림들을 문화적인 유형으로 분류한다면, 사진으로 읽는 복식 문화사, 의약사, 도서 서적사, 풍속사, 군사軍事사, 체육사, 과학 기술사 등 독립적이고 전문적인 분야의 역사 사진들이라고 할 수 있다.

이 시리즈에 들어 있는 하나의 이야기, 한 장의 사진, 하나의 그림 등 모든 정보는 각각 대표성을 가진 '점點'들이라 할 수 있다. 그러나 이 점들은 개별적으로 존재하는 것이 아니라 역사라는 거대한 수레바퀴를 잇는 연속선 위의 서사敍事 단위들이며 중국 문명의 반짝이는 광점光點들로, 중국이라는 거대한 국가의 문화적 성격들을 굴곡적으로 반사하고 있다. 따라서 이 광점들을 연결시키면 하나의 역사적인 '선線'이 된다. 이 선과 선 사이에 날실과 씨실로 엮어진 것이 바로 신성한 역사의 전당이다. 점과 선과 면, 이 세 개가 합쳐져 중국 역사라는 거대한 탑이 완성된 것이다.

인쇄술은 중국이 자랑하는 4대 발명 중의 하나이다. 한때 중국의 도서 출판은 세계 출판 역사를 선도한 적이 있었다. 하지만 근대에 이르러 중국의 출판업은 퇴보하기 시작했고, 지금도 선진국에 비하면 출판 기술적인 측면에서 상당한 후진성을 벗어나지 못하고 있다. 따라서 우리는 이 책을 출판하는 과정에서 외국의 선진 출판 기술을 열심히 배우고 소화시키며 양자 간의 거리를 단축시키기 위해 노력했다.

우리는 이 시리즈를 만드는 과정에서 중국의 역사와 문화가 너무나 위대하여 그 어떤 찬미를 한다 해도 과분하지 않다는 것을 가슴 깊이 느꼈다. 나아가 중국의 역사와 문화는 단지 중국만의 것이 아니라 세계적인 것이라는 사실을 절감할 수 있었다.

중국의 역사에 비견해 보면, 이 시리즈의 완성은 광야에 핀 꽃 한 송이에 불과할 것이다.

그러니, 앞으로 우리가 꽃피울 세상은 한없이 넓고 아름답다.

현대인과 역사

상해사회과학원 연구원 류수밍劉修明

지나간 역사와 오늘은 어떤 관계일까?

역사는 오늘을 살아가는 사람들에게 어떤 영향을 미치고 있는가?

과거란 지나간 세월이다. 과거의 살아 숨 쉬는 실체는 이미 없어지고 유적과 기록만 남아 있을 뿐이다. 시간은 거슬러 흐르는 법이 없다. 그렇다면 과거를 배워 도대체 무엇을 어떻게 하겠다는 말인가?

역사는 무용지물이라는 무지몽매한 개념이 개인에게만 있는 것이 아니다. 특히 과학 기술이 고도로 발달한 현대 사회에서는 역사를 현실과 동떨어졌다 하여 더욱 경시하는 경향이 있다. 또한 역사에 대한 자신의 무지를 부끄럽게 여기지 않는 사람도 적지 않다.

그러나 이런 현상을 그저 나무라기만 할 수는 없는 일이다. 다양한 양질의 자료를 통해 역사와 현시대 사람들 사이의 거리를 단축시킬 수만 있다면, 사람들은 생생한 역사 속에서 깨달음을 얻을 수 있을 것이다. 또한 역사적인 진리를 깨달아 예지叡智를 키움과 동시에, 현대 사회의 문명에 대한 인식을 더욱 깊게 하여 현시대 사람들의 인식과 실천을 한 단계 높은 차원으로 도약시킬 수 있는 기회를 만들 수 있다. 그렇게 된다면, 사람들은 오늘이 곧 역사의 계승이며 역사는 현재의 생존과 발전에 불가결한 요소임을 알게 될 것이다.

중국 역사는 생동감 있고 폭넓은 지식으로 사람들의 슬기를 키워 주는 교과서이다. 또한 독특한 성격을 가진 동방 문명사이기도 하다. 중국 역사는 그 형성과 발달 과정이 이집트나 메소포타미아 문명, 또는 인도 문명처럼 중단되거나 전이되지 않았고, 침몰되지 않았다. 비록 온갖 우여곡절을 겪기는 했지만, 여전히 불굴의 자세로 아시아의 동방에 우뚝 서 있다. 중국 역사는 시간과 공간을 포함하면서도 시간과 공간을 초월하는, 나아가 유형적이면서도 무형적인 운반체인 것이다.

영국의 철학자 베이컨은 "역사는 사람을 지혜롭게 만든다"고 했다. 역사적 경험에는 깊은 사색을 필요로 하는 이치들이 담겨 있다. 그러므로 현실을 바르게 인식하고 미래를 현명하게 내다보려면 역사를 올바르게 이해할 줄 알아야 한다. 역사를 제대로 아는 사람만이 현실을 명확히 파악할 수 있다.

문학과 역사와 철학. 이 세 가지 학문을 주간으로 하는 인문 교육은 인간의 소질을 높이는 데 특별한 가치가 있다. 그리고 이 세 가지 요소가 통합되어 있는 것이 중국 역사이다. 외국어 교육이나 컴퓨터 교육만을 중시하고 인문 교육을 소홀히 하는 경향은 반드시 고쳐져야 한다.

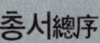

역사는 다양한 서적들을 통해서 연구할 수 있다. 그러나 중요한 것은 독자들의 흥미를 어떻게 이끌어 내느냐 하는 것이다. 우리는 지금 재미나는 글과 정확한 사진이 합쳐진, 이야기 형식으로 편찬된 중국 역사 서적을 독자들에게 선보이고자 한다. 이 시리즈를 주관한 허청웨이何承偉 선생은 평생이라고 해도 과언이 아닐 만큼 오랜 세월 동안 출판업에 몸담은 분이다. 또한 수많은 학자들의 자발적인 참여와 협력이 이 시리즈를 완성하게 했다.

이 시리즈는 생생한 형상과 특이한 엮음으로 누구든 쉽게 중국 역사라는 거대한 전당 속으로 들어갈 수 있게 했다. 또한 그 역사의 전당에서 지식과 도리를 깨닫고 시야를 넓혀, 과거를 거울로 삼아 미래를 꿈꿀 수 있도록 최선을 다했다. 이 책은 전통에 대한 교육과 미래에 대한 전망을 조화시켜 공부하게 함으로써, 오늘날을 살아가고 있는 사람들이 중국의 역사를 넘어서 세계 문명 발달을 선도하는 데 결정적인 역할을 하게 되기를 소망한다.

우리는 옛 선인들의 슬기로움을 가슴으로 느껴야 한다.

그들은 우리가 세계사의 주인공이 되기를 바라고 있다.

차 례

발간에 즈음하여　4

발간사 : 꿈과 추구 – 독자들을 위해 엮은 중국 역사 백과사전　6

총서總序 : 현대인과 역사　8

전문가 서문 : 전국 시대 역사에 대한 전국사 전문가의 연구 정화　14

찬란한 중국 역사 한눈에 보기 – 이 시리즈를 읽기 전에　16

머리말 : 기원전 403년 ~ 기원전 221년
변혁이 일어나고 발전을 추진한 시대 – 전국戰國　20

철기와 장검으로 비장한 역사를 창조한 전국 시대의 99편 이야기는 그 기세가 산천을 삼킬 듯하고 민심을 격동시키며, 그 역사 시기 사회 각 계층, 집단, 개인이 생존과 발전을 위해 불굴의 의지로 개척 전진하는 장면을 생생한 화폭으로 그려 주고 있다.

001 묵자가 공수반을 지혜롭게 일깨우다　28
송나라 진공을 앞두고 벌인 두 현자의 설전

002 의사 예양　31
은덕을 갚기 위해 죽음으로 보답한 예양

003 서문표가 업성을 다스리다　34
권세가들의 탐학과 서문표의 해결책

004 문후가 상을 선택하다　36
위나라 문후가 인재를 선택한 다섯 가지 표준

005 전자방의 한마디 사람을 놀래다　39
겸손하면 이득 보고 교만하면 손해 본다는 이치

006 백규의 경영 책략　41
버리면 취하고 취하면 준다는 상업 철학

007 일대 명장 오기　44
출세를 위해 어머니와 이별하고 아내를 죽임

008 오기의 죽음　47
오기의 정치 개혁과 귀족들의 반발

009 섭정이 한 상을 죽이다　50
섭정이 의를 위해 죽고 섭영이 동생의 이름을 남김

010 직하학궁의 성황　52
2300여 년 전 중국 인재 배양의 요람

011 박식한 혜시 54
왕위를 물려받을 뻔한 혜시의 박식함

012 신불해가 뒷문거래하다 56
한나라가 변법 개혁에 실패한 이유

013 추기가 상 벼슬을 하다 58
거문고를 타며 제나라 위왕을 일깨운 추기

014 위왕이 간언을 수용하다 61
모든 사람들의 건의를 정사에 이용한 제나라 위왕

015 법치로 다스리다 62
제나라 위왕이 가마로 신하를 다스린 이야기

016 지혜로운 순우곤 64
순우곤이 제나라 위왕을 일깨운 세 가지 이야기

017 나라를 다스리는 술책 66
공손앙이 진나라 효공에게 개혁안을 대 줌

018 나무 기둥을 세워 신용을 지키다 69
신용을 지켜 변법 개혁을 성공시킨 공손앙

019 거짓을 꾸며 공자 앙을 생포 72
거짓을 꾸며 친구를 생포하고 공을 이룬 공손앙

020 능지처참의 극형 74
엄한 법령을 내린 공손앙의 처참한 종말

021 진진이 군사를 물리치다 76
우화 이야기로 대군을 물리친 진진

022 경리가 위험에서 벗어나다 78
태연한 자태로 웅변하여 위험을 모면한 경리

023 전기가 경마하다 79
불리한 경마를 승리로 이끈 손빈

024 위를 포위해 조를 구하다 81
계릉 전역에서 계책으로 방연을 사로잡은 손빈

025 마릉 대첩 83
부엌을 줄이는 계책으로 이룬 대승

026 추기가 전기를 음해하다 87
시기와 질투로 나라 대사를 망친 추기

027 제모변이 은혜를 갚다 88
제모변이 목숨을 걸고 은혜를 갚은 이야기

028 바다의 큰 고기 90
단 세 글자로 백성의 고통을 덜어 준 사람

029 맹자의 모친이 세 번 이사하다 92
아성 맹자와 그 어머니의 교육관

030 진나라와 제나라의 쟁탈전 94
진나라 소왕이 주 왕실을 멸하고 정 8개를 얻음

031 나무 위에서 물고기를 찾다 96
받아들여지지 않는 맹자의 '인정과 왕도'

032 장자의 나비 꿈 98
사람은 천지 만물과 하나임을 주장한 장자

033 선혜왕이 기만을 당하다 102
세 나라가 서로 제 욕심을 차림

034 600리가 6리로 변하다 104
장의의 속임수에 걸려든 초나라 왕

035 장의의 처세술 107
장의가 처한 위기와 이를 타개한 그의 처세술

036 굴원의 비장한 여정 110
충신이건만 배척을 받아 강에 몸을 던진 굴원

037 장교 농민 대봉기 114
초나라 백성들의 귀족 통치 세력에 대한 저항

038 공손룡의 궤변 116
'흰 말은 말이 아니다.'라는 유명한 궤변과 현실

039 적현 신주 118
추연에 의한 음양 오행설의 탄생

040 식양지맹 122
진나라 무왕과 좌정승 감무의 장엄한 맹세

041 무왕이 '구주신정'을 들다 124
자신의 힘을 과신해 죽음에 이른 진나라 무왕

042 신릉군이 사죄하다 126
충의지사의 자결과 오만한 신릉군의 사죄

043 호인을 따라 배우다 128
전투력 증강을 위한 조나라 무령왕의 과감한 개혁

044 우매한 군주 간악한 신하 130
간악한 신하로 인한 중산국의 멸망

045 양후가 정권을 잡다 134
공헌이 큰 만큼 권세도 부린 진나라 양후

046 무령왕이 곤욕을 치르다 136
왕위 계승으로 인해 비참한 종말을 맞은 맹주

047 풍환이 빚을 받다 137
풍환이 맹상군의 빚 대신 '의'를 사 온 이야기

048 약은 토끼의 세 갈래 굴 140
역경 속에서 맹상군을 도와 다시 일어서게 한 풍환

049 소문 듣고 재상을 얻다 142
맹상군을 얻으려 했으나 죄인 취급한 진나라 소양왕

050 구도계명狗盜鷄鳴 146
수하 문객들의 장기로 위기를 탈출한 맹상군

051 연 왕 쾌가 나라를 망치다 149
간신의 아첨에 들떠 나라를 망친 연나라 왕 쾌

052 황금대를 지어 인재를 모으다 152
인재를 얻기 위해 황금대를 지은 연나라 소왕

053 오만한 송나라 왕 언 154
오만함으로 인해 나라를 망하게 한 송나라 왕 언

054 소진이 첩자가 되다 156
은혜를 갚기 위해 첩자가 된 소진

055 악의가 제나라를 정벌 159
도처에서 원수를 맺은 제나라를 연나라 소왕이 복수함

056 애국 소년 왕손가 162
망하게 된 제나라를 15살 소년이 구함

057 전단의 복국復國 164
연나라를 물리친 전단의 화우진

058 노중련이 묘책을 내다 167
적장을 자결케 하고 적군의 포위를 푼 묘책

059 순자의 유세 170
여러 나라에서 정치 사상을 편 유가의 대사

060 장자가 검을 논하다 172
검을 빗대어 혜문왕을 깨우쳐 준 장자

061 신의를 지키지 않는 기만술 176
잔간계로 진나라와 조나라의 연합을 방해한 맹묘

062 지혜로 초나라 영윤을 설득 178
초나라의 겸병을 막아 낸 주나라 무공

063 완벽귀조完璧歸趙 180
'화씨벽'도 보존하고 나라의 존엄도 지킨 인상여

064 죽음을 두려워하지 않다 184
생사 결관의 기세로 조나라의 존엄성을 지킨 인상여

065 장군과 인상여의 화해 186
〈장상화〉로 전해지는 인상여와 염파의 이야기

066 병사를 빌려 성벽을 쌓다 188
계책을 내 무보수로 성벽을 쌓은 마범

067 세금을 받아들이는 조사 191
법에 따라 엄격히 세금을 징수한 조사

068 진나라 군을 물리침 194
담략과 지혜를 겸비한 조사가 진나라를 격퇴

069 조 태후를 권고하다 196
조나라 태후의 편애를 지혜로 설득한 촉용

070 죽음을 가장해 도망쳐 나오다 199
구사일생으로 목숨을 구한 범저

071 진나라에 귀순 204
범저가 범의 아가리를 벗어나 진나라에 피신

072 먼 곳과는 화친하고 가까운 곳은 치다 206
가명을 쓴 범저가 진나라의 장대한 책략을 세움

073 기회를 타 복수하다 208
기회를 얻어 가슴에 맺힌 원한을 푼 범저

074 궁지에 몰리다 212
궁지에 몰린 위제가 도망 끝에 자결함

075 이간책을 쓰다   214
노장군 염파를 이기기 위한 범저의 이간책

076 장평에서의 참패   218
탁상공론을 일삼던 조괄의 대패

077 자기 자신을 천거한 모수   220
스스로를 천거한 후 초나라 왕과 혈맹을 맺은 모수

078 병부를 훔쳐 조나라를 구하다   223
나라의 위기를 위해 병부를 훔쳐 군사를 통솔한 신릉군

079 백기의 죽음   226
정치에 아둔한 명장의 억울한 최후

080 승상 자리에 오른 채택   230
설교로 범저를 은퇴시키고 승상 자리를 차지한 채택

081 정국거   232
첩자로 파견되어 위대한 '정국거'를 완성함

082 여동생을 바친 이원   234
여동생의 자색을 출세의 자본으로 삼은 이원

083 귀한 상품을 저장하다   237
장사꾼 여불위가 진나라 승상이 됨

084 일자천금   240
여불위의 명저 《여씨춘추》에 관한 이야기

085 진나라 왕 정의 철권 통치   241
반란을 평정하고 대권을 틀어쥔 진나라 왕 정

086 나이 어린 상경   244
뛰어난 지혜로 12살에 상경으로 발탁된 감라

087 위료의 합병 모략   247
교묘한 책략으로 전국 통일의 토대를 마련한 위료

088 축객령을 반대한 이사   249
축객령 반대 상소로 이름을 날린 이사

089 한비가 모해되다   251
왕의 총애를 받았으나 동창에게 모해를 당해 죽음

090 원한을 품고 죽은 이목   254
간계에 걸린 명장의 죽음으로 조나라가 멸망

091 전광의 의협심   256
자결로 천고의 비밀을 고수한 전광

092 머리를 내놓은 번어기   259
복수를 위해 자결한 번어기

093 형가가 진 왕 정을 찌르다   262
진 나라 왕 정 암살 시도가 실패로 돌아감

094 4국의 최후 결전   265
4국의 연합을 뇌물로 해체한 진나라

095 노장 왕전의 청탁   266
왕전이 작은 청탁으로 큰 재화를 막음

096 초나라를 점령하다   268
묘수를 써 초나라를 일거에 멸한 왕전

097 조나라의 가녀歌女   271
사회 격변기를 반영하는 전향적 인물들

098 《백가》   272
천고에 전해지는 전국 시대의 대표적 이야기들

099 《손빈병법》의 발견   273
20세기 70년대에 비로소 발견된 천고의 병서

초점 : 기원전 403년부터 기원전 221년까지의 중국   274

기원전 403년부터 기원전 221년까지의 사회 생활 및 역사 문화 백과   278

찾아보기   284

전국 시대 역사에 대한 전국사 전문가의 연구 정화

중국 선진사학회 이사장 청화대학 교수 리쉐친李學勤

전국戰國 시대는 중국 역사에서 분열이 가장 긴 시기였다. 《전국책戰國策》에서는 "마차가 만 대 있는 나라가 7국이요, 천 대 있는 나라가 5국이라, 비슷한 자끼리 권력을 다퉈 전국이로다.", "힘써 공을 다투매 승자는 귀인이 되도다. 병란은 멎을 새 없고 기편과 사기가 끝이 없도다." 하고 적었다. 오랜 기간 전란을 겪는 사이에 서방에 있던 진秦나라는 경제, 군사 방면의 역량이 강대해져서 마침내 동방 6국을 삼키고 중앙 집권의 진秦나라를 세웠다.

전국 시대의 정치사를 보면 전쟁과 분열로 가득 차 있었으나, 문화사를 보면 전대미문의 황금시대라 할 수 있다. 춘추 말기로부터 전국에 이르는 사이는 '백가쟁명百家爭鳴'의 위대한 시기였다. 제자백가諸子百家가 나와 사상 문화의 면모는 아주 참신했다. 학파들은 여러 지역에 분포되어 있었는데 각자 자기 학파의 주장을 폈다. 이것이 이 시기의 특징이다. 이를테면 유가儒家는 노魯나라에서 기원해 제齊·진晉·위衛나라에 전해지고, 묵가墨家는 송宋나라에서 시작해 노나라에 전해졌다가 초楚, 진秦나라까지 만연됐으며, 도가道家는 남방에서 기원해 초와 제, 연燕나라에 전해지면서 후에 여러 파벌이 형성됐다. 법가法家는 삼진三晉에서 기원해 진秦나라에서 성행했고, 음양가陰陽家는 제齊나라에 비교적 많았는데 점차적으로 초·진나라 등에 심각한 영향을 주었다. 종횡가縱橫家는 주周·위衛나라 등지에서 출현해 주나라를 비롯한 여러 나라에 전파되었다. 이 시대는 과학, 철학, 역사, 예술, 문학 등 각 분야에서 걸출한 인재들이 출현해 훌륭한 성과를 거두었다.

이러한 문화의 번영은 생산력 발전의 토대에서 이룩된 것이다. 철기의 보편적 사용은 생산력 발전의 주요한 표징이 된다. 하남성 휘현河南省輝縣에서 발견된 위魏나라의 철기, 하북성 역현河北省易縣에서 발견된 연나라의 철기 등은 수량이 많았을 뿐만 아니라 종류도 다양했다. 또한 농업, 수공업 도구를 만들었는데 이것은 철 사용이 보편화됐음을 표명한다. 특히 철로 쟁기를 만들어 밭을 갈았다는 것은 우리를 놀라게 한다. 이것은 전반적인 사회 경제 구조를 개혁하게 만들었다.

고고학 발굴에서 보여 주다시피 이채로운 기술은 높은 과학 기술을 과시하고 있다. 최근에 출토된 간백簡帛과 관련된 과학 기술 자료, 특히 마왕퇴馬王堆의 '백서帛書'는 으뜸가는 자료이다. 이 책에는 과학 기술의 많은 종류가 열거되어 있는데 과학 기술에 대한 고대 사람들의 높은 인식을 알고

전문가 서문

도 남음이 있다. 전국 시대의 이러한 저작이 많이 전해지고 있다.

주나라 초기의 대규모 분봉제分封制는 점차 군현제郡縣制로 바뀌었다. 다시 말하면 열국의 중앙정권에서 지방의 관리를 등용하며 기한이 차면 바꾸기도 했다. 이것은 정치사에서의 대변혁이었다. 전국 시대에 와서는 모두가 군현제를 실시했는데 출토된 인감이 이것을 증명하고 있다. 이 뿐만 아니라 이 시기의 병장기에도 군현 관리의 서명이 새겨져 있고 화폐에도 군현의 지명이 박혀 있다.

대규모의 지질 탐사, 발굴 사업에서 이 시기 열국들의 도읍지 정황이 점차 밝혀지고 있다. 《사기史記·화식열전貨殖列傳》에서 열거한 것들 중에서 다소 의심되기도 했던 것들이 지금에 와서는 확실해졌다. 대도시의 구조는 이상할 정도로 복잡했다. 통치자들의 종묘, 궁실, 누대樓臺, 전각殿閣뿐 아니라 여러 가지 관서官署, 창고 등의 설비가 있는가 하면 부문별 수공업 작업장, 상업 무역 시장도 있었다. 대도시는 일반적으로 정치의 중심이면서 또 상공업과 문화의 중심이기도 했다.

고대 중국의 인구는 어떠했는가? 서진西晉 황보밀皇甫謐의 《제왕세기帝王世紀》에 따르면 하우 시기夏禹時期에는 1350여 만 명으로 짐작된다. 주나라 성왕成王 시대에는 대략 1370여 만 명으로 보고 있다. 전국 시대에 와서는 전쟁으로 인해 1000여 만 명 정도였다. 그런데 진나라가 제후국을 겸병하는 과정의 살상으로 인해 인구는 3분의 2로 줄었다. 하, 주의 인구 집계도 확실한 것이 못 되거니와 진대 전쟁의 영향으로 인한 인구 집계도 지나친 점이 있는 것 같다. 고고학에서 보면 동주東周시대에 대도시가 발전되어 그 수량과 규모가 이전과 비할 바 못 되게 증강되었다. 기록에 따르면 제나라의 도읍 임치臨淄의 인구는 전국 시대에 27만 명이었고 기타 대도시의 인구도 이와 비슷했을 것이다.

사실이 증명하다시피 전국 시대에는 경제, 정치, 군사, 문화, 과학 기술 등 면에서 뛰어난 진보가 있었는데, 이것은 이 시기가 중국 역사에서 발전이 빠르고 성과가 큰 시기였음을 말해 준다. 그러므로 이 시기에 대한 학습 및 연구는 의의가 크다.

찬란한 중국 역사 한눈에 보기

이 시리즈를 읽기 전에

《중국을 말한다》는 재미나는 이야기, 다채로운 그림, 풍부한 지식 등을 집대성한 중국 역사 백과사전으로 중국의 역사와 찬란한 문명을 한눈에 보여 준다. 이 책을 효과적으로 이해하려면 옆의 안내도를 꼼꼼하게 읽고 참조하기 바란다. 그러면 중국 역사가 한 폭의 그림처럼 눈 앞에 펼쳐질 것이다.

독창적인 구성으로 역사와 문화의 매력을 적절하게 표현하고 있음은 물론, 저자의 의도를 최대화시키고 있다.

광범위한 지식 정보와 귀중한 역사 자료에 그림과 사진이 더해져 누구라도 쉽게 이해할 수 있도록 했다.

이 책은 유구한 중국 역사를 이야기로 엮어, 읽는 이들의 흥미를 배가시키고 있다. 또한 이야기마다 각각의 대제목과 소제목을 붙여 본문의 중요 내용을 쉽게 파악할 수 있도록 했다.

또한 이 책은 단순히 이야기에만 그치지 않고 거기에 합당한 정보를 종합적으로 전달해 주고 있다. 이를 테면 이야기의 감성적 느낌과 역사 지식에 의한 이성적 느낌을 결부시켜 읽는 이들에게 나무와 숲을 동시에 보도록 한 것이다. 또한 '중국사 연표', '세계사 연표', '역사문화백과', '역사 시험장' 및 그림과 사진 설명을 통해 다양한 역사 지식을 두루 섭렵할 수 있도록 하고 있다.

동시에 페이지마다 삽입된 수많은 그림과 사진은 그 내용이 풍부해서 지나온 역사를 시각적으로 느끼게 하고 있으며, 각각의 역사 단계와 사회의 발전과 변화를 입체적으로 표현해 역사책이라는 지루함을 최소화했다.

- 이야기 제목
- 이야기 번호 : 이 번호는 이야기의 순서일 뿐만 아니라 찾아보기를 보다 쉽게 이용할 수 있게 한다.
- 역사 시험장 : 본문과 관련된 역사 문화 지식에 대해 왼쪽에서 물어보고 오른쪽에 답안을 제시했다.
- 그림과 사진 : 지나간 역사를 직관적으로 재현시킨다. 이 책의 그림과 사진을 종합해 나열하면, 그것으로 중국 역사를 체험할 수 있다.

- 중국사 연표 : 본 이야기와 비슷한 연대에 중국에서 발생한 중요 사건을 기술함으로써 중국 역사 발전의 기본 맥락을 제시한다.

- 이야기 안내 : 역사 이야기를 요약하여 소개함으로써 본 이야기의 중심을 쉽게 파악하도록 도와준다.

- 세계사 연표 : 중국사 연표와 비슷한 시기에 발생한 세계의 중대한 사건을 제시함으로써 중국과 세계를 비교할 수 있도록 하고 있다.

- 출전은 이야기의 출처가 되는 자료를 밝힘으로서 풍부한 정보량과 실용성을 갖추었다.

- 본 책의 역사 연대의 시작과 끝.

- 단락 제목 : 단락의 주제를 제시해 단락의 중점을 파악하기 쉽도록 돕고 있다.

- 그림, 사진 설명 : 그림과 사진에 깃든 역사 문화 지식을 기술함으로써, 그 시기 역사를 보다 실제적으로 느낄 수 있도록 하고 있다.

- 표는 분산된 정보를 종합함으로써 통일성을 이루게 한다.

- 역사문화백과 : 동시기와 관련되는 정치, 경제, 문화, 과학 기술 등 다방면의 지식을 소개하였다.

기원전 403년 〉　〉　〉　〉　〉 기원전 221년

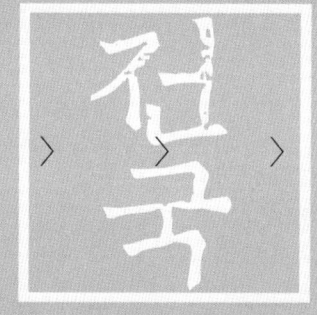

기원전 403년~기원전 221년
변혁이 일어나고 발전을 추진한 시대

전국

상해사회과학원 역사연구소 부연구원 천쭈화이陳祖懷

전국 국세의 형성과 각국 변법의 흥성

'전국戰國'이란 말은 한漢나라 유향劉向의 《전국책戰國策》에서 비롯된다. 기원전 403년, 주周나라 위열왕魏烈王이 한韓·조趙·위魏나라를 제후로 책봉했는데 이때부터 '전국 7웅'이 형성되기 시작했다. 역사서의 기록에 따르면 춘추 초기에는 140여 개의 제후국이 360여 년간 싸웠는데 전국 초기에는 20여 개의 제후국만 남았다고 한다. 그중 진秦·초楚·제齊·조趙·위魏·한韓·연燕나라가 제일 강대했다. 제후가 적어지고 영토가 커지고 인구가 많아지면서 전쟁의 규모도 커졌다. 이런 와중에 생존과 부국강병富國强兵은 각국에서 우선시되는 과제였다. 이런 배경에서 전국 시대의 일련의 변법 개혁變法改革 운동이 벌어지게 되었다.

제일 먼저 위魏나라에서 변법이 실행되었다. '삼가 분진三家分晉'의 직접적인 참가자인 위나라 문후文侯는 패망의 교훈이 아주 컸다. 게다가 위나라는 지리적으로 볼 때 교전하기 불리한 지역인데다 요새도 없었다. 문후의 위기감은 매우 컸다. 문후는 실력을 강화하기 위해 아랫사람을 예로 대하며 덕이 있는 사람을 등용하고 조세를 낮추며 백성을 잘 돌봤다. 그는 위성자魏成子, 적황翟璜, 악양樂羊, 오기吳起, 복자하卜子夏, 전자방田子方, 단간목段干木 등 많은 인재를 등용했다. 대략 기원전 400년에 문후는 이리李悝를 승상으로 삼아 정치·경제·사회 분야에서 개혁을 진행했다. 이로 인해 위나라는 몇십 년 사이에 전국 초기의 제일 강대국이 되었다. 위나라의 이리 변법에 뒤이어 초나라에서는 오기 변법이 나왔다. 기원전 395년경, 초나라 도왕悼王은 오기를 윤尹으로 삼아 초나라에서 변법을 실행했다. 오기는 귀족 세력을 줄이고 생산력을 향상시켜 빠른 시간에 남방의 광대한 지역을 차지했다.

위·초나라의 변법은 효과가 커서 주변국에서도 본보기로 삼았다. 조趙나라에서도 개혁을 실행했고 한韓·제齊·연燕나라에서도 변법이 실시되었다. 그중에서도 진秦나라의 상앙 변법商鞅變法이 가장 철저했다. 진나라는 전국 초기에 정치, 경제가 낙후했는데 중원에서는 진나라를 이적夷狄으로 몰아 왕래가 적었다. 그러다가 기원전 362년, 진나라 효공孝公이 제위에 오른 후 현자를 등용해 개혁에 힘썼다. 이때 위衛나라에서 공손앙公孫鞅이 진나라에 왔는데 효공은 그를 좌서장座庶長으로 삼아 변법을 주도하게 했다. 공손앙은 정치, 경제, 사회의 개혁을 추진해 20여 년간의 노력으로 진나라를 여러 제후들이 두려워하는, 병력이 강대한 국가가 되게 했다. 후에 공손앙이 상商 땅에 봉해져 그를 상앙商鞅이라 부른다. 기원전 338년, 효공이 사망한 후 상앙은 보수 세력의 핍박에 의해 사망했다. 하지만 그의 변법은 진나라가 천하를 통일하는 튼튼한 토대를 닦아 놓았다.

중앙 집권제 관료 정치 체제의 탄생

각국 변법의 핵심은 전통적인 정치, 경제 체계에 대한 개혁이었다. 주나라 왕 이래의 제도, 이를테면 제후를 봉하던 제도와 세습되어 녹을 먹던 제도는 삭감되었거나 취소되었고 중앙 집권제와 문무의 관료 체제가 그를 대체하게 되었다. 중앙 1급에는 국왕 밑에 상相, 장將을 둬 문과 무의 대권을 갈라 놓았다. 상을 상국相國, 상방相邦, 승상丞相 혹은 영윤令尹이라 칭했는데 이것은 백관의 우두머리였다. 상 밑에는 어사御史, 집법執法, 사도司徒, 사공司空, 정위廷尉, 소부少府 등의 관직을 둬 병兵, 형刑, 전錢, 곡곡과 공정工程, 제작制作의 일들을 각각 맡아 처리하게 했다. 지방 1급에서는 분봉제를 폐지하고 군현제를 실시했다. 군에는 수守를 설치해 행정을 주관하고 위尉를 따로 설치해 군사를 주관하게 했다. 군 밑에는 현을 두었고, 현에는 영令(장長)을 설치해 행정을 관리했으며, 현령(장) 밑에는 승丞, 위尉를 둬 문서와 군사를 나누어 관리했다. 군수, 현령(장)은 국왕이 직접 임명했으며 토지 봉상제土地奉賞制를 없애고 봉록제俸祿制를 실행했다. 현 밑에는 향鄕, 리里가 있고 향에는 삼노三老, 연연延掾이 있으며 여기에 이정里正을 두었다. 1리에는 다섯 집을 일오一伍로 해서 오장伍長을 두었으며, 두 개 오를 십이라 하고 거기에 십장什長을 두었다. 이로써 위로부터 아래로의 관료 기구가 형성되었다. 이전의 병권은 각급 귀족 영주의 수중에 분산되었고 전시에는 임시로 징집하게 되었다. 이때 인원, 작전 체제, 기능 등의 면에서 불확정적인 요소들이 망라된다. 또한 전국 시대에 들어서면서 각국에서는 호적제가 실시됐다. 이를테면 군사화 관리를 실행하며 수직으로 된 행정 계통이 중앙의 명령에 복종한다. 일단 전쟁이 일어나면 국왕이 출병 명령을 내린다. 국왕이 군사를 통솔할 장수를 임시로 임명하며 모든 것은 군왕의 지휘에 따른다.

기원전 403년~기원전 221년
변혁이 일어나고
발전을 추진한 시대
전국

사회 경제의 발전

전국 시대에 진입하자 세습 제도가 와해되면서 사회의 권權과 이利는 평범해지기 시작했고, 철제 도구의 보편적 사용은 사회 생산력의 빠른 발전을 추진했다. 생산이 확대되어 물질이 쌓이면서 공예 수준도 높아지고 상품 유통이 확대되었는데 이 모든 것은 춘추 시대에 비하면 아주 큰 발전이 있었다. 전국 시대의 농업은 상당히 세밀했다. 심경세작深耕細作(논밭을 깊이 갈고 작물을 세밀하게 가꿈)을 하고 밭에 거름을 내며 농사철의 파악은 상당한 과학 수준에 이르렀다. 야금업 방면에서는 철을 제련하고 동을 주조했으며 광산 개발도 규모가 컸다. 생산된 물품은 정밀한 공예로 첨가되었다. 칠기업漆器業, 제도업制陶業, 수레·배 등의 제조업, 사주방직업絲綢紡織業 등도 이에 못지않았다. 농업과 수공업의 발전은 상업을 번창하게 했다. 전국 시대 각국 화폐의 대량적인 주조와 유통, 각국 도량형의 점차적 통일 등은 당시 사회 경제 번영의 객관적 표징이 된다. 전국 시대의 도시도 발전했는데 사람들은 이를 이렇게 말한다. "옛적엔 세상이 만국이었다. 도시는 큰 것이 300장이었고 사람은 많아 300호 정도였다. 그러나 지금은 천 장의 도시, 만 호의 읍邑이 마주하고 있다." 당시 이름 있는 성읍은 조나라의 한단邯鄲, 위나라의 온溫·지軹, 한나라의 형양滎陽, 연나라의 탁涿·계薊, 제나라의 임치臨淄, 정나라의 양적陽翟, 주나라의 삼천三川 및 초나라의 완宛·진陳 등이었다. 그중에서 임치의 인구는 7만 명이 넘었다. 사람들은 이 정황을 이렇게 말했다. "수레는 붐비고 사람들은 서로 어깨를 부딪치며 돗자리로 장막을 치지만 쏟아지는 땀은

비 같도다." 경제의 발달은 통일된 교통망 형성을 촉구했다. 큰 성읍 사이에는 이른바 '제후들 사이에 서로 통하는 길이 있어 명산, 대천도 막힘이 없었다. 정鄭에서 양梁으로 가는데 100리 길이고, 진陳에서 양으로 가는데 200리 길이지만 말로 달리면 한참이면 된다.'는 말이 있다. 이 말은 교통이 발달했다는 생생한 표현이다.

'7웅'의 투쟁과 연합

변법의 개혁은 부국강병을 위한 것이고 부국강병하려면 서로 겸병해야 했다. 따라서 변법 개혁이 심화됨에 따라 서로간의 싸움도 갈수록 많아졌다. 가장 일찍 강대해진 나라는 위魏나라였는데 초기 4, 50년 사이에 동쪽으로 송宋·제齊나라를, 남쪽으로 정鄭·초楚나라를, 북쪽으로 조趙나라와 중산中山국을 공격해 여러 번 싸웠다. 하지만 서쪽에 있는 진秦나라만은 어쩔 수 없었다. 기원전 361년, 위나라는 진나라의 무력을 피해 도성을 안읍安邑으로 옮기고 서하西河를 따라 장성을 쌓아 진나라를 방어했다. 위나라는 병력을 집중해 중원·송·위衛·정·노魯나라 등을 자기 세력 밑에 두었다. 기원전 354년, 위나라는 출병해 조나라의 도성 한단을 포위했다. 조나라가 제나라에 구원을 요청하자 제나라는 전기田忌를 장군으로 손빈孫臏을 군사로 삼아 계릉桂陵에서 위나라군을 격파했다. 기원전 342년, 위나라가 한나라를 공격하자 한나라는 제나라에 또 구원을 요청했다. 제나라는 전기, 전영田嬰을 장군으로 손빈을 군사로 삼아 마릉馬陵에서 위나라군에게 다시 큰 상처를 입혔다. 그런데 이런 틈을 타서 진나라가 위나라를 공격해 위나라의 중요한 전략적 요지인 하서河西의 땅을 점령했다. 위나라는 진나라의 위세에 눌려 부득불 중원 각국과 우호적으로 지내게 되었다. 효산崤山 동쪽 나라들은 진나라가 두려워 위나라의 호의를 받아들일 수밖에 없었다. 기원전 334년, 위나라 혜왕은 제나라 위왕威王과 동맹을 맺었는데 역사서에서는 이를 '서주 상왕徐州相王'이라 칭했다. 얼마 후 조·연·중산국이 동맹에 가입했는데 이것을 '오국 상여왕五國相與王(5국이 서로 왕이라 칭함)'이라 칭했다.

'오국 상여왕'은 중원 각국이 진나라에 저항하기 위해 형성된 동맹이었다. 이 동맹은 지리상에서 볼 때 세로 줄을 서고 있다고 해 '세로의 연합合縱'이라 칭했다. 하지만 진나라는 이 연합을 깨뜨리기 위해 각개 격파하기로 했다. 진나라는 장의張儀의 건의를 받아들여 그와 맞서 '가로 연합連橫'의 책략을 세웠다. 진나라는 여與나라를 찾아 먼저 동서 가로의 연결을 결성해 세로의 연합 세력을 견제했다. 기원전 322년, 진나라는 위나라에 먼저 사신을 파견하는 책략을 쓰다가 이어 곡옥曲沃, 평주平周를 함락하고 또다시 크게 상처를 입혀 8만 명을 참수했다. 위나라는 세로 연합국의 효과적인 원조를 받지 못하자 할 수 없이 진나라의 가로의 연한에 가담했다. 이 소식이 전해지자 연합 각국은 대경실색했다. 기원전 319년, 조·한·연·제·초나라 각국은 초나라 회왕懷王을 '종약장縱約長'으로 삼아 연합으로 진나라를 공격했다. 하지만 함곡函谷에서 패배해 세로의 연합은 무너지게 되었다. 진나라군은 승세를 타서 반격했지만 위·한나라가 도와주지 않아 가로의 연합과 타협하게 되었다.

진·위·한 세 나라가 가로의 연합을 맺어 세력이 커졌다. 이것은 제·초 두 나라로 하여금 진나라와 친교를 맺지 않으면 안 되게 했다. 두 나라는 각각 딸을 그 나라에 시집보냈다. 하지만 진나라는 제·초나라의 동맹을 깨기 위해 장의를 초나라에 파견, 600리 상어商於의 땅을 주겠다고 초나라 회왕을 유혹해 제나라와 절교하도록 했다. 초나라 회왕은 그 말을 곧이들었다가 후에 그것이 계략임을 알고는 분개해 진나라를 공격했다. 하지만 초나라는 단양丹陽에서 진나라에 대패했다. 초나라의 주장 굴개屈丐, 비장 봉후축逢侯丑 등 10여 명이 포로가 되고 8만 갑사甲士가 피살되었다. 그러나 회왕은 다시 병력을 집중해 남전藍田에서 싸웠으나 참패하고 말았다. 그 후 회왕은 무관 회맹武關會盟에서 포로가 되어 구금되었다가 진나라에서 죽었다. 진나라군은 초나라를 계속 공격했다. 기원전 278년, 진나라의 장군 백기白起가 초나라의 도성 영郢을 공격했다가 실패하자 강물을 가두었다가 터뜨려 초나라의 몇 십만 군민을 수장했다. 초나라는 하는 수 없이 도읍을 진陳으로 옮겼다. 진나라는 그 이듬해 초나라의 무군巫郡, 검중군黔中郡을 또 공격했다.

기원전 403년~기원전 221년
변혁이 일어나고
발전을 추진한 시대
전국

초나라가 쇠약해짐에 따라 한쪽 위협이 제거되자 진나라는 가로의 연결 정책을 '멀리 있는 것을 친하고 가까운 데 있는 것을 치는' 정책으로 바꾸었다. 이리하여 동쪽의 제·연나라와 친하고, 가까이 있는 위·한·조나라에 맹렬한 공격을 퍼부었다. 진나라는 성읍을 탈취해 지역을 넓히고 적의 전투력을 훼멸하는 것을 전쟁의 중점으로 삼았다. 기원전 293년, 진나라의 백기는 이궐伊闕에서 위·한나라의 연합군을 대패시켜 24만 명을 참수하고 한나라의 다섯 개 성을 점령했다. 기원전 288년, 진秦나라 소왕昭王은 자신을 서제西帝로 칭하면서 제나라 민왕湣王을 동제東帝로 존대했다. 그 후 제호帝號를 취소하기는 했으나 중원 각국은 제나라를 멀리하게 되어 세로의 연합은 철저히 파괴되고 말았다.

제나라 민왕은 진나라의 동진 위협을 보지 못하고 산동 각국의 쇠락이 자기가 패권을 쥘 수 있는 좋은 기회라 여겨, 먼저 연나라의 내란 기회를 타서 연나라의 도성을 습격했고 신의를 배반하고 송나라의 영토를 독점했다. 그리고 남쪽으로 초나라의 회북淮北을 약탈하고 서쪽으로 삼진三晉 변읍을 침점해 곳곳에 분란을 일으켰다. 기원전 234년, 28년 동안 강성을 도모해 왔던 연나라 소왕은 악의樂毅를 등용해 장군으로 삼고 진·초·한·위·조의 다섯 나라와 연합해 제나라를 공격했는데, 연이어 70여 성을 무너뜨리고 바로 임치로 쳐들어가 제나라가 강상姜尙으로부터 6, 7년 동안 저장했던 재보財寶를 약탈하거나 불살라 버렸다. 제나라 민왕은 도망치다가 초나라의 장군에게 피살되었다. 그 후 제나라의 전단田單이 '화우진火牛陣' 전략으로 연나라군을 대패시켜 제나라의 땅을 수복하기는 했으나 원기를 더는 회복할 수가 없었다.

진나라의 천하 통일

강대했던 초·제나라가 쇠약해지면서 진나라가 객관적으로 유일한 강국이 되었다. 진나라는 삼진에 눈을 돌리기 시작했다. 그중에서도 실력이 있는 조나라를 멸했다. 기원전 265년, 진나라는 또 한나라를 기습해 당군黨郡 17개 현과의 연계를 끊어 버렸다. 이어서 조나라군과 결전을 벌였다. 싸움의 경험이 없던 조나라 왕을 대신해 꾀가 많은 염파廉頗가 나섰으나 대패해 4, 50만의 조나라군이 투항했고 결국 전부 생매장당했다. 위나라군의 신릉근信陵君이 조나라를 지원했지만 조나라군의 기세가 이미 꺾인 때라 어쩔 수 없었다. 기원전 256년에는 진나라 소양왕昭襄王이 서주西周를 겸병했고, 기원전 249년에는 진나라 장양왕莊襄王이 또 동주東周를 멸해 주나라 왕조는 결국 멸망하고 말았다.

기원전 246년, 진나라 왕 정政이 13세에 즉위했다. 기원전 238년, 진 왕 정이 노애嫪毐의 반란을 진압하고 또 여불위呂不韋의 권력을 박탈하자 여불위는 겁을 먹고 자결했다. 진나라의 대권을 장악한 진 왕 정은 이사李斯, 위료尉繚를 중용해 6국을 겸병하기 시작했다. 뇌물과 군사력을 적절히 이용해 진나라의 세력은 날로 강성해졌다. 기원전 223년에는 한나라를 멸하고 5년 후에는 위나라를 멸하고 기원전 223년에는 초나라를 멸했다. 그 이듬해에는 연·조나라를 멸하고 기원전 221년에는 제나라까지 멸망시켰다. 진 왕 정은 이렇게 중원에서 6국을 통일했을 뿐만 아니라 서남쪽 소수 민족 지구인 민절閩浙 지구, 동남쪽의 구월甌越, 민월閩越 지구와 양광 및 남월南越 지구를 진나라에 편입시켰고, 또한 북방 지구의 흉노匈奴가 중원 지구를 침략하는 것을 격퇴시켰다. 이로써 중국은 제후가 할거하던 분봉제 국가로부터 중앙 집권의 봉건 관료 국가로 변화하는 역사적 새 시대가 펼쳐지게 되었다.

'제자백가'의 출현과 '백가쟁명'의 국면 형성

사회 발전의 객관적 수요와 공자孔子의 창의적인 노동은 지식인의 대열을 신속히 발전시켰고 각국 통치자들은 이 지식인들을 독점하거나 이용하게 되었다. 이로써 선비를 양성하는 바람이 일어났다. 저명한 '전국 사군자戰國四君子'들인 제나라의 맹상군孟嘗君, 위나라의 신릉군信陵君, 초나라의 춘신군春申君, 조나라의 평원군平原君 문하門下에는 3000명의 식객食客이 있었다. 그중 대부분은 문무를 겸비한 학사學士들이었다. 경대부卿大夫는 전문 선비를 길렀는데 각국의 제후들도 현숙한 선비를 수용하게 되었다. 위나라 문후로부터 전국 말기 진나라의 대정大政을 행사한 여불위에 이르기까지 그들의 주위에는 선비들이 무리를 지어 있었다. 제나라에는 직하학궁稷下學宮의 규모가 굉장했다. 그 시기에는 다른 유파들의 몇천 명 학자들이 서로 교류하고 명성을 다투는 현상이 그칠 새 없었다. 이것은 당시 사회가 변화하는 시기에 이르렀음을 말해 준다. 신구 계급, 사회 집단은 천지 만물, 사회 제반 현상에 대해 다른 해석과 주장을 내놓아 그야말로 백가쟁명百家爭鳴이 활기를 띠게 되었다. 백가의 '백百'은 학파가 많음을 말해 준다. 그중에서 후세에 영향이 큰 것은 유儒·도道·묵墨·법法·명名·음양陰陽·병兵·종횡縱橫·농農·잡가雜家 등 여러 가家가 있었다. 그중에서 유가의 맹자孟子·순자荀子, 도가의 장자莊子, 묵가의 묵자墨子, 법가의 이리·상앙·신불해申不害·한비韓非, 병가의 손빈·조사趙奢·위료, 명가의 공손룡公孫龍·혜시惠施, 음양가의 추연鄒衍, 잡가의 여불위, 종횡가의 귀곡자鬼谷子 그리고 초사체楚辭體의 창시자인 유명한 굴원屈原 등도 불후의 저작을 남겼다.

제자백가는 각자 자기의 주장과 학설이 있었으나 근본적인 취지는 '사람을 근본으로 한다.'는 것이었다. 그들 사이의 학술에 대한 명성의 다툼은 춘추 전국 시대의 휘황찬란한 문화와 사상 해방을 형성했다.

춘추 전국 시대의 과학 기술

춘추 전국 시대는 또한 중국의 고대 과학 기술이 비약적으로 발전한 시기이다. 이를테면 수학 영역에서 십진법의 운용, 수판과 그 사용법의 발명, 컴퍼스의 사용, 구고勾股(직각 삼각형)의 정리와 그 측량 방법의 발견, 특히 십진법의 운용은 세계적으로도 앞자리를 차지하고 있다. 인도에서는 6, 7세기에 와서야 비로소 십진법을 썼고 이집트를 거쳐 유럽에 전해졌다. 천문학에서 이 시기에 이미 28수宿 좌표의 항성 체계恒星體系 구조가 완성됐다. 이 좌표계座表系는 태양계의 5대 항성, 즉 수, 금, 목, 화, 토의 운행과 혜성慧星, 샛별, 유성의 운행을 정확하게 기록하고 있다. 《춘추春秋》에 기록된 37차례의 일식은 현대 과학 기술로 측량해도 그 결과가 놀랍다. 노나라 문공文公 14년(기원전 613년)에 세계에서 최초로 핼리 혜성에 관한 기록이 남아 있다. 노나라 장공莊公 7년(기원전 687년)에는 또 거문고자리 유성우와 관련한 최초의 기록이 있다. 춘추 시대 중국 역법에서는 이미 동지, 하지, 춘분, 추분, 입춘, 입하, 입추, 입동의 8개 절기가 나뉘어졌고 동짓날의 정확한 시간을 확정했다. 이것은 당시 농업에 과학적 근거를 제공해 주었다. 전국 시대 감덕甘德, 석신石申이 쓴 《감석성경甘石星經》은 세계 최초의 항성표恒星表이다. 의학 방면에서는 춘추 시대에 점차 의학과 무술巫術이 분리되었고 기초 의학, 임상 의학 면에서 거대한 발전이 있었다. 춘추 후기 유명한 의사 편작扁鵲은 망望(시진하다), 문聞(소리를 듣고 냄새 맡다), 문問(문진하다), 절切(진맥하다)의 네 가지 진단법과 탕약, 위熨(덥게 한 약물로 환부를 문지르면서 누르는 방법), 침석(침구, 돌침), 복약술의 의료 방법으로 한의학의 토대를 닦아 놓았다. 전국 시대에 책으로 펴낸 《황제내경黃帝內經》은 중국 최초의 인체 해부와 혈액 순환 개념을 기록한 것이다. 맥리脈理의 병 근원, 경락, 침자針刺에 대한 논술과 변증적 치료에 대한 원칙은 지금도 필수 과목이 되고 있다. 그리고 전국 시대의 《행기옥패명行氣玉佩銘》,《각곡식기卻谷食氣》,《도인도導引圖》 등을 대표로 한 기공에 대한 문헌은 당시에 체질을 증강하고 질병을 제거함에 있어서 중요한 방법을 표시한 것이다. 이러한 양생 보건 사상養生保健思想과 기술은 지금도 사람들의 관심을 받고 있다.

> 기원전 403년~기원전 221년
> 변혁이 일어나고
> 발전을 추진한 시대
> **전국**

농학과 수리 공정

정경세작精耕細作을 특징으로 하는 전통적 농업은 토양, 선종, 경작, 파종, 중경, 제초, 관개, 시비, 병충해 방지와 수확, 저장 등에서 풍성한 지식과 경험을 쌓았다. 수리 공정은 전국 시대에 더욱 큰 발전을 가져왔다. 공정 건설은 단순한 홍수 방지, 관개로부터 가뭄 방지, 모래 방지, 도랑 파기와 메우기, 소금 장만과 항운航運 등 종합적으로 변했다. 그리고 지상 수원을 이용하던 것에서 점차 지하 수원을 개발하는 데로 나아갔다. 그중에서도 홍수 방지, 관개, 분수 공정인 도강언都江堰, 대형거계大型渠系 관개 공정인 정국거鄭國渠, 다수 제인수制引水 공정인 장수거漳水渠 등이 있다. 이 밖에도 우경牛耕과 철제 도구 등의 보편적 보급과 운용, 뽕나무로 누에를 키우는 기술의 발전, 인공 양어와 식수의 보급은 춘추 전국 시대에 농업 생산이 발달되었음을 의미한다. 그리고 《묵자墨子》,《장자莊子》,《한비자韓非子》,《여씨춘추呂氏春秋》 등 제자백가의 저서와 《고공기考工記》 등 고서적의 내용을 고찰해 보면 당시 선민들이 생산, 생활과 전쟁 용품을 개발하며 전개한 물리학, 화학, 야금학, 열학, 소리, 빛, 자석 등과 관련된 지식이 많이 누적되고 발전되었음을 알 수 있다.

기원전 403년~기원전 221년

전국 형세도

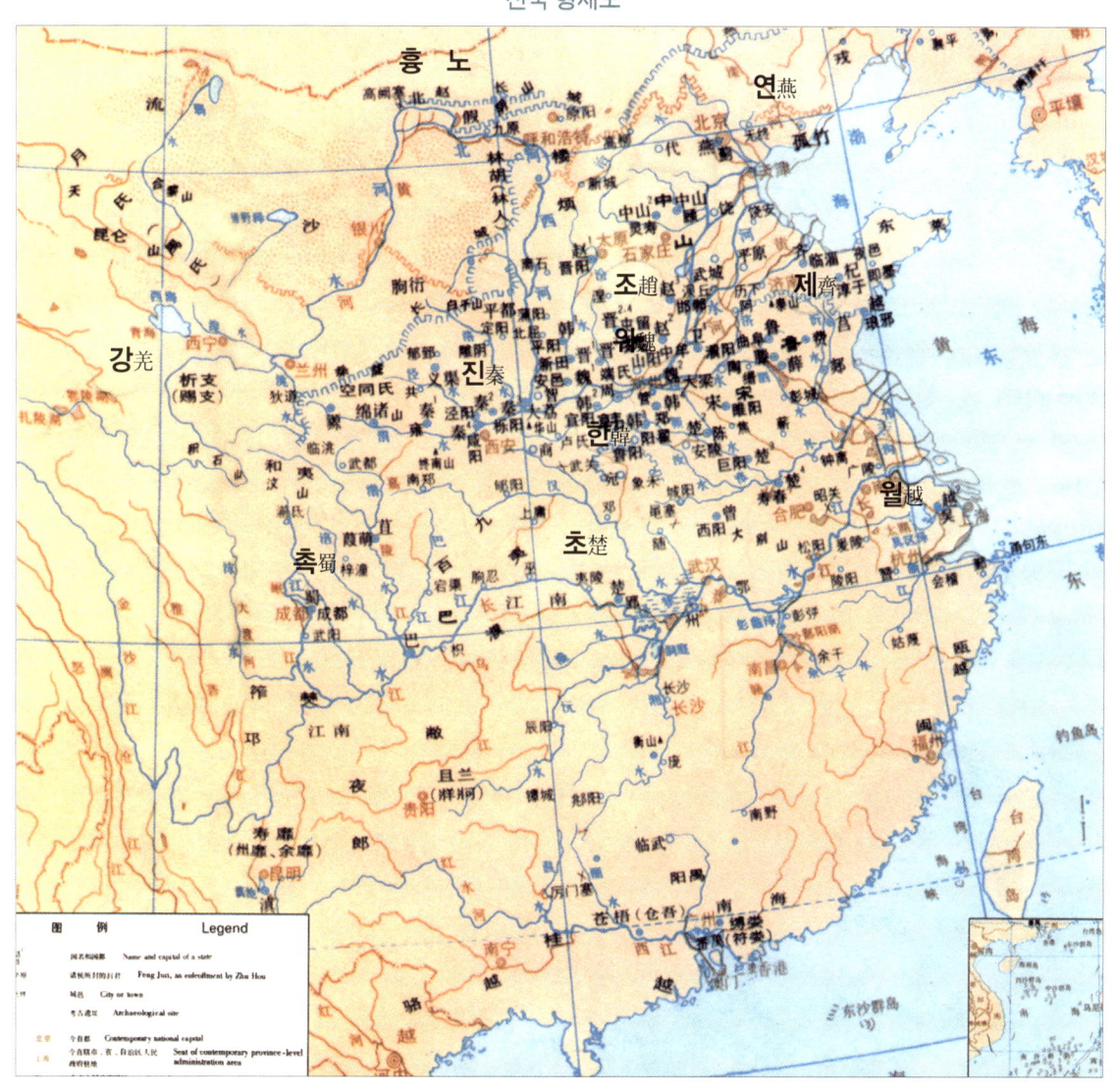

《중국 역사 지도집》제1권: 원시 사회, 하, 상, 서주, 춘추 전국 시대

전국 세계표世系表

1 주周**나라 위열왕**威烈王 → **2 안왕**安王 → **3 열왕**烈王 → **4 현왕**顯王 → **5 신정왕**愼靚王 → **6 난왕**赧王

| 중국사 연표 |

기원전 403년

주周나라 무열왕武烈王은 한韓·조趙·위魏나라를 제후로 책봉했는데 이때로부터 전국 7웅雄의 국면이 정식으로 형성되었다.

001

묵자가 공수반을 지혜롭게 일깨우다

공수반公輸般은 초楚나라 왕을 위해 무기를 만들었는데 아주 날렵했다. 학문의 대사 묵자墨子는 평화를 위해 무기 개발을 반대했다. 두 사람은 이 문제로 초나라 왕 앞에서 설전을 벌였다.

전국 초기의 묵적墨翟과 공수반은 뛰어난 인재였다. 묵적은 출중한 학문으로 한 파를 이루었는데 사람들은 그를 '묵자'라고 존칭했다. 공수반은 재주 있는 목수로서 여러 가지 기계를 잘 만들었다. 노魯나라 사람인 그는 옛적에 '반般'과 '반班'이 같은 발음이었기에 또 노반魯班이라 칭했다.

'구거'에 비길 수 없이 센 '의'의 역할

초나라 혜왕惠王이 공수반이 재주가 많다는 말을 듣고 그에게 전함을 만들게 하자 공수반은 '구鉤'와 '거拒'를 만들어 냈다. '구'는 도망치는 적선을 걸어서 멈추게 할 수 있고 '거'는 적선이 가까이 오지 못하도록 멈추게 할 수 있다. 초나라 군이 이 무기를 가지고 강한 월越나라군을 여러 차례 격파하자 혜왕은 공수반에게 큰 상을 내렸다. 어느 날 공수반이 학문을 전수하는 묵자를 만났는데, 그는 득의양양해 하면서 묵자에게 "나는 구와 거를 발명해 초나라의 수군이 백전백승하게 했습니다. 그대는 도처에서 '의義'를 외치지만 구나 거처럼 쓸모가 있겠습니까?"라고 말했다. 그러자 묵자는 웃으면서 "나는 의를 주장해 박애로써 구를 삼고 공경으로써 거를 삼습니다. 박애는 사람들이 서로 친근해지게 하며 공경은 사람들이 자존자애自尊自愛하게 하는데 이러면 곧 문명 사회가 될 것입니다. 만약 오늘 그대가 구를 가지고 남을 걸려 한다면 그 사람도 구로 그대를 걸 것입니다. 그대가 거를 가지고 남을 멈춰 세우려 한다면 그 사람도 거로 그대를 멈춰 세울 것입니다. 이렇게 되면 서로 피해를 입게 됩니다. 내가 주장하는 의의 역할은 그대의 구거와 비교해 볼 때 얼마나 강한지 모릅니다." 이 말을 들은 공수반은 탄복했다.

전쟁을 막기 위해 살인을 청구한 묵자

얼마 후 묵자가 제나라에 갔는데 공수반이 또 '운제雲梯'를 만들어 혜왕이 송宋나라를 치도록 도왔다는

묵자가 비공非攻을 주장하다

노魯나라 사람인 묵적은 송나라에서 대부大夫를 지냈다. 그는 묵가墨家 학파를 창시했다. 묵자는 '서로 사랑, 서로 이득兼相愛,交相利'의 원칙을 천하를 구하는 묘책으로 삼았다. 공수반(노반)은 초나라에 공성 기계를 만들어 줘 송나라를 공격하는 데 쓰게 했다. 이 소식을 들은 묵자는 초나라 왕과 공수반을 만나 '겸애兼愛', '비공非攻'의 도리를 설교해 송나라를 치지 말도록 권고했다. 또 공수반에게 전쟁 기구인 공방攻防의 효능을 비유적으로 설명해 공수반의 기를 꺾어 놓았다. 그림은 묵가 학파가 발명한 공성 운제攻城雲梯이다.

●●● 역사문화백과 ●●●

[성을 지킬 때 쓰는 기계]

누답檑答은 기어오르는 적을 덮어 불태워 죽이는 데 쓰는 것이다. 현량懸梁은 후세에서 쓰던 구름다리와 같은 것인데 적군의 공격을 차단시키는 데 썼다. 현패懸牌는 덮개가 없는 네모난 나무 상자 안에 무사가 창을 쥐고 앉아서 공격해 오는 적을 무찌르는 데 쓰는데, 활차의 줄을 당기는 데 따라 신속히 오르내릴 수 있다. 자차精車는 차가 이동하면서 그 안에서 불덩이, 돌멩이 등을 던져 적을 살상하는 데 쓰던 병기이다.

| 세계사 연표 |

기원전 403년 | 스파르타가 아테네에서 건립한 귀족파 통치 기구인 '30인 참주'에서 내란이 발생했는데 민주파가 이 기회에 반격해 정권을 다시 빼앗았다.

《묵자墨子·노문魯問》
《묵자墨子·공수公輸》 출전

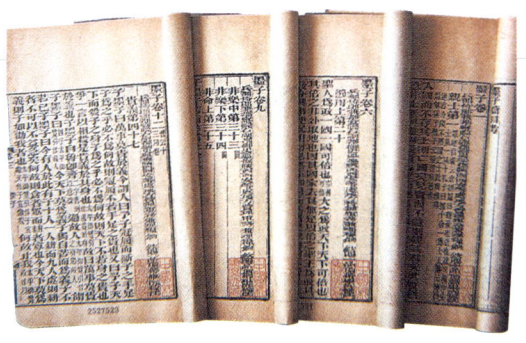

《묵자墨子》 중의 군사 논술
묵자의 특징은 '수비', '비공'의 방어에 치중한 것이다. 묵자는 전란에 대해 이렇게 말했다. "일으키는 자가 있기 때문에 서로 사랑하지 않는 것이 생긴다. 전쟁은 서로간에 악하게 대하는 데 있다. 이것은 '흉사凶事'를 초래한다. 남을 정벌하는 것은 천하의 큰 해로움이다." 그는 또 이렇게 말했다. "강국, 대국의 위협에 대처하려면 약소국가는 기필코 방어 준비를 잘 해야 한다."

말을 들었다. 전쟁을 줄곧 반대해 온 묵자는 열흘 밤낮을 쉬지 않고 걸어 초나라의 영도郢都에 이르렀다. 묵자를 본 공수반은 놀라면서 물었다. "선생께서는 황급히 나를 찾아 무엇을 가르치렵니까?" 그러자 묵자가 "제나라에서 어떤 사람이 나를 모욕하고 있으니 선생께서 저를 도와 그 사람을 죽여 주십시오."라고 했다. 그러자 공수반은 "나는 도의를 지키지 살인을 원치 않습니다." 하며 성을 냈다. 그러자 묵자가 웃으면서 "당신이 운제를 발명해 송나라를 치는 데 쓴다고 들었습니다. 초나라는 땅은 넓으나 인구가 부족한데 지금 사람을 희생시켜 땅을 탈취하려고 하는 것은 지혜롭지 못합니다. 폭력으로 약한 자를 깔보는 것은 불인不仁입니다. 그대는 불인이라는 것을 똑똑히 알면서도 도리어 제지하라고 권고하지 않으니 이것은 불충不忠입니다. 그대가 혹시 권고했는데도 성공하지 못했다면 이것은 무능無能함을 의미합니다. 금방 그대가 마음속에 인의를 품고 있기에 무고한 사람을 죽이는 것을 원치 않는다고 했는데, 그대가 운제를 제조한 것은 더욱 많은 무고한 사람을 죽이기 위한 것이 아니고 무엇입니까?" 하고 말했다. 묵자가 공수반에게 더는 운제를 만들지 말라고 하자 공수반은 이미 혜왕에게 약속한 일이어서 아주 난처해 했다. 그러자 묵자가 그의 손을 잡고 "나를 혜왕에게 데려다 주시오."라고 했다.

비단옷을 놔두고 헌 적삼을 훔치다

묵자는 혜왕을 보자 "지금 어떤 사람이 화려한 차를 버리고 이웃의 헌 차를 욕심내 훔치려 하며, 자기의 좋은 옷을 놔두고 이웃의 헌 적삼을 욕심내 훔치려 하고, 자기의 좋은 밥과 고기를 놔두고 이웃의 채소 껍질과 겨밥을 훔치려 합니다. 대왕께서는 이 사람의 행동을 어떻게 보십니까?"라고 묻자 혜왕은 "그 사람이 도둑질하는 병에 걸렸구만!" 하고 말했다. 그러

목공의 선조 공수반
공수반, 즉 노반은 전국 초기의 노나라 사람이다. 《여씨춘추呂氏春秋·신대람愼大覽》에서는 공수반을 "천하의 재주 있는 목공이다."라고 칭했다. 공수반은 초나라를 위해 전선戰船에서 쓰는 병장기 구강鉤強, 공성에 쓰는 병장기 운제를 만들었다. 또 참대로 비작飛鵲을 만들었는데 사흘 동안 하늘을 날 수 있었다.

묵자 29

| 중국사 연표 |

기원전 402년 ● 주周나라 위열왕威烈王 졸후은 아들인 자안子安에게 왕위를 계승하게 했다.

기사 무늬 기와
반원을 이룬 이 기와는 한 그루의 상록수 양쪽에 말을 탄 기사가 각각 새겨져 있는데 형상이 생생하고 제작 기술이 아주 정밀하다. 산동성 임치시山東省臨淄市에서 출토되었다.

자 묵자는 말머리를 돌려 "초나라 땅은 5000리이고 송나라 땅은 500리에 불과합니다. 바로 화려한 차와 헌 차라고 할 수 있습니다. 초나라는 운몽택云夢澤이 있고 서우犀牛와 사향노루가 들에 차고 넘치며 또 장강長江, 한수漢水에 물고기와 자라가 그득해 천하의 부유한 곳이라 할 수 있지만 송나라는 들꿩, 산토끼도 찾아보기 어렵습니다. 이것은 좋은 밥과 고기를 먹으면서 채소 껍질과 겨밥을 훔치는 것이 아니겠습니까? 초나라는 높고 큰 소나무가 있고 질 좋은 가래나무, 느릅나무, 녹나무, 장뇌나무가 있지만 송나라는 손꼽을 만한 나무들이 없습니다. 이것은 비단옷과 헌 적삼이라 할 수 있지 않겠습니까? 대왕께서는 어찌하여 송나라를 치려 하십니까? 이것이 도둑질하는 병에 걸린 것과 무슨 다름이 있습니까?' 라고 말했다.

묵자의 주도면밀한 공수전攻守戰

묵자의 말을 듣고 난 혜왕은 고개를 끄덕이긴 했으나 그리 달가워하지 않으며 "선생의 말은 그럴듯한데 공수반이 이미 운제云梯를 만들었으니 본래 계획을 어찌 바꾸리오." 하고 난처한 기색을 지었다. 묵자는 혜왕이 송나라를 치려는 계획을 버리려 하지 않는다는 것을 알고, 허리띠를 풀어 상 위에 놓아 성으로 삼고 막대기를 방어 무기로 삼아 공수반에게 성을 공격해 보라고 했다. 공수반이 여러 가지 방법으로 아홉 번이나 공성 기계를 써 봤지만 번번이 묵자가 막아 버렸다. 공수반은 묵자에게 말했다. "이젠 알 만합니다. 하지만 그치지 않겠습니다." 묵자도 빙그레 웃으면서 말했다. "알 만합니다. 하지만 나도 그치지 않겠습니다." 곁에서 싸움 구경을 하던 혜왕은 무슨 영문인지 알 수가 없었다. 묵자가 말했다. "공수반의 생각은 나를 죽이려는 것입니다. 하지만 나를 죽여도 소용이 없습니다. 그는 나에게 금활리禽滑厘 등 300명의 제자가 있다는 것을 모르고 있습니다. 그들은 벌써 내가 만든 성을 지키는 기계를 가지고 송나라에서 초나라 군을 기다리고 있습니다. 그러니 나를 죽인들 무슨 소용이 있습니까?" 그제야 혜왕은 "알아듣겠습니다. 과인은 송나라를 치지 않겠습니다."라고 말했다. 묵자는 마침내 뛰어난 지혜와 군건한 의지로 한차례 불의의 전쟁을 막아 냈다.

《묵자》 각본
《묵자》는 전국 시대 묵가의 대표작인데 묵가의 제자들이 편찬한 것이다. 원래는 71편인데 지금 남아 있는 것은 53편이다. 함축된 사상은 중국 사상 발전사에서 중요한 학술 자료로 쓰이고 있다. 《묵자》의 사상은 백성들의 이익과 요구를 대표했는데 백성의 사상을 반영한 철학 서적이라 할 수 있다.

●●● 역사문화백과 ●●●

[묵가]

묵가墨家의 창시자는 묵자이다. 묵자는 사회 윤리상에서는 '서로 사랑, 서로 이득'을, 정치상에서는 상현尙賢, 상동尙同과 비공의 주장을, 경제상에서는 중농절용重農節用하며, 백성의 시간, 인력을 빼앗지 말 것을, 사상상에서는 존천사귀尊天事鬼를 주장했다. 묵가의 성원들은 규율이 엄했는데 그 대부분은 사회 하층 출신이었다. 수령을 거자'巨子'라 칭하고 논변을 일삼는 것을 '묵변墨辨'이라 칭했으며, 무장 행동을 일삼는 사람을 '묵협墨俠'이라 칭했다. 전국 이후에 계속 묵학 연구를 하는 사람을 후기 묵가라 칭했다.

| 세계사 연표 |

기원전 401년 — 카르타고 사람 한노는 서아프리카 해안을 탐험하면서 식민 활동을 했다.

002

《전국책戰國策·조책趙策 1》
《사기史記·자객열전刺客列傳》 출전

의사 예양

예양豫讓은 은혜를 갚으려고 여러 차례 조양자趙襄子를 죽이려고 했다. 그가 목적을 달성하기 위해 목소리와 모습마저 바꾸자 조양자는 그의 행동에 감동했다.

은혜를 갚으려면 원수를 갚아야 한다

진晉나라의 지백知伯이 조趙·한韓·위魏 세 나라에 패한 뒤 지백의 여러 문객들은 뿔뿔이 흩어졌다. 그러나 예양만은 주인의 원수를 갚아 주려고 밤낮으로 생각했다. 예양은 처음에 범範씨, 중행仲行씨의 신하로 있었으나 중용되지 못했다가 지백의 문하가 되어서야 후한 대접을 받게 되었다. 세 나라가 연합해 지백을 공격할 때 예양은 산속에 피신했으나

지백은 끝내 조양자에게 피살되었다. 후에 이 소식을 들은 예양은 분노하면서 "여인은 자기를 좋아하는 자를 위해 치장하고 선비는 자기를 알아주는 자를 위해 목숨을 바친다고 했는데 내가 지백의 처지를 알았으니 꼭 그를 위해 복수하리라."라고 말했다. 그는 신분을 숨기고 옥에 갇혔던 사람으로 꾸며 진나라 왕궁에 숨어들었다. 그는 화장실을 청소하면서 기회를 노려 조양자를 죽이려 했다.

어느 날 궁중 정사를 돌보던 조양자가 화장실로 오게 됐는데 그 입구에 왔을 때 갑자기 호위병에게 화장실을 수색하게 했다. 그래서 손에 비수를 들고 기다리던 예양은 붙잡히고 말았다. 조양자가 누구냐고 묻자 예양은 "난 지백의 가신家臣 예양이오. 당신이 나의 주인을 죽였으니 나는 주인을 위해 원수를 갚으려 하오."하고 당당히 대꾸했다. 예양의 충성스런 행동에 감탄한 조양자는 칼을 빼 드는 호위병을 제지시켰다. "그야말로 의사義士로구만. 지백이 죽어 후임자가 없더니 가신이 나서서 원수를 갚아 주려 하는구나. 천하에 둘도 없는 현숙한 사람이로다." 하면서 예양을 놓아주었다.

403 ~ 221 전국

조간자趙簡子의 진양성晉陽省 수축
조간자, 즉 조앙趙殃은 조양자의 부친이다. 기원전 497년, 조간자가 동족인 조오趙午를 죽이자 중행씨, 범씨가 연합 공격해 도읍을 떠나 진양에 이르렀다. 그는 동알안어董關安於, 윤택尹澤씨 등을 등용해 진양성을 수축하고 진양을 튼튼히 지켰다. 당시 한韓씨, 위魏씨가 진晉나라 정공定公의 명을 받들어 범씨, 중행씨를 정벌하자 그들은 조가朝歌로 도망쳤다. 조간자는 벼슬을 회복하고 조가를 포위했다.

칼을 든 병사 목각 인형
목용木俑의 몸체는 통나무로 만들었는데 두 팔은 따로 만들어 붙였다. 양미간은 넓고 눈은 위로 떠 강한 자태가 역력하다. 왼손은 칼자루를, 오른손은 칼집을 쥐었는데 몸을 약간 굽히고 다리를 좀 구부린 것이 마치 당장이라도 전장에 뛰어들 것만 같다. 목용의 조각법은 간결하지만 무사의 영특하고 용감하며 씩씩한 자태가 확연히 드러나 보인다.

기원전 402년

| 중국사 연표 |

전국 시대 사상가인 자사子思가 죽었다. 자사는 이름이 급伋이고 공자의 손자인데 스승의 뒤를 이어 정사에 참여했다.

'삼진三晉'의 포폐布幣
전국 시대의 포폐는 한, 조, 위나라의 '삼진' 지역에서 유통되었는데 '양충오십당梁充五十當', '이석원족폐離石圓足幣', '진양첨족폐晉陽尖足幣'의 세 가지가 있다. 이 포폐를 '삼진' 포폐라 한다.

원수를 갚기 위해 형상을 바꾼 예양

얼마 후 예양은 다시 원수 갚는 길에 나섰다. 그런데 조양자의 호위병들이 이미 그의 얼굴을 알고 있자 그는 몸에 검은 칠을 하고 수염과 눈썹을 밀어 버리고 거리에서 밥을 빌면서 조양자가 나타나기를 기다렸다. 그러던 어느 날 예양이 거리에서 구걸을 하고 있는데 마침 그의 아내가 지나다가 그를 보며 이 거지는 누군지 모르겠으나 목소리는 자기 남편 같다고 하면서 이상해 했다. 이 말을 들은 예양은 숯을 가득 얻어다 쉰 소리를 냈고, 남들이 다시는 그를 알아볼 수 없게 되었다. 그를 알고 있던 한 벗이 그에게 "자네가 비록 성공한다 해도 재질이 뛰어난 선비라 할 수 없네. 그러지 말고 자네의 그 재능으로 조양자를 섬긴다면 그의 중용을 받을 수 있지 않겠는가? 그때 가서 도모해도 늦지 않을 거야."라고 말했다. 예양이 이 말을 듣고 "내가 지백을 위해 복수하는 것은 그가 나를 알아준 은혜에 보답하려는 것인데 만약 또 조양자의 은혜에 보답하자면 내가 어떻게 원수를 갚을 수 있겠는가? 구군舊君을 위해 신군新君을 죽인다면 군신의 의가 흐트러지지 않겠는가? 만약 내가 조양자의 가신이 되어 그를 가만히 죽이려 한다면 군을 섬기는 데 두 마음을 품은 것이 되니, 이렇게 되면 내가 천하에 수치스러운 사람으로 되고 말 것일세!" 하며 거절했다.

또다시 실패한 습격

얼마 안 되어 조양자가 순시를 나왔는데, 예양은 이

예양의 자결
지요知瑤, 즉 지백의 가신 예양은 지요의 우대와 중용을 받자 자기를 알아준 지요를 위해 원수를 갚기로 결심했다. 그는 이를 위해 목소리, 용모마저 변화시켰으나 조양자를 죽이는 일에 번번이 실패했다. 조양자에게 다시 잡힌 예양은 그의 옷을 벗어 달라고 청한 다음 그 옷을 찌른 후 자결했다. 이 그림은 청淸나라 말, 민民국 초기 마태마馬駘의 《마태화보馬駘畫寶》에 실려 있다.

●●● 역사문화백과 ●●●

['전국 7웅'의 형성을 표징하는 사건]
춘추 말기에 진晉나라에서는 6경卿이 통치하는 국면이 형성되었다. 기원전 458년, 6경에 내란이 있었다. 지·한·조·위씨가 손을 잡고 범씨, 중행씨를 소멸했다. 5년 후에는 또 조·한·위씨가 연합해 세력이 가장 큰 지씨를 소멸했다. 진晉나라 유공幽公 때 왕실의 토지는 다만 하강下絳, 곡옥曲沃만이 남아 있고 나머지 토지는 조·한·위씨에게 귀속되었다. 기원전 403년, 주나라 위열왕은 조·한·위나라를 정식으로 제후에 책봉했고, 진나라는 멸망되었다. 역사에서는 이를 '삼가 분진三家分晉'이라 칭한다.

| 세계사 연표 |

기원전 401년

미얀마의 첩인帖人(벼슬 이름. 지금의 흥인임)이 대략 본 세기 초 이라와디 강 상류에 타가웅국을 세우고 도읍을 타가웅성에 정했다.

것을 알고 조양자가 지나는 다리 밑에서 매복하고 있었다. 과연 한 무리의 대열이 나타났고 조양자가 말을 타고 앞에서 달려오고 있었다. 다리 밑에 이르렀을 때 갑자기 말이 놀라 포효하자 조양자는 "그 예양이 숨어 있구만!" 했다. 사람들이 과연 다리 밑에서 예양을 잡아 오자 그가 변한 모양을 보고 조양자는 감동했다. "그대는 이전에 범씨, 중행씨의 시중을 들었었는데 이 두 사람은 모두 지백에게 멸망되었네. 그대는 왜 그들을 위해 복수하지 않고 죽은 지백을 위해 기어코 복수를 하려 하는가?" 하고 묻자 예양은 강경한 태도로 대답했다. "내가 범씨, 중행씨를 시중들 때 그들은 나를 보통 사람으로 대했기에 나도 그들을 보통 사람의 태도로 대합니다. 그러나 내가 지백에게 시중들 때 지백은 나를 국사國士로 대했기에 나도 국사의 태도로 보답하는 것입니다." 조양자는 이 말을 듣고 오래도록 생각하다가 말했다. "과연 충의지사로다. 나는 그대에게 탄복했네. 그래서 나는 인의로 그대를 대하노라. 그래. 그대는 지금 나를 어찌하려는가?" 조양자 신변의 호위관이 이 말을 듣고 손을 흔들자 삽시에 무사들이 예양을 둘러쌌다.

의복을 칼로 찔러 원수를 갚은 예양

갑사에게 겹겹이 둘러싸인 예양은 더는 복수할 수 없게 되자 몸을 돌려 조양자에게 배례하고 말했다. "듣건대 현명한 군주는 사람의 미덕을 매몰하지 않는다 했습니다. 충신 의사도 죽을 각오를 해야 합니다. 전에 그대께서 나를 놓아줘 천하가 그대의 현명함을 칭송하고 있습니다. 나는 죽어 마땅한 사람입니다. 마지막 소원을 들어 주십시오. 그대의 의복을 벗어 주십시오. 그러면 죽어도 한이 없겠습니다." 그러자 조양자는 묵묵히 옷을 벗어 호위병을 시켜 예양에게 주었다. 예양은 그 옷을 펴 놓고 세 번 칼로 찔렀다. 그리고 "나는 지백을 위해 끝내 복수했습니다." 하고는 칼을 들어 자결했다.

조趙 지역의 백성들은 예양의 충성심을 기려 다리 이름을 '예양교'라고 고쳐 불렀다.

초나라의 화폐 제작 기구

전국 중기에 초나라에서 화폐를 만드는 데 청동기를 썼다. 이 도구는 한 쌍으로, 구리물을 붓는 두 갈래의 길로 구리물을 천천히 흘러들게 하는데, 한 번에 64매의 의비전蟻鼻錢이 찍혀 나온다. 문헌에도 기록되었듯이 초나라에서는 동패銅貝를 화폐로 썼는데 의비전의 발견은 동패를 주조할 때의 광경을 생생하게 재생시킨다.

●●● 전국 7웅과 도성 표 ●●●

주周	낙읍雒邑	고왕考王 원년(기원전 440) 그 동생 갈揭을 왕성王城에 봉하고 서주 환공西周桓公이라 칭했다. 기원전 256년 진秦나라가 서주를 멸했다. 현왕顯王 2년(기원전 367), 서주 위공威公이 죽은 후 소자 근根이 동부에서 왕위를 쟁탈해 공鞏으로 천도했다. 호를 동주東周 혜공惠公이라 했다. 동, 서 두 소국이 형성되었다. 현왕은 동주 경내의 성주成周에 거주했다. 기원전 249년, 진秦나라가 동주를 멸했다.
진秦	함양咸陽	헌공獻公이 역양櫟陽으로 천도하고 효공孝公이 함양으로 천도했다.
위魏	대량大梁	처음 도읍은 안읍安邑이다. 혜왕惠王 때 대량으로 천도했다. 기원전 225년 진나라가 위나라를 멸했다.
한韓	신정新鄭	처음 도읍은 양적陽翟이다. 기원전 375년 정鄭으로 천도하고 후에 신정으로 천도했다. 기원전 230년 진나라가 한나라를 멸했다.
조趙	한단邯鄲	처음 도읍은 진양晉陽이다. 후에 한단으로 천도했다. 기원전 222년 진나라가 조나라를 멸했다.
초楚	영郢	도읍은 영이다. 기원전 278년 진陳으로 천도했다. 기원전 241년 수춘壽春으로 천도했다. 기원전 223년 진나라가 초나라를 멸했다.
연燕	계薊	도읍은 계이다. 기원전 226년 연나라 왕 희喜가 요동遼東으로 천도했다. 기원전 222년 진나라가 연나라를 멸했다.
제齊	임치臨淄	도읍은 임치이다. 기원전 221년 진나라가 제나라를 멸했다.

전국 초기 증후을曾侯乙의 묘墓에서 출토됨

| 중국사 연표 |

기원전 400년

《악기樂記》가 이 시기에 완성되었는데 공자의 제자들이 저술했다고 전해진다. 음악의 본원, 미감美感 등의 문제를 기술했다.

003

서문표가 업성을 다스리다

업성鄴城에 탐욕스런 관리가 독판치면서 미신이 성행하고 백성이 도탄에 빠졌다. 서문표西門豹는 무당과 탐관오리를 그들의 방식으로 다스렸고, 업성의 넓은 들판에는 다시 곡식이 푸르게 자라났다.

고난에 시달리는 곳으로의 부임

지금의 하북성 임장현河南省臨漳縣 서남쪽에 있는 업성은 위魏나라의 중요한 진鎭인데 오래전부터 탐관이 집정하면서 무당이 판치고 백성은 살길을 찾아 흩어졌다. 위나라 문후文侯가 이 때문에 여러 신하들과 의논하자, 대신 적황翟璜이 힘으로 대중의 의견을 누르고 사람됨이 정직한 서문표를 천거했다. 업성의 중요성을 아는 서문표는 막중한 책임감을 가지고 부임길에 올랐다.

하백이 장가가는 날

업성에 당도한 서문표는 사복을 하고 그곳의 노인들을 만나 업성 사람들의 가장 어려운 점이 무엇인가를 물었다. 노인들은 그에게 말했다. "가장 참을 수 없는 것은 하백河伯이 해마다 한 차례 신부를 맞는 것입니다." 이 말을 듣고 서문표는 놀랐다. "무엇 때문입니까?" 노인들은 대답했다. "업성의 관리들은 해마다 하백이 신부를 맞는 세금을 받아 갑니다. 매번 몇 백만을 받아서는 그중 다만 2, 30만을 경비로 쓰고 그 나머지는 벼슬아치와 무당들이 나눠 가집니다. 무당들은 집마다 샅샅이 뒤져 예쁜 색시가 있으면 하백의 신부감이라고 합니다. 백성들은 안 된다고 울며불며 사정하지만 그들은 아랑곳하지 않고 색시들을 끌어갑니다. 하백이 신부를 맞는 날이 되면 그들은 골라 온 여자들을 목욕시키고 옷을 갈아입히며 곱게 화장시켜 장하漳河에 새로 지은 재궁齋宮 속에 가두고는, 둘레에 붉은색 천으로 장막을 치고 날마다 소를 잡고 술을 빚

어 공양합니다. 열흘이 되는 날 여자와 혼수품을 함께 강물 속에 집어넣는데 그러면 물결을 따라 둥둥 떠 가다가 나중에는 물속에 가라앉고 맙니다. 딸을 가진 집에서는 무서워 이곳을 떠나니 갈수록 마을은 텅 비고 세금은 많아져 업성의 백성들은 가난해질 수밖에 없습니다." 그 말을 들은 서문표는 의분으로 가슴을 메웠다.

강물 속에 던져진 무당과 삼노

하백이 신부를 맞는 날이 되자 서문표가 강변에 왔는데 이미 업성의 관리, 호장 및 진행을 담당한 '삼노三老'가 와 있었다. 의식을 진행하는 무당은 70세 가량 되어 보이는데 곱게 단장한 10여 명의 젊은 여자들이 그 뒤에 줄을 서 있었다. 그 무당 노파가 현령이 온 것을 보고 얼굴에 웃음을 담고 서문표 앞에 와서 예를 올리자 서문표는 "하백이 신부로 맞을 여자는 어떠한가? 내가 한번 보세." 하고 말했다. 무당이 그 여자들을 데리고 오자 서문표는 거드름을 부리며 위아래를 훑어보는 척하다가 관리들에게 말했다. "이 여자들은 그리 곱지 않구만. 그녀들을 어찌 하백의 신부로 삼을 수 있는가? 수고스럽지만 큰 무당 노파께서 하백에게 가서 전해 주게. 우리가 더 예쁜 여자를 골라 며칠 후에 보내 준다고 말이네!" 라

전국 시대의 술잔 (위 사진)
이 컵은 밑바닥이 평평하다. 몸체에는 짐승의 얼굴이 장식되어 있고 구리 고리가 달려 있다. 나팔 모양의 이 술잔은 전국 시대에 술을 마실 때 쓰던 기구이다.

| 세계사 연표 |

기원전 400년　　그리스 역사학자 투키디데스(대략 기원전 460년~기원전 400년)가 사망했는데 저서 《펠로폰네소스 전쟁사》를 저술했다.

《사기史記·골계열전滑稽列傳》

하백이 장가들다
업성의 탐관오리들은 치수治水의 명분을 내세워 무당과 손잡고 하백에게 여자를 바치는 제사를 지냈는데 이를 위해 거둬들인 돈으로 자기들의 배를 채웠다. 이런 악습을 제거하기 위해 새로 부임한 현령 서문표는 그들의 방법으로 그들을 다스려 무당들과 삼노를 강물에 던졌다. 이것을 본 관리들은 벌벌 떨면서 살려 달라고 했다. 이로부터 하백이 신부 맞는 악습은 근절되었다. 그 후 서문표는 수리 시설을 개선해 수환水患을 없애고 업鄴 땅을 잘 다스렸다. 이 그림은 청나라 말 민국 초기의 석인본石印本 《동국열국지東周列國志》에 실려 있다.

갔다 와야 하겠구만!" 하니 군사들은 평소에 위세와 복을 누리며 사람들을 못살게 굴던 삼노를 강물 속에 던져 버렸다. 그러자 관리와 호장들은 모두 땅에 엎드려 살려 달라고 머리를 조아렸다. 한 식경이 지나 서문표는 엎드려 있는 관리들을 보고 "모두 일어나게. 보아하니 하백이 손님들을 대접하느라 붙들고 놓지 않는 모양인데 우리 먼저 돌아가세. 그들이 돌아온 다음 다시 보세." 하고 능청스럽게 말했다.

이후부터 업성에서는 하백이 신부 맞는 일을 누구도 감히 꺼내지 못했다.

물을 다스려 강물의 우환을 근절

악독하고 탐욕스런 무당 노파, 삼노, 관리, 호장을 징벌해 사람들의 마음을 통쾌하게 한 후 서문표는 즉시 열두 갈래의 길을 파서 장하의 물을 끌어 밭을 개간하고 수환을 근절했다. 이로 인해 해마다 풍작을 이뤄 백성들이 풍족한 생활을 누리게 되었다. 이로부터 한漢대에 이르기까지 사람들은 "명성은 천하에 퍼지고 물은 후세까지 흘러간다."라고 칭찬하면서 서문표의 공적을 기리고 있다.

고 말하고는 군사들을 시켜 그 무당을 안아다가 강물 속에 던져 버렸다. 서문표는 강을 바라보며 한참 기다리다가 머리를 돌려 여러 사람을 보면서 말했다. "무당의 행동이 이렇게 느린가? 안되겠어. 여봐라. 제자를 보내 독촉하도록 하라!" 그러자 군사들은 맨 앞에 있던 젊은 무당을 안아다가 강물 속에 던져 버렸다. 이렇게 연속 세 사람을 던져 버렸지만 소식이 감감했다. 서문표가 "이 여자들은 아무 쓸모없구만. 이만한 일도 처리할 줄 모르다니. 아무래도 삼노가 하백한테

서문거와 서문갑
서문표는 하백이 신부를 맞는 풍속을 없앤 외에 열두 갈래 물길을 만들어 장하의 물을 논밭으로 끌어들였다. 이로 인해 후세에 서문거西門渠와 서문갑西門閘이 있게 되었다. 그림은 서문거와 서문갑의 유적지이다.

전국 시대 위魏나라 이리李悝의 '평적법平糴法' 이다. 이것은 풍작이 든 해에 양식을 저장했다가 흉년이 든 해에 파는 것인데 이로써 양식 가격을 안정시켰다.

| 중국사 연표 |
기원전 398년
정鄭나라가 상국相國의 자양子陽을 죽이자 자양의 무리들이 반항했다.
초楚나라가 정나라를 포위했다.

004

문후가 상을 선택하다

위魏나라 문후가 누구를 상相으로 삼을까 망설이자 모사謀士 이극李克이 다섯 가지 표준을 제출했다.

인재를 존중한 위나라 문후

위나라 문후는 인재를 존중하는 군주였다. 그는 저명한 학자 단간목段干木의 문전을 지날 때마다 언제나 일어서서 허리를 굽혀 공손히 인사했다. 이리하여 사방의 현숙한 사람들이 위나라에 모여들었다.

진나라는 위나라를 공격하려 생각했으나 "위나라 왕은 현숙한 사람을 존중하고 상하가 잘 단합되니 도모하기 어려울 것입니다."라고 누군가 충고하자 감히 공격을 못하고 있었다.

현숙한 사람을 등용하는 기준

문후의 수하에는 위성魏成과 적황翟璜이 있었는데 정사를 이들이 모두 처리했다. 그 때문에 난감한 것은 두 사람 중에서 누구를 상相으로 할 것인가 하는 문제였다. 아무리 고심을 해도 결정을 내리지 못한 문후는 학식이 많은 이극을 불러다 상의하기로 했다.

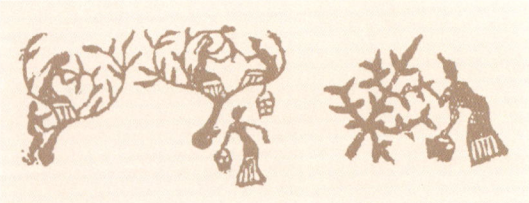

전국 시대 누에치기
전국 시대에 누에를 기르는 일이 아주 흥성했다. 황화 유역, 장강 유역 그리고 동북 지구에서 양잠업이 매우 발달했는데 제·노·송 위나라 등에서 특히 성행했다.

용봉 무늬 견직 이불
전국 시대의 이 유물은 1982년 호북성 강릉시 마산湖北省江陵市馬山 1호 초나라 묘지에서 출토되었다. 당시 5폭이 출토되었는데 꽃무늬는 반대 방향으로 배열되어 있으며 용과 봉황의 조형이 생생하다. 많은 선으로 추상적인 무늬가 새겨져 있어 만든 사람의 주관적 생각이 표현되어 있다. 당시의 경제 발전이 예술의 비약적 발전을 촉진했음을 이것에서도 찾을 수 있다.

••• 역사문화백과 •••

[중국 최초의 법전 – 《법경》]

《법경法經》은 중국 최초의 봉건 법전인데 기원전 407년경 전국 시대 위나라 문후의 상인 이리李悝가 편찬한 것이다. 이 책은 '도법盜法', '적법賊法', '수법囚法', '포법捕法', '잡법雜法', '구법具法'의 여섯 부분으로 되어 있다. 앞의 두 법은 도적을, '수법'은 탈옥범을, '포법'은 탈주범을, '잡법'은 사기, 탈옥, 도박, 탐오貪汚, 음란을, '구법'은 재소자의 행동을 징계하는 법이다. 이리가 편찬한 법전은 각국 법률에 이미 있던 성과를 모은 것을 기본으로 하고 있다.

| 세계사 연표 |

기원전 400년 — 페르시아의 총독이 그리스의 소아시아 아나톨리스의 여러 성을 공격했는데 스파르타가 지원병을 보냈다. 이렇게 되어 그리스와 페르시아의 전쟁이 폭발되었다.

출전 《사기史記·위세가魏世家》
《자치통감資治通鑑·주위열왕周威烈王 23년》

문후가 이극에게 말했다. "선생은 일찍 과인에게 '가정이 가난하면 양처良妻를 생각하고 나라에 난이 있으면 양신良臣을 생각한다.'고 했네. 지금 위성과 적황이 과인을 보좌하고 있는데 그중에서 누구를 상으로 삼는 것이 마땅하겠는지 그대의 의견을 듣고자 하네." 이극이 이 말을 듣고 말했다. "지위가 낮은 자가 지위가 존귀한 자를 마구 평하는 것은 마땅치 않으며 관련이 별로 없는데 관련이 많은 것을 의논하는 것은 마땅치 않습니다. 신이 조정의 기밀에 참여할 수 없으니 이처럼 중대한 일에 감히 의견을 발표할 수 없습니다."

그러자 문후가 말했다. "이것은 과인이 개인적으로 청하는 것이니 관계치 말고 말해 보게." 이극은 더는 사양할 수 없어 한참 생각하다가 말했다. "주공께서 사람을 쓸 때는 기준이 있었을 것입니다. 집을 지킬 때 어떤 사람과 왕래하는가, 권력이 있을 때 어떤 사람을 천거하는가, 곤란할 때 지향을 잃는가 잃지 않는가, 빈곤할 때 청백할 수 있는가 없는가, 이 다섯 가지면 족히 한 사람의 품성을 알 수 있을 것이고, 어느 사람을 상相으로 하면 좋겠는가를 알 수 있을 것입니다. 신에게 더 할 말씀이 있습니까?" 문후는 웃으며 말했다. "이젠 돌아가도 되네. 과인의 상국相國은 이미 선정됐네."

사실 앞에서 탄복한 적황

이극이 궁전을 나와 적황의 집 앞을 지나게 되었다. 두 사람은 절친한 사이였다. 이극이 힘들 때 적황의 도움을 받았고 그 후 적황이 이극을 천거해 문후의 중용을 받은 것이다. 적황이 붙잡는 바람에 이극이 그의 집에 들어갔는데 적황이 단도직입적으로 물었다. "들건대 주공께서 선생을 입궁시켜 상국 인선에 대한 의견을 들었다고 하는데 누구를 확정했습니까?" 이극

전국 시대 구리거울
이 구리거울은 1954년 사천성 소화현 윤원 파촉선四川省昭化縣院波蜀船 관을 매장한 자리에서 출토되었다. 이 구리거울은 은백색 거울면과 투조(조각에서 글자나 그림이 도드라지게 가장자리를 파내거나 뚫어지게 새기는 일) 거울 뒷면이 조화를 이룬다. 작은 단추가 가운데 있고 단추 주위에는 투조한 이무기 무늬로 이루어졌다.

-403~-221 전국

| 중국사 연표 |

기원전 397년 섭정聶政이 한나라의 상相 협루俠累를 죽였다.

이 대답했다. "위성입니다." 응당 자기가 상국이 되리라 생각했던 적황은 이 말을 듣고 저도 모르게 얼굴에 노기가 떠올랐다. 그는 말했다. "서하西河가 급할 때 내가 오기吳起를 천거해 서하를 안정시켰고, 주공께서 업성을 근심할 때 내가 서문표를 천거해 업성을 크게 다스렸고, 주공께서 중산中山씨를 토벌하려 하는데 병사를 거느릴 장수가 없어 곤란해 할 때 내가 악양樂羊을 천거했기에 성공할 수 있었고, 중산을 점령한 후에 그 성을 지킬 합당한 신하가 없을 때 내가 선생을 천거해 중산이 번영할 수 있었고, 주공의 아들이 스승을 찾지 못해 할 때 또 내가 굴후부屈侯鮒를 천거해 왕자가 스승을 얻게 됐습니다. 이 중요한 일들에서 어느 점이 위성만 못 합니까?"

이극은 적황의 기분이 가라앉기를 기다렸다가 그를 보고 말했다. "위성을 상으로 한다는 것은 나의 생각입니다. 그 이유는 위성이 범상치 않기 때문입니다. 생각해 보시오. 위성에게 차려지는 녹祿이 천 종鐘인데 10분의 9를 수하와 가난한 사람에게 나눠 줍니다. 또한 그도 문후에게 복자하卜子夏, 전자방田子方, 단간목段干木 이 세 사람을 천거했습니다. 주공께서는 그들을 스승의 예로 대합니다. 선생은 어떠합니까? 받은 녹은 하나도 남에게 주지 않았고 또 천거한 다섯 사람을 주공께서는 신자臣子로 대하고 있습니다. 재물을 어떻게 쓰는가에 따라 그 사람의 인품이 드러납니다.

또 어떤 사람을 천거했는가는 그 사람의 품위를 봐야 합니다. 그러니 선생을 어찌 위성과 비길 수 있겠습니까?" 이 말을 들은 적황은 부끄러워 일어나 허리를 굽혀 예를 드리고 말했다. "선생의 말씀이 아주 지당합니다. 나의 경망함을 양해해 주시오. 그리고 나를 제자로 받아 주십시오."

얼마 후, 문후는 위성을 상국으로 등용했다.

●●● 역사문화백과 ●●●

[전국 시대의 수리 공사 – 대구大溝, 홍구鴻溝]

대구는 전국 시대에 위나라에서 운하를 판 공정을 말한다. 이것은 양북陽北에서 수로를 파 제수濟水를 지나 포전택圃田澤에 이르렀다가 다시 여기에서 수로를 파 동쪽으로 위의 도읍 대량大梁 북곽北郭에 이르게 하는 것이다. 홍구는 대구의 토대에서 동으로 진陳나라의 옛 도읍을 거쳐 심구潁丘 부근에서 영수潁水에 들어간다. 영수를 거쳐 회수淮水, 여수汝水와 서로 통합한다. 이리하여 황黃, 회淮 평원을 적시면서 전반적인 경제 발전을 추진시켰다.

채상도採桑圖 (청나라 민정閔貞 그림)
뽕을 따서 누에를 치는 것은 전국 시대에 널리 보급되었다. 이것은 농부들이 뽕을 따는 것을 반영한 청나라 백성을 그린 것이다.

| 세계사 연표 |

기원전 399년

그리스의 철학자 소크라테스(기원전 469년~기원전 399년)가 별세했다. 그는 "자신을 알라."고 제기했는데 이것은 인류의 가장 중요한 일이다. 그는 진리는 객관성을 띤다고 인정하면서 덕성을 곧 지식으로 한다고 주장했다. 논리학 방면에서 처음으로 귀납법과 정의법을 제기했다.

005

《사기史記·위세가魏世家》
《자치통감資治通鑑·주위열왕周威烈王 23년》

전자방의 한마디 사람을 놀래다

위魏나라 태자는 부왕의 문객 전자방田子方을 매우 공경했다. 그런데 전자방이 오만한 것을 보고 불만을 품은 태자가 그 이유를 묻자 전자방은 그 도리를 말했다.

전자방이 말하는 공경의 예

전자방은 공자의 제자 자공子貢의 학생인데 도덕과 학문이 뛰어났다. 위나라 문후는 그를 존경해 스승으로 삼아 예로 행하고 공경했다. 어느 날 태자 자격子擊이 입궁해 문후를 배알하러 갔는데 그곳에 있던 모든 신하들이 태자를 보고 일어나 예를 드렸으나 전자방은 태연히 앉아 있었다. 그곳에 있던 사람 모두가 전자방의 행동이 무례하다고 책망했다. 그러자 전자방이 "옛적에 초楚나라 공왕恭王이 천하의 명인을 예로 공경했는데 '부친을 공경한다고 그 자식에게도 그렇게 할 수 없다.'는 규례를 세웠습니다. 문객에게 주공에 대한 예로 나이 어린 주인을 받들라고 한다면 유능한 선비들은 발길을 끊을 것입니다. 이것이 어찌 위나라에 이롭겠습니까?" 하고 말했다. 이 말을 듣고 사람들은 탄복했다.

또 어느 날, 문후가 전자방과 함께 술을 마셨다. 문후는 "오늘 종소리는 그리 조화롭지 못합니다. 고음 부분이 너무 높은 것 같은데 선생 듣기에는 어떻습니까?" 하고 물었다. 그러나 전자방은 웃기만 할 뿐 대답이 없었다. 문후는 "선생은 왜 웃기만 합니까? 과인의 말이 틀렸습니까?" 하고 물었다. 그러자 전자방은 문후에게 절을 하면서 "신이 한 말씀 올리겠습니다. 군자는 관리 분별은 논해도 소리 분별은 논하지 말아야 합니다. 오늘 주공께서 소리 분별에 마음을 쓰시니 신은 정사에 대한 식별이 쇠약해질까 우려됩니다." 하고 말했다. 문후는 예를 드리며 "선생 말씀이 지당합니다!"라고 하면서 감사해 했다.

태자를 단련시킨 전자방

시간이 흘러 중산中山을 지키던 태자 자격이 도읍에 돌아오다가 조가朝歌에서 전자방을 만났다. 부친이 전자방을 매우 존중하기에 태자도 전자방에게 예를 드렸다. 그런데 전자방은 수레에 앉아 지나가면서 답례도 하지 않았다. 이에 격분한 태자는 속으로 생각했다. '전자방이 아무리 존귀하다고 해도 문객에 불과한데 이처럼 무례하단 말인가?' 그리고 큰 소리로 말했다. "부귀한 자는 오만을 부릴 수 있지만 빈천한 자도 오만을 부릴 수 있단 말입니까?" 결국 이 말은 전자방은 빈천한 자에 불과하다는 것이다.

전자방이 여러 차례 태자를 오만하게 대한 것은 태자를 위한 마음에서였다. 문후가 예로 현숙한 사람을 대하니 그도 위나라를 위해 힘을 쓰기로 마음먹었다. 하지만 그는 지금의 위나라는 아직 위협이 도처에 있다는 것을 똑똑히 알고 있었다. 동쪽은 강성한 제齊나라이고, 북쪽은 용맹한 조趙나라이며, 남쪽은 한韓나라와 초나라가 있고, 서쪽은 호시탐탐

긴 뿔 구리 사슴
전국 시대의 유물인 구리 사슴은 우아한 몸체에 뿔이 과장되게 표현되어 있다. 사슴의 뿔은 아름답지만 동시에 무기가 된다. 옛사람들은 사슴을 신격화하고 존귀한 것으로 표현해 그것으로 사악한 것을 몰아내는 역할을 하게 했다.

-403~-221 전국

전국 시대 후기 위나라 사람이 쓴《죽서기년竹書紀年》, 서진西晋 시대에 출토되었다

| 중국사 연표 |

기원전 396년 — 위나라 문후 졸斯의 뒤를 이어 아들 무후武侯가 즉위했다. 정鄭나라 자양子陽의 무리들이 정나라 수공繻公을 죽였다.

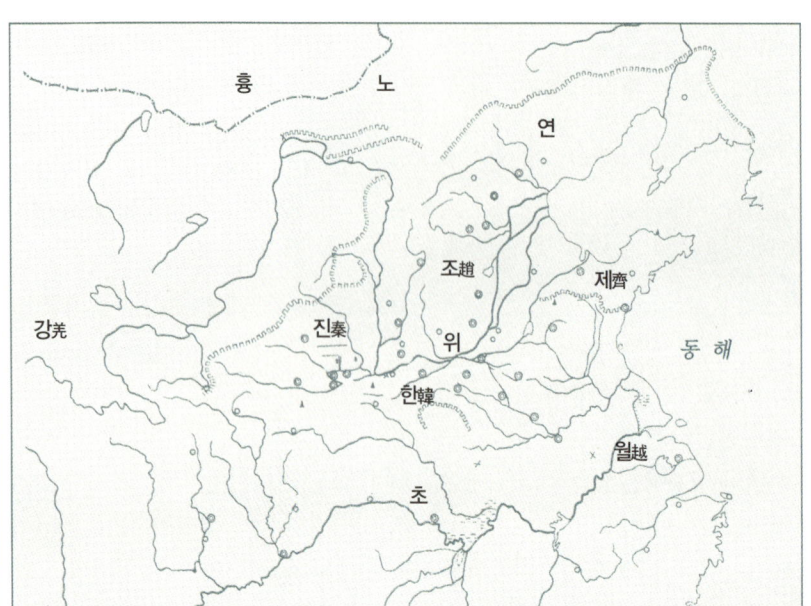

전국 시대 형세도

전국 시대에는 제·위·한·조·진·초·연의 7개 대국 외에도 대국 사이와 주위에 또 20여 개 소국과 소수 민족의 정권이 존재했다. 이 그림은 기원전 350년 전후의 여러 대국의 위치를 나타낸 것이다. 제나라는 지금의 산동성과 하북성의 서남부에 있었고, 위나라는 지금의 섬서성 동부의 황하 기슭 일대, 산서성의 중부, 서남부, 하남성의 중부와 북부, 하북성의 남부 및 산동성의 일부분에 있었다. 한나라는 지금의 산서성의 동남부와 하남성의 서북부에 있었으며, 조나라는 지금의 섬서성 동북부, 산서성, 하북성의 서남부, 산동성의 서부, 하남성 북단에 있었다. 진나라는 지금의 감숙성의 동남부, 섬서성의 중남부, 하남성의 서부, 연나라는 지금의 하북성의 북부, 요령성의 서남부, 산동성의 서북부에 있었다. 초나라는 지금의 호북성, 강서성의 북부, 안휘성, 강소성의 일부, 하남성의 남부, 섬서성의 동남부, 사천성의 동부, 호남성의 대부분과 광동성의 북부에 있었다.

정치적 도리를 깨친 태자

전자방이 힐끗 보니 태자는 화를 참지 못해 얼굴이 붉어져 있었다. 이에 전자방은 "진정으로 오만할 수 있는 사람은 빈천한 사람뿐입니다. 부귀한 사람이 어찌 오만하게 사람을 대할 수 있겠습니까?" 하고 대꾸했다. 뜻밖의 대답에 태자가 의아해 하자 전자방은 계속해서 말했다. "일국의 군왕이 오만하게 사람을 대한다면 곧 인심을 잃게 돼 국가를 이끌어 가기 어려울 것이며, 대부가 오만하게 사람을 대한다면 지지를 상실해 가신들이 난을 일으킬 것입니다. 이런 예를 들자면 헤아릴 수 없이 많습니다. 반대로 빈천한 사람은 사처로 떠돌아다니고 있으니 말해도 쓸모없고, 처지가 어려우면 떠나면 그 뿐입니다. 빈천한 사람은 잃을 게 없으니 무엇이 겁나겠습니까?"

이 말을 들은 태자는 부친이 말한 정치적 도리를 일시에 깨친 듯 머리가 맑아졌다. 태자는 전자방에게 세 번 절을 올리고 그 자리를 떠났다.

위나라를 노리고 있는 진秦나라이다. 만약 위나라에 조금이라도 틈이 생기기만 한다면 주변 국가들이 위나라에 손을 댈 것은 뻔한 일이었다. 위나라가 생존, 발전하려면 상하가 단결되어야 한다. 지금은 문후가 정사를 잘 돌봐 열국들이 움직이지 않고 있지만, 만약 문후가 손을 뗀다면 위나라의 안전은 보장받을 수 없다. 전자방은 이런 상황에서 태자의 품성을 살펴보고 그의 덕성을 연마하려는 것이었다.

> ••• **역사문화백과** •••
>
> **[상해박물관의 전국 시대 초죽서楚竹書]**
>
> 1994년 봄, 전국 시대의 초죽서와 죽통竹筒이 홍콩에서 발견되었다. 고증을 거쳐 죽통이 전국 말기의 초나라 귀족 묘지의 수장품隨葬品이라는 것이 밝혀졌다.
> 이 죽통은 모두 3만 5000여 자인데 80여 종이 있다. 모두 진시황秦始皇이 분서갱유焚書坑儒하기 전 전국 시대의 고서적이다. 주로 유가류儒家類의 것이고 도가道家, 병가兵家, 음양가陰陽家의 것도 있다.

| 세계사 연표 |

기원전 398년: 페르시아 왕 아르타크세르크세스 2세가 아테네에서 장령 콜롬을 페르시아 함대 지휘자로 등용해 스파르타와 대항했다.

006 백규의 경영 책략

《사기史記·화식열전貨殖列傳》

경쟁의 시기이기도 했던 전국 시대는 농업, 수공업, 상업에서 비약적인 발전을 이루었다. 이로 인해 거부가 탄생했고 상업 이론이 형성되기 시작했다. 위魏나라에서 상업을 했던 백규가 바로 상업 경영 이론을 갖고 있는 사람이었다.

백규白圭는 해박한 천문학 지식이 있었다. 그는 이를 이용해 지형, 계절의 차이를 알고 미래를 예측하여 경영 계획을 수립해 전국 시대의 거부巨富가 되었다.

사람들이 버리면 나는 취하고 사람들이 취하자면 나는 준다

백규는 독서하면서 범여範蠡, 계연計然이 월越나라 왕 구천句踐을 도와 부국강병富國强兵 했다는 것을 알게 되었는데, 그중에 '여름이면 가죽을 사들이고 겨울이면 얇은 옷을 사들이고, 가물면 배를 사들이고 장마 때면 수레를 사들인다.', '귀한 것은 거름처럼 버리고 천한 것은 주옥처럼 취한다.', '재물과 돈은 유수와 같이 흘러야 한다.' 등의 어구語句에서 무척 감동을 했다. 그는 또 범여가 벼슬을 버리고 장사를 해 거부가 된 것을 연상했다. 사람들은 이를 부자 '도주공陶主公'에 비유한다. 백규는 또 공자의 제자 자공이 거

전국 시대의 비단 그림

옛사람들은 용이 사람들의 영혼을 인도하거나 혹은 등에 태워 하늘로 오르게 하는 역할을 맡고 있다고 생각했다. 호남성 장사시 자탄고湖南省長沙市子彈庫 초나라의 묘지에서 출토된 비단 그림 〈인물어용도人物馭龍圖〉는 옛사람들의 이런 믿음을 반영하고 있다. 그림 속의 남자는 높은 관에 화려한 옷을 입었으며 손에는 검을 들고 용을 탔는데 용의 몸체가 마치 배와 같다. 용의 머리 위에는 외뿔이 높이 솟아 있고 꼬리는 두 개로 갈라져 있다. 이 그림의 주제는 용이 묘지 주인의 영혼을 싣고 하늘로 오르는 것이다.

-403~-221 전국

이름이 단丹이고 주周나라 사람인 백규白圭, 계연과 범여를 뒤이은 저명한 상업이론가이자 실천가이다

전국 시대 청동 말
이 청동 말은 중국 초기의 조각 중에 예술성이 뛰어난 것이다. 말의 머리 부분이 세밀하게 조각되어 있다.

| 세계사 연표 |

기원전 397년 그리스가 카르타고에 전쟁을 선포해 제1차 카르타고 전쟁이 일어났다(기원전 397년~기원전 396년).

부가 된 이야기도 읽었다. 그는 나라간의 상품 가격 차이를 발견하고 장사를 해서 거부가 되었던 것이다.

백규는 잠시 공부를 멈추고 재산을 털어 장사 밑천으로 삼았다. 처음에는 메고 다니면서 작은 규모의 장사를 했고, 그렇게 모은 돈으로 수레를 구입해 장사의 규모를 키웠다. 이어서 그는 더 많은 수레를 마련해 사람을 고용하고 조직해서 더욱 큰 규모의 장사를 했다. 지식이 풍부한 백규는 지역마다 다른 물가와 계절에 따르는 물가 차이를 이용해서 사업을 해 전국 시대의 거부로 부상했다.

백규는 장사에 한 가지 법칙을 세웠다. 곡식이 익을 계절이면 양식을 사들이고 실, 헝겊, 생칠 등의 상품을 팔았으며, 누에 철이면 그는 새 실을 사들이고 양식을 팔았다. 또한 백규는 항상 날씨의 변화를 관찰했는데 그가 한 유명한 말 한마디가 있다.

"사람들이 버리면 나는 취하고 사람들이 취하자면 나는 준다."

병가의 지혜, 법가의 법

거부가 된 백규는 더욱 많은 책을 읽었다. 병가, 법가, 음양가, 심지어는 무당 복술에 관한 책에 이르기까지 읽지 않은 것이 없었다. 풍부한 지식은 그에게 경영 이론을 세우게 했다. 그는 천문학과 성술星術로 점을 쳐서 그해의 농작물 생장을 예측했다. 예를 들면 달이 묘卯의 자리에 있으면 그해에는 대풍작이고 명년에는 수확이 감소될 것이며, 달이 오午의 자리에 있으면 그해에 가뭄이 들고 명년에는 풍년이 든다는 것이다. 다음의 일을 예측하게 되니 경영 계획을 잘 세울 수 있었던 것은 물론이다. 또한 백규는 매우 검소한 생활을 했다. 그는 놀고먹는 것을 금하고 자기가 고용한 사람들과 고락을 같이 했다. 이렇게 해야 비로소 부를 누적할 수 있고 경영 규모를 확대할 수 있다고 백규는 믿었다. 그는 이익의 기회를 놓치지 않고 신속히 행동했다. 자신에 찬 백규는 자기의 상업 경영 책략을 이윤伊尹·강상姜尙의 지혜에 비교하고, 자기에게 고용된 사람을 지휘하는 것을 손자孫子·오기吳起의 용병에 비교했다. 또 자기가 제정한 역행曆行을 상앙商鞅의 행법行法에 비교했다.

백규가 거부가 되자 수많은 사람들이 그 비법을 가르쳐 달라고 했다. 그러자 그는 말했다. "그대가 비록 지모가 있는 자, 용맹한 자, 어진 자, 강한 자라 해도 나의 경험을 배울 수 없다." 이처럼 상업 기밀은 누설할 수 없는 것이다. 백규는 후에 상인들의 스승이 되었고, 그의 상업 경영 이론과 책략은 전국 시대에 상업을 번영시킨 중요한 요인이 되었다.

●●● 역사문화백과 ●●●

[상인의 스승 - 백규]

주周나라 사람인 백규는 이름이 단丹인데 맹자孟子와 동시에 위나라 혜왕의 상국으로 있었다. 치수 및 제방 수축에 관한 저술을 즐겼다. 그는 조세 감소를 주장하고 무역으로 부를 축적할 것을 주장했는데 당시의 상인들에게 스승으로 받들렸다. 그의 무역 원칙은 '사람들이 버리면 나는 취하고 사람들이 취하자면 나는 준다.'인데 시장 상품의 가격이 오르고 내리는 규칙을 이용해 최대의 이윤을 획득했다. 그는 자신의 상업 비결을 '지智', '용勇', '인仁', '강强'이라고 했다. 지는 권세의 변화이며 용은 결단이며 인은 '사람이 버리면 나는 취하고 사람이 취하자면 나는 준다.'를 시행하는 것이다. 강은 기회를 보는 것이다.

은도금한 구리 소

이 구리 소는 전국 시대의 유물이다. 소의 배 아래에는 '대大(부府)의 기器'라는 명문이 새겨져 있다. 대부는 왕실의 재산을 관활하는 기구로, 이 유물은 대부에 보관하고 있다가 왕실에 공급하는 기물이다.

| 중국사 연표 |

기원전 395년 ~ 기원전 315년

신도愼到가 세상에 태어났다. 조趙나라 사람인 신도는 '세勢(권세, 정권)'의 운용을 강조하고 법을 숭배했다. 그의 저서로는 《신자愼子》가 있다.

007

당대의 명장 오기

오기吳起는 젊어서 유학과 병법을 공부했다. 그의 사상은 심오하며 식견이 탁월해 춘추 시대의 손자孫子와 이름을 겨룬다.

공명을 위해 문무를 배우다

오기는 위衛나라 좌左씨 사람인데 어려서부터 큰 뜻을 품고 있었다. 그는 당시 무예의 영향을 받아 칼을 휘두르고 곤봉을 놀리는 것을 즐겼는데 그의 모친은 놀기만 한다고 그를 책망했다. 화가 난 오기는 노魯나라로 가서 공자의 제자 증삼曾參의 문하에 들어가 열심히 공부했다. 그러자 제齊나라의 어떤 사람이 그가 노력하는 것을 보고 딸을 그에게 시집보냈다.

그런 오기가 몇 년간 한 번도 어머니를 찾아뵙지 않자 친구들이 놀라워하면서 물었다. "노모가 집에 계시는데 왜 가 보지 않는가?" 오기는 대답을 하지 않았다. 오기는 공명을 이루기 전에는 집에 가지 않겠다고 마음을 먹었던 것이다. 하지만 남들에게는 그것이 불효로 보였다. 그런데 얼마 안 되어 그의 모친이 사망했다는 소식이 들려왔다. 그는 하늘을 보며 대성통곡을 했지만 집에는 가지 않고 다시 공부에만 열중했다. 증삼은 특히 충효忠孝의 도道를 중히 여겼는데, 오기가 모친의 상喪을 입고도 집에 가 보지 않는 것을 보고 노해 그를 문하에서 축출했다.

이에 오기는 유학은 부패했다고 느껴 병법을 배우기 시작했다. 3년 후 그는 노나라로 갔는데 노나라 목공穆公은 그의 군사 지식을 보고 그에게 무관을 맡겼다.

아내를 죽여 충성을 표시한 오기

그런데 어느 해 제나라가 노나라를 쳐들어왔다. 이에 목공이 오기를 장군으로 임명하려 하자 조종 대신들은 오기는 제나라와 친분이 있고 위衛나라 사람이라는 것 때문에 의견이 분분했다. 목공이 결정을 내리지 못하자 이 소식을 들은 오기는 칼을 들어 아내를 죽이고 궁전에 들어가 자기가 제나라와 싸우겠다고 했다. 그러자 목공은 더는 주저하지 않고 그를 장군으로 임명해 제나라와 싸우게 했다.

전쟁에 나간 오기는 대승을 거뒀다. 그러나 조정에서는 그를 반대하는 말들이 떠돌았다. 오기가 장군이 되기 위해 아내를 죽이는 것도 마다하지 않음은 음험하고 잔인한 사람이기 때문이라고 말하기도 했고, 모친이 사망했는데도 가 보지 않은 불효자여서 증삼에게 쫓겨나기까지 했다는 것이다. 이 말을 들은 목공은 오기를 중용하려 했던 마음에 동요가 생겼다. 이를 안 오기는 위魏나라 문후가 인재를 알아준다는 말을 듣고 위나라로 도망쳤다.

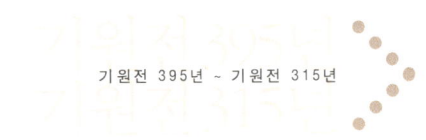

군사가 오기
오기(기원전 440년~381년)는 전국 초기 위魏나라 사람이다. 그는 노, 위魏, 초나라에서 벼슬을 했는데 군사, 정치에 재능이 탁월했다. 그의 명저 《오자병법吳子兵法》이 후세에 널리 전해졌다.

| 세계사 연표 |

기원전 396년

로마가 에트루리아의 베이성을 공략해 그 영토를 점령했다. 에트루리아 인이 이탈리아 중부의 통치를 끝냈다.

《사기史記·손자오기열전孫子吳起列傳》 출전

오기가 아내를 죽이다
노나라 목공이 제나라를 공격하기 위해 오기를 장군으로 임명하려 했다. 그러나 오기의 아내가 제나라 사람이어서 망설이고 있었다. 이에 오기는 서슴없이 아내를 죽여 충성을 표시했다. 비록 오기가 제나라군을 물리치고 공을 세웠으나 그 수단이 잔인해 중용을 받기 어려웠다. 그래서 그는 위魏나라로 갔는데 위나라 문후는 오기를 중용해 서하를 지키게 했다. 오기가 서하를 잘 지켜 번성시켰으나 배척을 받아 초나라로 가게 되었다. 위 그림은 청나라 말 민국 초기의 석인본 《동주열국지東周列國志》에 실려 있다.

위나라 서하에서 공을 세운 오기

당시 위魏나라의 서하西河 구역을 진秦나라가 수시로 침범했다. 그래서 문후는 그에 대항할 적합한 인재를 찾고 있었다. 그때 적황이 오기를 천거했는데 문후는 매우 기뻐하며 오기를 서하수西河守로 삼았다. 오기는 이전의 일을 교훈 삼아 행동을 조심하고 병졸들과 고락을 같이 했다. 또 그는 봉록과 상금도 병졸들과 함께 나눴다. 어느 날, 한 병사의 몸에 종기가 생겼는데 오기가 몸소 약을 먹여 주고 입으로 고름을 빨아

내자 그에 감동하지 않는 장졸이 없었다. 이후부터 장병들은 목숨을 다해 전투에 임했다. 오기는 치밀한 계획으로 진나라의 다섯 개 도읍을 공략했는데 이후 진나라는 오기라는 소리만 들어도 도망쳤다. 그 후 오기는 서하의 정사를 잘 돌봐 세금을 줄이고 생산력을 향상시켰다. 이렇게 몇 년이 지나자 서하 지역은 인구가 늘어나고 물자가 풍부해져 백성들이 안락한 생활을 하게 되었다. 오기도 명장으로서의 명성을 떨쳤다.

●●● 역사문화백과 ●●●

[전국 시대의 정예 부대]

전쟁이 빈번했던 전국 시대에는 여러 제후국에서 정예 부대를 만들었다. 그중에서 제나라의 '기격技擊', 위나라의 '무졸武卒', 진나라의 '예사銳士'가 유명했다. 그들의 명성은 적들이 소문만 듣고도 간담을 서늘해 했다. 이 세 정예 부대가 서로 몇 번 겨룬 적이 있는데 진나라의 예사가 제일 강하고, 다음으로 위나라의 무졸, 제나라의 기격은 세 번째였다. 그래서 당시에는 '기격은 무졸을 만나지 말며 무졸은 예사를 만나지 말아야 한다.'는 말까지 나왔다.

| 중국사 연표 |

기원전 391년 — 삼진三晉이 초楚나라를 정벌해 대량大梁, 유관楡關을 격파했다. 진秦나라가 한韓나라의 의양宜陽을 공격해 6읍邑을 취했다.

초나라로 가 버린 오기

문후가 죽자 무후武侯가 왕위를 계승했는데 그는 공숙公叔을 상相으로 삼았다. 귀족의 자제였던 공숙은 위魏나라 공주公主를 아내로 삼았는데 오기를 해치려고 했다. 그는 무후에게 말했다. "오기는 현숙한 사람이고 식견이 높습니다. 그러나 위나라는 작은 나라이고 주변의 여러 나라는 우리보다 강대한데 신이 근심하는 것은 오기가 오랫동안 위나라에 머물러 있으려 하지 않는다는 것입니다." 그리고 공숙은 연회를 열어 오기를 초청한 다음 부인에게 명해 자기를 모욕하라고 했다. 공주가 상국을 모욕하는 것을 본 오기는 무후에게 사직을 청했다. 그때부터 무후가 자기를 신임하지 않는 것을 보고 오기는 초나라로 가 버렸다.

탁월한 군사 재능

오기는 군사 부문에서 이론과 함께 경험이 풍부했다. 특히 그의 군사 사상은 탁월한 식견이 있었다. 어느 날 위나라 무후가 배에 앉아 황하를 유람하다가 오기에게 "얼마나 좋은가. 강산이 이처럼 견고하니 이건 위나라의 보물이야!"라고 하자 오기는 "덕에 의해야지 견고함에만 의탁할 수 없습니다."라고 답했다.

과거 삼묘三苗, 하걸夏桀, 은주殷紂는 견고한 곳에 있었지만 덕을 닦지 않아 결국은 대우大禹, 상탕商湯, 무왕武王에게 소멸당했다. "만약 군이 덕을 닦지 않으면 사방에 적이 있을 것입니다." 오기의 말에 무후는 큰 교훈을 얻었다. 오기의 군사 재능은 손자孫子에 비길 만했다.

네 필의 말이 끄는 병거兵車
춘추 전국 시대에 전차戰車는 극히 중요한 군사 장비였다. 전차는 보통 나무로 만들었는데 두 개의 바퀴가 있다. 초기에는 말 두 필이 전차를 끌었으나 후에 네 필, 심지어 말 여섯 필이 끌기도 했다. 공격에 사용한 것을 경치輕車 또는 공차攻車라고 했고 운반, 장애물 설치에 쓰던 것을 중차重車 또는 수차守車라고 했다. 공차에는 세 명의 병사가 배치되었는데 차를 모는 병사가 계복戒僕, 활을 가지고 공격하는 병사가 갑수甲首, 창과 방패를 가지고 가까이 오는 적과 싸우는 병사가 참승參乘이다.

| 세계사 연표 |

기원전 395년 | 스파르타 군이 리디아를 공격해 수도 사르데스에서 페르시아 총독을 격파했다.

008

《사기史記·손자오기열전孫子吳起列傳》
《자치통감資治通鑑·주안왕周安王 15~21년》 출전

오기를 만난 도왕

오기의 명성을 알고 있던 초나라 도왕은 그가 온 것을 보고 문밖까지 달려 나왔다. 그는 먼저 오기에게 완宛을 지키게 했으며 또 그를 승진시켜 영윤令尹으로 삼고 변법變法을 맡아 처리하게 했다. 풍상고초風霜苦楚를 다 겪은 오기는 도왕이 자기를 알아주자 모든 것을 다 바쳐 도왕을 보좌하기로 마음먹었다. 당시의 중국은 두 개 체제가 상존하는 변혁 시기였는데 그중 하나는 전통적인 귀족 세습 제도였다. 귀족들은 높은 자리를 차지하고 그 자리를 세습했으며 어떠한 정치 개혁에 대해서도 반대했다. 또 하나는 봉건 관료 제도이다. 평민도 자기의 능력에 따라 벼슬을 할 수 있으며 여러 제후를 도와 나라를 다스려 천하를 통치하는 목적도 이룰 수 있었다. 당시 초나라는 편벽한 남쪽에 자리 잡고 있어 열국들에게 점령당할 위기는 별로 없었다. 그래서 귀족 세습 제도가 보편적인 제도였으며 이로 인해 인재가 없어 정치가 낙후되어 도왕은 언제나 불안함을 느끼고 있었다. 그런데 지금 오기가 와서 그를 보좌하고 있으니 도왕의 기쁨은 이루 헤아릴 수 없었다

오기의 죽음

오기가 초楚나라 도왕悼王을 도와 악한 정치를 개혁하자 초나라 귀족 계층에게 미움을 받게 되었다. 도왕이 죽자 귀족들은 반란을 일으켜 오기를 죽이려고 쫓아다녔다. 오기는 부상을 입고 도왕의 시체 뒤에서 숨을 거뒀다.

정치 개혁의 탁월한 성과

오기는 도왕에게 속마음을 털어 놓았다. "초나라는 편벽한 남쪽 모서리에 살고 있기에 중원 제국의 위협을 받지 않고 있으나 중요한 것은 부국강병의 방법을 찾지 못하고 있는 것입니다. 보십시오. 초나라는 영토가 천 리나 국고는 텅 비었고 백성들은 가난합니다. 대외에 나가려 해도 병사들은 약해 투

전국 중기의 봉황새 꽃무늬 수繡
이 자수 제품은 1982년 호북성 강릉시 마산江陵市 馬山 1호 묘지에서 출토된 것인데 전국 중기 초나라의 자수이다. 바탕은 비단이고 실의 색깔은 황록색, 노란색이다. 무늬는 나래를 펼친 봉황인데 주둥이에 꽃나무 가지를 물었다.

서한西漢의 유향劉向이 편찬한 《전국책戰國策》 47

지가 조금도 없습니다. 이런 국빈병약國貧兵弱의 원인은 초나라의 세습 귀족 정치입니다. 귀족의 자제가 관직을 다 차지하고 있지만 유명무실하고 나랏돈만 쓰고 있으니 어찌 가난하지 않을 수 있겠습니까? 백성과 병사들이 배를 곯고 있으니 어찌 조국을 위해 목숨을 바치려 하겠습니까? 대왕께서 결단을 내려 귀족 세습제를 폐지하고 공정한 법치 사회를 건설해야 합니다. 쓸모없는 관직을 없애 버리고 국고 지출을 줄여 그 돈으로 우수한 장병들을 표창하고 백성들의 생활을 돌봐야 합니다. 이렇게만 한다면 부국강병은 스스로 올 것입니다." 도왕은 이 말을 듣고 탄복했다.

오기는 초나라의 관원 편제와 표창, 징벌 조례를 다시 제정하고 신속하게 개혁을 했다. 이로써 초나라는 빠른 시간에 경제적 군사적으로 강해졌으며 백성들의 생활도 안정되었다. 이렇게 되자 특권을 빼앗긴 초나라의 귀족들은 오기에게 원한을 품었다. 얼마 후 오기가 이끄는 초나라 군은 남쪽으로 월越나라를 평정하고 서쪽으로 진秦나라를 패배시켰으며 북으로 진陳, 채蔡, 위魏, 조, 한나라 등을 점령해 초나라의 위상이 높아졌다.

오기의 죽음
오기는 남행해 초나라에 이르렀는데 초나라 도왕은 오기를 영윤으로 삼아 초나라의 정치 개혁을 담당하게 했다. 그러나 1년 만에 도왕이 죽자 귀족들은 잇달아 정변을 일으켜 오기를 추격해 죽였다. 오기가 죽자 오기 변법은 실패했다. 이 그림은 명明나라 말 각본刻本 《신열국지新列國志》에 실려 있다.

동란을 일으킨 귀족들

그러나 기원전 381년, 초나라의 국세가 날로 번창하고 있을 때 도왕이 갑자기 사망했다. 그러자 난을 일으키려고 마음먹고 있던 초나라의 귀족들이 들고 일어나 오기를 공격했다. 오기는 궁중으로 도망쳐 들어갔다. 아직 도왕을 염하지 못하고 있었는데 난을 일으킨 무리들은 도왕과 오기를 포위하고 활을 마구 쏘

구름무늬 그릇
전국 시대에 유행하던 식기이다. 공 모양으로, 덮개는 그릇과 대칭되나 따로 사용할 수 있다. 몸체에는 은사銀絲, 홍동사紅銅絲와 녹송석綠松石을 박았는데 무늬가 극히 화려하다.

| 세계사 연표 |

기원전 395년 — 아테네, 테베, 코린토스 등 동시 국가가 스파르타를 반대하는 동맹을 조직했다. 이 해에 코린토스 전쟁이 폭발(기원전 395년~기원전 387년)되어 보이오티아에 대한 스파르타의 공격을 격퇴시켰다.

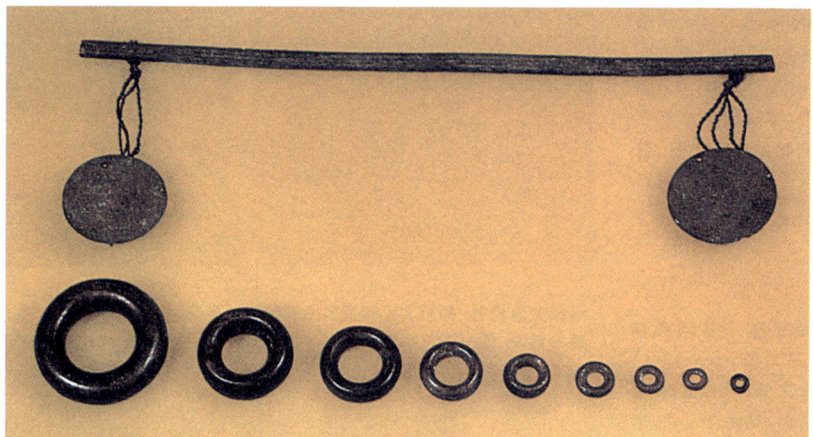

목형木衡과 동환권銅環權

중국의 도량형은 4~5000년 전에 이미 탄생했지만 그리 정밀하지는 못했다. 예를 들면 한 뼘이면 얼마이고 한 움큼이면 얼마라는 것이다. 상품 교환의 발전에 따라 도량형은 갈수록 표준화되었는데 각국에서는 보편적으로 금속으로 된 기구를 만들어 도량형 단위를 제정했다. 이것은 초나라에서 제조한 소형 기구인데 한 틀의 동환권이 있다. 그 중량은 배수에 따라 증가된다. 총 중량은 500g이다.

았다. 몸에 몇 개의 화살을 맞은 오기는 죽은 도왕을 자기 몸 위에 올려놓고 그 시체를 꽉 잡고 있었다. 날아든 화살은 두 사람의 몸에 가득 꽂혔다. 오기는 큰 소리로 "나를 죽이는 것도 모자라 대왕의 시신도 이렇게 함부로 하다니 대역무도하구나. 후환이 있을 것이다!" 하고 숨을 거뒀다.

도왕을 계승한 태자는 즉위 후 난을 일으켜 오기에게 화살을 쏘고 왕의 시체를 훼손한 자들을 처형했는데 멸문의 죄를 지어 처형된 귀족이 70여 가구나 되었다. 오기의 변법은 귀족의 동란으로 실패했고, 이후 초나라의 대권은 소昭, 경景, 굴屈 삼대 귀족의 수중에 넘어가 백성의 생활은 더 어려워졌다. 이것은 더욱 큰 정치 폭풍을 예고하고 있었다.

수륙공전 무늬를 그린 그릇

전국 시대의 이 구리 그릇에는 수륙전을 하는 그림이 새겨져 있는데, 세 부분으로 나뉘어져 있다. 첫 부분은 예를 지내는 의식과 후비侯妃가 뽕을 따는 것을 표현했고, 다음 부분은 음식을 드리고 솔개를 이용해 물고기 잡이 하는 것을 표현했으며, 마지막 부분은 수륙공전水陸攻戰 장면, 즉 병사가 운제(높은 사다리)를 오르고 손으로 배를 저어 전진하는 것을 표현했다. 모두 다른 주제이지만 꽃무늬가 서로 연계되어 일체를 이루고 있다.

●●● 역사문화백과 ●●●

[초나라의 도량형 기구]

1954년, 호남성 장사시 좌가 공산長沙市左家公山의 전국 시대 초나라의 묘지에서 천칭 하나가 발견되었다. 이것은 납작한 나무 막대기로 길이는 27cm이다. 이것의 두 끝의 직경은 0.7cm인데 작은 구멍이 있으며 구멍에는 실이 꿰어 있고 직경이 4cm 되는 두 개의 구리판이 달려 있다. 그리고 크고 작은 동환권이 9개가 있다. 가장 큰 것의 무게는 125g이고 가장 작은 것의 무게는 0.6g이다. 이것의 발견은 당시의 도량형을 연구하는 데 많은 도움이 되었다.

규는 컴퍼스를, 구는 직각의 정丁자 모양의 잣대, 혹은 삼각판을 말한다

기원전 380년 | 중국사 연표 |
진秦나라군이 위魏나라의 음진陰晉을 공격했다.

009

섭정이 한 상을 죽이다

섭정聶政은 자기를 알아준 엄수嚴遂의 은혜를 갚기 위해 한나라 상相을 찔러 죽인 후 자결했다.

원수를 갚기 위한 자객 물색

한韓나라 애후哀侯는 대신 엄수嚴遂를 중히 여겨 모든 일을 그와 상의했는데, 이것이 상국 한괴韓傀의 비위에 거슬려 두 사람 사이에 갈등이 격화되었다. 엄수는 비록 애공의 총애를 받고 있었지만 애후의 숙부인 한괴의 권세가 대단해 한나라를 도망쳐 나왔다. 그리고 엄수는 자객을 찾아 한괴를 없애기로 마음먹었다.

제나라로 도망쳐 온 엄수는 지읍軹邑의 용맹한 섭정이라는 사람의 이야기를 들었다. 그는 무예가 뛰어났으나 화를 피해 이곳에서 푸줏간 일을 하며 살고 있었다. 아직 장가를 가지 않은 섭정은 노모와 누이와 함께 매일 소나 개를 잡아 생계를 유지했다. 엄수가 접근하자 섭정은 존귀한 사람과 사귀게 되었다며 매우 기뻐했다. 그 둘은 서로 마음이 통하는 좋은 벗이 되었다.

생일을 맞아 예를 드린 엄수

섭정의 모친이 생일을 맞자 엄수가 술잔을 가지고 와 잔을 들어 섭정 모친의 장수를 기원했다. 또 황금 백 일鎰(중량 단위)을 모친에게 드려 하례했다. 그러자 섭정이 엄수의 사례금을 거절하며 "대인께서 이런 후한 예를 갖추는 데는 무슨 뜻이 있을 것입니다. 공을 세운 일도 없이 녹을 타 먹어야 되겠습니까?"라고 말하자 엄수는 하는 수 없이 조용한 곳을 찾아 섭정에게 속마음을 털어 놓았다. "나는 원수를 갚으려고 합니다. 여러 제후국을 많이 돌아보다가 제나라에 와서야 기상이 좋은 그대를 만났는데 이 황금이 그대의 생활에 도움이 되었으면 좋겠습니다. 이런 일을 어찌 아무에게나 부탁할 수 있겠습니까?" 솔직하고 의리가 있는 섭정은 엄수의 뜻을 알아차리고 말했다. "나는 아직 홀몸입니다. 원래 세상을 떠돌아다니며 살았는데 지금 시장에서 푸줏간 일이나 하며 살아갑니다. 그런데 집에는 노모와 누이가 계십니다. 지금 노모가 생존해 계시고 누이가 종신대사(결혼)를 치르지 않고 있으니 어찌 감히 훌쩍 떠날 수 있겠습니까?" 그러자 엄수는 황급히 말했다. "제가 어찌 개인적인 일을 가지고 남에게 강요할 수 있겠습니까? 지금 말한 것은 단지 나의 심사를 말했을 뿐입니다. 그대와 사귀는 가장 큰 이유는 좋은 벗이 되기 위해서입니다. 이 일로 우리의 우정이 깨져서는 안 됩니다." 그러고는 그 황금을 섭정의 집에 두고 가려 하자 섭정은 끝내 받지 않았다.

시간은 흘러 섭정의 모친이 사망했다. 장례를 마치고 상복을 벗은 섭정은 비천한 자신과 우정을 맺고 예를 다한 엄수에 대해 생각을 하게 되었다. 지금 노모도 돌아가셨으니 자기를 알아주는 엄수를 위해 일을 할 때가 되었다고 생각한 섭정은 엄수를 찾아 떠났다. 서쪽을 향해 떠나 복양濮

영호군 사자 항아리
전국 시대 영호군令狐君 사자獅子 항아리는 술을 담던 그릇이다. 목 부분에 50자의 글자가 새겨져 있는데 그 내용은 영호씨의 맏아들이 항아리를 주조하면서 쓴 송사頌詞이다. 영호는 전국 시대에 한나라에 속했다.

| 세계사 연표 |

기원전 394년
코논이 페르시아 함대를 지휘해서 소아시아 아니도스 해협에서 스파르타 함대를 격파시켜 해상에서의 패권을 얻었다.

출전 《사기史記·자객열전刺客列傳》
《전국책戰國策·한책韓策》

섭정이 협루를 찌르다 (위 그림 및 오른쪽 아래 그림)
《사기·자객열전》에 실린 이 그림은 섭정이 자기를 알아준 대신 엄수의 은혜에 보답하기 위해 한괴를 죽이고 남들이 자기를 알아보지 못하게 자기의 얼굴을 훼손시키고 배를 찔러 자살한 내용을 담고 있다. 위 그림의 여자는 섭정의 누이 섭영이다. 또한 아래 그림은 동한東漢의 유향劉向이 쓴 《열녀전》에 실려 있다.

陽에 이른 그는 엄수를 찾아 원수를 갚아 주겠다고 말했다. 엄수가 이 말을 듣고 황급히 수레를 마련하려 하자 섭정은 손을 흔들면서 만류했다. "조용하게 하는 것이 좋습니다. 소문이 퍼지면 한괴의 경각심만 높일 것입니다." 말을 마친 섭정은 날카로운 검을 가지고 홀몸으로 한나라를 향해 떠났다.

용맹하게 연회장에 뛰어든 섭정

섭정이 도착한 날 한나라에서는 동맹東孟에서 성대한 연회가 있었는데 한나라 애후와 한괴韓傀가 다 그 자리에 있었다. 섭정은 사람들 앞으로 나가 기회를 기다리고 있다가 갑자기 층계에 뛰어올라 칼을 빼 들고 한괴를 찔렀다. 한괴가 대경실색하면서 몸을 돌려 애후를 끌어안자 섭정은 날카로운 칼로 한괴의 몸을 깊이 찌르고 애후에게까지 부상을 입혔다. 호위병들이 창을 들고 섭정에게 달려들자 섭정은 큰 소리를 지르며 연이어 십여 명을 죽였다. 뚫고 나갈 수 없다는 것을 안 섭정은 알아볼 수 없게 자기 얼굴에 마구 칼질

을 한 다음 자기의 배를 찔러 자결했다. 한나라에서는 섭정의 시체를 큰 거리에 걸어 놓고 그의 신원을 알아내는 사람에게 많은 포상금을 내리겠다고 했다. 하지만 어느 누구도 그를 알아내는 사람이 없었다.

열녀와 같은 누이

섭정의 누이 섭영聶榮은 한괴가 죽었다는 소식을 듣자 그것이 자기 동생의 짓이라는 것을 알고 한나라로 달려갔다. 그녀는 눈에 익은 옷을 보고서 동생의 시체를 찾았는데 비통하기 그지없어 통곡하면서 말했다. "동생아, 너는 그야말로 용사로구나. 고대에 맹분孟賁, 하육夏育, 성형成荊이 용감해 천고에 이름을 남겼지만 너는 이처럼 죽으면서도 네가 누군지 아는 사람이 없구나! 너는 이 누이가 연루될까 봐 죽기 전에 너의 얼굴을 이처럼 망가뜨렸구나. 너의 용감성은 그들에 비해 더 하면 더 했지 못하지 않구나. 나는 네가 자랑스럽다. 나의 동생은 지읍 심정리深井里에 사는 섭정이다!" 이렇게 말하면서 큰 소리로 "하늘이여!"라고 외치고는 섭정의 옆에 있는 기둥에 머리를 부딪쳐 죽었다. 이때가 기원전 374년이었다.

섭정과 그 누이의 행동은 온 한나라를 놀라게 했다. 이 일에 대한 사람들의 의논은 그칠 새 없었다. 섭정은 귀족 통치자 사이의 싸움에 말려든 희생이었다.

| 중국사 연표 |

기원전 386년

주周나라 안왕安王이 전화田和를 제후齊侯로 봉했는데 주나라 왕실에 소속되었다. 얼마 후 제齊나라 강공공이 죽자 강姜씨 제국이 멸망하고 전田씨 제국이 시작되었다.

010

직하학궁의 성황

전국 시대의 제齊나라는 통치자가 학술과 문화를 애호해 규모가 방대한 학궁學宮을 지었다.

자유로운 토론 장소

전국 시대 제齊나라에서는 학자들을 위해 학궁을 지었는데 그것은 제나라의 도읍인 임치성臨淄城 서쪽 직문稷門 부근에 있었다. 그것이 직산稷山 아래에 있었기에 '직하학궁稷下學宮'이라 칭했다.

직하학궁의 창시자인 제나라 환공桓公은 춘추 초년의 패주였던 환공이 아니라 전국 시대의 전제환공田齊桓公으로 기원전 374년부터 기원전 357년 사이에 재위했다. 그는 직하학궁을 건립한 후 현숙한 사람을 모아 대부의 칭호를 주었으며 극진히 공경했다. 직하학궁은 환공의 아들 위왕威王때 한층 더 발전했다. 위왕의 아들 선왕宣王은 문학을 즐겨 학궁은 더욱더 번창했으며 양왕襄王(기원전 283년~기원전 265년 재위) 때까지 직하학궁은 계속 존재했는데 제나라에서 학궁의 강의와 논의 활동은 100여 년 동안 지속되었다.

후한 대우로 모여드는 학자들의 발길

제나라 왕들은 학궁에 와서 강의하는 학자들에게 후한 대우를 해 주었는데 '열대부列大夫'의 칭호와 높은 봉록, 좋은 집을 주었고 한 구역을 직하 학자들에게 떼어 주었다. 또 구역 내에 큰 길을 닦아 학자와 관리들이 자유로이 왕래하게 했다. 선왕宣王 때는 직하

학궁의 학자들이 76명이었는데 모두 큰 집을 주었고 '상대부上大夫'로 명했으며 그들이 학궁 안에서 고담준론高談俊論(뜻이 높고 바르며 엄숙하고 날카로운 말)을 할 수 있게 했다. 이 같은 통치자들의 지지하에 학궁의 규모는 더욱 커졌고 학자들이 구름처럼 모여들어 몇 백, 심지어는 몇 천에 달하기도 했다. 순자荀子는 50세에 학궁에 와서 강의했는데 세 번이나 최고의 영예인 '제주祭酒'가 되었다.

당시의 각국 학자들 대부분이 학궁에 와서 강의했는데 그중 저명한 사람과 저서는 다음과 같다. 제나라 전병田騈의 저서는 《전자田子》 25편이 있고, 접자接子의 저서는 《접자接子》 2편이 있으며, 순우곤淳于髡은 유머를 아주 즐겼는데 저서는 알 수 없다. 추연鄒衍은 변론을 즐겼는데 '구대주九大州' 등의 학설이 있고 저

● ● ● 역사문화백과 ● ● ●

[중국 최초의 고등학부 – 직하학궁]

직하학궁은 제나라의 도성 임치 직문 밖에 세운 고등학부이다. 학궁은 전제환공田齊桓公이 창설한 것인데 가장 번창한 때에는 몇 천 명의 학자가 있었다. 역대의 제齊나라 왕은 학자를 후하게 대했는데 각 파의 학자들은 이곳에서 자유롭게 연구하고 토론했다. 대표적인 학자로는 맹자, 추연, 전병, 접자, 순우곤, 신도, 송형, 윤문, 환연, 노련련, 순자 등이 있다.

아성묘亞聖廟의 석방石坊

맹묘孟廟는 맹자에게 제사를 지내던 곳인데 아성묘라고도 부른다. 산동성 추성시 남관都城市南關에 있으며 남으로 대사하大沙河가 있다. 북송北宋 경우京祐 4년(1037)에 세워졌고, 아성묘 석방은 아성묘로 들어가는 두 번째 뜰의 방인데 명나라 만력萬曆 초년에 세워졌다. 석방 기둥 머리는 보석병寶石甁, 천운판穿云板 장식으로 되어 있고 화표華表(돌기둥)와 비슷하다. 가운데 방 액자에 '아성묘'라고 해서체楷書體로 금박이 새겨져 있다. 좌우 방에는 '구름 속에 용이 난다.', '바닷물에 교룡이 논다.'는 도안이 새겨져 있다.

| 세계사 연표 |

기원전 394년

페르시아는 소아시아 그리스 모든 도시에 자치권을 주었고 아울러 그 주둔군을 철수했다. 소아시아의 이오니아 사람들이 스파르타를 이탈해 민주 정치를 수립했다.

《사기史記 · 맹자순경열전孟子荀卿列傳》
《사기史記 · 전경중완세가田敬仲完世家》 출전

서는 《추자鄒子》 49편과 《추자종시鄒子終始》 56편이 있다. 추상鄒奭은 글짓기를 즐겼으며 저서는 《추상자鄒奭子》 12편이 있고, 노중련魯仲連은 신기한 책략을 잘 내놓았는데 저서는 《노중련자魯仲連子》 14편이 있으며 초나라 환연環淵의 저서는 《연자蜎子》 13편이 있다. 송나라 송형宋鈃의 저서는 《송자宋子》 18편이 있으며, 윤문尹文의 저서는 《윤문자尹文子》 1편이 있고, 추鄒나라 맹가孟軻의 저서는 《맹자孟子》 11편이 있다. 조나라 신도愼到의 저서는 《신자愼子》 42편이 있고 순경荀卿의 저서는 《순자荀子》 32편이 있다.

전국 시대 학술 문화의 중심

위에서 말한 학자들은 각기 다른 학파로 나뉘어 있었다. 그들은 자유롭게 강의하고 각자의 의견을 내놓으며 명성을 다퉜다. 그때 제나라의 한 웅변가인 전파田巴가 직하학궁에서 강의를 했는데 그는 오제五帝를 책망하고 삼황三皇을 질책, 오패五覇를 찬미하며 하루에 1000명을 설득했다. 젊은 노중련이 그에게 물었다. "지금 초나라가 남양南陽을 치고 조나라가 고당高唐을 정벌하며 연나라가 요성聊城을 탈취하려 하는데 선생은 어떻게 했으면 좋겠습니까?" 직하학궁에서는 이처럼 강의 중에도 논쟁이 격렬했다. 맹자는 '백성은 귀하고 임금은 경하다.' 를, 순자는 '하늘을 정복해 자연에 이용한다.' 등의 이론을 제기했는데 이것은 직하학궁의 영향을 받은 것이다. 학궁에는 학자들의 개인 저서 외에도 집단적 연구 성과가 있었다. 지금 전해지고 있는 《관자管子》는 삼라만상을 포함하고 있는데 그것은 직하 학자의 논문 휘집이라 할 수 있다. 또 제나라 위왕은 직하 학자에게 명해 고대의 '사마법司馬法'과 춘추의 '양저병법穰苴兵法'을 정리해 다시 빛을 보게 했다. 직하학궁의 창설과 학술 활동은 제나라가 전국 시대 학술 문화의 중심이 되게 했다.

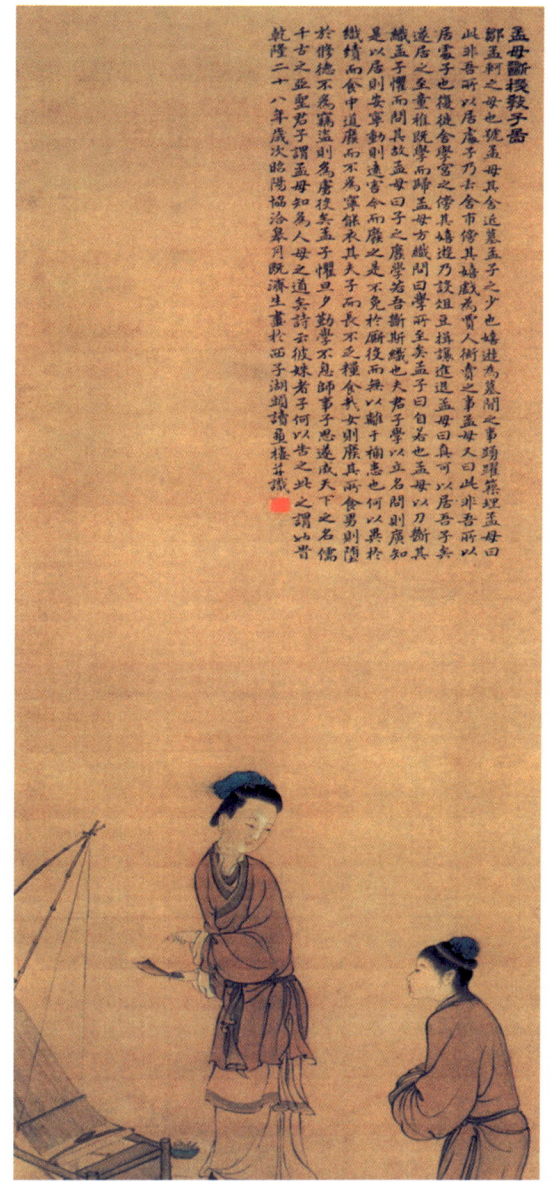

맹모가 짜던 베를 자르다 (청나라 강도康濤 그림)

어려서 부친을 여읜 맹자는 편모슬하에서 자랐다. 그의 모친은 교육을 중시했다. 한번은 맹자가 서당에서 몰래 도망친 일이 있었는데 모친이 알고 몹시 성을 내며 짜던 베를 칼로 잘라 버렸다. "봐라. 베는 한 올 한 올 날실과 씨실로 엮어지는데 지금 이렇게 잘라 버렸으니 어떻게 천이 되겠니? 학문도 이처럼 점점 쌓여 이루어지는 것인데 중도에서 그만두면 어떻게 되겠니?" 이에 부끄러움을 느낀 맹자는 열심히 공부해 마침내 유명한 학자가 되었다.

직하학궁 53

| 중국사 연표 |

기원전 385년 ~ 기원전 337년

정鄭나라 사람 신불해申不害가 세상에 태어났다. 유가儒家의 '예禮'를 부정하고 '법法'과 '술術'을 강조했다. 그의 저서 《신자申子》는 전해지지 않고 다만 '대체大體' 1편만이 남아 있다.

011

박식한 혜시

혜시惠施는 위魏나라의 상相으로 있었는데 위魏나라 혜왕惠王이 그에게 왕위를 물려주려고 했다. 그는 항상 사상가와 토론을 했고, 민첩하며 지식이 많았다.

전국 시대의 사상가이며 정치가인 송宋나라 사람 혜시(기원전 370년~기원전 310년)는 장주莊周, 즉 장자莊子와 한 고장 사람이며 좋은 벗이었다. 장자莊子는 "혜시는 박식하다."라고 말했는데 이는 그가 다방면의 지식과 재능이 있음을 가리킨다.

혜시에게 왕위를 물려주려고 한 혜왕

혜시는 위나라 혜왕의 상相으로 있으면서 혜왕을 도와 새 법을 제정했는데 모든 사람이 그 법을 좋아했다. 혜왕은 자기보다 품성이나 재능이 뛰어난 혜시에게 국왕의 자리를 물려주려고 그에게 말했다. "상고시대에 국가를 다스리는 사람은 반드시 현숙한 사람이었습니다. 과인이 각 방면에서 선생보다 못하니 국왕의 자리를 선생에게 물려주려 합니다." 그러자 혜시는 강력히 사양했다. 혜왕은 또 말했다. "왕위를 현숙한 사람에게 물려주는 것은 국내의 혼란함을 평정하기 위함입니다." 혜시는 거절하면서 이렇게 말했다. "서민이 국왕이 된다면 도리어 나라의 혼란이 더 해질 것입니다. 그리고 사람들은 서로 자기가 현숙한 사람이라 여겨 왕위를 빼앗으려 할 것입니다." 혜시의 완고한 뜻에 혜왕은 더는 어쩔 수가 없었다.

한편 진秦나라의 동부에 위치한 위나라가 강성해지자 진나라가 중원으로 확장해 나가는 데 걸림돌이 되었다. 그러자 진나라의 상相인 장의張儀는 위魏·한·제나라를 가로로 연합해 위魏·연·조·제·초나라의 세로 연합을 파괴하려 생각했다. 사상가이며 정치가인 혜시는 장의의 계획을 알아차리고는 결연히 세로의 연합을 주장하고 가로의 연결을 반대했다. 그러나 혜왕의 뒤를 이은 양왕襄王이 장의의 계책에 빠져 혜시를 신임하지 않게 되자 위나라를 떠나 자기의 고국으로 돌아갔다.

●●● 역사문화백과 ●●●

[모략 대전 《전국책》]

《전국책戰國策》은 전국 시대 각 나라에서 유세遊說한 사士들이 제출한 계책과 모략 및 그들의 언론을 한데 묶은 책으로서 최초의 책명은 《국책國策》, 《사어事語》, 《장서長書》, 《국사國事》, 《단장단장短長》 등 여러 가지이다. 서한 말년에 유향劉向이 33편을 모아 책 한 권으로 묶고 책명을 《전국책》이라 했다. 송대에 이르러 많이 유실된 것을 다시 보충하고 주해를 달았다.

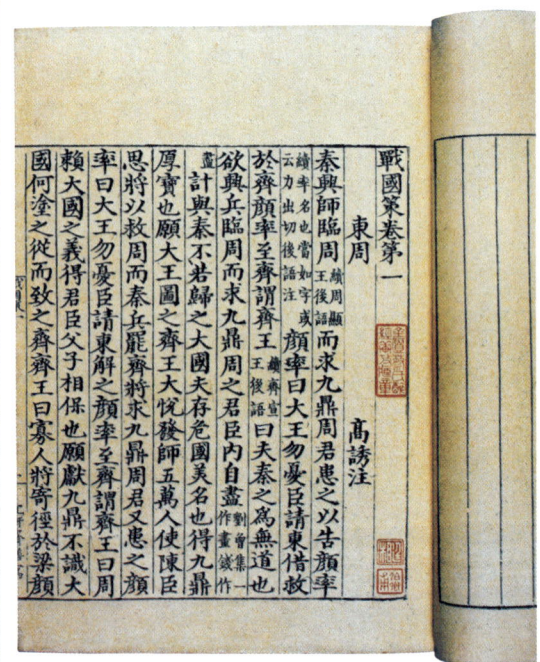

명나라 초본抄本 《전국책戰國策》
《전국책》은 국별체國別體 사서로서 진秦나라와 한漢나라 사람들이 각국의 사료를 수집해 적어 두었던 것을 서한西漢의 유향劉向이 33편으로 편성한 것이다. 이 책에는 전국 시대에서 진시황秦始皇의 사망에 이르는 245년간의 역사가 기록되어 있다. 비록 내용에서 과장된 것과 허구인 것도 있으나 그 예술적인 면은 한나라 이후의 사부辭賦, 산문散文에 대해 많은 영향을 주고 있다.

| 세계사 연표 |

기원전 393년 아테네가 페르시아의 원조를 얻어 피래우스 항구의 성벽을 새로 축조해 국세를 크게 떨쳤다.

《여씨춘추呂氏春秋·불굴不屈》
《장자莊子·추수秋水》《장자莊子·천하天下》 출전

홍구鴻溝의 유적지
홍구는 전국 시대 위나라 혜왕 10년(기원전 360)에 판 중국 고대의 운하이다. 그 옛 물길은 하남성 형양시滎陽市 북쪽에서 황하의 물을 끌어 동으로 지금의 중모中牟, 개봉開封에 흘러들었다가 남으로 통허通許, 태강太康을 거쳐 회양淮陽 동남쪽 영수潁水에 들어가는데 제濟, 복濮, 변汴, 수睢, 영潁, 와渦, 여汝, 사泗, 하荷 등의 중요한 물길과 이어져 황회黃淮 평원의 물길 교통망을 형성하고 있다. 진秦나라 말에 초나라와 한나라가 서로 다툴 때 홍구를 경계선으로 했다. 그런데 여러 강줄기의 변천에 따라 홍구는 메워지고 말았다. 사진은 옛 강의 유적지이다.

장자와의 변론

혜시는 송나라로 돌아온 후 도가道家인 장자와 가까이 지내게 되었는데 철학의 문제를 가지고 자주 토론하게 되었다. 어느 날, 그들은 호수濠水에서 산책을 하게 되었다. 그런데 갑자기 장자가 말을 꺼냈다. "이 물고기들은 즐거울까 즐겁지 않을까?" 혜시가 물었다. "물고기가 아닌데 어떻게 즐거운지 아닌지를 알 수 있겠습니까?" 장자가 다시 반문했다. "선생은 내가 아닌데 어떻게 내가 물고기의 마음을 모른다고 합니까?" 혜시가 대답했다. "내가 그대가 아니니 확실히 그대를 모릅니다. 그대는 물고기가 아니니 그대도 물고기가 즐거운지 즐겁지 않은지를 모를 것입니다." 장자가 말했다. "내가 호濠 위에서 즐겁게 놀고 있으니 물고기도 호 아래에서 역시 즐거울 것입니다." 이것이 사상사에서 유명한 '호 다리의 변론'이다. 혜시는 또 천하에 공인된 시비 표준이 있는가 없는가, 사람이 정감이 있는가 없는가 하는 문제도 토론했다.

만물의 이치에 능통한 혜시

혜시는 자연계에 대한 연구에 특별한 관심을 갖고 있었다. 그의 관점은 《장자·천하》편에 보존되어 있다. 그곳에서 그는 이렇게 말했다. "그것보다 더 큰 것이 없으니 크다 하고 그것보다 더 작은 것이 없으니 작다 한다." 여기에서 그는 우주는 한없이 크다고 생각하고 있다. 물질은 쪼개져 가장 작은 것은 입자粒子가 된다. 그는 또 이렇게 말했다. "쌓이지 않으면 두터운 것이 없다. 그 큰 것은 천 리나 된다." 그는 여기에서 공기를 자연계에서의 운동이라고 생각하고 있었다. 그는 때로 사물의 차별을 말살하고 있다. 대자연은 혼연일체라는 것이다. 그는 이렇게 말했다 "하늘과 땅은 이어지고 산과 물은 평탄하다." 학계에서는 그의 관점을 '역물십사歷物十事'라고 한다.

남방의 황료黃繚는 자연에 대한 연구를 좋아했는데, 어느 날 북방에 와서 혜시를 만나 가르침을 청했다. "하늘의 일월성신日月星辰은 왜 땅에 떨어지지 않는가? 바람, 비, 천둥은 왜 생기는가?" 사고가 민첩한 혜시는 생각할 새도 없이 유수처럼 세상 만물의 이치를 말했다.

전국 시대의 술을 빚는 항아리
산동성 거현山東省莒縣에서 출토된 이 항아리의 높이는 97cm이다. 밑바닥에는 7개의 구멍이 있고 입구가 아주 두텁다. 항아리는 둥글고 밑굽이 좀 뾰족하다. 이것은 술을 빚는 데 이 항아리를 썼다는 것을 설명한다.

기원전 384년

| 중국사 연표 |
진秦나라에서 사람을 순장하는 제도를 폐지한다고 선포했다.

012

신불해가 뒷거래하다

전국 시대에는 각국에서 변법 개혁을 했는데 그중에서 한韓나라 소후昭侯 때에 신불해申不害를 등용해 진행한 개혁은 실패했다.

대권을 장악한 신불해

정鄭나라 경읍京邑 사람인 신불해는 비천한 노예 가정에서 태어났다. 기원전 375년에 정나라는 한나라에게 멸망해 신불해도 정나라의 비천한 노예에서 한나라의 백성이 되었다. 당시 각국은 변법 개혁을 진행해 부국강병富國强兵의 길로 나아갔다. 한나라 소후는 기원전 362년에 즉위했는데 그는 개혁을 통해 한나라가 7웅 중에서의 가장 약한 자리를 벗어나게 하려 했다. 이것이 좋은 기회라고 느낀 신불해는 곧 형명刑名과 법술法術의 이론을 배워 소후를 찾아가 설교했다. 기원전 355년, 소후는 신불해의 감언이설에 움직여 그를 즉시 상相으로 등용했다.

권모술수로 인한 법제의 약화

상相으로 등용된 신불해는 왕에게 권모술수로 신하를 다스리라고 특별히 강조하면서 모든 권세를 왕 한 사람에게 집중하자고 주장했다. 그는 또 왕은 얼굴을 나타내지 말며 비밀리에 신하를 관찰해 모두 왕을 두려워하게 해야 한다고 주장했으며, 각급 관리들은 직권을 초월하지 말며 자기와 관련이 없는 일은 알려 하지 말아야 한다고 요구했다. 신불해가 이렇게 주장한 것은 각급 관리들이 안분수기安分守己(자신의 분수를 알고 스스로를 지키는 것)하도록 하고 대신들의 권력 탈취를 방지하기 위한 목적이었으나 그 결과 언로言路를 막아 왕이 제대로 정사를 파악하지 못하게 되었다.

다시 말해 신불해의 정책은 법제의 역할을 약화시키는 역할을 했다. 당시 한나라는 진晉나라에서 쓰던 낡은 법이 아직 폐지되지 않은 상태에서 한나라의 새 법이 또 반포되었으며, 이 와중에 또다시 새 법령이 내려온 것이다. 결국 한나라는 새 법과 낡은 법이 뒤섞여 불의한 자들이 마음대로 나쁜 짓을 할 수 있었다. 한비韓非는 "신불해는 형법을 참답게 제정하지 못했고 통일 국가의 헌령憲令을 반포하지 못했다. 이로 인해 간사한 무리들이 나쁜 짓을 하게 했다."고 말했다.

금은 상감 기술의 창조

전국 시대는 청동기 공예 기술이 많이 발달했는데 그중 금은 상감 기술이 뛰어났다. 전국 초기부터 청동기 위에 금은으로 상감하는 것이 유행했는데 전국 중기에 이르자 그 공예의 기술이 극에 달했다. 상감 기술은 무기, 예기, 생활 도구뿐만 아니라 수레 장식과 부절符節, 팔찌, 구리거울, 도장, 옻그릇 등에도 이용되었다. 사진은 금은으로 상감한 짐승 모양의 구리 공예품이다.

●●● 역사문화백과 ●●●

[법가法家]

법가는 전국 시대의 주요한 학파인데 법치를 주장해 얻어진 이름이다. 법가 학파의 선구자는 춘추 시대 제나라의 관중管仲, 정나라의 자산子産을 일반적으로 꼽는다. 전국 초기에 법가가 형성되었고 이것을 부흥시킨 대표 인물은 이리李悝, 공손앙公孫鞅, 신불해申不害, 신도愼到 등이다. 전국 말기에 이르러 한비韓非가 공손앙의 '법法', 신도의 '세勢'와 신불해의 '술術'을 귀납(특수 사실로 미루어 일반적 원리를 알아내는 추리)해 집대성한 새 법가 학파를 형성했다. 법가 학설은 중국을 통일한 봉건 전제 왕조의 건립에 이론적 근거와 통치법을 제공했다. 법가 학파의 대표 저서로는 《상군서商君書》, 《한비자韓非子》가 있으며 그 나머지는 《한서漢書·예문지藝文志》에 실려 있다.

| 세계사 연표 |

기원전 393년 스파르타가 코린토스를 봉쇄했다.

《한비자韓非子 · 외저설좌상外儲說左上》
《한비자韓非子 · 정법定法》 출전

말과 행동이 다른 신불해

신불해는 법제 등에 대해 그럴듯한 주장을 했지만 정작 자신은 모범을 보이지 않았다. 소후는 신불해에게 말했다. "법제를 실행하자니 실로 쉽지 않도다!" 신불해가 즉시 대답했다. "법제를 실행하자면 공로자에게는 상을 주고 능력이 있으면 관직을 줘야 합니다. 지금 군께서 법의 제정에 있어 좌우 대신들의 청탁을 다 받아들이니 이렇게 하면 실행이 어려워집니다." 소후가 이어서 말했다. "이제 알겠네. 과인이 무엇 때문에 다른 사람의 청탁을 듣겠는가?"

그러나 얼마 후, 신불해는 소후에게 사촌형의 관직을 부탁했다. 소후가 어렵게 말을 꺼냈다. "이 법은 그대가 나에게 가르쳐 준 정도正道가 아닌가! 내가 그대의 청탁을 듣는다면 그대의 법도를 더럽히는 것이 되고 또한 그대의 법도가 그대의 청탁을 더럽히는 것이 되지 않겠는가?" 이 말을 들은 신불해는 소후에게 잘 못을 빌었다.

소후가 집정할 때 다른 나라들이 여러 번 한나라를 공격했다. 신불해가 사망하기 2년 전, 기원전 343년에 위魏나라가 한나라를 공격하자 한나라는 제나라에게 지원을 청했다. 이렇게 되어 제나라와 위나라가 마릉馬陵에서 싸우게 되었다.

●●● 역사문화백과 ●●●

[청동기에 새겨진 장식 문자 – 조서鳥書]

조서는 동주東周 시대의 글자체인데 춘추 후기에 출현해 전국 시대에 성행했다. 처음에는 오吳·초楚·서徐·채蔡나라에서 사용되다가 후에 널리 퍼졌다. 조서는 청동기에 새겨져 있는데 대부분 금색으로 되어 있어 매우 아름답다. 글을 쓸 때 필획이 새 모양이어서 조서라 부른다. 한漢대 이후 점차 소실되고 이후 도장에 쓰였다.

백옥 쌍룡雙龍 장식품
이것은 전국 시대의 유물로서 백옥으로 만든 쌍룡 머리 모양 장식품이다. 중간에 구름 무늬가 부각되어 있고 짙은 색 부분은 용의 머리를 새긴 것이다. 공예가 세밀하고 이채롭다.

십가는 유儒, 도덕道德, 음양陰陽, 법법法, 명名, 묵墨, 종횡縱橫, 잡雜, 농農, 소설제가小說諸家이다. 그중 관심을 받지 못한 소설제가를 제외한 구가를 구류라 칭한다

| 중국사 연표 |

기원전 382년

제齊나라와 위魏나라가 위衛나라를 도와 조趙나라를 정벌했는데 위衛나라군은 조나라의 강평剛平을 공략하고 중모中牟를 공격하는 데 이르렀다.

013

추기가 상 벼슬을 하다

제齊나라 위왕威王은 즉위 후 가무에 빠져 정사를 돌보지 않았다. 이 때문에 제나라에서는 대란이 일어났다. 문사文士인 추기鄒忌가 거문고를 빗대어 위왕에게 간하자 위왕이 크게 뉘우치고 추기를 상相으로 받들었다.

9년 동안 정사를 돌보지 않은 위왕

즉위한 제나라 위왕은 조부 태공太公과 부친 환공이 정사를 잘 돌보고 백성을 사랑하던 것과는 달리 음주가무에 빠져 국가 대사는 아랑곳하지 않았다. 위魏·조趙·한韓나라가 제나라를 공격해 영구靈丘, 박릉博陵을 점령하고, 노魯나라가 제나라의 양관陽關을 점령해도 그는 관계치 않았다. 또 위衛나라가 제나라의 설릉薛陵을, 조나라가 제나라의 견읍甄邑을 점령했는데도 그는 여전히 상관치 않았다. 이렇게 9년이 지나자 제나라 조정은 흔들리기 시작했다. 그리하여 항간에는 "초나라 장왕莊王은 3년 동안 말없이 지냈지만 한 번 호령하자 세상이 놀래고, 3년 동안 날지 않다가 한 번 날자 하늘에 솟구쳤다. 하지만 우리 대왕은 9년이나 조용하니 어찌된 셈인가?" 하며 의견이 분분했다.

전국 시대의 기와
섬서성 봉상현陝西省鳳翔縣에서 출토된 이 기와는 회색 토기로 만들어졌으며 둥근 모양에 달리는 사슴이 새겨져 있다.

●●● 역사문화백과 ●●●

[폐승마幣乘馬]
폐승마는 전국 시대 제나라에서 실행한 재정 정책이다. '승乘'은 토지를 재는 단위인데 사방 6리를 1승으로 했다. 제나라는 승을 단위로 해서 농산품으로 나타나는 상응한 화폐 가치를 예측해 국내 화폐 발행량을 정했으며 화폐와 식량의 평형 관계를 조절해 통계를 냈다. 또 다른 주장으로 국내 화폐 수요량과 서로 관련되는 화폐 정책을 통일적으로 예산한 것이라고도 한다.

거문고에 빗대어 왕에게 간언한 추기

어느 날 거문고의 대가인 추기가 위왕을 만나서 거문고를 켜자 위왕은 매우 좋아하면서 그를 왕궁의 우실右室에서 살게 했다. 조금 후 위왕이 거문고를 켜자 추기가 들어오더니 "참 잘 타십니다!" 하고 칭찬했다. 위왕은 추기의 학문을 떠볼 심산으로 "어찌 잘 켠다고 하는가?" 하고 물었다. 그러자 추기는 거문고 연주를 화제로 삼아 말을 시작했다. "이 현금의 굵은 줄이 우아한 소리를 내는 것이 마치 군왕과 같고, 가는 줄이 청

추기가 국상이 되다
전국 시대의 사람 추기는 거문고를 잘 연주했는데 그것으로 제나라 위왕을 깨우쳐 재상이 되었다. 재상이 된 추기는 위왕을 도와 정사를 잘 이끌어 나갔다. 이 그림은 청나라 말 민국 초기의 석인본 《동주열국지》에 실려 있다.

| 세계사 연표 |

기원전 392년

스파르타가 곤경에 처하자 사자를 파견해 페르시아에 화평을 청하고 소아시아 그리스를 페르시아 판도에 병합하는 데 동의했으며 페르시아 왕이 그리스 전역에 대한 최고의 권력을 승인했다.

《사기史記 · 전경중완세가田敬仲完世家》 출전

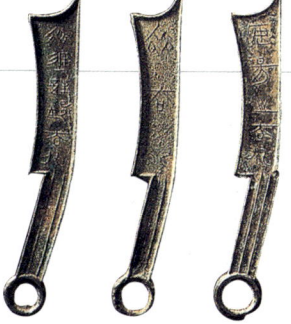

제나라 도폐
제나라에서는 돈을 칼 모양으로 제조했는데 앞뒤에 제조 연대와 제조 부문 등을 새겨 놓았다.

아한 음을 내는 것은 마치 상相과 같습니다. 굵은 줄과 가는 줄이 서로 잘 어울려야 소리가 고르고 조화를 이루어 듣기 좋습니다. 나라를 잘 다스리는 것 역시 거문고를 켜는 것과 같습니다." 거문고를 켜는 것이 정사와 관련된다는 것을 생각지도 못했던 위왕은 크게 깨우쳤다. 석 달 후 위왕은 추기를 상으로 임명하고 같이 정사를 돌봤다.

통치의 방책을 논한 추기와 순우곤

학자 순우곤淳于髡이 추기가 재상이 되었다는 소식을 듣고 그를 떠보기 위해 찾아왔다. 추기와 마주앉은 순우곤이 "모든 것을 얻으면 모든 것이 번창해지고 모든 것을 잃으면 모든 것이 망하게 됩니다." 하자 추기는 "군왕에게 근신해야 하며 그를 떠나지 말아야 합니다." 하고 답변했다. 순우곤이 이어 "기름칠을 하면 축이 윤활할 수 있지만 구멍이 각이 지면 돌 수 없습니다." 하니 추기가 "좌우 대신들과 심각하게 의논해야 합니다." 하고 답했다. 순우곤이 계속 "활을 쏠 때 잘 겨눠야지 소홀해서는 안 됩니다."라고 하니 추기가 "열심을 다해 백성을 돌봐야 합니다."라고 대답

했다. 순우곤이 다시 "여우가죽은 개가죽으로 기울 수 없습니다." 하니 "군자와 사귀고 소인을 멀리해야 합니다."라고 추기가 대답했다. 다시 순우곤이 "수레가 커야 많이 실을 수 있고 거문고는 줄이 맞아야 고운 소리가 나옵니다." 하자 추기가 "법률로 다스려 간악한 관리를 감독해야 합니다."라고 대답했다. 추기와 담론을 마친 순우곤은 "추기의 대답은 청산유수야. 그러니 반드시 공을 세워 작위를 받을 것이다." 하며 감탄했다. 과연 1년도 안 되어 위왕은 추기를 하비下邳에 봉하고 호를 성후成侯라 했다.

추기는 그의 학식과 재능으로 위왕의 개혁을 중심에서 도왔다.

-403~-221 전국

전국 시대의 전형적 특징을 가진 도자기 두효
이 도자기는 공을 반으로 쪼갠 모양의 기구 두개를 조합해 이루어졌다. 윗부분의 덮개 위에는 세 개의 발이 솟아 있다. 아랫부분은 옅은 대야이다. 가늘고 긴 자루가 있고 발은 나팔모양으로 됐으며 몸체에는 붉은색이다. 전형적인 전국 시대의 도자기이다.

●●● 역사문화백과 ●●●

[도자기에 새긴 무늬]
전국 시대에는 도자기에 무늬를 새기는 것이 성행했다. 제작 방법은 도자기 한쪽에 여러 가지 무늬를 새기고 짓이긴 후 도자기 흙을 놓아 모양을 낸 다음 굽는 것이다. 기하 무늬, 톱날 무늬, 현 무늬, 나선 무늬, 그물 무늬 등이 있다.

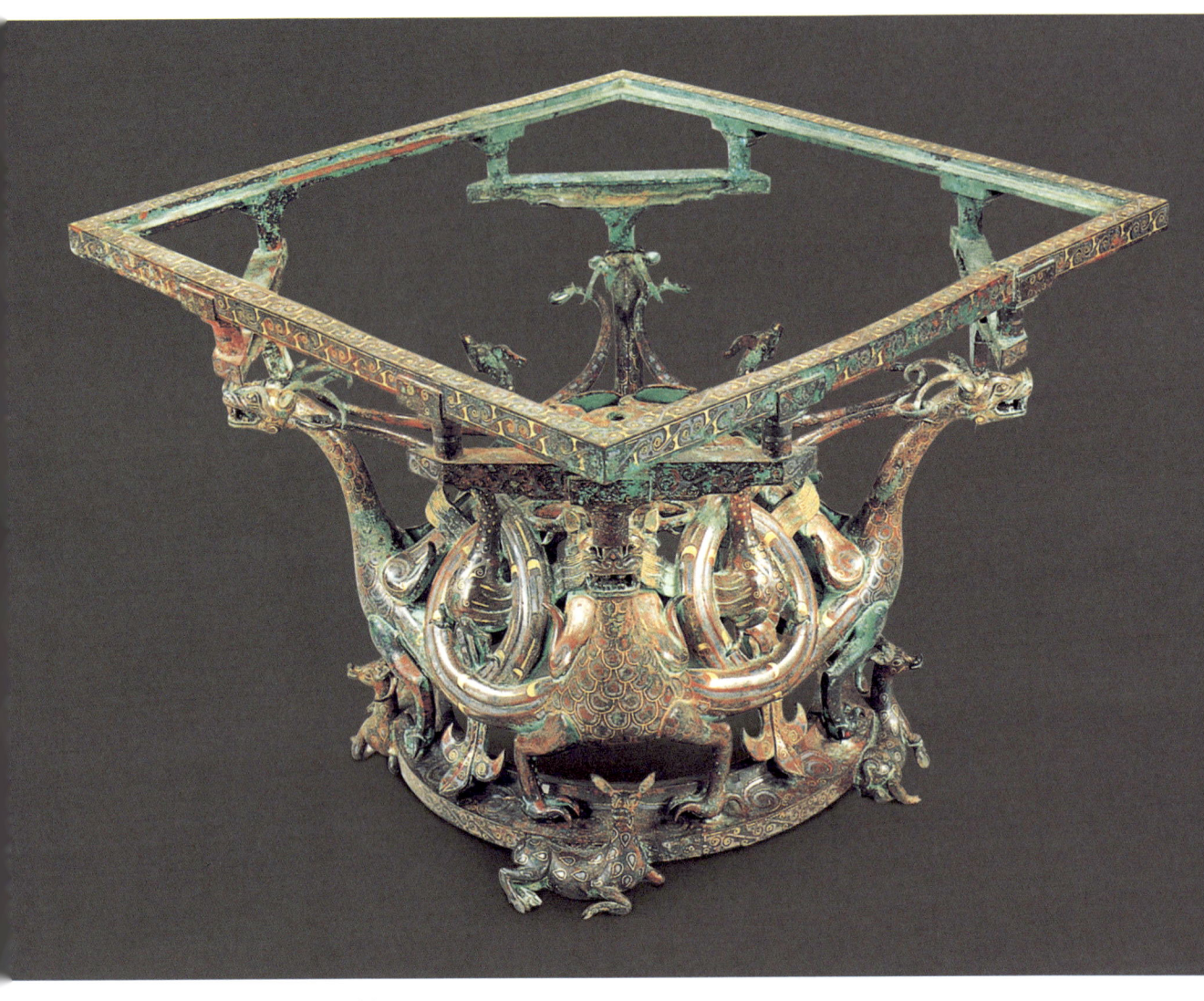

용, 봉황새, 사슴이 뒤엉킨 청동 탁자

하북성 평산현河北省平山縣에서 전국 시대 중기 중산中山국의 묘지 순장품이 출토되었다. 출토된 유물은 네 마리의 용과 봉황, 사슴으로 된 탁자이다. 탁자의 용도는 지금과 비슷한데 훼손되어 밑바닥 틀만 남아 있다. 이것은 처음 발견된 청동기 공예품이며 온 몸체는 금은으로 얼룩진 꽃무늬가 장식되어 있다.

기원전 392년

| 세계사 연표 |
스파르타가 아테네를 봉쇄했다.

014

《전국책戰國策 · 제책齊策 1》 출전

위왕이 간언을 수용하다

"진보하려면 부족한 점을 효과적으로 고쳐야 한다."
제나라의 재상인 추기가 자기를 찬양하는 친구에게 이렇게 말했다.

'미美'를 찬미하는 속뜻

제나라 상相 추기는 우람한 풍채에 용모가 수려했다. 어느 날 그는 예복을 입고 조정으로 나가려다 거울에 비친 자기의 모양새를 보며 흡족해 했다. 그리고 옆에 있는 부인에게 불쑥 물었다. "나와 성북城北의 서공徐公 중에 누가 더 영준한가?" 그러자 부인이 "낭군님이 이렇듯 영준한데 어찌 서공에 비길 수 있습니까?"라고 했다. 추기는 다시 뒤에 있는 작은댁에게 물었다. "당신이 보건대 나와 서공 중에 누가 더 잘난 것 같소?" 그러자 작은댁도 "서공을 어찌 그대에게 비기겠어요." 했다. 다음날 손님이 오자 추기가 웃으면서 손님에게 물었다. "나와 서공 중에 누가 영준해 보입니까?" 그러자 손님도 "서공이 어찌 그대보다 영준할 수 있겠습니까?" 하는 것이었다.

그 후 며칠이 지나 공교롭게도 서공이 추기의 집을 방문했다. 서공을 자세히 살펴본 추기는 아무리 봐도 서공의 용모가 더 수려한 것 같이 생각되었다. 그날 저녁 추기는 이 문제를 가지고 계속 생각하다가 마침내 이치를 깨우쳤다.

잘못을 알려준 자에게 상을 내리다

다음 날 추기는 위왕을 만나 이번에 있었던 일을 말했다. "신은 서공에 비해 확실히 잘나지 못했는데 모두 제가 더 잘났다고 합니다. 그것은 아내는 저를 사랑하기 때문이고, 작은댁은 저를 두려워하기 때문이며, 손님은 저에게 부탁할 것이 있기 때문입니다. 대왕께서는 모든 사람들의 속뜻을 파악하시어 속지 않도록 조심하십시오." 위왕은 고개를 끄덕이며 다음과 같은 조서를 내렸다. "관리와 백성 누구를 막론하고 과인에게 잘못을 알려 준 자에게는 대상을, 조정에 상소를 올려 건의를 한 자는 중상을 내리며, 조정과 거리에서 과인의 잘못을 말해 내가 알게 되었을 때는 하상을 내린다."

조정에서 전쟁에 이기다

조서가 내려진 후 관민들은 앞다퉈 건의를 드렸고 궁정의 문 앞은 장사진을 이루었다. 그러나 몇 달이 지나니 위왕에게 건의를 드리는 자가 점차 뜸해지고, 일 년이 지나니 각 방면의 질서가 다 잡혀 간하는 자가 없었다. 연 · 조 · 한 · 위魏나라 등이 이것을 보고 사신을 파견해 하례를 드렸고 군신, 백성이 합심해 좋은 결과를 이룬 제나라와 우호적으로 지내려고 애썼다.

상이 된 추기는 위왕이 모든 사람들의 건의를 접수해 정사에 이용하도록 했다. 이것이 바로 전국 중기에 제나라가 강대해진 요인이었다. 사람들은 추기와 위왕의 방법을 '조정에서 전쟁에 이겼다.'고 칭찬했다.

●●● 역사문화백과 ●●●

[신선이 살았다는 지방의 전설]

선진先秦 시대 사람들은 동방 바다 속의 선산仙山과 서방 황하의 원천인 곤륜산昆崙山이 신선이 사는 곳이라고 했다. 제 · 송 · 연나라 사람들은 발해 한가운데 있는 봉래蓬萊, 방장方丈, 영주瀛洲 세 개의 선산 위에는 금은으로 된 궁궐이 있다고 했다. 또한 그곳에 흰색의 신비스런 동물이 살고 있으며, 산 위에는 신선이 살고 있어 '불사의 약 이 그곳에 있다고 믿었다. 중원中原과 이서以西 지방의 사람들은 곤륜산이 하느님의 아래 고을이며 황하 발원지일 뿐 아니라 하늘로 오르는 사다리라고 했다. 그곳에는 구중문九重門, 구중성九重城이 세워져 있는데 차례로 경궁선실傾宮旋室과 서늘한 과수원을 지나 직접 천당天堂에 오른다고 믿고 있었다.

전국

403~221

| 중국사 연표 |

기원전 378년
진秦나라가 영슝을 반포해 처음으로 시市를 실행했다.

015

법치로 다스리다

아성대부阿城大夫는 "숫자로 성적을 나타낸다."고 주장하면서 뇌물을 보내 벼슬자리에 오르려고 했다. 그러나 즉묵대부卽墨大夫는 정사에 힘쓰고 청렴했는데도 도처에서 그를 헐뜯었다. 이에 제나라 위왕은 정확한 조사로 관리들을 엄하게 다스렸다.

관리들을 평가하기 위한 정확한 조사

제나라 위왕은 추기의 보좌하에 정사를 돌보면서 제일 먼저 관리들의 정사 성적을 평가하기로 했다. 그래서 대신들에게 각지 관원들의 정사 성과를 묻자 그들은 한결같이 중간이 크고 두 끝이 작다고 했다. 즉 중간이 가장 많고 좋은 것, 나쁜 것이 조금 있다는 것이다. 위왕은 좋은 것은 장려하고 나쁜 것은 징벌해 관리들을 격려하며 추기에게 그 자료를 수집하게 했다. 얼마 후 추기가 보고서를 작성했다. 일반적으로 가장 좋은 지방 관리는 아성阿城대부이며, 가장 나쁜 지방 관리는 즉묵卽墨대부라고 했다. 보고를 받은 위왕은 사실 확인을 위해 아성, 즉묵에 비밀리에 사람을 파견했다.

위왕이 대신들에게 아성대부에 대한 말을 꺼내자 그들은 한결같이 아성대부의 능력과 성품을 찬양했다. 화제가 즉묵대부에게 돌려지자 분위기가 가라앉으며 어떤 사람은 말을 하지 않았고 또 어떤 사람은 한숨을 쉬면서 질책했다. 얼마 후 위왕은 아성대부와 즉묵대부를 불러들여 자기가 한 일을 서술하게 했다.

포상을 받은 즉묵대부

아성대부, 즉묵대부가 궁중에 오기로 한 날, 먼저 조정에 온 문무 대신들은 대전에 걸어 놓은 큰 가마를 보았다. 가마 밑에서는 마른나무가 타면서 불길이 활활 솟구치고 가마 안에서는 물이 펄펄 끓고 있었다. 이런 정경을 본 대신들은 모두 겁을 먹었다. 얼마 후 소박한 옷을 입은 즉묵대부는 바른 자세로 걸어 들어와 위왕에게 절을 올리고 아래에서 지시를 기다렸다. 위왕이 말했다. "그대가 즉묵에서 올 때까지 그대가 나쁘다는 말들이 매일같이 과인에게 전해왔네. 그래서 과인이 사람을 파견해 비밀리에 관찰했는데 소문과는 달랐네. 그대는 전야에서 밭을 갈면서 농작물을 잘 키웠고 백성의 안가낙업安家樂業을 위해 힘써 생활이 유족하며, 각급 관아의 정사가 바르고 근면하게 일하고 있었도다. 과인은 그대가 거짓을 하지 않고 승진을 위해 뇌물을 바치지 않았으며 근면하게 일해 백성들이 복을 누릴 수 있게 했다고 인정하네. 그래서 오늘 과인은 그대에게 만 호萬戶의 봉록을 하사하노라."

가마 속에 집어넣어진 아성대부

잠시 후 여러 신하들의 경탄 속에서 아성대부가 상전에 불려 왔다. 환한 옷을 입은 아성대부가 당당

코끼리 모양의 구리 등잔

이 등잔은 1967년 하북성 역현易縣 연燕나라의 도읍 무양대武陽臺에서 출토되었다. 등잔의 몸체는 코끼리 모양으로 되어 있으며 코끼리의 오른쪽 배에 세 글자의 명문이 새겨져 있다. 코끼리는 자고로부터 길한 동물로 인정되어 태평성세의 상징으로 보고 있다. 성왕聖王 순舜, 우禹를 매장할 때 코끼리를 함께 묻었다. 전설 속에도 황제가 태산에서 귀신에게 제사를 지낼 때 코끼리가 수레를 끌면서 여섯 교룡을 쫓는 내용이 있다.

| 세계사 연표 |

기원전 390년 갈리아 사람들이 로마를 공격했는데 '거위가 로마를 구하다.' 라고 했다.

《사기史記·전경중완세가田敬仲完世家》

전국 시대의 옥기
전국 시대 옥기玉器의 특징은 기교가 섬세한데, 용의 형상은 전국 옥기 신서神瑞 도안 중에서 첫 자리를 차지한다. 그 다음은 호랑이, 봉황이 차지하고 있다. 이것은 세 마리의 용이 환에 엎드린 모양의 옥패玉佩이다.

못 들은 체 못 본 체 했도다. 그대는 백성에게 포악하고 자기 배만 채우려 했으며, 또한 백성의 고혈을 짜서 모은 재물을 조정 대신에게 뇌물로 바쳤는데 그 목적은 더 높은 자리에 오르려는 것이었도다. 그대는 국가의 녹을 먹으면서 나라와 백성을 해치는 일만 했도다! 만약 그대와 같은 사람이 득세한다면 제나라가 어느 날 망할지 모를 것이다!" 끝으로 위왕은 큰 소리로 외쳤다. "이자를 냉큼 가마에 집어넣어라!"

하나를 죽여 백을 다스린 위왕

승직하려던 꿈만 꾸었던 아성대부는 혼비백산했다. 양쪽에 서 있던 무사가 땅바닥에 쓰러진 아성대부를 들어 끓는 가마 속에 집어넣었다. 위왕은 또 조사를 거쳐 공로가 있는 자를 추천하고 등용했으며, 아성대부를 평할 때 그를 치켜올렸던 몇몇 조정 대신도 함께 가마 속에 집어넣었다.

이 일로 제나라의 각급 관리들은 다시는 감히 다른 마음을 먹지 못했고 법을 지키며 자기 맡은 일에 성심을 다했다. 제나라는 이때부터 급속히 강해졌다.

하게 걸어오는 것을 보고 위왕은 말했다. "그대가 아성에서 올 때까지 과인은 거의 매일 그대를 칭송하는 말을 들었도다. 그래서 과인이 사람을 파견해 아성에 가서 조사해 보니 듣던 바와는 달리 밭이 황폐해 있고, 남루한 차림의 백성들 얼굴은 누렇게 여위었으며 감히 불평의 말을 하지 못하며 다만 속으로 한숨을 쉬고 있었도다. 그전에 조나라가 우리 견성甄城을 공격할 때 그대는 지척에 있으면서 구원의 손길을 보내지 않았도다. 위衛나라가 우리 설릉薛陵을 침점할 때도

●●● 역사문화백과 ●●●

[상계上計]
상계는 전국 시대 제후 왕이 각급 관리의 정사 성적을 평가하던 제도이다. 매년 중앙과 지방의 관리는 호적, 밭, 부세, 형벌 등 계획한 목권木券을 왕에게 바친다. 왕은 목권을 두 개로 나눠 왼쪽은 지방 관리가 가지고 오른쪽 절반은 왕에게 남겨 놓는다. 연말이 되면 지방 관리는 1년 동안의 집행 정황과 목권을 왕에게 바쳐 검사를 받는다. 정사 성적이 우수한 자는 승급하거나 상을 받으며 성적이 나쁜 자는 강직 또는 파직을 당하게 된다.

양 모양의 기구
섬서성 한중현漢中縣에서 출토된 이 기물의 용도는 아직까지 파악되지 않았다. 이 기구는 몸체에 섬세한 은사로 된 구름 무늬가 있다. 이것은 금은 색깔을 섞어 박은 수준 높고 정교한 전국 시대의 공예품이다.

상계. 계는 계산서인데 통계하는 장부를 가리킨다. 양식 저장 숫자, 세금 숫자, 호적 통계 숫자와 치안 정황 등이 기록되어 있다

| 중국사 연표 |

기원전 377년 촉蜀나라가 초楚나라를 정벌해 자방莇方을 취하자 초나라는 성을 수축해 방어했다.

016

지혜로운 순우곤

제나라 위왕은 나라를 다스릴 마음은 있었으나 사치와 낭비하는 습관을 버리기 어려웠다. 순우곤은 술잔을 들고 농담 삼아 간언을 드렸는데 생각 밖의 결과가 일어났다.

제나라 사람인 순우곤은 너무 빈곤해 일찍 데릴사위로 들어가 생활했다. 후에 그는 직하학궁稷下學宮에서 강의했으며 직하의 유명한 선생이 되었다. 순우곤의 외모는 키가 작고 볼품이 없었지만 유머 감각과 좋은 언변을 가지고 있었다. 그래서 그는 늘 웃음 속에서 사람을 교육했다.

나라 안의 울지 않는 큰 새

제나라 위왕이 즉위 초년에 주색에 빠져 정사를 돌보지 않자 각국의 제후들이 쳐들어와 나라는 위기에 처했으나 누가 간해도 듣지 않았다. 순우곤은 위왕을 보고 말했다. "나라 안에 큰 새가 있는데 왕의 정원에 머물러 있으면서 3년 동안 날지도 않고 울지도 않습니다. 임금님께서 왜 그런지 아시겠습니까?" 위왕은 순우곤이 자기를 두고 한 말인지를 알고 이렇게 대답했다. "이 새는 날지 않지만 한 번 날면 하늘에 솟을 것이오. 울지 않지만 한 번 울면 사람들이 놀랄 것이오." 그리고 위왕은 각지 현령과 장관을 모이게 해 상벌을 엄히 내리고 군사력을 키워 잃었던 땅도 다시 되찾았다. 순우곤의 한마디 말이 이처럼 큰 역할을 했다.

제사의 비유로 예물이 적음을 말한 순우곤

기원전 349년, 초나라 선왕宣王이 제나라를 공격했다. 그러자 위왕은 순우곤을 조나라에 사절로 보내 지원을 요청했다. 그는 황금 100근과 거마 10량輛을 예물로 준비했다. 순우곤이 그것을 보고 박장대소하자 위왕이 의심스러워 하면서 물었다. "왜 웃는가?" 순우곤이 말했다. "오늘 동쪽에서 오다가 길가에서 한 사람이 제사를 지내고 있는 것을 보았습니다. 앞에는 돼지 족 하나와 술 한 병을 놓고 기도를 드리고 있었습니다. '상제께 비옵나이다. 우리 집을 보우하시어 다 땔 수 없이 많은 나무가 있게 하고 다 쓸 수 없는 비료가 있게 하며 오곡이 창고에 차 넘치게 해 주시옵소서.' 신이 그것을 보고 '제물은 이렇게 적은데 바라는 것은 이렇게 많구나.' 했는데, 그것을 생각하니 웃음이 나왔습니다." 이 말을 들은 위왕은 깨달은 바가 있어 즉시 황금 천 일鎰과 백벽白璧 십 쌍雙, 거마 백 량을 준비해 조나라에 보내는 예물로 삼으라 명했다. 순우곤이 이것을 가지고 조나라에 가자 조나라 왕은 대단히 기뻐하며 즉시 정병 십만을 모으고 혁거革車 천 승乘을 준비했다. 초나라는 이 소식을 듣자 밤을 타 퇴각하고 말았다.

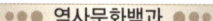

양 뿔 모양의 구리 종
운남성 초웅시 만가훈楚雄市萬家壩 옛 묘지에서 출토되었다.

●●● 역사문화백과 ●●●

[부창府倉, 부고府庫, 부인府人]

전국 시대에 각국에서 재물을 저장하던 곳을 '부府', 양식을 저장하던 곳을 '창倉', 이 두 개를 통칭해 '부창'이라 했다. 이 밖에 부고라는 것이 있는데 이것은 차구車具, 병마兵馬를 보관하던 곳이며 재물과 서류를 보관해 두기도 했다. 또한 부창과 부고를 관할하는 사람을 부인이라 했다. 통치자들은 백성에게서 금, 옥, 천, 노리개와 토산품, 특산품 등을 거둬들여 부고를 채웠다.

| 세계사 연표 |

기원전 387년

페르시아의 압력하에 코린토스 전쟁이 끝났다. 아테네는 에게 해에서의 동맹이 해산되었고, 테베는 보이오티아 각 나라의 공제권을 상실했으며, 스파르타는 페르시아의 인가를 얻어 그리스에서 패권을 잡게 되었다.

《사기史記 · 골계열전滑稽列傳》

거름 주는 기술

춘추 전국 시대의 농민들은 농작물에 거름을 내 농작물의 생장을 촉진하고 생산량을 늘리는 것을 알았다. 당시의 비료는 사람과 가축의 분변과 풀을 썩힌 것이었다. 그림은 농민들이 농작물에 거름을 내는 장면이다. 이것은 원元나라 때 농학가農學家 왕정王禎의 《농서農書》의 〈경직도耕織圖〉에 그린 한 폭의 삽화이다.

한 섬 술의 교훈

위왕은 공을 세운 순우곤을 위해 연회를 베풀었다. 그리고 순우곤에게 물었다. "선생, 그대는 얼마를 마시면 취하는가?" 순우곤이 말했다." 신은 한 말 술을 마셔도 취하고 한 섬 술을 마셔도 취합니다." 그 말에 이해가 되지 않은 위왕은 또 물었다. "선생은 한 말 술을 마시면 취하는데 어찌 한 섬 술을 마실 수 있겠는가?" 순우곤이 정색하면서 대답했다. "만약 행몽대왕幸蒙大王이 술자리를 베풀고 어사가 뒤에 있으며 집법관이 양쪽에 서 있다면 신은 긴장해서 한 말 술을 마셔도 취할 것입니다. 만약 한집 식구들이 모여 있는데 어르신들이 숙연히 앉아 있다면 신은 무릎을 꿇고 공경하는 예로 상대해야 하기에 두 말 술을 마시면 취할

것입니다. 만약 옛 친구를 만나 그립던 정을 나누며 술을 마신다면 신은 대여섯 말 술이면 취할 것입니다. 만약 마을의 묘회에서 남녀가 같이 앉아 '가위, 바위, 보'를 하면서 벌주를 마시고 장난을 치며 흥을 돋우면 여덟 말 술은 마실 것입니다. 만약 술이 술을 마시고 술판이 난장판이 되며 마음이 가장 즐거울 때면 한 섬 술은 마실 수 있습니다." 여러 가지의 음주 행태를 말한 순우곤은 말머리를 돌렸다. "그러므로 술이 과하면 난이 일어나고 즐거움이 지나치면 슬픔이 옵니다. 만사가 다 이러합니다. 그래서 일을 할 때에 극단에 이르지 말아야 합니다. 극단에 이르면 쇠퇴해지니 이것을 피해야 합니다."

위왕은 순우곤의 말을 듣고 감탄하여 다음날 조정에 나와 궁중에서 밤 깊도록 술 마시는 것을 금지하고 동시에 순우곤을 '제후의 주객'으로 등용한다고 선포했다. 그래서 각국의 사신을 접대하는 관직이 생기게 되었다. 이후부터 종실에서 연회를 거행할 때면 순우곤이 감독을 맡아 지나치지 않도록 관리했다.

반리 무늬를 새긴 그릇

이 기물은 전국전기에 쓰던 식기로 자루가 길고 양쪽에 고리가 달렸다. 밑바닥은 둥글고 은은한 선의 삼각무늬로 둘레를 장식했다. 둥근 발은 반리 무늬蟠螭紋(용처럼 생긴 상상의 동물)로 장식했다.

마왕퇴馬王堆 한漢나라 묘지에서 출토된 《52병방病方》인데 전국 시대에 책으로 묶어졌다. 일찍 '소문素問'에 있었다

| 중국사 연표 |

기원전 375년 — 진秦나라에서 호적戶籍 상오相伍를 세웠다.

017

나라를 다스리는 술책

진秦나라 효공孝公은 부국강병을 위해 인재를 구하려 했으나 어려움이 많았다. 위衛나라의 공손앙公孫鞅이 제帝, 왕王, 패覇의 세 가지 술책을 내놓고 효공에게 선택하게 했다.

공손앙을 알아보지 못한 위魏나라

위衛나라의 공자公子인 상앙商鞅의 성은 공손公孫이다. 그래서 그를 공손앙 또는 위앙衛鞅이라고 했다. 그는 어려서부터 형명刑名의 학문을 즐겼는데 학문을 닦은 후 위衛나라를 떠났다. 그는 위衛나라가 너무 협소해 자기의 재능을 펼칠 수 없다며 당시 중원에서 제일 강한 위魏나라로 가 위魏나라 상相인 공숙좌公叔座의 문하에 들었다.

공손앙과 이야기를 나눈 공숙좌는 그의 해박한 학문과 넓은 식견을 흠모해 잠시 그를 자기의 중서자中庶子로 등용했다. 중서자는 시중드는 신하라 할 수 있다. 그러나 공숙좌가 공손앙을 위魏나라 왕에게 추천하기도 전에 그가 병으로 쓰러지고 말았다.

그 소식을 들은 위魏나라 혜왕惠王이 몸소 가서 공숙좌를 문병했다. 혜왕이 물었다. "상국이 병 때문에 꼼짝 못하니 위나라의 정사는 누구에게 맡기면 좋단 말인가?" 공숙좌가 답했다. "신의 중서자 공손앙은 비록 나이는 젊지만 포부가 있고 재능이 뛰어나니 대왕께서 정사를 그에게 맡겨 보십시오." 혜왕이 뜻밖의 말에 대답이 없자 공숙좌가 또 말했다. "대왕께서 공손앙을 기용하지 않는다면 그는 다른 나라로 갈 것입니다. 이렇게 되면 우리에게 불리합니다." 혜왕은 그 일을 잠시 접어 두고 궁으로 돌아왔다.

혜왕이 돌아간 후 공숙좌는 공손앙을 불러 자기를

소를 세운 호리병 모양의 생황 (관악기의 일종)
생황은 중국 서남 소수 민족 지역에서 유행하던 악기이다. 당唐대 번작樊綽의 《만서蠻書》에는 〈남조南詔〉가 실려 있다. "소년이 밤 깊어 거리를 거닐면서 생황을 불었다. 운율에는 정이 담겼고 서로 속삭이는 듯하다." 운남성의 강천江川, 상운祥云 등 전국 묘지에서 구리 호리병 모양의 생황이 발견되었다.

짐승을 새긴 전국 시대의 기와
반원형의 회색 토기 기와 중간에 한 그루 상록수가 있고 양쪽에 대칭되어 두 마리의 짐승이 있다.

●●● **역사문화백과** ●●●

[전국 시대의 호적, 호율戶律]

호율은 전국 시대 등기 호구에 관한 법률이며, 호적은 당시 제후국에서 거민 호적을 등록하는 책이 있어서 정기적으로 인구, 성명, 연령, 직업, 재산, 주소 등을 상세하게 조사해 속이거나 사사로이 이주하는 것을 금했다. 호적은 각 제후국에서 토지 분배와 부세 징수의 근거가 되었다. 호에 따라 거두는 호적세를 호부戶賦라 칭했다. 호적 제도는 진秦나라 효공 상앙 변법 시기에 '오伍', '십什' 제와 '연좌법連坐法'의 토대가 되었다.

| 세계사 연표 |

기원전 387년 — 플라톤이 아테네 교외 '아카데미아 학원'에서 강의를 시작해 플라톤 철학 학파를 형성했다.

《사기史記·상군열전商君列傳》
《전국책戰國策·위책魏策》

도와준 데 대해 감사를 표시한 후 이렇게 말했다. "보아하니 대왕께서 그대를 쓰려 하는 것 같지 않습니다. 나는 대왕에게 할 말을 다했습니다. 그대에 대한 것도 말입니다. 빨리 여기를 떠나시오. 그렇지 않다가는 붙잡히고 말 것입니다!"

공손앙이 말했다. "상공의 말씀에 감사드립니다. 그러나 제 생각은 이렇습니다. 대왕은 상공의 말처럼 나를 등용하지 않을 것이지만 나를 죽이지는 않을 것입니다. 안심하십시오." 공손앙의 추측은 틀리지 않았다. 병문안을 다녀온 혜왕이 대신들에게 말했다. "상국이 병이 나더니 정신이 혼미해졌어. 어떻게 과인이 무명 소졸에게 온 나라를 부탁할 수 있단 말인가. 또 어떻게 과인이 그를 죽일 수 있단 말인가. 정말 황당하기 그지없네!"

효공의 관심을 끌지 못한 공손앙

얼마 후, 진秦나라 효공孝公이 현숙한 사람을 구한다는 말을 듣고 공손앙은 진나라로 갔다. 그는 효공의 총신 경감景監을 찾아가 효공에게 자기를 추천해 달

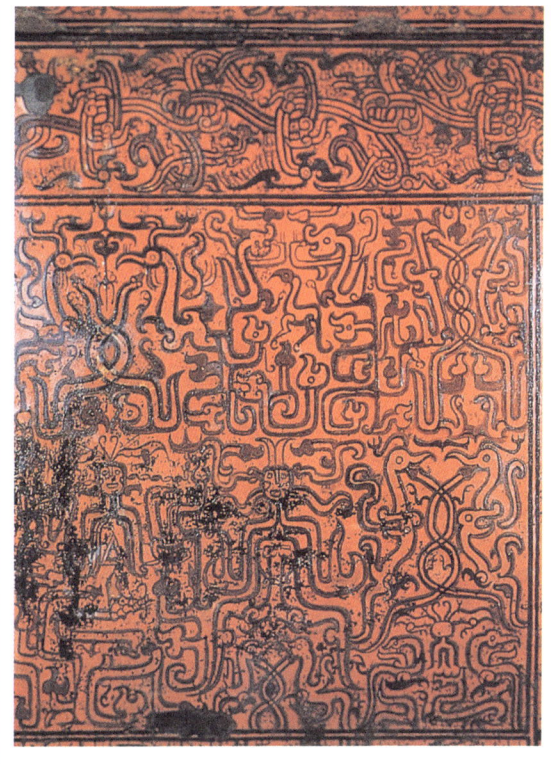

증후을 묘지 칠관漆棺
증曾은 서주西周 초년 주나라 왕이 봉한 소국의 하나이다. 서주 초년에 건국되어 전국 중기까지 700여 년간 유지되다가 초楚나라에 의해 멸망했다. 이 묘지는 증나라 군주 을乙의 묘지인데 이것을 증후을 지관이라 칭했다. 이 관(내, 외관으로 나누어져 있다)의 무게는 7000kg으로 중국에서 발견된 가장 큰 옻 제품이다. 기구의 몸체에는 그림이 가득한데 용, 뱀, 새, 짐승, 신 등의 900여 개의 신비스런 그림이 그려져 있다.

구리로 된 취사도구
호북성 수주시 증후을湖北省隨州市曾侯乙 묘지에서 출토된 이 취사도구는 윗판과 아랫판으로 되어 있다. 윗판은 굽이 낮고 평평하며 네 개의 발이 달려 있다. 또 두 개의 고리가 달려 있는데 그곳에 구름 무늬가 새겨져 있다.

라고 청탁했다. 효공은 자기가 찾던 현숙한 인재가 나타난 것을 보고 허심탄회하게 가르침을 청했다. 공손앙은 예를 올린 후 삼황오제三皇五帝의 흥망성쇠를 이야기했다. 그러나 효공은 쿨쿨 자기만 했다. 이튿날 효공이 경감을 책망하면서 말했다. "그대의 손님은 완전히 책벌레요. 이것저것 쉴 새 없이 말하는데 어떻게 그런 사람을 추천한단 말인가?" 집으로 돌아온 경감은 공손앙에게 말했다. "그대는 왜 주공에게 텅 빈 이론만 늘어놓아 주공을 노엽게 합니까?" 공손

| 중국사 연표 |

기원전 375년 — 한韓나라가 도성을 양적陽翟에서 신정新鄭으로 옮겼다. (한나라의 원래 도성은 평양平陽인데 다시 양적으로 옮겼했다.)

앙이 말했다. "내가 주공과 첫 상면인데 어찌 그의 애호를 알 수 있었겠습니까? 그래서 일반적인 황제의 도를 말해 대왕이 성군이 되게 하려는 것이었습니다. 만약 주공이 황제의 도에 대해 흥취를 느끼지 않는다면 나는 다른 것을 말할 수 있습니다." 하면서 다시 자리를 마련해 달라고 부탁했다.

며칠 후, 효공의 기분이 좋은 틈을 타 경감이 말했다. "신의 손님이 주공에게 아직 못한 말이 있다 하는데 주공께서 다시 만나 보시렵니까?" 효공이 응낙하자 공손앙이 다시 궁전에 왔다. 그는 이번에 하우夏禹가 집정하던 일과 상탕商湯, 주나라 문왕文王, 무왕武王의 이야기를 했다. 그들이 국가를 개혁한 것, 정치 원리에 대한 것이었다. 효왕은 저번처럼 코를 골며 자지는 않았으나 조금도 흥취를 느끼지 못했다.

효공은 경감을 만나 말했다. "그대의 손님은 아는 것도 많고 기억력도 좋더구먼. 하지만 먼 옛날의 것만 말하며 당면한 과제는 말하지 않으니 무슨 쓸모가 있는가?" 경감이 집에 와서 공손앙에게 효공의 말을 전하자 그가 말했다. "오늘 내가 말한 것은 왕도王道인데 주공께서 재미없었다고 하니 나에게 다시 기회를 준다면 기필코 주공을 만족시킬 것입니다." 경감은 대답을 미뤘다.

패도를 말해 효공을 감동시킨 공손앙

시간이 흘러 소슬한 바람이 부는 가을이 왔다. 효공은 깊은 궁궐 속에 홀로 앉아 쉴 새 없이 술을 마시며 한숨을 쉬었다. 옆에 있던 경감이 그 이유를 묻자 효공이 말했다. "진나라는 서쪽에 있어 비록 땅은 천리이나 나라와 백성이 궁해 중원 제후들의 멸시를 받고 있도다. 지금 과인이 현숙한 사람을 구하려 하나 그것이 어려우니 하늘이 진나라를 버리는 것이 아니겠는가. 과인의 마음은 구름처럼 둥둥 떠 있도다." 경감은

효공을 위로하며 말했다. "너무 근심하지 마십시오. 신의 손님 공손앙이 가슴에 제, 왕, 패의 세 술책을 품고 있는데 저번에 말씀드린 두 가지는 '제술帝術', '왕술王術'에 대한 것입니다. 아직 '패술霸術'은 주공께 말씀드리지 못했다고 합니다. 만약 생각이 있다면 '패술'을 들어 보는 것이 어떻겠습니까?" 효공은 '삼술지설三術之說'은 들어 본 적이 없었는지라 신선하게 느껴 허락했다.

공손앙은 세 번째로 궁전에 들어가 예를 올리고 거침없이 패술을 이야기했다. 그전과 달리 효공은 이야기에 취해 버렸다. 두 사람은 며칠 동안 계속 이야기를 나눴지만 효공이 그만두려 하지 않았다. 공손앙은 마침내 효공을 감동시켰다.

효공은 공손앙의 의도에 따라 변법 개혁을 진행하기로 결심했다. 효공은 삼 년간의 준비와 반복적인 토론을 거쳐 이것을 전국에 반포했다. 그리고 공손앙을 '좌서장左庶長'으로 받들어 전국 최고의 군정 장관으로 삼았다. 진나라의 국정은 모두 좌서장이 주관하며 위반하는 자가 있으면 왕명을 거역한 죄로 다스렸는데 기원전 356년이었다.

진나라는 이때부터 빠르게 성장했는데 공훈이 탁월한 공손앙을 상으로 봉하고 상앙이라 칭했다.

상앙의 구리 되
춘추 전국 시대 각 나라에서는 무역과 부세 징수의 편리를 위해 도량형의 정돈과 통일을 매우 중시했다. 진秦나라가 상앙 변법을 실행할 때 공손앙은 진나라의 도량형을 통일하기 위해 표준적인 기구를 만들었다.

기원전 380년

| 세계사 연표 |
이집트 제30왕조가 건립되었다.

018

《사기史記·상군열전商君列傳》
《자치통감資治通鑑·주현왕周顯王 10년》
출전

새 정치를 위한 변법 제정

나무 기둥을 세워 신용을 지키다

개혁을 실시하려면 백성들에게 신용을 지켜야 한다. 좌서장 공손앙은 법률 권위를 확립하기 위해 나무 기둥을 성문 어귀에 세워 놓고 상금을 걸었다.

새로 부임한 좌서장 공손앙은 변법 조항을 제정해 새로운 정치를 실현했다. 새 법의 내용은 네 가지로 개괄해 말할 수 있다. 첫째는 호적을 만들어 다섯 집을 일 '오伍'로 하고 열 집을 일 '십什'으로 하며 연좌법連坐法을 실행해 공이 있는 자를 표창하고 죄지은 자는 징벌한다. 둘째는 군사적으로 공을 세운 자를 격려하며 사사로운 싸움을 금한다. 작위를 20급으로 정하고 적을 한 명 사살하면 한 급을 올려주고 사사로이 싸운 자는 엄격히 징벌한다. 셋째는 생산을 격려해 적극적인 자는 부역을 면제하고 게으른 자는 관직을 몰수해 노예로 삼는다. 넷째는 악습을 제거하며 부자, 형제간에 동거하는 것을 금한다.

나무 기둥의 효과

공손앙은 새 법에 대한 백성의 관심을 불러일으키고, 관리들이 그 법을 잘 준수하도록 방법을 하나 고안했다. 그는 함양咸陽 대문 어귀에 큰 나무 기둥을 세워 놓고 글을 써 붙였다. "이 기둥을 북문까지 메고 가는 사람에게 황금 열 근을 상으로 준다." 그 당시 황금 열 근이면 일반 백성들은 꿈도 꾸기 힘든 큰 액수였다. 그 때문에 모여드는 사람은 많았지만 누구도 이 말을 믿으려 하지 않았다.

공손앙은 누구도 나무 기둥을 메고 가려 하지 않자 상금을 다섯 배로 올렸다. 그러나 사람들은 더 의심을 하며 누구도 감히 나서질 않았다. 그때 한 사람이 뛰쳐나오며 말했다. "이 글이 정말이든 거짓말이든 내가 한번 해 볼 테다!" 그리고는 나무 기둥을 메고 갔다. 모였던 사람들도 그 결과가 궁금해 북문까지 따라갔다. 함양성은 그리 크지 않아 남문에서 북문까지는 멀지 않았다. 북문을 지키던 관리가 공손앙에게 이 일을 보고하자 그는 즉시 영을 내려 나무 기둥을 옮긴 사람에게 영에 따르고 법을 지킨 것을 칭찬하면서 준비해

-403~-221
전국

●●● 역사문화백과 ●●●

[상앙 변법]

기원전 356년, 진나라 효공은 상앙, 즉 공손앙을 등용해 변법을 실행했다. 그 내용을 보면 호적을 만들어 관리를 강화하고 연좌법을 실행한다. 간악한 자와 적들이 결탁해 죄를 짓는 것을 방지하고 군공軍功을 표창하며 사사로운 싸움을 엄금한다. 귀족 세습 특권을 폐지하며 경작을 장려한다. 현縣 제도를 추진하며 정전井田을 폐지하고 밭 면적을 넓히고 토지 매매를 허가한다. 호를 나누며 호와 인구에 따라 부세를 매기고 도량형을 통일한다 등이다. 상앙 변법商鞅變法은 진나라에서 제정해 토대를 닦았지만 너무 엄한 형벌로 사회적 갈등도 심화시켰다.

경작에 관련한 나무 서판
그림의 나무 서판木牘은 사천성 청성靑城의 전국 시대 옛 묘지에서 출토되었는데 그 앞뒷면에는 진秦나라 무왕武王 2년(기원전 309) 승상 감무甘茂가 농전農田과 관련된 법률을 수정한 명령 자료가 기록되어 있다.

철후徹侯, 이것은 서한西漢의 열후列侯 혹은 통후通侯이다

| 중국사 연표 |

기원전 374년 제나라 전오田午가 그 군君을 살해했는데 전염田剡과 유자孺子 희喜가 자립했다. 이것이 제나라 환공桓公이다.

두었던 황금 50근을 상으로 내주었다.

법령을 준수해 표창을 받았다는 소식은 발이 달린 것처럼 재빨리 온 진나라에 전해졌으며 동시에 변법에 따른 새 정치가 잇달아 공포되었다.

변법의 확대와 강해진 국력

첫 번째 변법이 성과를 거둔 토대에서 공손앙은 기원전 350년에 제2차 변법을 진행하기로 했다. 그 내용

나무 기둥을 세워 신임을 얻다
진나라 효공은 공손앙을 좌서장으로 임명해 변법을 실행했다. 공손앙은 백성들이 법을 따르도록 하기 위해 묘책을 냈다. 큰 나무 기둥을 성 남문 어귀에 세워 놓고 이 기둥을 북문까지 옮기는 사람에게 열 근의 황금을 상으로 내린다고 했다. 백성들이 이상하게 생각할 뿐 나서질 않자 상금을 다섯 배로 올렸다. 그러자 한 사람이 나와 나무 기둥을 옮겼는데 공손앙은 그에게 황금 오십 근을 내줘 백성에게서 신임을 얻었다. 이렇게 되어 진나라 사람들은 법령을 받들게 되었다. 이 그림은 청나라 말 민국 초기의 석인본 《동주열국지》에 실려 있다.

평수포平首布
화폐로 사용된 초기 '포布'는 모양이 삽 같은데 '산폐鏟幣'라고 하며 시간과 형태에 따라 공수포空首布와 평수포 두 가지로 나뉘었다. 평수포는 공수포에 비해 얇고 평평하며 종류도 많다. 전국 시대에 한韓·조趙·위魏·연燕·진秦나라 등에서 유통되었다.

은 네 가지였다. 첫째, 도성을 옹雍에서 함양으로 옮겨 동쪽으로 발전을 꾀할 것이고 둘째, 전국을 41개 현縣으로 나누고 각 현에 영令을 설정해 한 명의 승丞을 임명하고 셋째, 밭 사이의 둑을 허물어 면적을 확대하며 넷째, 도량형을 통일하는 것이다. 두 차례의 변법 개혁을 통해 진나라는 군사력과 경제력이 한층 강해졌다.

●●● **역사문화백과** ●●●

[농사를 중시하고 상업을 억제하는 정책]
전국 시대에 상업이 번창했고 시장이 흥성했다. 그러나 상인들은 무분별한 상행위로 농민들에게 해를 입혔고 소농 경제의 발전을 막았다. 허행許行을 대표로 하는 농가 학파들은 이에 대해 첨예한 비평을 제기했다. 상앙 변법은 부국강병을 위해 식량 생산을 증가하고 농업을 중시하며, 상업을 억제하고 상인에게 세금을 많이 부과해 상업의 사회적 지위를 떨어뜨린다고 했다.

| 세계사 연표 |

기원전 380년 〈　그리스의 희극 작가 아리스토파네스(기원전 450년~기원전 380년)가 사망했다.

채색으로 용봉을 그린 관
이 관은 1967년 호북성 형문시 포산荊門市包山 대총大冢 2호 묘지에서 출토되었다. 나무 관의 형상은 규칙적인 장방형인데 안에는 붉은 칠을 하고 밖에는 검은 칠을 했다. 관의 덮개 면과 양측 판은 붉고 누르고 검고 금색 등 용봉 무늬를 그렸다. 그림은 실제로 네 마리의 용과 네 마리의 봉황을 한 개 단위로 하는데 구조는 대칭되고 조형은 근엄하다. 전반 덮개 면과 관 널판의 무늬 선은 유창하고 색채는 비교적 강렬하며 장식성이 강하다. 이것은 초楚나라 묘지의 채색 칠한 관 중에서 얻기 어려운 진품이다.

기원전 335년, 조趙나라가 숙후肅侯를 위해 수릉壽陵을 세웠는데 이때부터 제왕의 묘지를 능이라 칭함

| 중국사 연표 |

기원전 372년 ~ 기원전 289년

맹가孟軻가 출생. 유가儒家의 학설을 계통적으로 발전시키고 '성선설性善說'을 주장했는데 후세에서 그를 존중해 '아성亞聖'이라 했다. 그의 저서로는 《맹자孟子》가 있다.

019

거짓을 꾸며 공자 앙을 생포

진秦나라 효공은 위魏나라가 패배한 기회를 타서 공손앙에게 위나라에 대한 공격을 명령했다. 위나라는 공자 앙卬이 옛 벗인 공손앙의 요청에 응해 진나라 군에 가서 옛정을 나누도록 허락했다. 그러나 공자 앙은 공손앙의 올가미에 걸려들고 말았다.

동진을 주장한 공손앙

공손앙은 진나라 효공을 보좌해 변법을 실행해 큰 성과를 보았는데, 역사서에는 이렇게 기록되어 있다. "10년을 실행하자 진나라 백성은 기뻐 어쩔 줄 모르고 백성들은 용감히 싸움터에 나서려 했으며, 사사로이 싸우지 않고 향읍은 크게 다스려졌다."

기원전 341년, 공손앙은 진나라가 강대해지자 효공에게 책략을 올렸다. "작년에 위魏나라가 마릉에서 제나라에게 패해 태자 신申이 포로가 되고 장군 방연龐涓은 자살했으며 군사력은 반으로 줄었습니다. 위魏와 진秦 양국은 국경을 맞대고 있는데 위나라는 안읍安邑에 도읍을 세우고 진나라가 동쪽으로 확장할 통로를 봉쇄하고 있습니다. 또 그 세력이 강성했을 때 진나라의 영토를 침략하려고 했습니다. 그러나 이제는 강을 의지해 수비만 하고 있으며 동쪽에서 이익을 얻으려 하고 있습니다. 지금 진나라의 실력이 강대해졌고 위나라는 제나라에게 패해 그를 따르던 제후국들이 떨어져 나가고 있어 고립무원한 지경에 처해 있습니다. 이 기회를 이용해 위나라를 정벌한다면 위나라는 우리 군의 진공을 막을 방법이 없어 도읍을 동쪽으로 이동할 것입니다. 우리나라가 일단 동쪽 땅을 점령한다면 중원 각국에게도 위협이 될 것입니다. 이것은 제왕의 업을 세우는 데 좋은 기회이니 대왕께서 결정하십시오!" 이것은 바로 효공이 오랫동안 꿈꿔 왔던 일이 아니던가! 효공은 즉시 영을 내려 공손앙을 총수로 해 대군을 거느리고 위나라로 진격했다.

양군은 맞서고 벗은 요청에 응하다

진나라군이 쳐들어온다는 소식을 들은 위나라 혜왕은 급히 공자 앙을 대장으로 임명해 이에 대응하게 했다. 위나라와 진나라는 서로 만나 진을 치고 맞서게 되었다. 그날 저녁 공자 앙은 공손앙으로부터 다음과 같은 내용의 편지를 받았다. "우리 둘은 이전에 좋은 벗이었는데 지금 적대국의 총수가 되었구만. 공자와 만나 조약을 맺고 서로 그립던 정을 나누다가 각자 회군한다면 국경을 보호할 수도 있고 백성도 편안해

코뿔소 모양의 주기酒器
이 주기는 동물의 형상을 따서 만든 것으로서 조형이 생동감 있고 코뿔소의 강한 특징을 표현하고 있다. 주기의 전신은 화려한 금은 유운流云 무늬로 되어 있고 이어지면서 금은사를 박았다. 등에는 덮개가 있고 기울이면 술이 조금씩 흘러나오게 만들었다. 이것은 매우 정교하고 아름다운 공예품이다.

| 세계사 연표 |

기원전 379년 — 바빌로니아의 천문학자 시단누스가 세차歲差(지구가 자전할 때 자전축이 조금씩 기울어 북극이 가리키는 별의 각도가 달라지는 현상)를 발견했고, 19년에 7개의 윤달을 두는 치윤법置閏法을 바빌론에 도입했다.

《사기史記·상군열전商君列傳》

사람 머리 모양의 구리 등잔 (일부분)

포로가 된 공자 앙

진나라의 군영에 들어서자 공손앙은 맹세할 기구를 준비해 놓은 다음, 풍성한 주안상을 차려 놓고 옛 벗을 맞이했다. 둘은 예를 마친 다음 자리에 앉아 이야기를 나눴다. 술이 세 순배 돈 다음 공자 앙이 공손앙에게 근간의 정황을 물으려 하는 순간 공손앙이 별안간 술잔을 땅바닥에 던졌다. 그러자 양쪽 장막에서 복병이 뛰쳐나와 공자 앙을 붙잡았다. 이때 밖에서는 우뢰와 같은 소리가 나더니 진나라군이 함성을 지르며 물 밀듯이 쏟아져 나와 위나라군을 공격했다. 우두머리가 포로가 된 위나라군은 출격하는 진나라군의 공격을 받아 가을 나뭇잎 떨어지듯 시체가 온 들판에 덮이고 피가 강물처럼 흘렀다.

질 수 있으니 얼마나 좋은 일인가!" 공자 앙은 좋은 기회라 생각해 이에 응했다. 생각해 보니 공손앙이 위나라에 있을 때 늘 그를 청해 술도 같이 나누고 가르침도 받았는데 공손앙도 그에 대해 감격해 하고 있었다. 이런 관계가 있었기에 공자 앙은 의심치 않고 몇 명의 수행원만을 거느리고 진나라의 군영으로 갔다.

●●● 역사문화백과 ●●●

[연좌, 연질, 연형]

연좌는 진나라 상앙 변법 때 제정한 것인데 한 사람이 죄를 지으면 그 주위의 사람이 벌을 받는 법령이다. 만약 한 집 사람이 죄를 지었는데 검거하지 않으면 그 주위의 열 집이 공동으로 벌을 받는다. 연질은 전시에 전장에 나간 병사가 변절하는 경우 그의 가속에 벌을 받는 것이다. 연형은 군대의 연좌법인데 다섯 명의 병사를 '오'로 조직하여 그 이름을 목관에 써서 보관하게 하며 동오 중에서 다섯 사람이 서로 보증을 서게 한다. 한 사람이 죄를 짓거나 도망치면 네 사람 모두가 연루된다.

후회하는 위나라 혜왕

공자 앙의 전군이 복멸당했다는 소식이 안읍에 전해지자 위나라 혜왕은 사신을 파견해 진나라에 화친을 요청했다. 그는 강 서쪽의 땅을 진나라에 떼어 주고 동시에 도읍을 대량大梁으로 옮겼다. 진나라가 바라던 전략 요지가 마침내 진나라에 귀속되고 말았다. 혜왕은 그제야 공숙좌의 말을 듣지 않은 것을 후회했으나 때는 이미 늦었다. 효공은 공손앙의 공로를 치하해 상을 내리고 특별히 위나라 하서河西의 15읍을 망라한 상지商地를 공손앙에게 봉하고 호를 '상군商君'이라 했다.

동으로 된 삼지창

호북성 수주시 증후을 묘지에서 출토된 이 창은 손잡이 부분이 나무로 만들어졌는데 겉은 참대를 씌우고 칠을 올렸다. 창의 끝 부분은 구리로 되어 있다. 이 병기는 중국 역사상 최초로 발견된 것이다.

기원전 346년, 진나라 효공이 공손앙의 건의를 받아들였는데 이때 한차례 대규모의 분서가 진행되었음

| 중국사 연표 |

기원전 370년

중국 '전욱력顓頊曆'이 출현했다. 365.25일에 한 번 도는 것을 1년으로 했는데 이것을 '4분력四分曆'이라 칭했다.

020

능지처참의 극형

공손앙이 상앙 변법을 강하게 밀고 나가면서 피해가 극히 심했다. 효공이 죽은 후 다시 세력을 잡은 구세력은 공손앙을 능지처참했다.

형벌을 가혹하게 행해 원수를 만들다

상앙, 즉 공손앙은 패술霸術로 변법의 강성을 도모해 성과가 현저했다. 하지만 이 법을 실행하는 중에 생긴 엄한 형벌과 준엄한 법은 모든 사람들의 강한 불만을 일으켜 원성이 자자했다. 공손앙이 위수渭水를 순찰한 하루 사이에, 처형당한 죄수는 700여 명에 이르러 강물을 붉게 물들였고 울음소리는 하늘 땅을 진동했다.

어느 날, 태자가 법을 어기자 공손앙은 태자를 처벌했다. 그는 직접 태자에게 형을 가하지 못하고 그의 스승 태부공자太傅公子 건虔의 코를 베는 형벌과 태사太師 공손가公孫賈의 얼굴에 자자刺字하는 형벌을 가했다. 이렇게 7, 8년이 지나자 처음에 반대하던 사람들도 후에는 새 법을 칭송했다. 그러자 공손앙은 그 사람들을 "구름을 휘저어 비를 내리게 하며 인심을 어지럽힌 무리"라고 하면서 편벽한 변성邊城으로 보내 버렸다.

●●● 역사문화백과 ●●●

[천고의 수수께끼 – 벼랑 묘지]

1979년 강서성江西省 박물관의 고고대考古隊가 풍경이 아름다운 노계하변蘆溪河畔 40m 높이의 절벽에서 전국 시대의 벼랑 묘지를 발견했다. 묘지에서는 많은 종류의 수장품(칼집이 있는 목검, 목도, 목긍, 바퀴, 청자기 컵, 도자기 정, 도자기 독 등)이 거의 완전한 상태로 발견되었다. 그러나 묘지 주인이 누구인지, 그 무거운 관을 이 높은 절벽까지 어떻게 가지고 왔는지, 이렇게 한 그들의 내면 세계는 어떠했는지 등 모든 것이 수수께끼로 남아 있다.

이렇게 되자 사람들은 감히 말을 못하고 입을 다물고 말았다.

귀에 거슬린 충언

공손앙이 진나라에서 변법으로 새 법을 실행한 십여 년 동안 진나라의 귀족들은 공손앙에 대한 원한을 가득 품고 있었다.

어느날 조량趙良이 공손앙을 찾아오자 공손앙이 물었다. "선생과 벗으로 사귀고 싶은데 괜찮겠습니까?" 조량이 거절하자 공손앙이 또 물었다. "내가 진나라를 다스려 왔는데 선생이 보실 때 오고대부五羖大夫 백리해百里奚와 비교하면 누가 더 낫습니까?" 이 말에 조량은 유수처럼 말문을 열었다. "여럿이 '네.'라고 답해도 한 사람이 직언하는 것보다 못합니다. 오고대부는 진秦나라 목공穆公을 보좌하여 열국을 점령해 진나라가 서융 패주가 되게 했습니다. 그러나 오고대부 본인은 근검하게 생활하며 여름에도 지붕을 덮지 않은 수레를 탔고, 출행해도 여러 마리의 말이 끄는 마차를 타지 않았으며 백성들과 고락

구리로 만든 매 (위 사진)

상주商周에서는 대부분의 새가 길조의 상징이었다. "하늘이 현조에게 명해 땅에 내려가 상을 낳게 하다."라는 설이 있다. 반면에 뱀은 상서롭지 못한 것의 상징으로 "뱀은 머리가 하나이고 몸뚱이가 둘인데 뱀을 보면 큰 가뭄이 든다."라고 했다. 이 청동 매는 목을 빼들고 나래를 펼치고 있으며 발톱으로 뱀을 꽉 잡고 있는데, 이는 사악한 것을 피한다는 뜻이다.

| 세계사 연표 |

기원전 387년 ~ 기원전 377년

제2차 아테네 해상 동맹이 성립되어 70여 개 나라와 섬이 가맹해 공동으로 스파르타에 대항했다.

출전: 《사기史記·상군열전商君列傳》
《자치통감資治通鑑·주현왕周顯王 31년》

공손앙을 능지처참하다
상앙 변법은 귀족의 권리를 많이 침해했는데 그로 인해 공손앙은 귀족들의 미움을 받았다. 진나라 효공이 사망하자 공손앙은 능지처참의 형을 받고 그의 가족들도 살해되었다. 이 그림은 명나라 말 각본 《신열국지》에 실려 있다.

을 같이 했습니다. 그래서 그가 서거하자 백성들은 통곡하며 울었습니다. 그러나 군君은 십여 년간 효공을 보좌해 왔지만 백성들은 군을 두려워하고 있으며 군이 백성을 사랑한 은덕을 느끼지 못하고 있습니다. 특히 태자는 군이 그의 사부에게 자자의 형을 가한 데 대해 뼈에 사무친 원한을 품고 있습니다. 군이 출행할 때면 뒤따르는 마차가 십여 대나 되며 수레에는 힘센 장정이 창칼을 들고 옆에서 지키고 있습니다. 덕이 있으면 흥하고 완력을 쓰면 망하는 법입니다."

조량의 말에 공손앙이 반응이 없자 조량은 계속 말을 이었다. "군의 변법이 성공했고 주공의 지지를 받고 있지만 주공의 나이가 많아 뒷일을 보장할 수 없습니다. 다음의 군주는 다른 사람을 선택해 군과 대체할

것입니다. 그러면 상지商地에 돌아가 편안히 지내게 될 것입니다!" 조량은 상앙 변법의 폐단과 공손앙의 위험한 처지를 날카롭게 제기했다. 그러나 공손앙은 권력에 현혹되어 이 말을 귀담아 듣지 않았다.

능지처참을 당한 공손앙

기원전 338년, 효공이 서거하자 태자 사駟가 왕위를 계승했는데, 그를 후에 혜문왕惠文王이라 칭했다. 보수 세력은 이 기회를 틈타 다시 권력을 잡았는데 공자 건虔과 공손가가 감룡甘龍, 두지杜摯 등의 신하들과 짜고 공손앙을 모해하며 배반하려 했다. 공손앙에게 원한이 있던 혜문왕은 즉시 그를 함양에서 내쫓았다. 공손앙이 함양성에서 떠나자 혜문왕은 공손앙과 그의 전 가족을 죽이라는 조서를 내렸다.

공손앙은 위魏나라로 도망쳐 동산東山에 거점을 잡고 다시 일어나려 했다. 그러나 위나라 사람들은 그가 공자 앙을 유인해 붙잡은 의롭지 못한 행동을 한 것을 알고 그를 받아들이지 않았다. 공손앙은 또 가병을 거느리고 정鄭나라를 쳐서 안거할 거점으로 삼으려고 진을 치고 대처하다가 공손가의 추격병에 의해 붙잡히고 말았다. 혜문왕은 공손앙의 죄악을 낱낱이 열거하고 그를 저잣거리에 끌고 나가 다섯 대의 수레에 사지와 목을 묶어 산 채로 다섯 토막 내어 죽였다. 역사상에서는 이를 '겨열車裂' 또는 '다섯 소가 분시하다 五牛分尸.'라고 했다.

●●● 역사문화백과 ●●●

[능지처참의 원 이름 - 거열]
거열은 춘추 전국 때의 혹형酷刑인데 환轘 또는 환형轘刑이라고도 했다. 이것은 소나 말을 이용해 사람을 다섯 토막 내는 것인데 머리와 손, 발을 밧줄에 묶어 수레에 맨 다음 말이나 소를 각각 다섯 방향으로 몰아 죽이는 형벌이다.

| 중국사 연표 |

기원전 370년 ~ 기원전 310년

혜시惠施가 세상에 태어났다. 혜시는 공손룡公孫龍과 더불어 전국 시대의 '명가名家'였다. '명가'를 '웅변가'라고 칭하기도 한다.

021

진진이 군사를 물리치다

위魏나라를 진격해 대승을 거둔 초나라의 소양昭陽이 군사를 돌려 제나라로 진격해 왔다. 그러나 위나라에 사신으로 와 있던 진나라의 진진陳軫이 소양을 설득해 초나라군을 물러가게 했다.

전국 시대에는 소설小說이 매우 유행했다. 책사 진진은 '뱀에게 발을 그리다.'라는 소설로 초나라 군사를 돌려보내는 공을 세웠다.

초나라 진영으로 간 진진

기원전 323년, 초나라의 대장 상주국上柱國 소양은 초나라 회왕懷王의 명령을 받들고 위나라를 진격해 양릉襄陵에서 위나라의 주력군을 격파하고 연이어 여덟 성을 점령해 대승을 거뒀다. 그리고는 한 모사의 말에 따라 즉시 명령을 내려 제나라를 향해 출격했다. 이 소식을 들은 제나라 왕이 어쩔 줄 몰라 하자 이때 진나라에서 온 사신 진진이 일어서면서 말했다. "근심하지 마십시오. 제가 초나라군을 퇴각시켜 보겠습니다." 위왕은 하는 수 없이 승낙했다.

뱀에게 발을 그려 준 교훈

진진은 예물을 갖추고 소양의 군영으로 갔다. 예를 마친 진진은 소양이 위나라를 공격해 대승을 얻은 것을 축하하면서 말했다. "초나라의 법률에서는 적군을 소멸하고 적장을 죽이면 어떤 등급의 관직을 상으로 줍니까?" 소양이 대답했다. "상집규上執珪로 봉합니다. 이것은 상주국을 받드는 최고의 무관입니다." 진진이 또 물었다. "그러면 어떤 관직의 작위가 이보다 더 존귀합니까?" 이 물음에 소양이 한참 생각하다가 말했다. "그건 영윤슈尹이지요." 영윤은 최고 관직인데 다른 제후국의 상相과 비슷하다. 진진은 다시 말했

변장卞莊이 호랑이를 잡다
전국 시대 한韓나라와 위魏나라는 몇 년 동안 계속 전쟁을 했다. 이 정황을 본 진秦나라 혜왕惠王이 모사 진진에게 가르침을 청하자 진진은 한 가지 우화를 이야기했다. "춘추 시대에 노나라 변읍卞邑의 대부 변장자卞莊子는 용력이 뛰어났습니다. 어느 날 그는 두 마리 호랑이가 소 한 마리를 놓고 으르렁거리는 것을 보았습니다. 그래서 칼을 빼 들고 호랑이를 죽이려 할 때 한 아이가 말리는 것이었습니다. 아이가 말했습니다. '저 호랑이들은 먼저 소를 먹기 위해 싸우게 될 것입니다. 결국 두 마리 중 한 놈은 이길 것이고, 이긴 호랑이도 중상을 입을 것입니다. 그때 호랑이를 잡는다면 힘을 적게 들이고 두 마리 호랑이를 다 잡을 것이 아니겠습니까?' 변장자가 그대로 했더니 정말 쉽게 두 마리의 호랑이를 잡을 수 있었습니다." 진진은 이어서 말했다. "대왕께서 조용히 지켜보다가 그들 중 하나는 패하고 하나는 지쳤을 때 출병한다면 꼭 성공할 것입니다." 이에 혜왕은 한나라가 패하고 위나라가 지쳤을 때 위나라를 공격해 대승리를 거뒀다. 이 그림은 청나라 말 민국 초기 오우여吳友如의 《오우여화보吳友如畵寶》에 실려 있다.

[종횡가縱橫家의 서적 발굴]

역사 사실에 관한 기록 중에 어떤 것은 너무 오래되어 착오가 생기는 것도 있다. 이를테면 전국 시대의 유세지사 소진蘇秦의 사적은 역사서의 기록과 서로 맞지 않다. 1973년 겨울, 호남성 장사시 마왕퇴 한漢나라 묘지湖南省長沙市馬王堆漢墓에서 소진 등 전국 시대 종횡가의 서신이 발견됐는데 이를 정리한 후 '전국 종횡가서戰國縱橫家書'라고 칭했다. 이 백서帛書 27장은 대부분은 장절로 나뉘어져 있는데 사마천司馬遷도 보지 못한 것이다. 그중 14장은 소진의 서신과 담화로서 이것으로 맞지 않았던 역사가 마침내 빛을 보고 진상이 밝혀지게 되었다.

역사 시험장 》《맹자孟子》의 제1장은 《양혜왕梁惠王 상》이다. 양혜왕은 누구인가?

| 세계사 연표 |

기원전 377년

그리스의 의학자 히포크라테스(기원전 460년~기원전 377년)는 '체액병리설體液病理說'을 제기했으며 의덕醫德을 창도했다. ('히포크라테스 맹세문') 역사에서는 '의학의 아버지'라 칭한다.

출전 《전국책戰國策·제책齊策 2》 《사기史記·초세가楚世家》

다. "장군은 이미 상집규가 되었으니 이제 상주국을 받들어 영윤이 될 것입니다. 그러나 지금 초나라에는 영윤이 있으니 초나라 왕이 아무리 공이 있다고 해서 두 명의 영윤을 두려 하겠습니까?" 진진은 말을 계속했다. "얼마 전에 한 사람이 조상에게 제사를 드린 후 그 잔의 술을 문객들에게 상으로 주었습니다. 문객이 주인을 보고 말했습니다. '우리들이 땅에다 뱀을 그려서 먼저 그린 자가 이 술을 마시는 것이 어떻습니까?' 한참 지나 어떤 사람이 뱀을 먼저 그리고는 그 술을 마시려 하다가 옆의 사람의 그림을 보았습니다. 그러더니 득의양양해서 말했습니다. '그대들은 뱀의 몸뚱이만 그렸지만 나는 발도 그렸네!' 그러자 옆에 있던 사람이 술잔을 빼앗으며 말했습니다. '뱀은 발이 없는데 그대는 발을 그렸으니 뱀이라 할 수 없네.' 이렇게 말하고는 그 술을 다 마셔 버렸습니다. 결국

전국 시대의 관리 제도

구별	관명	직책	설명
중앙관	상국	백관의 우두머리	왕의 직속. 상 혹은 승상이라고도 함. 상 아래에는 사도, 사마, 사공, 사구 등이 있어 정무를 나눠 관리함. 제나라에서는 상 아래에 대전, 대행, 대간, 대사마, 대리오관을 설정해 농업, 예의, 정의, 군사, 감옥 등 사무를 관리함.
	장	무관의 우두머리	지위는 상에 버금. 어떤 나라에서는 상설 기구가 없고 출전할 때 임시로 등용함.
	위	군사를 장악함.	
	어사	왕의 비서	
	낭중령	궁내를 장악함. 전달과 경위를 함.	
	위위	궁문 경위를 장악함.	
	태복	거마를 장악함.	
	정위	사법을 장악함.	
	주객	외교를 장악함.	
	내사	조세를 장악함.	
	소부	산, 바다, 못을 장악하며 왕을 공양함.	소부 아래에 좌의 또는 상서가 있음.
지방관	군수	군의 정사를 장악함.	태수라고도 칭함. 그 군대 일을 보좌해 군위가 있음.
	현령	현의 정사를 장악함.	현의 중요한 관리를 영이라 함. 그 아래에 승, 위, 사마, 사공이 정사를 관할함. 그 수하에 '사'가 몇 명 있는데 문서 성질을 띠고 있음. 변방 지구에는 '도'가 있음. 수장은 도색부라 칭함. 직위는 현령과 같음.

섬세하고 아름다운 증후을 주기酒器
전국 초기에는 주기가 풍성했다. 주기의 목 부분에는 네 마리 짐승이 기어오르고 있으며 짐승의 몸체는 투명한 반리蟠螭 무늬로 되어 있으며 몸체와 다리 부위에는 교룡이 새겨져 있다.

뱀의 발을 그린 사람은 그 술을 마시지 못했습니다. 지금 장군은 위나라군을 격파하고 장군도 죽였으며 위나라의 여덟 개 성읍을 점령했습니다. 그런데 다시 제나라를 공격해 얻는 것이 무엇입니까? 장군의 관직은 더는 올라가지 못할 것입니다. 제나라는 그래도 대국인데 만약 실패라도 한다면, 지금까지의 장군의 공은 다 없어지고 말 것입니다. 이것이 뱀에게 발을 그려 주는 것과 무엇이 다릅니까?"

진진의 말을 들은 소양은 식은땀을 흘렸다. 그리고 그는 진진에게 감사하며 많은 예물을 줘 돌려보낸 후 군대를 거두어 초나라로 돌아갔다.

위魏나라 혜왕惠王인데 혜왕 9년(기원전 361)에 대량大梁으로 천도를 해서 양혜왕이라고 부른다.

| 중국사 연표 |

기원전 369년

조나라와 한나라가 진晉나라 환공桓公을 둔屯에 머물게 했다. 진晉나라가 멸망했다.

출전 《전국책戰國策·진책秦策 4》

022

경리가 위험에서 벗어나다

초楚나라의 사신 경리景鯉가 강인함과 지혜로움으로 예측할 수 없는 재난에서 벗어났다.

호랑이 굴에 간 경리

초나라 혜왕이 초나라의 귀족인 경리를 진秦나라에 사신으로 파견했다. 그 일행은 함양의 객사에 머물며 진나라 왕이 접견해 주기를 기다렸다. 그런데 진나라의 모사가 이 소식을 듣고 총망히 입궁해 진나라 왕에게 간했다. "경리는 초나라 왕이 가장 총애하는 대신입니다. 그를 가둬 초나라의 국토와 바꾸자고 하십시오. 만약 초나라 왕이 응하지 않으면 경리를 죽이고, 응한다면 우리는 무력을 쓰지 않고 초나라의 땅을 차지하게 될 것입니다." 진나라 왕이 듣고 박수를 치면서 경리를 가두라고 명했다.

진나라 왕에게서 풀려난 경리의 지혜

진나라의 군사들이 들이닥치자 경리 일행은 절망하며 다시는 가족을 만나지 못할 것이라고 생각했으나 경리는 동요하지 않았다. 그는 신의를 저버리고 이익만 따지는 진나라의 군신들과 이치를 따지고 변론하는 것만이 목숨을 구할 수 있는 효과적인 길이라고 생각했으며, 자기들을 억류하는 것이 더욱 큰 손실이며 큰 화근을 초래한다는 것을 그들이 느끼게 해야 한다고 생각했다. 경리는 그들을 억류한 책임자를 불러 진나라 왕에게 전하게 했다. "대왕께서 이처럼 천하의 각국을 깔보니 근본적으로 땅을 얻을 수 없습니다. 내가 진나라에 올 때 제, 위 두 나라가 진나라에게 땅을 떼어 주고 진나라와 동맹을 맺으려 한다는 것을 들었는데, 그것은 진나라와 초나라가 형제적 동맹을 맺으면 자기들에게 위협이 되기 때문입니다. 지금 대왕께서 나를 억류하니 이것은 그들에게 진, 초 두 나라가 우호적이지 않다는 것을 말해 주는 것과 같습니다. 진나라와 초나라가 분열된다면 제, 위 두 나라 연맹은 힘을 합치게 될 것이니 이것은 진나라에게 위협이 되지 않겠습니까? 그러면 초나라도 제, 위나라와 동맹을 맺어 진나라에 대처할 것입니다. 이러면 어찌 진나라가 위험에 빠지지 않겠습니까? 나를 억류하는 것은 진나라에 백해무익한 일입니다. 현명한 대왕께서 어찌하여 이처럼 현명하지 못한 일을 하십니까?" 이 말을 전해 들은 진나라 왕은 즉시 경리 일행을 석방해 상빈上賓의 예로 맞아들였다. 그리고 진나라와 동맹을 맺고 함께 대계大計를 도모하자고 했다.

●●● 역사문화백과 ●●●

[낙마인감烙馬印]

이 도장은 전국 시대에 유행하던 대형 인감인데 지금 흔히 볼 수 있는 '일경도췌거마日庚都萃車馬' 도장이다. 윗부분에는 네모난 구멍이 있고 나무로 된 자루가 꽂혀 있으며 아랫부분에는 복두형斗形으로 되어 있는데 중간이 비어 있다. 고증에 따르면 '췌거마萃車馬'는 차마를 집중해 관리하던 기구인데 수레, 말에 도장을 찍으면 해당한 부서의 소유라는 것을 표시한다.

사하沙河의 옛 다리

섬서성 함양시 위성구 조대향咸陽市 渭城區 釣臺鄉 촌민들이 모래를 파다가 고대의 대형 교량 유적지를 발견했는데, 1호 다리는 지금으로부터 대략 2120년 이전, 2호 다리는 대략 1900년 이전의 것으로 짐작된다. 이 교량은 전국 시대에 건축해 사용했다.

| 세계사 연표 |

기원전 376년 — 로마 호민관 리키니우스·섹스티우스가 토지, 정권 문제에 관련된 일련의 법안을 제출했다.

023 전기가 경마하다

《사기史記·손자오기열전孫子吳起列傳》 출전

제齊나라 왕족인 전기田忌는 말을 좋아하여 말 우리에는 잘 생긴 망아지가 무리지어 있었다. 그러나 위왕과의 경마 시합에는 언제나 차이가 조금 있었다.

제나라 사람 손빈孫臏은 방연龐涓과 함께 병법을 배웠다. 방연은 자기의 재능이 손빈에게 미치지 못한다고 생각했다. 그래서 그는 손빈을 꾀어 위魏나라에 가게 한 다음 위나라의 권세를 이용해 손빈에게 혹형을 가하려고 했다. 그러나 손빈은 계략을 꾸며 제나라로 도망가서 제나라 장군 전기의 문하에서 손님으로 지냈다. 전기는 손빈의 재능을 알고 그를 후대했다.

경마의 유행과 손빈의 계책

당시 제나라 사람들은 경마를 즐겼다. 제나라 위왕威王도 경마에 심취했으며 당시 제나라의 귀족 사이에서는 경마가 가장 인기가 있었다. 또한 매번의 경마에 내기를 걸어 사람들의 흥취를 자극했다.

하루는 전기가 손빈을 청해 위왕과의 경마 시합을 구경하게 했다. 당시 전기는 훌륭한 말을 많이 보유하고 있었지만 위왕은 다른 나라 제후에게 부탁해서라도 훌륭한 말을 구했기 때문에 매번 시합에서 일등을 빼앗긴 전기는 거액의 금액을 잃고 말았다. 이번 시합에서도 전기는 예외 없이 지고 말았다.

경마를 구경하던 손빈은 그 정황을 똑똑하게 알게 되었다. 당시 시합 규정을 보면, 참가하는 팀이 각각 상, 중, 하 세 등급의 말을 가지고 나와 시합을 하는데 점수를 많이 낸 사람이 이기게 된다. 그가 보니 세 필의 말은 어느 것이나 제왕의 것보다 못했다. 시합에서 진 전기는 돌아와 술을 마시고 있었는데 손빈은 웃기만 했다. 이상하게 생각한 전기가 물었다. "왜 웃습니까?" 손빈이 말했다. "전군께서는 내일 다시 시합을 하십시오. 내 말대로 한다면 꼭 승산이 있을 것입니다." 전기가 머리를 들고 급히 물었다. "선생에게 무슨 좋은 계책이 있습니까? 빨리 말씀해 주시오." 손빈은 전기의 귀에 대고 한참을 말했다. 전기는 들으면서 연신 고개를 끄덕이다가 채 듣지도 않고 박수를 치며 웃었다. 그리고 사람을 파견해 위왕에게 시합을 청하고 재산을 털어 매 필마다 1000금을 걸었다.

지략의 승리

다음날, 그들은 약속대로 시합 장소에 왔는데 거마車馬들은 울긋불긋한 화려한 장식으로 꾸며져 있었고 관중들로 인산인해를 이루었다.

규정에 따라 처음에는 상등 말

백서帛書《족비십일맥구경足臂十一脈灸經》
중국 고대 중의中醫《인체경락계통人體經絡系統》은 인체 의학에 관한 것인데, 장사시 마왕퇴 한漢나라 묘지에서 출토된 백서《족비십일맥구경》과《음양십일맥구경陰陽十一脈灸經》은 지금까지 발견된 최초의 인체 경락 전문 서적이다. 이 서적은 전국 시대보다 늦지 않다. 이것은 중국의 인체경락 계통 연구가 이미 2500년의 역사를 갖고 있다는 것을 설명한다.

춘추 말기 저명한 상마가 백락伯樂으로 되어 있음

| 중국사 연표 |

기원전 367년 　 서주西周 위공威公이 별세했다. 둘째 아들 근根이 왕위에 올라 공鞏에 도읍을 세웠다. 호는 동주東周 혜공惠公이라 했다. 주나라는 동, 서의 두 소국으로 분열되었다.

의 시합이 있었다. 위왕은 제일 좋은 말을 가지고 나와 참가했지만 전기는 하등 말에 붉은 채색 띠를 띠우고 금 안장에 비단 깔개를 받쳐 가지고 출전했다. 처음 결과는 위왕의 승리였는데 그의 얼굴에는 웃음이 흘러 넘쳤다. 다음은 중등 말의 시합인데 전기는 자기의 상등 말을 끌고 와 위왕의 중등 말과 시합하게 했다. 그 결과는 전기가 이겼다. 세 번째 시합에서는 위왕의 하등 말이 전기의 하등 말(실제로는 중등 말)에게 지고 말았다. 세 번의 결전에서 두 번을 이겼으니 최후 승리는 전기의 것이었다.

위왕은 자기가 진 것에 놀라워했으나 그 원인을 알 수 없었다. 전기는 거짓을 덮어 감출 수 없어서 손빈의 계책을 위왕에게 알려 드렸다. "오늘 승리를 거둔 것은 신의 말의 힘이 좋아진 것이 아니라 손빈의 지략이 승리한 것입니다!" 위왕은 매우 감탄했다. 이때부터 위왕은 손빈의 비범한 재능을 알 수 있게 되었다.

전기의 경마
제나라의 장군 전기가 제나라 위왕과 경마를 했는데 언제나 이기지 못했다. 손빈은 이에 전기에게 계책을 알려 줘 위왕을 이기게 했다. 이 그림은 명나라 말 각본 《신열국지》에 실려 있다.

●●● 역사문화백과 ●●●

[중국 최초의 《상마경相馬經》]
이것은 중국 최초로 마필의 우열을 전문적으로 논한 저서이다. 전국 말기 초나라 사람이 지은 것으로 추측되는데 역사서의 기록에 의해 이름만 전해지고 있었다. 1973년 장사시 마왕퇴 3호 한漢나라 묘지에서 백서 한권이 발견되었는데 고증을 거쳐 그것이 《상마경》이라는 것이 밝혀졌다. 전서는 3편이며 모두 77행에 대략 52000여 자로 되어 있다. 제1편에는 백락伯樂의 상마법相馬法, 제2편에는 마안 상법馬眼相法을 논했는데 말 눈의 대소, 요염, 광택, 움직임과 눈썹 털, 눈 부위의 근육에 대한 종합적 고찰로서 말의 체격, 달리는 속도를 판단한 것이다. 제3편은 제1편에 대한 해설이다.

손빈의 지혜
손빈은 손무孫武의 후대인데 동문수학하던 방연龐涓이 그에게 빈형臏刑을 가해 그를 장애인으로 만들었다. 빈형이란 슬개골(무릎 앞 한 가운데에 있는 종지 모양의 오목한 뼈)을 빼 버리는 형벌이다. 하지만 손빈의 지혜만은 막지 못했다. 그가 지도한 경마나, 계릉桂陵에서 위魏나라의 포위에 있던 조趙나라를 구한 계책도 모든 사람들을 감탄하게 한다. 그의 저서로는 군사 명저 《손빈병법孫臏兵法》이 있다

| 세계사 연표 |

기원전 376년   아테네가 낙소스 해면에서 스파르타 해군을 격파하고 제해권을 획득했다. 각 소국은 잇달아 아테네 동맹에 가입했다.

024

《손빈병법孫臏兵法·금방연擒龐涓》 출전

위의 포위에서 조를 구하다

손빈은 기묘한 전술로 계릉의 싸움에서 위나라를 대패시키고 위나라의 장군 방연을 사로잡았다.

복잡한 국세

전국 시대에 각국은 전쟁을 빈번히 일으켰다. 그중 위魏나라는 먼저 개혁을 실천해 빠른 시간에 강성해졌다. 기원전 354년, 조나라는 세력을 확대하기 위해 위衛나라의 여러 성읍을 탈취했다. 위衛나라의 조공을 받고 있던 위魏나라는 이 상황을 용인할 수 없었다. 위魏나라 혜왕惠王은 방연이 이끄는 8만 대군을 보내 조나라의 도성 한단邯鄲을 공격했다. 방연은 연전연승하면서 진격해 한단을 겹겹이 포위했다. 위나라의 세력을 막을 힘이 없던 조나라 성후成侯는 제나라에 구원 요청을 했다.

제나라 위왕은 손빈을 대장으로 삼아 출병을 시키려 했으나 손빈은 사양하면서 말했다. "나는 형을 받은 사람입니다. 나를 대장으로 삼는다면 제후국들이 제나라를 깔볼 것이지만, 저는 군사를 도와 계책을 내놓을 수는 있습니다."

손빈의 제안을 승낙한 위왕은 특별히 치차輜車를 만들어 손빈을 앉게 하고 출정시켰다.

주력을 피하고 약한 곳을 찾아 치는 전술

이때 전기田忌는 한단으로 달려가 조나라를 구원하기로 했다. 그러자 손빈이 말했다. "단번에 치려 하지 말고 교묘하게 해야 합니다. 싸움을 할 때 손으로 그들의 칼을 막으려 해서는 안 됩니다. 병사를 움직이는 것도 마찬가지입니다. 정면 충돌을 피하고 측면의 약한 곳을 찾아서 쳐야 적들을 효과적으로 무너뜨릴 수 있습니다." 손빈은 계속 말을 이었다. "지금 위나라군이 조나라의 군대와 함께 한단을 치고 있으니 그들의 정예 병력은 한단 방면에 있을 것입니다. 정황을 분석해 보면 조나라가 위나라와 결전하고 있지만 조나라군은 위나라군의 적수가 되지 못합니다. 우리가 한단으로 간다면 우리 군대가 도착하기도 전에 조나라군

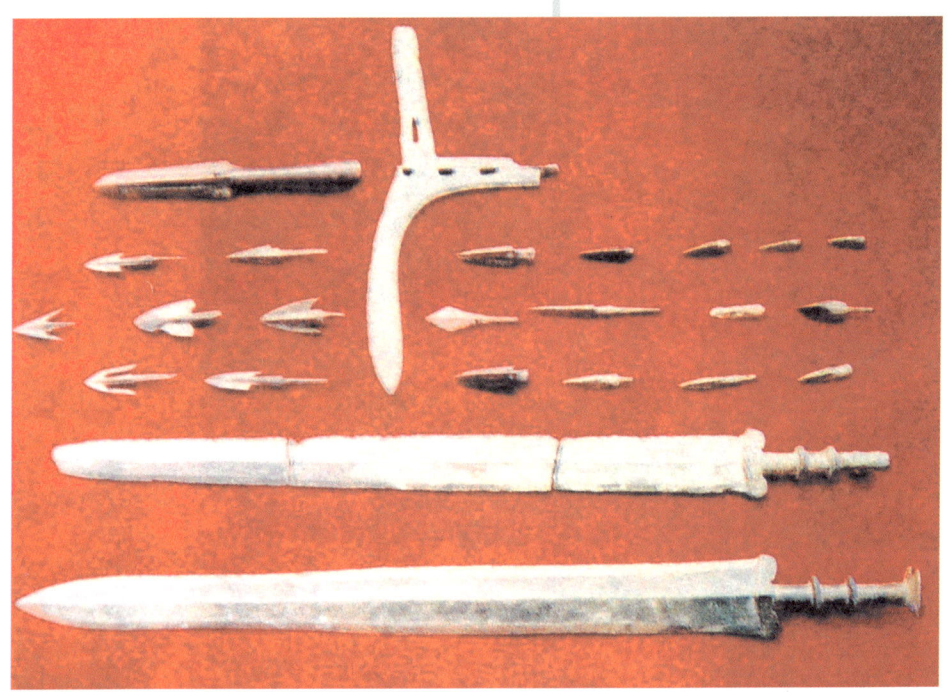

전국 시대의 무기 일부

제나라와 위魏나라 사이의 계릉桂陵 싸움 81

| 중국사 연표 |

기원전 364년 — 진나라가 석문石門에서 위魏나라를 격파해 6만을 참수시켰다. 이 전쟁은 전국 시대 동방 열국 최초의 대첩이다. 조나라가 위나라를 도와 진나라를 격퇴시켰다.

은 투항하고 말 것입니다. 그러니 우리가 한단으로 가지 말고 직접 위나라의 도성을 공격하는 것처럼 행동한다면 한단을 포위했던 위나라 군은 긴급히 철군할 것입니다. 이렇게 되면 조나라는 포위에서 벗어나게 될 뿐 아니라 위나라를 무찌를 수도 있지 않겠습니까?" 이에 전기는 손빈의 계책에 따르기로 했다.

손빈의 교묘한 전략

전기는 8만 대군을 거느리고 조나라를 구원하러 갔다. 손빈의 전략에 따르면 제나라군은 먼저 남쪽의 평릉平陵을 공격하는 것이다. 그 성은 작지만 관할하는 범위가 크고 갑사(갑옷을 입은 병사)가 강해, 동양東陽

손빈이 지휘한 계릉전 형세도

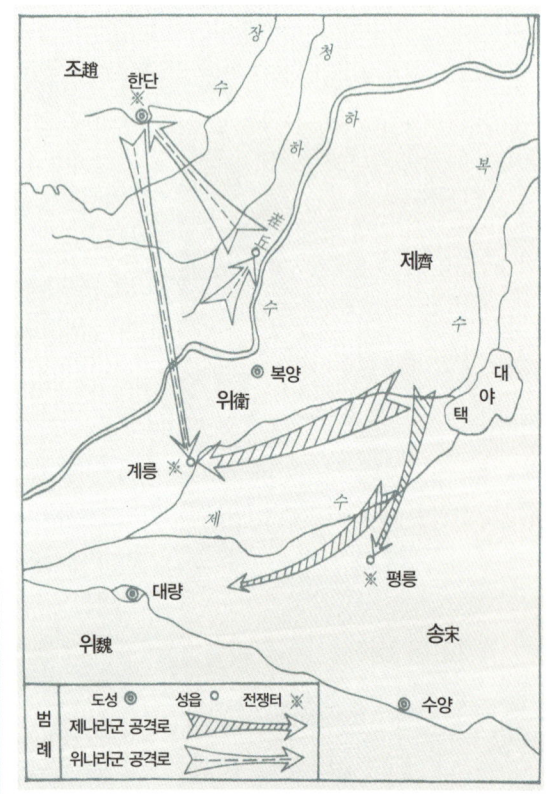

지구의 중요한 지역이었다. 그래서 공격하기가 아주 어려운 곳이었다. 제나라군이 그곳을 공격하는 이유는 적들에게 제나라군이 지혜롭지 못하다고 느끼게 하기 위해서였다.

이어서 손빈은 제성齊城, 고당高唐의 두 대부를 선택해 평릉의 성을 공격할 준비를 시키려고 했는데 행군 도중에 위나라군에게 대패했다. 그러나 이것으로 인해 방연은 더 이상 제나라군이 위협적이라고 느끼지 않게 되었다.

이때 손빈은 약간의 병력을 움직여 서쪽으로 위나라의 도읍 대량大梁의 교외로 갔는데 적은 병력의 전차가 뒤를 따르게 해 제나라군의 역량이 아주 약하게 보이게 했다. 이때가 기원전 353년 7월인데 위나라군은 이미 조나라의 수도 한단을 공략한 후였다. 방연은 제나라군이 소량의 병거를 가지고 위나라의 심장부를 뚫는다는 소식을 듣고 가벼운 병기와 정예한 병졸만을 거느리고 곧바로 달려왔다. 그러자 손빈은 주력 부대를 방연이 돌아오는 요지에 매복시켰다. 방연의 부대가 계릉桂陵에 이르렀을 때 매복해 있던 손빈의 군사들은 위나라군을 공격해 대장 방연을 사로잡았다.

손빈의 이 같은 계책은 적은 병력으로 최대의 성공을 이루어 냈다.

••• 역사문화백과 •••

[병가 아성兵家亞聖 - 손빈]

손빈(대략 기원전 380년~기원전 310년)은 손무의 후대로 제나라 사람이다. 초년에 방연과 같이 병법을 학습했는데, 위나라에서 방연의 모해를 받아 슬개골을 제거당했다. 후에 제나라로 도망쳤는데 제나라 위왕의 중용을 받아 계책으로 계릉과 마릉 두 차례의 대전에서 위魏나라군을 무찔렀다. 이로 인해 제나라는 동방에서 가장 강한 국가가 되었다.

손빈의 저서에는 《손빈병법孫臏兵法》이 있다. 이것은 《손자병법孫子兵法》의 전략 전술 사상을 계승하고 발전시킨 것이다. 손빈은 그의 빛나는 군사 이론과 탁월한 실전으로 사람들에게 '병가 아성'이라 불리우고 있다.

| 세계사 연표 |

기원전 371년 스파르타가 범그리스 평화 회의를 열었다.

025

《사기史記·손자오기열전孫子吳起列傳》《손빈병법孫臏兵法·
진기문루陳忌問壘》《자치통감資治通鑑·주현왕周顯王》

마릉 대첩

한韓나라가 위魏나라의 공격을 받아 패망하자 제齊나라 위왕은 전기와 손빈에게 명해 한나라를 구하게 했다. 방연이 공을 세우기에 급급하다는 것을 파악한 손빈은 마릉馬陵에서 위나라군의 정예 부대를 전부 섬멸했다.

다시 싸움을 시작한 두 나라

위魏나라는 비록 계릉에서 참패를 당했으나 국세는 그리 쇠약해지지 않았다. 위나라 혜왕은 패배를 만회하기 위해 한나라의 부대를 움직여 양릉襄陵에서 제나라군을 격파했다. 그러자 제나라 위왕은 초나라의 장군 경사景舍를 보내 화친을 청했다. 그 다음 해에 위나라는 점령한 한단을 조나라에 돌려주고 조나라와 장수漳水에서 동맹을 맺은 다음 제나라에 공동으로 대처하기로 했다. 기원전 344년, 위나라 혜왕은 송宋·위衛나라 등과 동맹을 맺고 공개적으로 왕이라 칭했다. 이처럼 위나라의 세력이 다시 팽창하자 제나라는 이를 용납할 수 없었다.

기원전 343년, 위魏나라가 한나라의 남량南梁을 공격하자 한나라는 제나라에 구원을 요청했다. 제나라 위왕은 손빈의 계책대로 두 나라가 싸워서 서로 지쳤을 때 비로소 한나라의 요구대로 출병했다. 제나라 위왕은 이번 출전에서 전기, 전반田盼을 장군으로 삼고 손빈을 군사로 임명했다. 위나라 혜왕은 제나라가 출병한다는 소식을 듣고 10만 대군을 소집했다. 그리고 방연龐涓을 장군으로, 태자 신申을 상장군으로 임명해 제나라와 싸우게 했다. 방연은 계릉 전쟁에서 제나라의 포로가

마릉도馬陵道 비문
손자병법연구회 명예회장이자 원 군사과학원 부원장인 곽화약郭化若이 쓴 '마릉도' 비문은 지금 산동성 섬성현郯城縣에 있다.

마릉의 싸움
기원전 342년, 위魏나라군이 한나라를 공격하자 손빈이 위나라를 공격했다. 위나라 혜왕은 태자 신, 방연을 장군으로 해 10만을 거느리고 나가 싸웠다. 손빈은 부엌을 줄여 적을 유인하는 계책으로 위나라군을 대패시켰다. 이 그림은 청나라 말 민국 초기의 석인본 《동주열국지》에 실려 있다.

●●● 역사문화백과 ●●●

[백성의 소원을 대변한 묵자墨子]

묵자(기원전 468년~기원전 376년)의 이름은 적翟인데 노나라 사람(송나라 사람이라고도 함)이며, 춘추 전국 때의 사상가이자 정치가이다. 묵가 학파의 창시자인 묵자는 송나라에서 벼슬을 하다가 후에 벼슬을 버리고 학문에 힘썼다. 그의 발자취는 제, 위衛, 초, 노나라 등에 찍혀 있다. 평생 하우夏禹를 숭배해 근검하고 소박했으며 남을 위해 봉사하고 당시의 현실에 직면해 '겸애兼愛', '비공非攻', '상현尙賢' 등을 주장했고 지식, 논리, 진리 판단 방면에서 창의적인 견해를 제출했다.

| 기원전 361년 | **| 중국사 연표 |**
진나라 효공이 현숙한 사람을 구하자, 공손앙이 진나라로 갔다.

용, 봉황, 호랑이를 수놓은 편직물
이 유물은 호북성 강릉시 마산馬山의 전국 시대 묘지에서 출토되었다. 회백색 바탕에 호랑이 무늬는 검은색과 적갈색으로, 용무늬는 갈색, 토황색, 검은색으로 수를 놓았다.

되었으나 석방되자 다시 위나라의 장군으로 임명되었다. 이 때문에 방연은 제나라에 원한이 많았다.

부엌을 줄인 의심스러운 진

위나라군의 경내로 들어온 제나라군은 그 세력이 대단했다. 그러나 그들은 첫날은 숙영지에서 10만 명이 먹을 부엌을 만들고, 두 번째 날은 부엌을 절반으로 줄였다. 그리고 세 번째 날에는 다시 3만 명의 규모로 줄이더니 급히 위나라를 떠나 동쪽으로 도망쳤다. 도망친 그들은 제나라의 변경 마릉의 으슥한 곳에서 매복했다.

서쪽에서 한나라와 맞서 싸우던 방연은 위나라 왕의 명을 받자 막대한 군사를 거느리고 돌아왔다. 그는 제나라군이 도망친 것을 보고 추격을 시작했다. 제나라군의 세 번째 숙영지까지 추격한

| 세계사 연표 |

기원전 370년 — 로마 제국의 국경선 부근인 라인강 북쪽 인근에 흩어져 살던 게르만 족이 중앙아시아로부터 밀려온 훈족에 의해 정복되었다.

위나라군은 제나라군의 부엌을 살펴보았다. 10만의 대군을 거느린 방연은 3만 명이 숙영한 부엌을 보고는 회심의 미소를 지었다. 그는 마차 위에 올라서서 위나라 병사들에게 선포했다. "제나라군은 거의 소멸되어 10만이던 병사가 이제 3만밖에 남지 않았다. 우리 위나라 군은 위용을 떨쳐 이 3만의 병사를 모두 물리치면 된다!"

방연은 이 나무 밑에서 죽을 것이다

이때 손빈의 군대는 벌써 마릉에 도착해 있었다. 그들은 마릉 길에 금속 소재의 마름쇠를 뿌리고 성벽과 해자(성 주위에 둘러 판 연못)로 큰 방패를 세워 요새로 삼았다. 그리고 병사들을 빙 둘러 올가미처럼 배치하고 중간은 비워 두었다. 다만 큰 나무 한 그루를 그 사이에 세워 방연의 군사가 그 속에 들어오기를 기다렸다.

경무기로 무장한 방연의 정예 병사들은 날이 어두울 무렵에 마릉 길 어귀에 도착했다. 마릉은 길이 하나밖에 없었는데 깊고 깊은 산 속에 수림이 빽빽히 들어서 있고, 게다가 그믐날이어서 숲 속은 먹칠한 듯

짐승 모양의 장식품
이것은 전국 중기 북방 유목민의 복장 장식품이다. 이 짐승의 몸체는 비대하고 튀어나온 둥근 눈은 아래를 보고 있다. 큰 귀, 기다란 입, 힘 있는 네 다리에는 흉악한 면모가 드러난다.

캄캄했다. 그런데 갑자기 앞서 가던 병사가 앞이 나무에 막혀 버려 더 이상 길이 없다는 보고를 해 왔다. 방연이 직접 살펴보니 정말 한가운데 큰 나무 한 그루가 있었다. 나무를 살펴보던 방연은 그 나무에 "방연은 이 나무 밑에서 죽는다!"라는 글귀가 적힌 것을 발견하고 놀라 소리를 질렀다. "간계에 빠졌다!" 그는 황급히 영을 내려 후퇴하게 했지만 때는 이미 늦었고, 수없이 많은 화살이 날아들었다. 손빈이 1만의 궁수들을 이곳에 매복시켜 놓았던 것이다. 방연이 이끄는 위나라군은 제대로 싸워 보지도 못하고 전멸당했다. 위나라의 태자 신은 제나라군의 포로가 되었고 방연은 자결을 했다.

위나라와의 마릉 전쟁에서 대승을 거둔 손빈은 천하에 그 명성을 더욱더 크게 떨쳤다. 위나라는 제나라의 세력에 굴복하고 제나라는 위나라를 대체해 동방에서 제일 강한 나라가 되었다.

통일적인 저울추
동석銅石으로 된 이 저울추는 전국 시대 진나라 고노高奴에서 만든 것이다. 진시황秦始皇이 중국을 통일한 후 도량형을 통일시키기 위해 다시 검사하고 측정했다. 그리고 진시황 26년에 도량형 조문詔文과 진秦 2세의 조문을 보충해 부각했다.

구리 등잔
전국 시대 제나라에서 사용하던 조명 기구이다. 이 구리 등잔은 사람이 두 손으로 등잔을 받쳐 들고 있는 모양이다. 사람의 발 아래에는 구불구불한 교룡이 있으며 등잔 밑판의 긴 자루는 꽂았다 뺄 수 있다.

기원전 369년 | 세계사 연표 |
아테네와 스파르타가 동맹을 맺었다.

026 추기가 전기를 음해하다

《전국책戰國策·제책齊策 1》
《사기史記·전경중완세가田敬仲完世家》

추기鄒忌와 전기는 제齊나라의 상相과 장將으로 있으면서 제나라를 위해 큰 공을 세웠다. 그러나 전기를 질투한 추기가 전기를 음해하자 전기는 초나라로 도망쳤다. 이것은 제나라에 불리하게 작용했다.

상相과 장將은 전국 시대 국가에서 최고의 문신과 무관의 직급으로 상과 장이 서로 잘 융합해야 국가 발전에 큰 도움을 줄 수 있다. 그런데 제나라 위왕 때에 상국 추기가 장군 전기를 음해했고 이것은 상, 장이 다툰 전형이 되고 있다.

장군 전기를 질투한 상국 추기

제나라 상相인 추기는 공을 세워 성후成侯로 봉해졌다. 그러나 그는 장군과 화목하지 않아 그의 책사策士 공손한公孫閈의 계책대로 전기에게 위魏나라를 정벌토록 할 것을 제나라 왕에게 건의했는데, 전기가 전쟁에서 승리하자 다시 공손한을 찾아갔다. 공손한은 사람을 시켜 금화 200냥을 가지고 점쟁이를 찾아가게 했다. 그 사람은 점쟁이에게 이렇게 말했다. "나는 전기 장군의 친속인데 오늘 장군이 승전해 천하에 이름을 떨쳤기에 지금 대사를 도모하려 하니 길흉이 어떤가 봐 주십시오." 그때 공손한은 그를 체포해 위왕에게 끌고 갔고 전기가 모반하려 한다고 말했다.

핍박에 의해 도망친 전기

전기와 함께 출전했던 군사 손빈이 전기에게 이 위기를 벗어날 수 있는 계책을 알려 주었다. 그러나 전기는 손빈의 권고를 듣지 않고 화를 피해 초나라로 갔다. 이렇게 되자 추기는 전기를 대체해 제나라의 군정을 모두 장악하게 되었다. 전기가 초나라의 세력에 의지해 제나라로 돌아올 것이 걱정된 추기는 세객說客 두혁杜赫을 초나라에 보냈다. 세객은 초나라 왕에게 말했다. "추기가 저를 이곳에 보낸 것은 전기가 다시 돌아오는 것이 겁나서입니다. 왕께서 전기를 강남江南에 봉한다면 전기는 제나라로 다시 돌아오려 하지 않을 것이고 추기는 초나라와 우호적으로 지낼 것입니다." 이렇게 해 전기가 초나라로 망명하자 제나라는 인재의 큰 손실을 입었으며 통치자 사이의 단결에도 불리했다. 후에 제나라 선왕宣王은 전기를 중용해 그를 제나라에 돌아오게 했으나 노령의 전기는 어떤 역할도 발휘하지 않았다.

공예가 성숙된 유리 구슬
이 전국 시대의 공예품은 1978년 호북성 수주시 뇌고대隨州市擂鼓臺 증후을 묘지에서 출토되었다. 현란한 색채의 이 유물은 당시 제조자가 각각 다른 원료에서 원하는 색깔을 골라 이와 같은 조형과 도안의 구슬을 만들었다. 이 구슬을 달고 다니면 행운이 깃든다고 한다.

●●● 역사문화백과 ●●●

[봉호封號의 세 가지 유형]

봉호의 제1종은 봉읍의 이름을 봉호로 한 것이다. 예를 들면 공손앙을 상商으로 봉하고 호를 상군商君이라 했다. 제2종은 봉읍의 이름을 쓰지 않고 그 공덕으로 호를 봉한 것이다. 그 예는 진秦나라 상相 장의張儀를 오읍五邑으로 봉하고 호를 무신군武信君이라 했다. 또 진나라 상 여불위呂不韋는 하남 낙읍河南洛邑으로 봉하고 호는 문신군文信君이라 했으며, 제齊나라 상 전영田嬰은 설薛로 봉하고 호는 정곽군靖郭君이라 했다. 그리고 그의 아들 전문田文은 세습을 봉호로 했으나 맹상군孟嘗君이라 했다. 제3종은 봉호만 있고 봉읍이 없는 것이다. 예를 들면 진나라 장將 백기白起는 무안군武安君으로 봉하고, 조나라 장 조사趙奢는 마복군馬服君으로 봉했으며, 소진蘇秦은 연·조·제나라 삼국에서 분별해 무안군武安君으로 봉한 것 등이다.

| 중국사 연표 |

기원전 361년 위魏나라가 안읍安邑에서 대량大梁으로 천도했다. 위나라를 양梁이라고도 칭했다.

027

제모변이 은혜를 갚다

정곽군靖郭君은 성심을 다해 제모변齊貌辨을 후하게 대했다. 정곽군이 후에 제나라 선왕과 화목하지 못해 봉지로 돌아가자 제모변은 선왕을 설득해 정곽군을 다시 중용하게 했다.

특별한 대우

전국 시대는 선비 양성의 기풍이 매우 농후한 시기였다. 제나라 위왕 때 상相으로 있던 정곽군 전영田嬰에게는 매우 많은 문객들이 있었는데 제모변은 그들 중의 한 사람이었다. 정곽군과 그는 아주 친했는데 제모변과 문객들의 사이는 그리 좋지 않았다. 한번은 사위士尉라는 한 문객이 정곽군에게 제모변을 쫓아 버리라고 권하기도 했다. 하지만 정곽군이 그 말을 듣지 않자 사위는 떠나 버리고 말았다. 또한 정곽군의 아들 전문田文(후의 맹상군孟嘗君)도 사사로이 정곽군에게 간한 적이 있었다. 정곽군은 이런 말을 듣고 몹시 언짢아하며 말했다. "설사 너의 문객들을 몰아낸다 하더라도 제모변에게만은 만족을 줘야 한다. 나의 가업을 망쳐 놓아야 속이 시원하겠느냐?" 이리하여 정곽군은 제모변을 상등 관사로 옮기게 했다. 그리고 큰아들을 시켜 그의 수레를 끌게 하고 아침저녁으로 좋은 음식을 대접하게 했다.

죽을 각오를 한 제모변

몇 년 후 위왕이 죽고 선왕宣王이 즉위하자 정곽군은 관직을 사퇴하고 봉지인 설薛에 가서 제모변과 함께 지냈다. 얼마 후 제모변은 정곽군과 헤어져 국도國都로 가서 선왕을 배알하려고 했다. 정곽군은 말했다. "왕은 나를 그리 좋아하지 않으니 공公이 이렇게 간다면 죽음을 면치 못할 것입니다." 그러자 제모변은 속마음을 털어놓았다. "나는 죽을 각오를 하고 갑니다. 살아서 돌아오리라 생각하지 않습니다. 나를 꼭 가게 해주십시오." 정곽군은 막을 방법이 없었다.

제모변이 설을 떠나 국도로 가자 선왕은 이 소식을 듣고 속에 노기가 가득 차서 제모변을 기다리고 있었다. 제모변이 도착하자 선왕이 먼저 말했다. "선생은 정곽군을 따르고 그를 좋아하는 사람이겠지요!" 선왕의 말에 제모변은 개의치 않고 능란한 말솜씨로 자기의 의견을 이야기했다. "좋아하는 것은 사실입니다. 그러나 따른다는 것은 사실이 아닙니다. 처음에 대왕이 태자가 됐을 때 나는 정곽군에게 말했습니다. '새 태자의 관상을 보니 인의가 있어 보이지 않습니다. 태자는 그대를 배반할 것이니 위희衛姬의 영아를 세우는 것이 어떻겠습니까? 그러자 정곽군은 눈물을 흘리며 말했습니다. '안됩니다. 만약 태자를 폐한다면 참지 않겠

마귀를 쫓는 묘지기 짐승
묘지기 짐승은 전국 시대에 출현해 중기에 성행했는데 묘지에 하나씩 있다. 묘지기 짐승의 보호를 받는 묘지 주인은 지위가 비교적 높았을 것이다. 묘지기 짐승을 세운 이유는 사악한 것이 시체나 혼에 접근하는 것을 막고, 영혼이 달아나거나 이로 인한 재앙을 막기 위해서이다. 그림은 머리가 둘에 사슴의 뿔이 달린 묘지기 짐승이다.

| 세계사 연표 |

기원전 367년 　 그리스는 각 나라 대표를 페르시아에 보내 페르시아 왕에게 그리스와 화의할 것을 청탁했다. 페르시아는 테베를 지지해 메세니아의 독립을 주장했는데 그리스는 복종하지 않았다.

《전국책戰國策·제책齊策 1》

전국 시대 사냥 그림

그림 속의 사냥꾼은 머리에 높은 황색 모자를 쓰고 가슴을 드러냈으며 몸에는 회색의 끌리는 옷을 입었다. 오른손은 활을, 왼손은 활줄을 당기는데 한 마리 새를 노린다. 화면의 둘레에는 사슴, 용, 구름 등이 그려져 있다. 이것은 그림의 일부분으로, 당시 초나라 사람들의 생활환경과 풍속습관이 그려져 있다.

이 말을 들은 선왕宣王은 크게 한숨을 쉬면서 얼굴색이 변했다. 그는 말했다. "정곽군이 나에게 은혜를 베풀었기에 나의 오늘이 있었습니다! 과인이 나이가 어려서 이런 일을 모르고 있었습니다. 그대가 과인을 위해 정곽군을 모셔 오는 게 어떻겠습니까?" 제모변은 명을 받들겠다고 대답했다.

현명한 정곽군

제모변으로 인해 정곽군은 다시 국도로 돌아올 수 있게 되었다. 그는 과거 제나라 위왕이 하사한 의복과 의관으로 단장하고 보검을 찼다. 선왕宣王은 몸소 성 밖에까지 나와 정곽군을 맞이하며 눈물을 흘렸다. 선왕이 정곽군을 상국으로 임명하자 정곽군은 처음에는 거절하다가 후에 어쩔 수 없이 수락했다. 그런데 7일이 지나자 또 병을 핑계 삼아 사직을 요구했다. 선왕도 처음에는 동의하지 않았으나 3일 후에야 비로소 그의 사직을 승인했다. 이것을 보고 사람들은 이렇게 논했다. 정곽군은 자기가 여느 사람을 가장 잘 알아본다고 할 수 있다! 그것은 실제로 자기가 여느 사람을 잘 이해하고 있기 때문이다. 어떤 사람이 재능이 있는 어떤 사람을 보고 아니라고 해도 그는 도리어 그를 더욱 존중했다. 이것은 제모변이 생사를 아랑곳하지 않으면서 목숨을 바치는 것을 낙으로 생각하고 급할 때 남을 돕는다는 것을 알고 있었기 때문이다.

습니다.' 만약 그가 그때 내 말을 들었더라면 오늘처럼 박대받는 일은 없었을 것입니다. 이것이 그를 따르지 않는 첫째 이유입니다. 또한 정곽군이 설에 오자 초나라의 소양昭陽이 몇 배의 땅을 줄 테니 설의 땅과 바꾸자고 했습니다. 그래서 제가 초나라 왕의 의견에 따르라고 말했으나 정곽군은 '설 땅은 선왕先王이 나에게 주신 것이고, 또 선왕의 종묘가 여기에 있는데 내가 선왕의 종묘를 어떻게 초나라에 넘겨줄 수 있겠는가? 하며 또 내 말을 따르지 않았습니다. 이것이 둘째 이유입니다."

●●● 역사문화백과 ●●●

[음양오행설陰陽五行說의 기원과 영향]

음양오행설에 관해서는 의논이 분분하다. 그중 하나의 관점은 천지 음양의 기가 운행하는 것을 반영했다는 것, 즉 오시五時와 다섯 계절의 변화를 반영했다는 것이다. 이 설은 전국 시대에 제자諸子들에게서 유행했는데 음양오행설은 독립적인 뚜렷한 학설은 없으나 다수의 제자 학파에게 영향을 주고 있다.

부교浮橋 89

| 중국사 연표 |

기원전 360년

위魏나라가 큰 도랑을 팠다. 이 도랑은 황하黃河와 포전圃田을 소통시켰다.

028

바다의 큰 고기

제나라 선왕의 동생 전영田嬰은 성정이 오만해 누가 간해도 듣지 않았다. 이것을 안 어떤 사람이 그에게 찾아와 간단하게 세 글자를 말하고 가 버렸다. 이때부터 백성을 괴롭히고 재물을 탕진하던 고역의 공정이 멈추었다.

노역장으로 내몰린 백성

제나라 위왕은 막내아들인 전영을 각별히 사랑해 전영이 성인이 되자 장군으로 임명했다. 기원전 341년에는 그를 전기, 손빈과 함께 출병시켰는데 공을 세우자 팽성彭城에 봉했으며 임종 전 그를 다시 설薛에 봉했다. 전영의 이복형인 벽강辟疆이 위왕의 뒤를 이어 선왕이 되자 그는 왕의 동생이 되었다.

전영은 성품이 거칠고 오만했다. 게다가 귀족의 생활을 누리다 보니 백성의 고충은 조금도 몰랐다. 역사서에서는 그를 "백성의 도적"이며 "그의 집에 만금이 쌓여 있다."고 했다. 사실이 그랬다. 재물과 여러 명의 부인, 수많은 노비 등……. 그는 이 모든 것을 지키기 위해 봉지에 높고 높은 성을 쌓기로 했다. 이렇게 되어 백성들은 성 쌓기에 내몰리게 되었다.

높아만 가는 백성의 원성

당시에는 많은 사람들이 비를 막을 만한 변변한 집도 없었는데 높고 큰 성을 쌓게 되니 얼마나 많은 인력과 경비가 들었겠는가! 그러나 전영은 아랑곳하지 않았다. 백성들은 큰 가정이 파산되고 고역에 시달려 불구가 된 사람이 부지기수였다. 그래서 도망치는 백성들도 날로 늘어났

다. 전영 수하의 한 문객이 전영을 찾아가 이런 정황을 이야기하고 성 쌓기를 그만두던가 계획을 수정하라고 권고했다. 그러나 전영은 고집을 꺾지 않았다. 그는 오히려 군관에게 그에게 충고를 하려는 문객은 아예 들여보내지 말라고 명령했다. 사정이 이러하니 백성들의 원망은 날로 높아갈 수밖에 없었다.

다만 세 글자를 말한 사람

임치臨淄의 한 사람이 이 사실을 알고 전영을 찾아와 군관에게 말했다. "나는 다만 세 글자만 말하겠소. 만약 세 글자를 초과하면 나를 가마 속에 집어넣으시오." 군관이 이 말을 듣고 재미있다고 느껴 전영에게 고하자 전영도 궁금해 하며 그를 만났다.

그 사람은 공손하게 몸을 굽혀 인사하고 머리를 숙여 전영 앞에 나아갔다. 그러더니 "해대어海大魚(바다의 큰 고기)"라고 말을 하고는 재빨리 나와 버렸다. 전영이 "서라! 이렇게 석 자만 말하고 가는가? 돌아와서 똑똑히 말하게!"라고 했다. 그 사람이 "석자를 초과하면 죽습니다. 어찌 목숨을 내걸고 장난칠 수 있습니까?"라고 하자 전영은 "내가 말하라고 하지 않는가?" 하며 다그쳤다.

| 세계사 연표 |

기원전 380년 — 페르시아 서부 소아시아의 모든 도시에서 반란이 일어나 각지에 파급되었다.

《한비자韓非子·설림하說林下》 출전

사악한 것을 물리치는 조각
전국 초기 초나라 묘지에서 출토된 호랑이 모양의 이 조각은 사악한 것을 물리치는 의미를 담고 있다. 이것은 중국에서 발견된 가장 오래된 나무뿌리 조각이다.

●●● 역사문화백과 ●●●

[전국 시대 시호諡號의 발전]

시호는 서주, 춘추 때부터 전해지던 관습을 전국 초기에 계승, 발전시킨 것으로서 군왕이 죽은 후 그 일생의 행적에 의해 그의 시호를 정한다. 예를 들면 위 문후魏文侯, 조 열후趙烈侯, 초 도왕楚悼王, 진 효공秦孝公 등으로, 가운데 글자는 시법諡法에 근거해 취한 것이다.

전국 중기, 후기에 이르러서는 두 글자의 시호를 썼는데 진 장양왕秦莊襄王, 조 무령왕趙武靈王, 위 안리왕魏安釐王, 초 고열왕楚考烈王 등은 중간의 두 글자가 시법에 의해 정한 것이다. 그 이유는 왕의 일생이 복잡해 두 글자를 써야 비로소 다 표현할 수 있었기 때문이다. 두 글자 시호는 전국 후기에 보편적으로 사용되었다.

바다의 큰 고기가 주는 계시

그 사람은 몸을 돌려 다시 예를 올리고 말했다. "바다의 큰 물고기 이야기를 들은 적이 있습니까? 이 물고기는 파도가 아무리 사나워도 마음대로 헤엄치고 그물에도 걸리지 않으며 낚시에도 걸리지 않습니다. 그러나 어느 하루 그가 경솔해 얕은 물에 와서 모래톱에 걸리고 말았습니다. 그물도 겁내지 않고 낚시도 무서워하지 않던 큰 물고기는 이리저리 뒹굴었습니다. 개미들이 마구 뜯어먹어도 어떻게 할 수가 없었습니다. 지금 제나라는 바로 군君이 자란 바다와 같습니다. 군이 힘써 왕을 보좌해 제나라는 부강해졌고 군의 설薛 땅도 부유하고 안전합니다. 그러나 만약 제나라가 쇠망하게 되면 군도 직위를 잃게 됩니다. 이곳에 성을 하늘에 닿게 쌓은들 무슨 소용이 있겠습니까?"

전영은 이 말을 듣고 비로소 깨달은 듯 큰 소리로 말했다. "그대의 말이 옳네!" 그리고 영을 내려 성 쌓기를 정지시켰다. 설 땅의 사람들은 그의 지혜와 유머로 많은 인력, 물력의 낭비를 막았고 전영은 큰 교훈을 얻게 되었다.

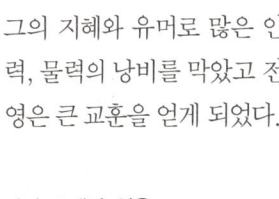

가장 오래된 영옥靈屋 (왼쪽 페이지 그림과 옆의 그림)
절강성 소흥시浙江省紹興市에서 출토된 영옥에는 사악한 것을 물리친다는 '야조治鳥' 또는 '구조鳩鳥'라는 새가 모셔져 있다. 지붕 처마 끝에 앉아 있는 새는 사악한 것을 물리쳐 집 주인의 평안을 지켜 준다.

선관장船棺葬. 장례 기구는 배 모양인데 큰 남목楠木을 깎아서 만들었음

| 중국사 연표 |

기원전 358년

진秦나라가 서산西山에서 한韓나라군을 격패시켰다.

029

맹자의 모친이 세 번 이사하다

유학儒學의 대사大師로서 '아성亞聖'이라 불리는 맹자孟子. 그의 재능과 학식은 그 어머니의 교육과 밀접한 관련이 있다.

좋은 환경을 찾아서

추鄒나라 사람인 맹자, 즉 맹가孟軻는 어려서 부친을 여의고 모친의 슬하에서 자랐다. 본래 그가 살던 곳은 묘지 가까운 곳이었다. 그러다 보니 맹가는 매일 묘지에 가서 뛰놀면서 흙을 쌓았다 허물었다 했다. 맹자의 모친은 이런 모습을 보고 이곳에서는 맹자의 교육에 좋은 점이 없겠다고 생각해 다른 곳으로 이사를 했다.

그들은 시장 근처로 이사했다. 그러자 맹가는 그곳에서 상인들의 행동을 따라 하며 놀았다. 이것을 본 맹가의 모친은 다시 학당 가까이로 이사를 했다. 이곳으로 이사 온 맹가는 그 후로 매일 학당에 가서 글 읽는 소리를 듣고 학생들의 예의 있는 행동을 지켜보더니 그도 따라서 절로 독서하고 예의를 차리는 것이었다. 맹자의 모친은 그의 변화를 보고 감탄을 했다. "이곳이야말로 우리가 살기 적합한 곳이구나!" 하며 다시는 이사하지 않고 마음을 붙이고 살게 되었다.

짜던 베를 칼로 잘라 학습을 격려하다

맹가가 어릴 때의 일이었다. 어느 날 맹가가 학당에서 돌아오니 그의 모친은 베를 짜고 있었다. "오늘 무엇을 배웠니?" 모친이 묻자 맹가가 대답했다. "내 마음대로 놀다 왔어요. 그러나 무척 즐겁네요." 이 말을 들은 그의 모친은 칼을 가져다가 짜던 베를 잘라 버렸다.

놀란 맹가가 그 이유를 묻자 모친은 이렇게 말했다. "네가 학업에 게으른 것은 내가 짜던 베를 잘라 못 쓰게 만든 것과 같다. 군자가 배워서 이름을 떨치려면

아성 맹자
공자 사상의 계승자인 맹자는 왕은 법을 앞세우고 인정을 베풀어야 한다고 주장했다. 또 일정한 한도 내에서 군민君民 관계를 개선할 것을 호소했고, 개인의 심성 수양을 강조했다. 그의 주요 저서로는 《맹자孟子》가 있다. 이것은 그의 문하의 만장萬章, 공손축公孫丑 등이 엮은 것이다. 후세에서는 그를 아성이라 칭한다.

●●● 역사문화백과 ●●●

["군은 가볍고 민은 귀하다."를 주장한 아성 맹자]

맹자(기원전 372년~기원전 289년)는 전국 시대 추나라 사람인데 이름은 맹가이다. 공자의 손자 자사子思의 문하에서 학업을 닦고 일찍 제·위魏·등滕·송나라 등에서 학설을 전파했다. 한때 제나라 선왕의 객경客卿으로 있었으나 뜻이 맞지 않아 추나라에 숨어서 학업을 닦았다. 공자 학설의 '인정仁政', '왕도王道'의 사상을 발휘해 "민은 귀하고 사직은 버금이며 군은 가볍다."라고 주장했다. 그는 인성은 본래 착하니 마땅히 교육의 역량을 충분히 운용해 사회 문명의 진보를 추진해야 한다고 했을 뿐만 아니라, 지식인의 독립적 의식과 사회 직책을 강조하며 "부귀하다고 음란하지 말며, 가난하다고 실망하지 말며, 위세와 무력에 굴복하지 말라."고 했다. 송나라의 유가儒家들은 그를 '아성'이라 칭했는데 그의 논술은 《맹자》에 집성되어 있다.

| 세계사 연표 |

기원전 365년

그리스의 철학자 안티스테네스(기원전 445년~기원전 365년)가 퀴닉학파를 창시했는데 "행복은 덕행이 결정한다."고 인정했다. 또한 덕행은 교육을 통해서 얻어지며, 사람은 비루한 향락을 버리고 자연으로 돌아가야 한다고 했다.

출전 《고열녀전古烈女傳》 1권 《한시외전韓詩外傳》 9권

물어서 널리 알아야 한다. 지금 너는 학습을 게을리 하고 있으니 장차 커서 도적질이나 고역苦役을 하면서 살아가게 될 것이다." 모친의 이 같은 행동을 본 이후 맹가는 쉴 새 없이 부지런히 공부했다.

교육을 위해 거짓을 피한 모친

어느 날, 맹가가 집주인이 돼지를 잡는 것을 보고 모친에게 물었다. "집주인이 왜 돼지를 잡는가요?" 모친은 우스개로 "널 먹이려고 잡는다."라고 했다. 그러나 모친은 그 말을 바로 후회했다.

'내가 맹가를 임신했을 때부터 자리를 골라가며 앉았고 부정한 것은 먹지 않았는데 그것은 태아 때부터 그를 교육하기 위한 것이었다. 그런데 지금 내가 거짓말을 해서야 되는가. 이것은 성실하지 못한 것이다.'
여기까지 생각한 맹자의 모친은 그 즉시 집주인에게 달려가 한 덩어리 돼지고기를 사다가 맹가에게 구워 먹였다.

유학의 대가로 성장한 맹가

맹가는 도덕과 지식이 뛰어나 천하에 유명한 유학의 대가가 되었다. 이것은 맹자 모친의 숨은 노력의 결실이라고 사람들은 말한다.

옥으로 된 최초의 인감
이 전국 시대의 공예품은 사람의 모양으로 되어 있는 옥 도장이다. 긴소매 달린 옷을 입고 너울너울 춤추는 듯한 네모난 장방형의 도장에는 '하선何蘚(선이란 무엇인가)' 이라 새겨져 있다. 위에 구멍이 뚫려 있어 실에 꿰어 몸에 지니고 다닐 수 있다.

맹모가 아들을 교육한 유적지
'맹자의 모친이 세 번 이사하다.' 와 '맹자 모친이 짜던 베를 자르다.' 의 유명한 이야기가 있다. 산동성 추성시鄒城市 맹자의 고향에 두 개의 기념비가 있는데 이것은 모친의 가르침 밑에서 부지런히 학습해 마침내 이름난 학자가 된 맹자의 발자취를 말해 주고 있다. 두 이야기는 유가가 일관적으로 제창하는 가정 교육의 전형적인 본보기가 되고 있다.

●●● 역사문화백과 ●●●

[전국 시대의 선관船棺 묘지]
선관 장례는 고대 촉蜀나라 사람들의 특유한 풍속인데 이 묘지군은 사천성의 광원시廣元市에서 발견됐다. 그러나 거의 모두가 흩어져 있는 상태였다. 1989년, 사천성 십방시什邡市에서 처음으로 선관 장례의 옛 무덤군이 발견되었다. 관의 재료가 되는 나무는 천년 남목으로 되어 있으며 장식이 되어 있지 않고 파서 만든 배 모양이다. 수장품에는 청동 검, 도끼, 큰 도끼, 곱자, 창, 가마, 솥, 칼 등이 있다. 이 관에는 '길성고조吉星高照' 라고 씌어 있는데 후대가 흥성하고 복을 받게 해 달라는 뜻이다. 고증에 의해 춘추 말기에서 전국 초기의 것으로 밝혀졌다.

| 기원전 356년 | 중국사 연표 |
진나라 효공이 공손앙을 좌서장左庶長으로 등용해 변법을 실행했다.

030

진나라와 제나라의 쟁탈전

전국 후기의 대국大國 진·제·초나라 등은 서로 9정鼎을 차지하려고 했는데 진나라가 주나라 왕실을 소멸한 뒤 얻은 것은 8개의 정뿐이었다. 그 뒤에 잃어버렸던 정을 진시황이 사수泗水에서 건지려고 했다.

분열된 주나라 왕실

전국 시대에 주나라 왕실의 힘은 갈수록 약해졌으며 또한 분열이 발생했다. 본래 주나라 고왕考王이 그 동생을 하남河南에 봉해 위공威公이라고 했다. 그러다가 기원전 367년, 항공恒公의 아들 위공이 사망하자 주나라 왕실에는 분열이 발생했다. 무공武公의 막내아들이 자기의 봉지封地에서 자립하자 조나라와 한나라의 지지를 받았는데, 공鞏을 도읍으로 하고 동주東周라 칭했다. 또한 위왕의 큰아들이 본래의 왕성에 있었기 때문에 그곳을 서주西周라 했다. 이렇게 되어 주나라 왕실은 동주와 서주의 두 개 작은 나라로 분열되었다.

9정을 탐내는 대국들

비록 주나라 왕실이 분열되었으나 주나라에게는 아직도 전해 내려오는 아홉 개의 대정大鼎이 있었다. 대우大禹가 치수治水에서 성공하면서 아홉 주州의 수령이 그에게 '청동'을 바쳤는데 대우는 그 구리로 아홉 개의 정을 만들어 9주가 모두 그의 통치에 귀속됨을 상징했다. 그래서 9정도 국가 권력의 상징이 되었다. 이후 성탕成湯이 하夏나라의 마지막 왕인 폭군 걸桀을 죽이고 상商나라 왕조를 건립하면서 9정을 상商으로 옮겨 왔으며, 후에 상나라 왕조가 서주로 대체된 후 9정은 주나라의 동부 낙읍雒邑의 겹욕郟鄏으로 옮겨졌다. 그러다가 주나라 왕실이 정식으로 분열되자 9정은 이름뿐인 주나라 현왕顯王이 있는 동주에 있게 된 것이다. 국가 권력을 상징하는 보배의 주인이 힘이 없으니 실력이 있는 국가에서 서로 그것을 차지하려 했다.

안솔의 계략

주나라 현왕 33년(기원전 336) 즈음에 진秦나라는 군대를 파견해 동주의 현왕에게 9정을 달라고 했다. 현왕은 이것을 큰 재앙이라 생각하고 대신인 안솔顏率과 상의했다. 그러자 안솔은 "대왕께서 너무 근심하지 마십시오. 제가 제나라에 도움을 청하겠습니다."

한 쌍의 용 무늬 옥패
증후을 묘지에서 출토된 이 유물은 용의 몸체에는 무늬가 있고 배 부분에는 작은 구멍이 있다. 몸체는 전국 시대의 특징을 구비하고 있다. 이 묘지에서는 단용 옥패 16건이 출토되었는데 권룡형捲龍形과 반룡형蟠龍形 두 가지가 있다. 이런 옥패는 흔히 짝을 이루고 있다.

| 세계사 연표 |

기원전 362년 — 테베는 만티네이아에서 아테네, 스파르타의 모든 성과 싸워 승리했다. 사령관 에파미논다스는 전사했다. 테베가 화의를 제기했으나 스파르타가 거절했다.

출전: 《전국책戰國策·동주책東周策》《사기史記·진본기秦本紀》
《사기史記·진시황본기秦始皇本紀》

하고 말했다. 제나라에 도착한 안솔은 위왕에게 "진나라 혜왕惠王은 염치가 없습니다. 군대를 보내 정을 달라고 요구합니다. 주군과 상의한 끝에 9정을 진나라에 주기보다 강대한 제나라에 주는 것이 낫다고 했습니다. 왕께서 출병해 주나라의 우환을 덜어 준다면 중요한 보물을 얻게 될 것입니다." 하고 말했다. 위왕은 매우 기뻐하면서 5만의 병력을 파견했다. 이 소식을 들은 진나라 군은 하는 수 없이 철군했다.

이후 제나라 군대의 장군이 정을 운반해 가겠다고 했다. 그러자 안솔은 다시 제나라에 가서 위왕에게 물었다 "어느 길로 9정을 운반하겠습니까?" 위왕이 위나라를 거쳐 운반한다고 하니 안솔은 안 된다고 했다. "위魏나라의 군신들도 일찍부터 9정을 욕심냈습니다. 9정이 위나라에 도착하면 그들은 이것을 내놓으려 하지 않을 것입니다." 난처해진 위왕이 초나라를 통해 운반하자고 했다. 그러나 안솔은 이번에도 반대를 했다. "초나라 왕도 9정에 침을 흘리고 있습니다. 만약 9정이 그곳에 들어가면 절대로 나오기 힘들 것입니다." 이어서 안솔은 위왕에게 주나라 무왕이 9정을 옮기던 일을 이야기했다. 그때 정을 나르려고 길을 닦았고 정을 하나 운반하는 데 9만 명이 들었고 아홉 개를 운반하는 데 무려 81만 명이 들었다고 했다. 위왕이 이 말을 듣고 어찌할 바를 몰라 아주 난처해 하자

순장에 쓰인 나무 인형
봉건 사회 이전에는 사람이 죽으면 진짜 돈과 패물, 동시에 관련된 사람들을 함께 순장했다. 그러나 봉건 사회 이후에는 나무 인형木俑이나 진흙 인형泥俑을 대신 묻었다. 이 유물은 전국 시대의 나무 인형이다.

안솔은 "주나라는 약소국가이니 어찌 감히 제나라를 속일 수 있겠습니까? 저는 돌아가 대왕께서 9정을 운반해 가기만 기다리겠습니다." 하고는 물러갔다. 위왕은 정을 운반할 좋은 수가 생각나지 않아 그만두는 수밖에 없었다.

9정을 얻은 진나라 소왕

기원전 256년, 진나라가 서주를 멸하고 동주를 위협했다. 그리고 이듬해에는 동주 백성들마저 모두 도망쳐 낙양성은 텅 비게 되었다. 진나라 소왕昭王은 군대를 파견해 낙읍에서 9정을 옮겨 오도록 했다. 그런데 진나라의 군대는 정을 여덟 개밖에 찾지 못해 하는 수 없이 여덟 개만 진나라 도읍인 함양으로 옮겨 갔다. 이 정을 나르던 군사들은 여기저기 샅샅이 뒤졌지만 정을 찾을 수 없었고 나머지 하나를 찾지 못하면 화를 당할 것이 뻔한 일이라 군대의 지휘관은 전군에게 이렇게 말하게 했다. "운반 도중에 큰 바람이 불어 정 하나가 팽성彭城 부근의 사수로 날려 갔다." 나이 많은 소왕은 사수에서 정을 끌어낼 방법이 없었다.

후에 진나라 시황이 천하를 통일한 후 전국을 순회하면서 팽성에 왔다. 그는 1000명의 장사를 사수에 보내 사수에 날려 갔다는 정을 건져 내게 했지만 결국은 실패하고 말았다.

역사문화백과

[순장 제도의 폐지 법령]
이 법령은 전국 시대 진나라에서 나온 것이다. 진나라의 순장 제도는 기원전 687년에 생겼다. 그해에 진秦나라 무공武公이 사망하자 순장한 사람이 무려 66명이나 되었다. 기원전 384년 헌공獻公은 "순장을 금지한다."는 법령을 반포해 야만적인 제도를 정식으로 폐지했다. 그러나 개별적으로 이런 현상이 의연히 남아 있었다. 이를테면 소양왕昭襄王의 모친 선태후宣太后는 위축부魏丑夫를 총애했는데 선태후가 죽자 위축부를 함께 순장하라고 제기했던 것이다.

| 중국사 연표 |

기원전 354년 — 조趙나라가 위衛나라를 정벌해 칠漆, 부구富丘를 취하자 위나라는 하는 수 없이 조나라에 귀순했다.

031

나무 위에서 물고기를 찾다

맹자는 먼저 직하학궁稷下學宮에서 강의했다. 그리고 후에 주나라에 가서 '인정仁政' 사상과 '왕도王道' 정치를 주장했다.

열심히 학습한 맹자

추鄒나라 사람인 맹자의 이름은 맹가, 자는 자여子輿이다. 그는 세 살 때 부친을 여의고 모친과 함께 살았다. 책을 읽어 이치를 깨쳐야 한다는 것만을 알고 있던 맹가의 모친은 아들의 학업을 위해 갈대를 붓으로 삼고 모래를 종이로 삼아 맹자에게 교육을 시작했다. 또한 좋은 학습 환경을 마련하기 위해 세 번이나 이사를 했다. 좋은 학습 환경과 모친의 엄격한 관리와 교육으로 맹자는 어려서부터 열심히 학습해 모친의 기대를 저버리지 않았다.

'인정'의 이상을 추구

맹자는 공자의 유학 사상에 매료되어 공자의 고향인 노나라에 가서 진리를 탐구했

호랑이와 봉황의 틀에 건 북
나무 북은 초나라의 중요한 악기이다. 북 틀은 두 마리 호랑이와 두 마리 봉황으로 구성되어 있다. 호랑이 등에는 다리가 긴 봉황이 서 있고, 봉황의 중간에 끈으로 커다란 북을 매달았다. 특이한 것은 봉황과 호랑이의 조합이다. 봉황의 몸체는 크고 높으며 기운찬데 호랑이는 왜소하고 두려운 듯 땅에 엎드려 있는 것이다. 이것은 봉황을 숭배하고 길상하게 여기며, 맹수를 정복하고 포악한 것을 두려워하지 않는 초나라 사람들의 정신을 반영하고 있다.

다. 그는 공자의 손자 자사子思의 문하에서 그를 스승으로 모시고 학습을 했다. 공자야말로 인류가 존재한 이래 가장 위대한 사람이라고 생각한 맹자는 당시 대국인 제나라에 가서 공자의 사상을 실현해 보려 했다.

제나라에서는 도성 임치臨淄 서남쪽 직하산 기슭에 학궁學宮을 세워 천하의 학자를 끌어들여 강의하게 했다. 제나라 선왕宣王은 맹자가 온 것을 알고는 커다란 주택을 마련해 주고 강의료로 천금을 주었다. 맹자는 그의 박식함과 언변으로 학자들의 환심을 끌어 한때 학궁에서 가장 영향력이 있는 학자가 되었다. 후에 맹자는 등滕나라로 왔다. 등나라는 희姬씨 국가인데 추나라의 남쪽에 있었다. 이때 등나라의 태자는 후에 등나라 임금인 문공文公이었는데, 등나라의 태자가 맹자의 '인정' 사상에 관심을 보이자 맹자는 이곳에서 그의 주장을 실시했다. 그러나 각국 영웅이 서로 투쟁하는 상황에서 소국인 등나라는 멸망될 위험이 있었다. 자기의 주장을 펼치기 힘

| 세계사 연표 |

기원전 360년

그리스 철학자 아리스티포스는 쾌락주의 윤리 원칙을 제창하면서 "사물은 객관적으로 존재하는데 감각은 주관적이어서 사물의 진상을 인식하기 어렵다."고 인정했다.

출전 《사기史記·맹자순경열전孟子荀卿列傳》 《맹자孟子·양혜왕 상梁惠王 上》

들어진 맹자는 등나라를 떠나 다른 나라로 갔지만 그곳에서도 강자가 패권을 부리는 전쟁의 혼란함 때문에 주장을 펴 나가기가 어려웠다.

제나라 선왕과의 논쟁

맹자는 제나라에 커다란 기대를 품고 여러 차례 제나라에 가서 선왕과 논쟁을 벌였다. 어느 날 선왕은 맹자를 만나 제나라 환공桓公과 진晉나라 문공文公이 패권을 부리는 것에 대해 물었다. 제나라 환공은 제후들과 아홉 차례나 만나 천하를 바로잡으려 했다. 그리고 진나라 문공은 어지러운 상황 속에서 주나라를 부추겨 초나라를 공격하게 해 송나라를 구하려 했다. 그의 행실은 '인정'에 의한 것이 아니라 무력에 의한 것이었기에 '왕도'를 주장하는 유가에서 볼 때 이것은 '패도霸道'였다. 맹자는 간단하게 "신은 아직 듣지 못했습니다."라며 화제를 돌려 왕도에 대해 담론했다. 그는 선왕에게 "정사를 하려면 인仁을 베풀어야 합니다. 그리고 백성에게 은혜를 베풀어 모든 사람들이 왕에게 마음을 돌리도록 해야 합니다. 대왕의 목적은 토지를 넓히고 진나라와 초나라를 눌러 중국의 수장이 되려는 것인데 대왕의 방법은 군대를 확충하고 전쟁을 일으켜 백성을 괴롭히고 제후들의 원망을 불러일으키는 것입니다. 대왕의 모든 행동, 달성하려는 목적은 마치 나무에 올라가 물고기를 잡는 것과 같습니다! 나무 위에 올라가 물고기를 잡는 것은 결코 실현되지 않을 것입니다." 그러나 맹자의 이런 비유에도 선왕은 '인정'을 실행할 수 없었다.

받아들여지지 않는 이상

진秦나라가 공손앙을, 초나라와 위魏나라가 오기吳起를, 제齊나라가 손빈과 전기田忌를 써서 천하를 취득하려 하는데 오히려 맹자는 당요唐堯, 우순虞舜, 하 우夏禹, 상 탕商湯, 주 문왕文王의 덕행을 실행하려 하니 어느 군왕이나 그것을 받아들이려 하지 않았다. 맹자는 주나라와 같은 열국에서도 자기의 이상을 주장했지만 그 이상은 실현될 수 없었다. 결국 맹자는 저술에 힘쓸 수밖에 없었다. 후에 그의 제자들인 만장萬章 등이 《맹자孟子》 7편을 저술해 그의 사상과 언행을 기록했다.

유가 경전 《공양전公羊傳》 벽돌 탁본

《공양전》은 《춘추공양전春秋公羊傳》, 《공양춘추》라고도 한다. 이것은 유가 경전인데 《춘추》 3전의 하나로서 후에 《13경》에 들어갔다. 저자는 전국 시대 제나라 사람인 공양고公羊高로 자하子夏(공자의 제자)의 제자라고 전해지고 있다. 《공양전》은 구두口頭로 전해지다가 서한西漢 경제景帝 때 그의 현손 공양수公羊壽 때에 비로소 호모생胡母生과 같이 이 책을 백서帛書에 썼는데 그것이 지금까지 전해지고 있다.

●●● 역사문화백과 ●●●

[의학 보전 - 《황제내경黃帝內經》]

《황제내경》은 지금까지 중국에 남아 있는 것 중 최초의 의학 저서이다. 이 책의 연대는 전국 시대인데 저자는 알 수 없다. 《황제내경》을 《내경》이라고도 한다. 내용은 양생학養生學, 철학, 천문학, 심리학, 기후, 풍수, 역법, 음양오행 등이며 중의中醫 이론 체계의 원천이 되고 있다.

| 중국사 연표 |

기원전 353년 | 위魏나라가 조나라의 도읍 한단을 공격하자 제나라는 전기를 장군으로 손빈을 군사軍師로 해 조나라를 구원했다. 손빈은 '위나라를 포위해 조나라를 구하는' 계책으로 위나라군을 계릉에서 격파했다.

032

장자의 나비 꿈

장자莊子는 만물은 하나를 이룬다고 제창한 도가道家 사상가이다. 그에게는 저명한 논제가 있는데 그것은 '장자가 꿈에 나비가 됐는가, 아니면 나비가 변해 장자가 됐는가?' 하는 것이다.

장주莊周, 즉 장자(기원전 369년~기원전 286년)는 송나라 몽蒙 사람으로 몽 땅의 칠원리漆園吏 가정에서 출생했다. 그는 가난했지만 공부를 잘했다. 그가 쓴 활달한 문필은 저서 10여만 자를 남겼다. 그는 노자老子를 계승한 걸출한 도가 사상가이다.

어지러운 유희 속의 장자

칠원리란 칠을 관리하는 사람인데 이로 인해 장자는 늘 다른 사람에게서 밥을 빌어먹어야 할 정도로 생활이 어려웠다. 장자는 자기의 생활을 "어지러운 유희 속이다." 라고 말했다.

초나라 위왕은 장자의 현숙함을 알고 그를 초나라의 관리로 임명하기 위해 두 명의 대부大夫를 파견했다. 두 대부가 장자의 고향에 도착했을 때 장자는 강변에서 낚시질을 하고 있었다. 대부가 위왕의 뜻을 전하자 장자는 머리도 들지 않고 말했다. "초나라에는 삼천 년 묵은 신기한 거북이가 있었다고 들었습니다. 그 거북이가 죽자 초나라 왕이 비단으로 싸서 참대 통 안에 넣어 태묘太廟에 파묻어 죽은 다음에도 귀하게 대접받고 있습니다. 그래도 죽는 것보다는 꼬리를 흔들며 목을 빼 들고 진흙 속에서라도 살아 있는 것이 더 좋지 않겠습니까?" 두 대부는 이구동성으로 대답했다. "진흙 속에서라도 살아 있는 것이 더 좋습니다." 두 대부는 장자가 벼슬할 뜻이 없다는 것을 알고 위왕에게 보고했다.

장주(장자) 상
장주는 도가 사상의 대표이다. 그는 "도道의 법은 자연이다." 라고 주장했는데 도의 마지막은 일체의 차이를 없애는 소극적이고 허무한 절대적인 정신 자유라고 주장했다. 이러한 장자 사상을 반영한 저서는 《장자莊子》다. 이 그림은 명나라 가정嘉靖 연간에 왕기王圻 부자가 합작한 판화 서적 《삼재도회三才圖會》에 실려 있다.

고석우보古石牛堡 비석
전국 시대 때 진나라는 촉나라와의 길을 만들려고 생각했지만 어려웠다. 이에 진나라 혜왕은 묘한 꾀를 생각해 냈다. 그는 석공에게 돌로 다섯 마리 소를 만들어 달라고 해서 촉나라의 국경에 갖다 놓았다. 그리고 매일 아침마다 사람을 시켜 돌 소의 엉덩이에 금화를 놓았다. 금화를 낳는 신기한 소가 있다는 소문이 전해지자 촉나라의 왕은 진나라에게 그 돌 소를 달라고 했다. 물론 혜왕은 이에 동의했다. 촉나라에서는 이 돌 소를 가져가기 위해 다섯 명의 역사를 파견해 진나라까지 길을 닦았다. 그림 속의 고석우보는 지금 사천성 재동현四川省梓潼縣 남쪽 40리 되는 곳에 있다.

| 세계사 연표 |

기원전 355년 　아테네는 동맹 전쟁에서 실패해 이오니아에서 철퇴하고 그 독립을 승인했다. 제2차 해상 동맹이 와해되었다.

출전: 《사기史記·노자한비열전老子韓非列傳》 《장자莊子·추수秋水》《장자莊子·제물론齊物論》

쌍룡 녹각雙龍鹿角 묘지기 짐승

맡아 달라고 하는데 이것 또한 존귀한 직위입니다. 그러나 그대들은 한 마리 소가 제물이 되어 수년을 공양한 후 그것이 천에 싸여 태묘에 들어가지만 그래도 일반 가축처럼 살아 있는 것이 더 좋다는 것을 어찌 모릅니까? 나를 모독하지 말고 빨리 돌아가시오. 나는 어지러운 속에서 유희하면서 사는 것이 즐겁습니다. 나를 속박하고 싶지 않습니다. 나는 한평생 벼슬을 하지 않을 것입니다. 이처럼 구속 없이 살아가는 것이 얼마나 좋습니까?" 초나라의 사신은 많은 재

그래도 위왕은 또 후한 예물과 함께 사자를 파견해 장자를 초나라의 상相으로 청했다. 장자는 웃으면서 말했다. "그대들이 수천 금을 가지고 왔는데 이것은 확실히 귀중한 재물입니다. 초나라 왕이 나에게 상을

장자가 꿈에 나비가 되다

'장자가 꿈에 나비가 되다.'는 《장자莊子·제물론齊物論》에서 나왔다. 후에 '장자가 꿈에 나비가 되다.'는 꿈처럼 몽롱한 과거 일이거나, 혹은 재미있었던 꿈을 추억할 때 이런 비유를 많이 썼다. 이백李白은 《고풍古風》에서 "장자는 꿈에 나비가 되고 나비는 장주가 되어 하나로 뒤엉키니 만사가 좋았도다."라고 했다. 이 그림은 청나라 말 민국 초기 마태의 《마태화보》에 실려 있다.

●●● 역사문화백과 ●●●

[자유를 추구한 철학자 - 장자]

장자의 이름은 주周(기원전 369년~286년)이다. 전국 시대 송나라 몽 사람인데 도가의 대표 인물이다. 그는 칠원리를 맡고 있었는데 가정이 가난해 밥을 빌어먹고 살아갔으나 "나라가 있는 자는 패권을 부린다."면서 벼슬을 하지 않았다. 장자는 노자의 '도' 사상을 계승했는데 비非, 대소, 생사, 귀천은 하나라고 주장했으며 "천지와 나는 병존한다, 만물과 나는 하나이다."라는 자유로운 경지를 제창했다. 그의 저서로는 《장자》가 있다. 후세에 도들은 그와 노자를 함께 '노장老莊'이라 칭했다.

기원전 352년 | 중국사 연표 |
진秦나라가 위魏나라의 하동지역을 공격해 안읍을 공략했다.

전국 시대의 칠거마렴
여성용품인 칠렴漆奩은 장사시長沙市의 전국 시대 초나라의 묘지에서 출토되었다. 칠렴은 호화로운데 그중에서 거마렴車馬奩이 대표적이다. 거마렴은 층을 나눠 장식하는 방법인데 앞부분을 몇 개 단계로 나눠 간격에 따라 인물, 거마車馬 장면을 부각한다.

물과 명성을 거절하는 장자를 이해할 수 없었다.

아내의 죽음을 노래로 보낸 장자

어느 날 장자의 아내가 사망했다. 혜시惠施가 조문을 하려고 찾아왔는데 장자가 무릎을 꿇고 앉아 접시를 두드리며 노래를 부르고 있는 것이었다. 혜시가 책망하면서 말했다. "그대의 부인은 그대와 같이 살면서 고생이 많았는데 그대는 울지 않고 무엇을 하고 있는가? 너무 하네." 장자가 말했다. "그녀가 금방 죽었을 때 나는 확실히 고통스러웠습니다. 그러나 가만히 생각해 보니 그런 것이 아닙니다. 사람은 본래 무생無生, 무형無形, 무기無氣인데 망망한 들판의 황홀함 속에서 유기有氣, 유형有形, 유생有生으로 변합니다. 삶에서 죽음에 이르는 것은 다시 돌아가 처음부터 시작하는 것입니다. 마치 봄, 여름, 가을, 겨울 사계절이 변하는 것과 같습니다. 지금 그녀는 조용히 누워 있는데 내가 큰 소리로 울면 그녀는 이해할 수 없는 '목숨'이라고 인식할 것입니다. 그래서 나는 다시 고통스러워하지 않고, 그녀가 무생으로부터 시작하게 접시를 두드리며 노래를 하는 것입니다."

몇 년이 지나 장자도 죽게 되었다. 그가 죽기 전 제자들이 그를 위해 풍부한 수장품을 준비하려 하자 장자는 반대하면서 이렇게 말했다. "나는 천지를 관으로 삼고 일월을 보물로 삼으며 별들을 주옥으로 삼고 있으니 천하 만물이 모두 나의 수장품이다. 이러니 나의 장례 기구는 다 갖춰진 셈이 아닌가? 무엇 때문에 이런 물건을 준비하는가!" 제자들이 말했다. "우리들이 근심하는 것은 금수禽獸들이 선생을 쪼아 먹는 것입니다." 장자는 태연하게 말했다. "위에서는 금수들이 쪼아 먹고 아래에서는 개미들이 갉아먹는 것은 자연스런 일이다. 어찌 그런 데에 마음을 썩이는가?" 장자는 죽음을 무생의 대자연으로 돌아간다고 이해하고 있었다.

간소한 '가마'
전국 시대에 사람이 메고 다니던 '가마'는 제왕이나 귀족이 늘 쓰던 교통 수단인데 견여肩輿라고 한다. 이것이 후세에 가마로 발전되었다. 이 그림은 운남성 진녕현 석채산晉寧縣石寨山의 전국 시대 동고저패기銅鼓貯貝器에서 출토된 견여도이다. 견여 안에 한 여인이 앉아 있고 네 명의 남자가 메고 간다.

사람은 천지 만물과 하나를 이룬다

장자의 풍부한 사상 중에서 "사람은 천지 만물과

| 세계사 연표 |

기원전 353년　　시작을 기원전 3113년 8월 11일로 잡고 끝을 2012년 12월 21일로 잡았다고 전해지는 마야력이 완성됐다.

누워 있는 소 형상의 돌조각
이 조각은 소가 목을 들고 쳐다보고 머리에는 굽은 두 뿔이 있다. 몸체의 각 부분은 비례가 적당하다. 몸 둘레는 간결하며 세부적인 꽃무늬 장식을 하지 않았다.

하나를 이룬다."라는 학설이 핵심이다. 어느 날 밤 장자가 꿈을 꾸었는데 꿈에서 자기가 나비가 되어 하늘 아래 위로 나래치자 즐겁기 그지없었다. 그런데 그것이 꿈속의 정경이라 생각되지 않았다. 그는 문득 깨달은 바가 있었다. 장자는 여전히 장주 그대로였지만 꿈속의 정경을 다시 회상해 보니 의심스러웠다. 장자가 꿈속에서 나비로 변했는가, 아니면 나비가 꿈속에서 장자로 변했는가? 장자와 나비는 각각 두 개의 사물이지만 꿈에서 '만물은 나와 하나다.'라는 이치를 설명한 것이다. 사람과 만물이 하나인 이상 물질은 서로 전환되는 것이니 장자도 나비가 될 수 있고 나비도 장주로 변할 수 있다. 장자가 꿈속에서 자기가 나비로 변한 것처럼 나비도 꿈속에서 장자로 변한 것을 보았을 것이다.

어느 날 동곽자東郭子가 장자에게 "도道란 어디에 있습니까?" 하고 물으니 장자가 "어디에도 없는 곳이 없습니다." 하고 대꾸했다. 동곽자가 장자에게 구체적으로 말해 달라고 하자 장자가 예를 들어 말했다. "개미한테도, 기왓장에도, 똥오줌 속에도 다 도가 있습니다." 동곽자는 장자의 이런 아리송한 예에 더 어리둥절해 했다. 그러자 장자가 해석해 말했다. "이런 물건은 다만 이름이 다를 뿐 거기엔 단 하나의 '도'가 존재합니다. 도가 같으니 만물도 하나인 것입니다." 장자는 만물의 차별을 말살하고 있는데 그의 사상은 현실을 도피하는 유심주의唯心主義(우주 만물의 진실한 존재로서의 궁극적 근원은 마음 또는 정신이며, 물질에 대한 존재보다도 정신이 보다 근원적이라고 보는, 형이상학적인 관념론적 견해) 학설인 것이다.

오동나무 기름　101

| 중국사 연표 |

기원전 351년   위魏나라는 조趙나라에게 한단邯鄲을 돌려주었다. 양국은 장하漳河에서 동맹을 맺었다.

033

선혜왕이 기만을 당하다

진秦나라 군이 한韓나라를 공격하자 선혜왕宣惠王은 진나라에 땅을 떼어 주고 진나라와 연합해 초나라를 정벌하려 했다. 초나라 회왕懷王은 속임수로 한나라가 진나라에 저항하는 것을 지지하는 척했다. 한나라는 많은 땅을 잃게 되어 더욱 쇠약해졌다.

급한 중에 지혜가 생기다

전국 후기, 서방의 진나라가 더욱더 강대해져서 동방의 여섯 나라는 연합하지 않으면 살아남기 어려운 처지에 놓였다. 기원전 315년, 진나라는 한나라의 탁택濁澤을 공격했다. 그러나 동방의 각국은 감히 구원의 손길을 펼치지 못했다. 한나라 선혜왕은 어찌할 바를 몰랐다. 그러자 상국相國인 공중붕公仲朋이 선혜왕에게 말했다. "동맹국도 믿을 바가 못 됩니다. 진나라의 본 목적은 초나라를 치는 것입니다. 그러니 우리가 장의張儀를 통해 대도성大都城을 진나라에게 주고 그 다음 진나라와 연합해 초나라를 공격해야 합니다. 이것은 하나를 잃고 둘을 얻는 것입니다." 선혜왕이 승낙하자 공중붕은 서쪽으로 가서 진나라와 화의를 하게 되었다.

기만술을 쓴 초나라

초나라 회왕은 이 일을 알고 진진陳軫을 불러 상의했다. 진진은 말했다 "진나라는 초나라를 공격하려고 생각한 지 오랩니다. 그러니 지금 진나라와 한나라가 연합해 그 꿈을 실현하려 할 것입니다. 신에게 이 위기를 없앨 한 가지 방법이 있습니다. 대왕께서는 먼저 변경에 있는 모든 군사들에게 전쟁 준비를 하라고 명을 내리십시오. 그리고 뛰어난 부대를 선발해 한나라를 지원하는 것처럼 하고 모든 전차를 줄 세워 출발 상태에 있게 하십시오. 그리고 많은 예물과 사신을 파견하십시오. 선혜왕이 우리의 예물을 받지 않는다 해도 그는 대왕에게 감격해 할 것이며 진나라와의 연합을 버릴 것입니다. 만약 선혜왕이 우리 예물을 받는다면 이는 진나라와 절교하는 것입니다. 일단 진나라와 한나라가 대립하면 초나라의 우환은 저절로 풀릴 것입니다."

신기한 무기 - 화살
이 유물은 춘추 전국 시대 전차에 앉은 병사들이 참대 활에 청동 화살을 메워 멀리 쏜 병기의 일종이다. 그림은 출토된 화살촉이다.

●●● 역사문화백과 ●●●

[외교 정책 - 합종연횡合縱連橫]

이것은 전국 후기에 진·조·한·위·연·제·초나라 사이에 전개된 동맹과 투쟁 형식이다. 진나라를 제외한 나머지 6국은 남북으로 위치해 있었기에 6국이 연합해 진나라를 대항하는 것을 합종이라 했다. 진나라는 서쪽에 있었고 연나라와 제나라는 동쪽에 있었다. 진나라가 한·위나라를 통과해 연·제나라와 연결하고, 조·초나라 등의 각국을 격파하는 외교 책략을 연횡이라 칭했다. 그리고 이런 활동에 종사하는 사람을 종횡가縱橫家라고 했다. 그 대표적 인물은 소진蘇秦, 장의張儀, 공손연公孫衍, 이태李兌, 방난龐煖 등이다.

중국을 말한다

역사 시험장 〉 전국 시대에 말하던 '산동山東' 은 어디인가?

| 세계사 연표 |

기원전 350년 　알렉산드로스 왕이 인도의 서북부를 점령해 지배했다.

《전국책戰國策·한책韓策 1》
《한비자韓非子·십과十過》《사기史記·한세가韓世家》

출전

최초의 통행증 – 왕명 전달시 쓴 용절龍節
청동으로 만든 이것은 악군계절鄂君啓節처럼 전국 시대에 초나라 왕이 발급한 통행증이다. 머리 쪽이 용의 머리 모양으로 되어 있는데 사신이 왕의 명을 받고 갈 때 이것을 증명으로 했다. 가는 곳마다에서는 이 용절을 가진 사람과 수행 인원에게 먹고 잘 수 있게 해 주었다. 이 사진은 용절의 앞면과 뒷면이다.

회왕은 아주 기뻐하면서 많은 예물과 함께 사신을 선혜왕에게 보냈다. 사신이 말했다. "초나라가 비록 작고 힘이 약하지만 지금 온 나라의 군사가 동원되어 있습니다. 물론 대왕께서 진나라와 대치하고 있지만 초나라는 여전히 귀국과 공존할 것입니다." 그러자 선혜왕은 아주 좋아하면서 공중붕에게 다시는 진나라에 가서 화의를 청하지 말라고 명령했다. 이 말을 들은 공중붕이 황급히 선혜왕에게 권했다. "안 됩니다. 초나라는 우리를 구원하는 것처럼 거짓을 꾸미고 있습니다. 그들의 목적은 우리와 진나라의 관계를 깨뜨려 위기에서 벗어나려는 것입니다. 대왕께서는 이미 사람을 진나라에 파했는데 지금 가지 않으면 이것은 진나라를 속이는 것이 됩니다. 강한 진나라를 경시하면 큰 화를 입게 됩니다. 초나라의 음모를 믿는다면 왕께서는 기필코 후회할 것입니다."

호리병 모양의 생황
전국 시대의 이 생황은 호리병 모양으로 되어 있다. 고대에는 인류의 생장과 번영을 위해 생황을 제작했는데, 후세에 혼인의 신 '여와女媧가 생황을 만들다.' 라는 전설이 전해 내려오고 있다. 지금 중국의 남방에는 노생악무蘆笙樂舞 유형의 활동이 봄철 청혼과 관련되어 여전히 존재하고 있다.

진상을 몰라 큰 손해를 본 한나라

그러나 선혜왕은 공중붕의 권고를 듣지 않고 진나라와 절교하고 말았다. 진나라에서는 소식을 듣고 대로해 탁택에 중원병을 보내 맹렬히 공격했다. 선혜왕은 사신을 보내 초나라 회왕에게 출병해 달라고 독촉했으나 초나라는 시간을 끌면서 오지 않아 탁택은 공략되고 말았다. 다음 해에 진나라는 또 군사를 일으켜 한나라의 안문岸門을 격파했다. 한나라는 하는 수 없이 태자 창倉을 인질로 주고 진나라에 화의를 청구했다. 대신의 충언을 듣지 않은 선혜왕은 초나라의 함정에 빠져 많은 병사와 땅을 잃었고, 이로 인해 한나라는 더욱 쇠약해졌다.

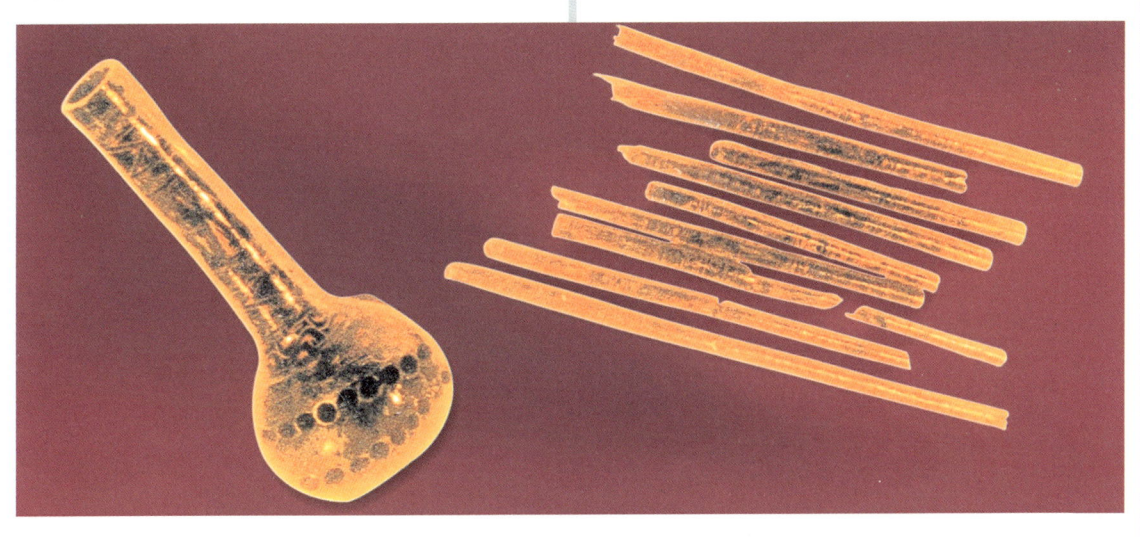

효산崤山 또는 화산華山 동쪽

| 중국사 연표 |

기원전 350년 감덕甘德, 석신石申은 이때에 세계 최초의 천문학 저작인 《감석성경甘石星經》을 편성했다.

034

600리가 6리로 변하다

초나라와 제나라가 동맹을 맺자 진나라는 장의張儀를 초나라에 파해 상어商於의 땅 600리를 가지고 유혹했다. 그러자 탐욕스러운 초나라 회왕은 제나라와의 관계를 단절했다. 이때부터 초나라의 위험은 그칠 새가 없었다.

일거삼득

기원전 314년, 연燕나라에 내란이 일어나자 이듬해 제나라가 연나라의 땅 절반을 점령하고 연나라 왕 쾌噲도 살해했다. 이 소식을 들은 진秦나라 혜문왕惠文王은 대로해 장의를 불러 그와 대책을 상의했다. 장의가 말했다. "노여워하지 마십시오. 제가 예물을 싣고 초나라에 한번 가 보겠습니다."

초나라에 간 장의는 초나라 회왕의 총신寵臣 근상靳尙에게 뇌물을 주고 회왕을 만났다. 장의는 회왕에게 침이 마르도록 좋은 말만 했다. "저희 왕이 천하 제후 중에서 가장 존경하는 분은 대왕이십니다. 또한 소신이 가장 흠모하는 분도 대왕이십니다. 우리나라의 왕은 대왕과 동맹을 맺고 싶어 합니다!" 회왕은 자기의 명성이 진나라 같은 큰 나라에까지 퍼진 것을 보고 좋아서 어쩔 줄 몰라 했다. 그는 겸손한 체하면서 "과인도 귀국과 동맹을 맺고 싶습니다."라고 말했다. 그러자 장의가 "그런데 관건은 제나라가 귀국의 지지를 받으면서 우리와 맞서는 것입니다. 대왕께서 제나라와 절교한다면 우리나라는 귀국과 영원한 동맹을 맺을 것입니다. 그리고 서로 혼인 관계를 맺고 상어의 땅 600리를 드릴 것입니다. 지금 천하 7국 중에서 제, 초, 진 3국이 가장 강합니다. 대왕이 만약 진나라와 동맹을 맺는다면 제나라는 약해질 것이고, 또 진나라의 지지를 받게 되어 대왕은 제후들에게 위상도 강화될 것입니다. 게다가 상어의 땅 600리를 얻어 국력도 강해질 것이니 이야말로 일거삼득이 아니겠습니까?"

진나라의 음모를 눈치 챈 진진

초나라의 대신들은 600리의 땅을 얻게 되었다고 모두 좋아했다. 그러나 객경 진진의 얼굴은 마치 초상난 사람처럼 우울해 보였다. 그러자 회왕이 물었다 "모든 신하들이 이렇게 경하하는데 유독 그대만은 우울해 하니 무슨 이유인가?" 진진陳軫은 대답했다. "신은 이것이 음모라고 생각됩니다. 우리는 상어의 땅을 얻지 못할 뿐 아니라 재앙을 입을 것입니다!" 그러자 회왕은 화를 내면서 말했다. "무슨 재앙 말인가?" 진진이 대답했다. "진나라가 초나라를 중시하는 것은 제나라와의 동맹 때문입니다. 대왕이 만약 제나라와 절교한다면 초나라는 조만간에 고립무원에 빠질 것입니다. 그리고 진나라는 우리에게 땅을 주지 않을 것입니다. 만약 진나라와 제나라가 다시 손을 잡는다면 어찌 우리에게 재앙이 오지 않겠습니까? 이러니 신은 좋아하기보다는 울고 싶습니다!" 진진의 이 말에 초나

도금한 악군계동절鄂君啓銅節 (위 사진)

이것은 안휘성 수현安徽省壽縣에서 출토된 초나라의 수륙 교통과 운수 통행증이다. 동절분 주절銅節分舟節과 차절車節 두 가지가 있다. 사용할 때 쌍방은 절의 절반을 가지는데 두 절이 맞아야 효력을 발휘할 수 있다. 주절에는 9행 165자의 금칠한 명문이 있고, 차절에는 금칠한 150자의 명문이 있다. 내용은 초나라 회왕이 발급한 악군계주절, 차절의 과정이 기록되어 있고, 수륙 선로, 적재량, 운수 종류와 납세 상황이 상세하게 규정되어 있다.

| 기원전 350년 | | 세계사 연표 |
인도의 대서사시 〈마하바라타〉가 대략 이 시기에 편성되기 시작했다.

《사기史記·장의열전張儀列傳》《전국책戰國策·진책秦策 2》
《자치통감資治通鑑·주난왕周赧王 원년》

라의 귀족들은 진진의 말을 질책하면서 귀담아 듣지 않았다. 그러자 냉정을 되찾은 회왕이 말했다. "일은 이미 정해졌으니 먼저 사자를 파견해 600리 땅을 받은 그 다음에 절교하라." 그리고 회왕은 장군 봉후축逢侯丑을 진나라에 사신으로 파견했다.

장의의 속임수

봉후축은 장의를 따라 진나라로 떠났다. 가는 길에 장의는 날마다 연회를 베풀어 봉후축을 대접했다. 무관 출신인 봉후축은 이런 벗을 만난 것을 좋아했을 뿐 이것이 장의의 계책임을 전혀 눈치 채지 못했다.

장의는 속도를 늦추면서 초나라의 사신이 제나라에 먼저 도착해서 제나라와 절교하기를 바랐다. 그들의 마차가 함양 성문 밖에 왔을 때 장의는 또 봉후축에게 술대접을 했다. 그러면서 술에 취한 척 마차에서 굴러 떨어졌다. 장의의 부하들은 장의를 의원에게 보내고 봉후축을 빈관賓館에 머물게 했다. 봉후축은 이렇게 석 달을 머물면서 장의에게 문병을 갔으나 문지기가 막으며 말했다. "주인께서 안정이 필요해 손님을 만날 수 없습니다." 그러자 봉후축은 직접 혜문왕에게 편지를 보내 상어의 땅을 달라고 요구했다. 혜문왕의 회답은 이러했다. "상국相國은 약속을 지킬 것입니다. 그러나 과인은 귀국이 아직 제나라와 절교했다는 소식을 듣지 못했습니다. 상국의 병이 나은 다음에 다시 봅시다!" 봉후축은 생각했다. 조그마한 성의 표시도 하지 않고 어떻게 땅을 떼어 달라고 하겠는가? 그가 이 생각을 초나라 회왕에게 전하자 기다림에 지쳤던 회왕도 즉시 제나라와의 절교를 선포했다. 이에 제나라 선왕은 분노하면서 진나라에 사신을 파견해 동맹을 맺을 것을 요구하고 함께 초나라를 치기로 했다.

이때 줄곧 병 치료만 하던 장의가 마침내 얼굴을 내밀었다. 그는 제나라의 사신을 만나 회담하다가 성 밖에서 초조히 기다리는 봉후축과 마주치자 깜짝 놀라는 척하면서 "어이구! 장군이 여기 계셨군요. 그 땅을 아직도 받지 못했습니까?" 하고 물었다. 봉후축은 바로 이 말이 나오기를 기다리던 중이라 급히 "진나라

장의가 초나라에 가다
초나라와 제나라가 동맹을 맺자 진나라 왕은 장의를 초나라에 파견해 그들의 관계를 이간시키려 했다. 장의는 초나라 왕에게 제나라와 단절한다면 상어의 땅 600리를 주겠다고 했다. 초나라 왕은 그 말에 넘어가 장의의 요구에 응했다. 그러나 장의는 진나라에 돌아간 후 아프다는 핑계를 대고 석 달이나 나타나지 않았다. 속은 것을 안 초나라는 군사를 일으켜 진나라를 공격했으나 패해 오히려 두 성을 떼어주고서야 진나라와 화의했다. 이 두 그림은 청나라 말 민국 초기의 석인본 《동주열국지》에 실려 있다.

| 중국사 연표 |

기원전 350년 진나라는 옹雍에서 함양咸陽으로 천도하고, 전국에 현제縣制를 실행했으며 정전제井田制를 폐지하고 천맥제阡陌制를 시작했다.

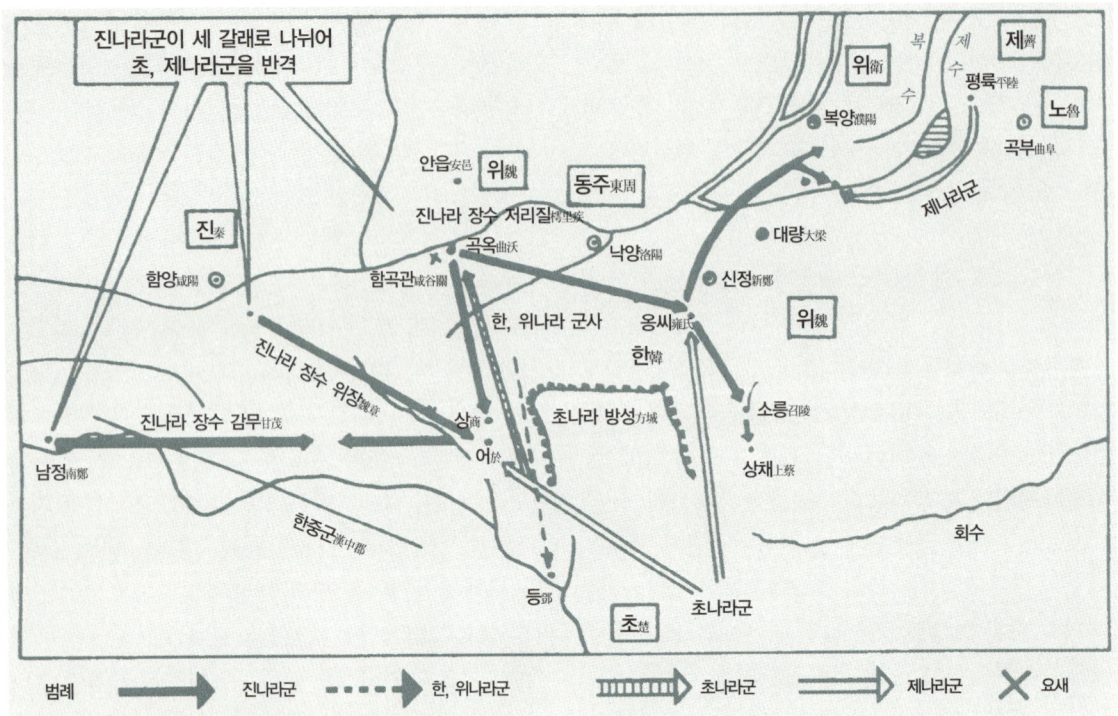

진나라가 초, 제나라를 전승한 작전도

기원전 312년, 진군은 셋으로 나뉘어 출병해 초·제의 연합군을 반격했다. 동쪽은 명장 저리질樗里疾이 통솔해 함곡관函谷關에서 한韓으로 들어갔고, 서장庶長 위장魏章이 통솔하는 중간 쪽은 남전藍田에서 출발해 상어에서 초군을 반격했다. 또 감무甘茂가 통솔하는 서쪽은 남정南鄭에서 출발해 초의 한수漢水지역을 공격해 한중漢中을 공략했다.

왕께서 그대 병이 완쾌한 다음 보자고 했으니 지금 함께 만나러 갑시다." 하고 말했다. 그러자 장의가 "이건 대왕과 관계없습니다. 제 일은 제가 스스로 처리하면 됩니다." 하고 태연히 말했다. 봉후축이 무슨 뜻인지 몰라 어리둥절해 있자 장의가 말했다. "나는 6리의 땅을 초나라 왕에게 줄 수 있습니다. 이건 대왕과 관계없습니다." 봉후축이 황급히 "아니, 600리라고 했는데 어찌 6리입니까?" 하고 따지니 장의가 손을 내저으며 "진나라의 땅은 모두 진나라의 군사들이 피 흘리고 목숨을 바쳐 얻어 온 것인데 외부에서 온 객경이 무슨 권리로 진나라의 땅을 남에게 준단 말입니까? 600리는 고사하고 60리도 안 됩니다. 내가 말하는 6리는 진나라가 저에게 준 봉지입니다. 이것은 저에게 속한 것이기에 제 마음대로 할 수 있습니다." 라고 말했다. 그러자 봉후축은 온몸이 굳어져 한마디도 하지 못했다.

●●● 역사문화백과 ●●●

[무산 신녀巫山神女의 전설]

전국 시대 초나라 사람들의 제사를 받은 것은 무산 신녀였다. 전설에 따르면 천제天帝(염제炎帝)의 막내딸 요희瑤姬가 어려서 사망하자 그녀를 무산 남쪽에 매장하고 제사를 받들면서 그녀를 '무산의 여인'이라 했다고 한다. 다른 전설에 따르면 초나라 회왕이 고당대高唐臺를 순시하면서 꿈에 신녀와 만났는데 신녀가 회왕에게 말했다. "첩은 무산의 볕을 쬐며 높은 산에서 삽니다. 아침에는 구름이 되고 저녁이면 비가 되어 내립니다. 아침 저녁 양대陽臺 아래에서 삽니다." 꿈에서 깬 회왕은 그 신녀를 기념하기 위해 고당대 옆에 신녀 묘를 짓고 이름을 '조운朝云'이라 해 사계절 제사를 드렸다고 한다.

| 세계사 연표 |

기원전 350년 그리스는 건축에서 코린토스식의 원기둥이 출현하기 시작했다.

035

《사기史記·장의열전張儀列傳》
《자치통감資治通鑑·주난왕周赧王 3년~4년》 출전

철저히 패한 초나라

봉후축은 초나라에 돌아가 장의에게 기만당한 일을 회왕에게 보고했다. 분노를 참지 못한 회왕은 장의를 붙잡아 꼭 복수하겠다고 별렀다. 그리고 그는 기원전 313년 굴개屈丐를 대장, 봉후축을 부대장으로 삼아 10만 명의 군사를 이끌고 진나라를 공격했다. 그러자 진나라 혜문왕은 서장庶長 위장魏章을 대장으로 감무甘茂를 부대장으로 해 초나라 군과 맞섰고, 동시에 사신을 보내 제나라 선왕에게 도움을 청했다.

선왕은 초나라의 절교를 분해하던 차라 즉시 광장匡章이 이끄는 대군을 파견해 초나라로 처들어갔다. 진, 제 연합군의 협공을 받은 초나라 군은 10만 병사

장의의 처세술

큰 손실을 본 초나라 회왕은 진나라 혜문왕에게 수많은 땅과 장의를 교환하자고 했다. 그러자 장의는 뇌물로 회왕의 총신 근상을 매수하고 또 회왕의 총비寵妃 정수鄭袖를 매수해 이 위기를 벗어났다.

중 8만이나 살해되고, 굴개, 봉후축 등 70여 명의 장수들이 포로가 되었다. 그리고 수많은 땅이 진나라군에게 점령당했다. 회왕은 황급히 국내의 병마를 풀어 남전藍田에서 진나라와 맞서 싸웠으나 결국 실패하고 말았다. 그러자 위魏나라 등 주변의 나라가 이 틈에 침공해 와 남쪽의 수많은 땅마저 점령당했다. 패배한 회왕은 굴원屈原을 파견해 제나라에 사죄하고 진진陳軫을 파견해 진나라에 화의를 청했다. 그리고 두 성을 떼어 예물로 바쳤다.

-403~-221 전국

새와 뱀을 조각한 채색 틀

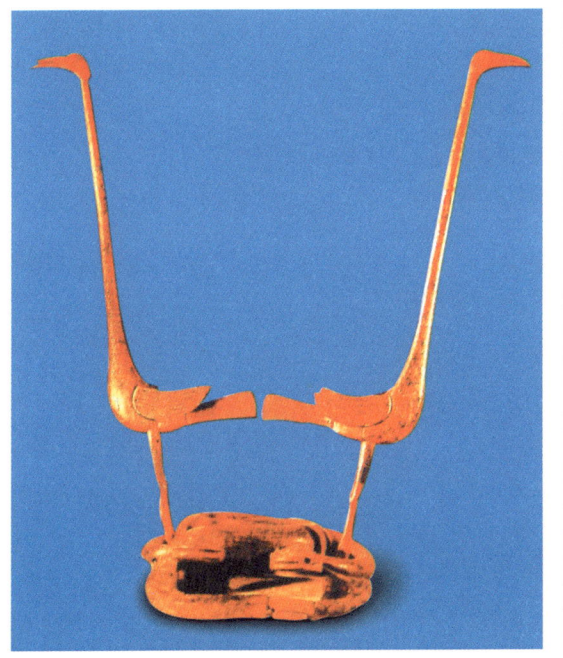

봉황과 용을 새긴 문고리
전국 시대 때의 이 문고리에는 짐승의 얼굴이 조각되어 있다. 짐승 얼굴의 중간에 한 마리 봉황이 있고, 짐승 얼굴의 양측에 반룡蟠龍이 걸려 있다. 길이 45.5cm, 무게는 22kg인 대형 문고리이다.

●●● 역사문화백과 ●●●

[초나라의 도성 - 영郢]

지금 전국 중점 문물 보호 단위의 기남성紀南省은 초나라의 도성 영의 유적지이다. 기원전 278년, 진秦나라 장군 백기白起가 영을 공략해 영은 진나라의 수중에 들어갔다. 초나라는 하는 수 없이 진陳으로 도읍을 옮겼다. 그 후 초나라는 두 번이나 도읍을 옮겼는데 처음은 고열왕考烈王 10년(기원전 253)에 옮긴 거양巨陽이고, 22년에 다시 수춘壽春 지금의 안휘성 수현壽縣으로 도읍을 옮겼는데 모두 영이라 칭했다. 이 밖에 초나라가 기남성 동남쪽에 건축한 별읍도 있는데 이것도 영이라 칭하고 있다.

가로의 연결. 강한 진나라가 약한 나라를 이용해 다른 약한 나라를 공격하게 해 땅을 점령함 107

| 중국사 연표 |

기원전 344년

초楚나라 위왕威王이 군대를 일으켜 월나라를 공격함으로써 월나라는 멸망하고 무강無疆은 피살되었다. 이에 월나라의 영토는 대부분 초나라의 남쪽 지역에 귀속되었다.

호랑이 굴에서 벗어나다

일 년이 지난 후, 진나라는 초나라의 검중黔中 땅을 얻기 위해 무관武關 밖의 상어의 땅을 바꾸자고 했다. 이때 초나라 회왕의 증오 대상은 장의였기에 진나라 혜문왕에게 말했다. "바꾸지 않겠습니다. 과인이 검중의 땅을 바치겠으니 진나라 왕께서 장의와 바꾸게 해 주십시오!" 이 말을 들은 혜문왕이 마음을 정하지 못하자 장의가 스스로 갈 뜻을 밝혔다. 혜문왕은 말했다. "초나라 왕이 그대를 죽이려고 상어의 땅과 바꾸자고 하는 것이오." 장의가 말했다. "진나라는 강국이고 초나라는 약합니다. 그리고 대왕께서 계시는 한 감히 신을 어찌하지 못할 것입니다. 또 신은 초나라의 근상과 매우 가까운 사이입니다. 또 초나라 왕의 총비 정수와도 관계가 긴밀하오니 괜찮습니다. 만약 신이 죽는다 해도 검중의 땅을 얻게 된다면 이것 역시 신이 바라던 바입니다." 이렇게 되어 장의는 초나라로 가게 되었다.

아름다운 방직품 조각

초나라는 방직업이 아주 발달한 국가였다. 시대적으로 가장 빠르고 보존이 가장 좋은 방직품은 거의 초나라에서 출토되었다. 호남성에서 출토된 방직품은 견직, 삼, 명주, 솜, 자수, 비단 등이 있는데 색깔도 여러 가지이다.

초나라의 여자 복장

호북성 강릉시 묘지에서 출토된 아름다운 방직과 자수품은 춘추 전국 시대 방직 기술의 걸작이다. 이것은 초나라 사람들이 겉에 입던 긴 옷인데 너른 소매, 땅에 닿을 듯 긴 옷, 구불구불한 채색 무늬, 소매 끝부분의 장식 도안으로 되어 있다. 이것은 당시 복장의 특색을 잘 나타내 준다.

위나라를 구한 장의의 계책

장의가 다시 진나라에 돌아온 지 얼마 후, 혜문왕이 죽자 태자 탕蕩이 무왕武王으로 즉위했다. 그런데 무왕이 장의를 그리 좋아하지 않자 장의와 친하지 않던 무리들이 이간질을 했다. 이것을 눈치 챈 장의가 무왕에게 말했다. "제나라 선왕宣王은 신을 미워합니다. 그러니 신이 위魏나라로 가는 것이 좋겠습니다. 제나라 왕은 신이 위나라에 있는 것을 알면 위나라를 공격할 것입니다. 그때 대왕께서 한韓나라를 점령한다면 성주成周에 이를 수 있을 것입니다." 이 말을 들은 무왕은 30대의 수레를 줘 그를 위나라로 보냈다. 장의가 위나라에 도착하자 위나라 양왕襄王은 그를 상相으로 받들었다.

제나라 선왕은 진나라의 새 왕이 장의를 좋아하지 않는다는 것과, 장의가 위나라에 있다는 것을 알았다. 선왕은 10개의 성을 상으로 내걸고 장의를 사로잡으

| 세계사 연표 |

기원전 348년 — 양 당사국과 동맹국들의 포로들을 자신들의 세력권 내에서 노예로 매각하는 것을 금지하는 내용을 포함한 로마와 카르타고 간의 조약이 체결되었다.

라고 했다. 그리고 자기가 먼저 군대를 풀어 위나라를 진공했다. 위나라 양왕은 장의의 도움으로 위나라의 지위를 공고히 하려 했으나 그로 인해 제나라가 대군을 이끌고 오자 당황했다. 양왕이 황급히 장의를 찾아가 상의하자 장의가 말했다. "제가 즉시 사신을 제나라에 보내겠습니다." 장의는 집의 식객인 풍희馮喜를 초나라의 사신으로 꾸며 제나라 진영에 보냈다. 풍희는 선왕을 만나 "대왕께서 장의를 그토록 미워하면서도 왜 그를 도와줍니까?" 하고 물었다. 선왕이 어리둥절해 하니 풍희가 "내가 함양에서 올 때 장의가 진나라를 떠나 위나라에 갔다는 것을 알았는데 이것은 계책입니다. 장의가 위나라에 간 것은 대왕께서 군사를 풀어 위나라를 공격하게 하려는 것입니다. 그리고 진나라 왕이 이 기회를 이용해 한나라를 공격하고 그 후 성주를 겸병하려는 것입니다. 바로 동진의 길을 열려는 것인데 지금 대왕께서 위나라를 공격하고 있으니 바로 그자를 돕는 것이 아니겠습니까?" 선왕은 그제서야 깜짝 놀라며 "과인이 현명하지 못했구만. 하마터면 그자한테 속을 뻔했네." 하더니 급히 영을 내려 철군했다.

양왕은 제나라군이 하룻밤 사이에 물러간 것을 보고 장의를 더욱 신임하게 되었다.

짐승 모양의 고리가 달린 도자기 병

이 도자기 병은 1964년 북경시 창평현 송원촌北京市昌平縣松園村에서 출토된 것으로 전국 시대 연燕나라의 술 그릇이다. 입구 부분은 정방형이고 위에는 덮개가 있다. 둥근 배, 긴 목, 양측에는 호랑이 모양의 귀가 달려 있다.

●●● 역사문화백과 ●●●

[파촉巴蜀 지역의 옛 나라와 민족 – 파巴, 파인巴시]

파는 중국 고대의 한 민족이다. 그들의 활동 지역은 지금의 천동川東, 악서鄂西 일대이며, 흰 호랑이를 숭배 대상으로 삼았다. 기원전 14세기 때 중원 상족商族과 접촉이 있었는데 용감한 것으로 이름이 났다. 주나라 무왕이 상商을 정벌할 때 주나라의 동맹국이었으며 공로가 있어 파로 봉했다. 춘추 시대 파나라는 중원의 등鄧, 신申, 나처那處, 초나라 등과 여러 차례 전쟁을 했다. 또 진, 초나라와 연합해 용庸나라를 소멸하기도 했다. 후에 초나라가 강성해지면서 파인은 천동으로 옮겼는데 활동 지역은 중경重慶, 봉절奉節, 사천四川, 의빈宜賓, 섬서陝西의 한중漢中과 검동黔東, 상서湘西 일대였다. 기원전 316년에 진나라에 의해 멸망되었다.

관방에서 설립한 문서인데 먹고 자는 것을 공급해 주는 곳으로 후세의 역참驛站과 비슷하다

| 중국사 연표 |

기원전 344년

위魏나라 혜왕惠王이 봉택逢澤에서 12개 제후 회의를 소집했다. 회의 후 모두 맹진孟津에서 주나라 천자天子를 배알했다. 위나라의 세력이 전성기에 이르렀다.

036

굴원의 비장한 여정

굴원屈原의 일생은 평탄하지 않았다. 그는 여러 차례 추방되어 끝내 뜻을 이루지 못하자, 멱라강汨羅江에 몸을 던졌다. 그의 작품으로 〈이소離騷〉가 있는데 감정이 풍부해 사람들을 감동시키고 있다.

소인의 참언

왕의 동성 귀족 굴원의 이름은 평平이고 자는 원原이다. 선조가 '굴屈' 땅에 봉지를 받아 굴씨가 되었다. 굴원은 젊어서 초나라 회왕의 신임을 받아 관직이 좌도左徒에 이르렀다. 그는 회왕을 보좌하며 제나라와 연합해 진나라에 저항할 것을 강력하게 주장했다. 그의 노력으로 초·제·연·조·한·위魏나라의 6국의 군주가 초나라의 도성 영郢에서 연맹을 결성하고 회왕을 연맹의 수장으로 초대했다. 연맹의 역량은 진나라의 확장을 저지하고 초나라가 부유하고 군사적으로 강하게 했다. 그래서 굴원도 외교에서 핵심 인물이 되었다.

그런데 후에 상관대부上官大夫 근상, 공자 자란子蘭 등이 굴원의 재능을 질투해 회왕 앞에서 그를 헐뜯었다. 굴원은 스스로 공신으로 자처하며 교만하고, 또 다른 사람의 공로를 가로챈다는 것이었다. 이에 노한 회왕은 굴원을 멀리하기 시작했다. 그리고 그의 직을 면제하고 왕족 소昭, 굴, 경景 등 3성姓의 사무를 관할하면서 종묘 제사와 귀족 자제의 교육을 책임지게 했다.

변방으로 보내진 굴원

이때 진나라의 왕이 굴원이 초나라에서 신임을 잃었다는 소식을 들었다. 그리고 이는 하늘이 준 좋은 기회라 여겨 상국相國 장의와 다음 계획을 상의했다. 장의는 6국 중에서 가장 강한 제, 초 두 나라가 빠지면 연맹도 해체된다고 했다. 그리고 또 초나라 내부에 갈등이 생기고 있으니 이 기회에 직접 6국의 연맹을 해산시키겠다고 했다. 진나라 왕은 기뻐하면서 많은 금

애국 시인 굴원
굴원(기원전 340년~기원전 277년)의 이름은 평이고 자는 원이며 초나라 귀족이다. 굴원은 20세에는 벼슬자리에 올라 좌도左徒가 되었다. 그는 초나라의 내정 외교의 핵심 인물이었다. 후에 배척을 받아 뜻을 잃고 우울하게 지냈으며, 초나라가 진나라에 패한 후에는 비분에 휩싸여 멱라강에 몸을 던졌다.

••• 역사문화백과 •••

[2500년 전의 7개 지역 문화권]

춘추 전국 시대 중국은 지역적 특색으로 7개의 문화권이 존재하고 있었다. 그 분류를 보면 다음과 같다. 1. 중원 문화권中原文化圈, 화하華夏의 농후한 전통 특색 2. 북방 문화권北方文化圈, 유목 문화의 특색을 겸비 3. 제노 문화권齊魯文化圈, 주周 문화의 전통을 보전하고, 고대 동이東夷와 은씨殷氏족의 문화 흔적이 남아 있다. 5. 오월 문화권吳越文化圈 6. 파촉신 문화권巴蜀愼文化圈 7. 진 문화권秦文化圈 이 7개의 문화권은 진나라가 중국을 통일한 후 찬란한 한漢 문화의 형성에 중요한 기여를 했다.

| 세계사 연표 |

기원전 348년 마케도니아 왕 필리포스 2세가 올린토스를 점령해 그 도시를 함락하자 동맹이 해산되었다.

《사기史記·굴원가생열전屈原賈生列傳》 출전

굴원 족자
나라 정사를 능란하게 해 온 시인 굴원은 자기 운명을 초나라와 같이 했다. 굴원의 제안은 중시를 받지 못했을 뿐 아니라 파직되어 강남 지역에 추방되는 처지에 이르렀다. 초나라가 진나라에 멸망당하자 굴원은 시 〈회사懷沙〉를 지어 애국의 마음을 토로했다. 그리고 후에 멱라강에 몸을 던졌다. 주나라 약길約佶이 그린 〈굴원 족자〉는 굴원이 유배된 후 산수에서 지내는 정경이다.

은보옥을 장의에게 줘 뇌물로 쓰게 했다. 장의는 상相의 인감印鑑을 바치고, 상 자리를 사임한 것처럼 가장해 초나라로 갔다.

초나라에 간 장의는 근상, 공자 자란과 회왕의 총비 정수 등을 매수해 그들의 도움을 받았다. 장의는 만약 초나라가 제나라와 동맹을 단절하고 진나라와 동맹을 맺는다면 상어의 땅 600리를 바치겠다고 했다. 탐욕에 눈이 먼 회왕은 그 유혹에 넘어가 제나라와의 연맹을 파괴하고 말았다. 그러나 장의가 약속을 지키지 않자 노한 회왕은 진나라를 공격했다. 그러나 초나라는 단양丹陽, 남정南鄭 전역에서 실패했을 뿐 아니라 한중漢中의 땅도 잃었고 결국 진, 한, 위魏나라의 포위 공격을 받아 곤경에 빠졌다.

초나라 회왕 30년, 진나라 사람이 회왕에게 무관武關에서 만나자고 했다. 굴원이 반대했으나 공자 자란 등이 단합해 회왕에게 권고하는 바람에 회왕은 진나라에 들어갔다. 그러나 회왕은 갇혀 결국 돌아오지 못했으며, 3년 후 객지에서 죽었다. 그 후 경양왕頃襄王이 왕위에 오르고, 자란이 영윤이 되었다. 초나라와 진나라의 관계가 단절되었으나 경양왕 7년에 마침내 진나라와 혼인을 약정하게 되었다. 굴원은 경양왕의 이런 행동을 거세게 반대하며 자란에게 회왕의 굴욕적인 죽음을 책임지라고 책망했다. 그러자 자란은 상관대부와 결탁해 굴원을 모함했고 마침내 그를 변방 먼 곳으로 유배 보냈다.

비분에 잠겨 강에 몸을 던진 굴원

굴원은 나라와 백성을 걱정했지만 초나라의 국세는 갈수록 약해졌다. 경양왕 21년, 진나라 장군 백기白起는 초나라의 도읍 영을 공격했다. 다음 해에 진나라군이 또 공격해 오자 굴원은 멱라강변에서 머리를 풀어헤치고 물가를 거닐면서 시를 읊었다. 한 늙은 어부가 그를 보고 놀라면서 물었다. "삼려대부三閭大夫가 아니십니까? 왜 정신이 나간 것처럼 이러십니까?" 그러자 굴원은 서글프게 웃으며 말했다. "온 세상은 흐

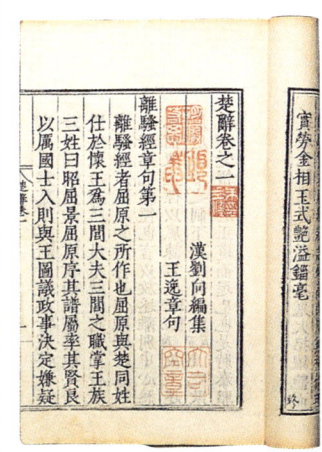

《초사楚辭》 명간본明刊本
《초사》는 장편 시가 총집이다. 작자는 굴원(송옥, 경차景差, 당륵唐勒의 적은 양의 작품도 있음)이다. 〈이소〉, 〈구장九章〉, 〈초혼招魂〉, 〈구가九歌〉, 〈천문天問〉 등으로 나누어져 있는데 대부분은 세상을 애탄하던 때 지은 것이다. 《초사》의 내용은 '형초무荊楚巫' 문화의 전기적이고 낭만적인 것으로 되어 있으며 풍부한 상상력이 있다.

403~221 전국

삼려대부 111

| 중국사 연표 |

기원전 341년 — 제나라의 전기, 손빈이 마릉에서 위나라 군사를 대패시키고 태자 신申을 생포하자 대장 방연도 자결했다.

〈구가九歌〉 그림 – 동황태일東皇太一
작가는 원元대 항주抗州 사람인 장악張渥이다. 송대 이공린李公麟의 소묘화법을 계승했다. 그의 대표작인데 이 작품은 18묘 중 '철선묘鐵線描'의 본보기이다. 그림 속의 인물은 굴원의 〈구가〉 중의 동황태일인데 신선 같은 풍채와 기백이 넘친다.

〈구가九歌〉 그림 – 상부인湘夫人
이 그림은 장악의 작품으로 오도자吳道子의 작품과 비슷해 인물에 생기가 넘친다. 동시에 가는 선으로 세심하게 무늬를 새겨 인물과 대비를 이루며 허와 실이 잘 어울린다. 그림 속의 인물은 〈구가〉 중의 상부인이다.

린데 나 하나 맑고, 모든 사람은 취해 있는데 나 하나만이 깨었습니다. 그래서 이렇게 쫓겨났습니다." 늙은 어부는 굴원을 위로하면서 말했다. "성인聖人은 마땅히 사물에 구애되지 않는다 했으니 세속에 순응할 줄 알아야 합니다. 이미 세상이 흐려졌는데 무엇 때문

에 물결따라 흐르지 않고 물결을 거스릅니까? 모든 사람이 취했는데 무엇 때문에 그들을 따라 술을 마시지 않고 맑아 있습니까? 어찌 자기의 청백淸白을 견지하면서 유배를 살아야 합니까?" 굴원은 말했다. "나는 사람들에게 말하고 싶습니다. 금방 머리를 씻은 사람은 모자 위의 먼지를 털려고 할 것이며, 금방 목욕을 한 사람은 옷에 묻은 흙을 털려고 할 것입니다. 이러할진대 사람이 또 어찌 자기의 청백한 몸을 세속의 어지러움에 맡겨 둘 수 있겠습니까? 나는 강에 몸을 던

편고編鼓 (왼쪽 사진)
1978년에 호북성 수현 뇌고돈隨縣擂鼓墩 1호 묘지에서 출토된 편고는 그 모양이 둥글고 납작하다. 이 북은 12개로 한 조를 이루는데 앞뒷면이 가죽으로 되어 있으며 세 개의 대못을 박았다. 붉은색의 몸체에 검은색으로 테를 두르고 붉은색으로 산山 모양의 무늬를 그렸다.

| 세계사 연표 |

기원전 348년 — 마케도니아 왕인 필리포스가 그리스 도시 국가 올린토스를 노략질한 뒤 아테네의 반反마케도니아 감정이 고조되기 시작했다.

져 물고기 뱃속에 장례를 지낼지언정, 고결한 품덕을 버려 세속의 먼지에 휩싸이고 싶지 않습니다." 굴원은 이로써 부賦 〈회사懷沙〉를 짓고 멱라강에 몸을 던졌다.

천고의 절창 – 〈이소離騷〉

굴원은 일생을 비참하게 지냈으며 뜻을 이루지 못했다. 그 대신 그는 모든 격정을 시가詩歌에 투입했다. 그는 중국 고대 시가사상 가장 길고 낭만주의적인 정치서정시 〈이소離騷〉를 지어 후세에 심원한 영향을 끼쳤다. 굴원은 시에서 자기의 처지와 이상, 울분과 고민, 잘못된 것을 토로하고 악한 사람의 창궐과 조정이 기울어지는 것을 질책했다. 또 '아름다운 정사政事'의 이상을 견지하고 암흑한 현실을 비판했으며 아울러 사악한 세력과는 절대 어울릴 수 없는 투쟁 정신과 애국 열정을 표현했다. 또한 그는 시에서 고대의

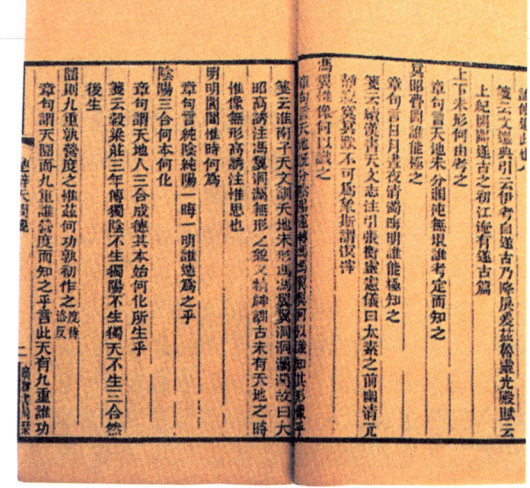

굴원의 〈천문〉 청나라 말 각본
'천문天問'은 하늘에 묻는다는 뜻이다. 이것은 굴원의 작품으로 문장 구성이 특이하다. 굴원은 이 글에서 170개의 문제를 제출했는데 자연 현상과 사회 역사에 관한 것이다. 노신魯迅은 〈천문〉을 '기탄 없는 언어로 남들이 하지 못하는 말을 감히 했다.'라고 평가했다.

신화와 전설을 많이 이용했고 상상과 연상의 방식으로 아름답고 독특한 환상 세계를 구성했다. 그중 향초香草와 미인美人의 비유를 재미있게 표현했는데 심각한 내용을 구체적이고 생생하게 표현했다.

〈이소〉는 초나라 민가民歌의 가사를 토대로 《시경詩經》을 재미있고 흥미롭게 발전시켜 새로운 시체인 초사체楚辭體를 창조했다. 서한西漢 말년에 유향劉向이 편집, 수록한 굴원과 송옥宋玉의 작품, 그리고 한漢대 사람들이 이런 시체를 모방한 작품을 책으로 묶었는데 그 책이 《초사楚辭》이다. 이것은 《시경》에 이어 나온 중국 고대 또 하나의 시가 총집이다. 이 밖에 굴원의 〈이소〉는 초사의 대표작이기 때문에 초사를 《소騷》 또는 《소체騷體》라 칭한다.

굴원 기념 사당 (왼쪽 사진)
굴원 사당은 호북성 의창시宜昌市에 있는데 굴원 묘廟라고도 한다. 벽돌과 나무로 건축된 굴자사屈子祠는 장엄하고 고풍이 있다. 담장 벽에 있는 많은 돌비석에는 후세 사람들이 굴원을 조문하는 시문詩文과 사부詞賦가 새겨져 있다. 후전后殿에 걸려 있는 굴원의 초상은 신선 같은 모습으로 사람을 감동시킨다. 지금의 굴자사는 청淸나라 건륭乾隆 연간에 건축되었다.

| 중국사 연표 |

기원전 340년 — 진나라 공손앙이 위魏나라를 무너뜨리고 공자 앙을 포로로 삼는 공을 세워 상군商君으로 봉해졌다. 이때부터 공손앙을 상앙이라 칭했다.

037

장교 농민 대봉기

전국 후기에 초楚나라에서 장교莊蹻가 이끄는 농민 대봉기가 일어났다. 이 봉기는 농민들의 각성과 역량을 과시했으며 초나라 정권에 큰 타격을 입혔다.

통치 집단의 부패와 착취

전국 시대의 초나라는 아주 부패한 제국이었다. 기원전 381년의 오기 변법이 실패한 후, 초나라는 소, 경, 굴 세 가족의 수중에 들어갔다. 그들은 혁신을 주장하는 사람들을 반대하고 배척했다. 초나라 회왕 시기에 굴원은 새로운 법령을 제정해 부국강병을 만들려고 했으나 부패한 세력에게 배척을 받아 유배되고 말았다.

초나라의 정권을 장악한 귀족들의 폭정과 착취로 인해 백성들의 삶은 너무도 힘들었다. 도탄 속에 빠진 초나라의 백성들은 귀족 통치자들을 뼈에 사무치게 증오했고 곳곳에서 반기를 들고 투쟁하는 일도 발생했다. 대규모의 봉기가 일어나기 일촉즉발의 상황이었다. 게다가 초나라는 몇 번의 전투에서 패배를 당했다.

기원전 312년에는 회왕이 장의에게 속아 초나라 군사가 8만이나 참수당하고 한중의 600리 땅을 상실했다. 또한 기원전 311년에는 다시 진나라가 소릉召陵을 점령했으며, 기원전 303년에는 제·위·한 삼국이 초나라를 함께 공격해 초나라는 진나라에게 구원을 요청하게 되었다.

이처럼 계속되는 전쟁의 패배로 백성들의 세금은 더욱더 증가되었으며 결국 참을 수 없는 상황에 몰린 농민들이 모두 일어나 귀족 통치 세력에 대항하게 되었다.

초나라의 동패폐銅貝幣
초나라에서 유통되던 화폐. 조개와 동으로 주조한 것인데 앞면에 '귀검전鬼臉錢' '의비전蟻鼻錢'이라는 문자가 새겨져 있다. 이 화폐는 초나라의 넓은 지역에서 오랫동안 유통되었다.

●●● 역사문화백과 ●●●

[전국 시대 토지 계량 단위]

전국 시대에 유통되던 토지 계량 단위는 소무小畝와 무畝이다. 춘추 전국 이전에는 주제周制가 통용되었는데 6자를 1보步라 하고, 가로 1보, 세로 100보를 1무라 했다. 춘추 시대 이후에 소로 밭을 갈고 금속 농기구가 사용되면서 각 제후국은 무의 면적을 확대했다. 그래서 가로, 세로를 각각 160보, 또는 240보를 1무로 했다.

봉기 폭발

기원전 301년, 제·위·한나라 연합군이 또다시 초나라를 공격했다. 결국 초나라는 수사垂沙에서 대패했고 초나라의 장군 당멸唐蔑은 살해되었다. 이 결과 초나라는 완宛, 업業 이북의 많은 땅을 한나라와 위나라에게 점령당했다.

계속되는 전쟁의 패배로 초나라의 통치 역량이 약해지자 장교가 전국의 농민들을 모아 봉기를 일으켰다. 봉기한 농민들의 강력한 타격으로 초나라는 통치 기구 사이의 연계가 단절되어 사분오열의 국면에 처했다. 또 봉기한 농민들이 초나라 도읍인 영郢까지 진격해 초나라의 통치 집단과 격렬하게 싸웠다. 그러자

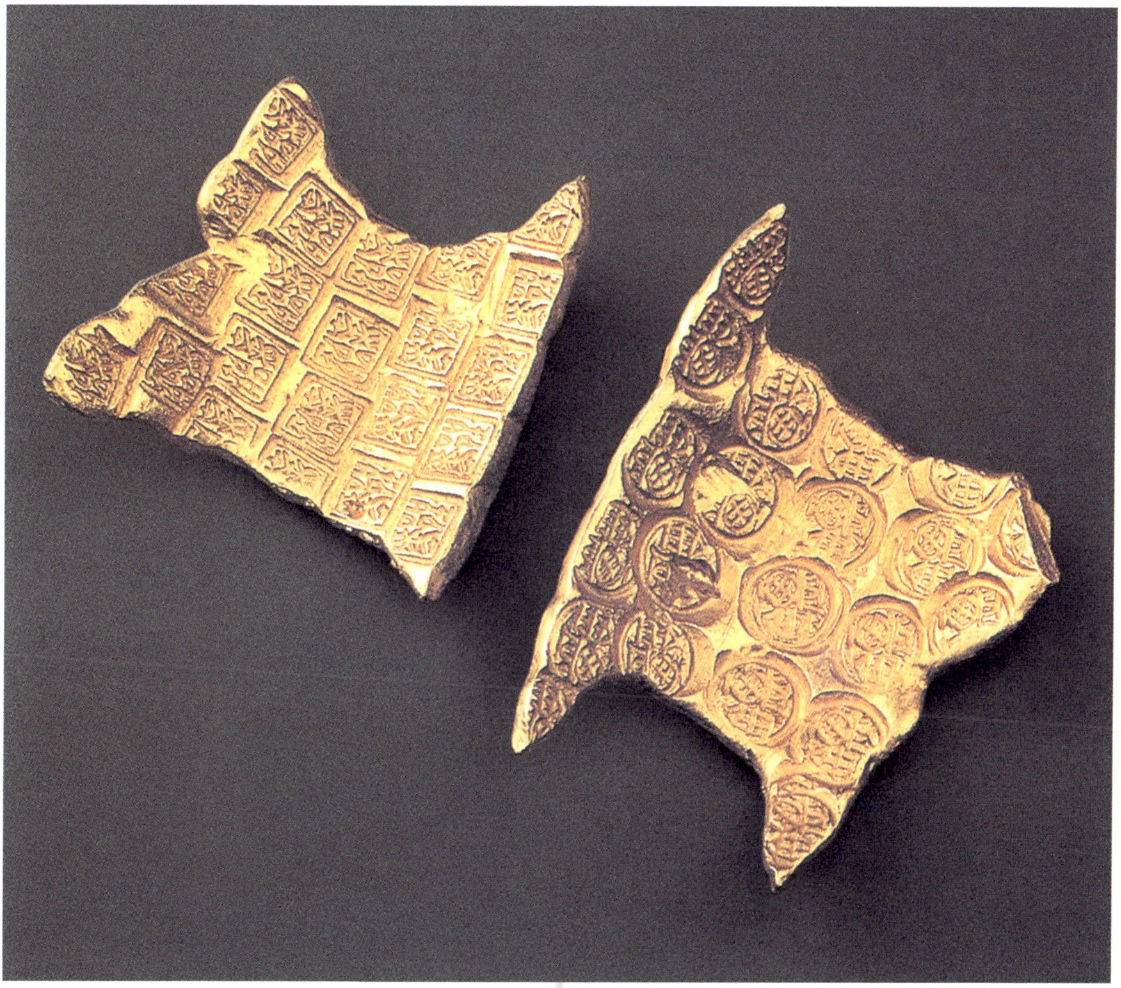

| 세계사 연표 |

기원전 347년 　 플라톤은 영원불변의 이념 세계는 물질 세계의 본원이며 물질 세계는 그 불완전한 것의 복제라고 제기했다.

《순자荀子·의병議兵》《한비자韓非子·유로喩老》 출전

초나라의 통치 집단은 전국의 정예 병사들을 끌어모아 피비린내 나는 잔혹한 진압을 시작했다.

서남 지역으로의 전략적 대이동

역량이 부족한 봉기군들은 통치 집단의 영향을 덜 받는 서남 지역으로 전략적 이동을 했다. 봉기군은 호남 서북의 검중군黔中郡을 지나고 소원강溯沅江을 거쳐 계속 서진해 지금의 귀주貴州 서부의 야랑夜郞을 점령했다.

중국 최초의 황금 화폐
영郢과 노금盧金은 전국 시대 초나라의 화폐이다. 이것은 순금으로 되어 있어 지불할 때 조금씩 떼어 저울에 달아 사용한다.

기원전 286년경 장교가 이끄는 농민 봉기군이 전지滇池 지역, 즉 지금의 운남성云南省 지역에 이르러 정권을 건립했다. 그곳에서 장교는 왕으로 칭하고 호를 '장왕莊王'이라 했으며 지금의 운남성 진령현晉寧縣을 도성으로 했다. 왕이 된 장교는 영을 내려 그곳의 풍속과 습관을 존중하도록 해 그곳 사람들과 화합하도록 했다.

홍구鴻溝

기원전 340년 ~ 기원전 278년

| 중국사 연표 |

굴원屈原이 초나라에서 '좌도左徒'로 등용되어 정치 개혁을 주장했다. 기원전 278년 초나라의 도읍 영이 진나라에 격파되자 그는 멱라강汨羅江에 몸을 던져 자결했다. 그의 작품으로는 〈이소離騷〉, 〈구가九歌〉, 〈천문天問〉, 〈구장九章〉 등이 있다. 후에 《초사楚辭》에 편입되었다.

038

공손룡의 궤변

공손룡公孫龍은 "백마白馬는 말馬이 아니다."라고 주장했다. 이 주장은 비록 철학상에서 위대한 의의를 띠고 있으나, 그가 탄 흰 말이 성 관문을 지날 때 어려움이 발생했다.

공천과의 변론

조나라 사람인 공손룡(기원전 320년~기원전 250년)은 평원군平原君 조승趙勝의 문객으로 있었다. 공천公穿은 그가 논변에서 이름난 사상가라는 것을 알고 평원군의 집에서 그를 만나 말을 했다. "선생은 훌륭한 웅변술이 있는 것으로 알고 있습니다. 선생님의 제자가 되는 것이 저의 숙원입니다. 그러니 선생님께서 '백마는 말이 아니다.'라는 주장만 버린다면 지금 당장 선생님을 스승으로 모시겠습니다." 그러자 공손룡이 "선생에서 말씀을 반대로 했습니다. 내가 유명해진 것은 바로 그 '백마론白馬論' 때문입니다. 당신이 나에게 그 주장을 버리라고 한다면 나는 아무것도 가르칠 것이 없습니다. 또한 그대가 나에게 백마론을 버리라 하는 것은 '먼저 가르치고 후에 스승으로 삼겠다.'는 것이니 이것은 스승을 섬기는 도리에 어긋납니다. 더욱이 백마론은 당신의 선조인 공중니孔仲尼(공자)가 주장하던 것입니다."라고 대답했다. 선조인 공자가 이런 것을 주장했다는 것을 몰랐던 공천은 깜짝 놀라며 가르침을 청했다. 공손룡이 이어 말했다. "초나라 소왕이 운몽雲夢에서 수렵하고 돌아오다가 조심하지 않아 보궁寶弓을 잃어버렸습니다. 신하들이 찾아오겠다고 하니 소왕은 '찾지 말게! 초나라 사람이 잃어버렸으면 초나라 사람이 얻겠지.'라고 말했습니다. 중니가 이 말을 듣고 말했습니다. '소왕은 인의仁義의 군왕으로 자처했으나 그렇지 못했다. 응당 사람이 활을 잃었으니 사람이 주울 것이다라고 해야 한다.' 여기서 중니가 '초나라 사람'과 '사람'의 뜻을 구별한 것은 바로 내가 주장하는 '백마는 말이 아니다.'라는 것과 같습니다. 선생께선 유학을 계승하면서 중니의 설을 아니라 하고, 나를 스승으로 섬기겠다고 하면서 나의 주장을 버리라 하니 이것은 사유思維의 혼란입니다." 감동한 공천은 그 자리에서 공손룡을 스승으로 받들었다.

성을 지나기 위해 흰 말임을 인정

어느 날 공손룡이 백마를 타고 성문을 지나게 되었는데 관을 지키던 군사가 공시公示를 붙이며 말했다. "말을 탄 사람은 이 성으로 들어올 수 없습니다." 군사들은 그가 '백마는 말이 아니다.'라고 주장한 공손룡이라는 것을 알고 있었다. 그들은 이 명제의 철학적 의의를 모르고 있었기에 그를 한 번 골려 주려는 것이었다. 그런데 공손룡이 "내가 탄 것은 흰 것이지 말이 아니오."라고 해 군사들은 하는 수 없이 공손룡을 들여보냈다. 후에 또 한 번 공손룡이 성에 들어오자 군사들

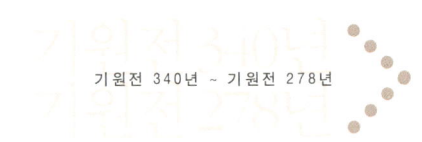

채색 오리 도자기
하남성 이리강二里崗에서 출토된 전국 시대의 이 도자기는 몸 한가운데가 비어 있다. 오리가 목을 들어 입을 벌리고 앞을 보고 있는 모습이 오리의 생동한 모습을 보여 주고 있다.

| 세계사 연표 |

기원전 346년
마케도니아는 아테네와 평화 조약을 체결하고 제3차 '신성 전쟁神聖戰爭'을 종결지었다. 마케도니아는 이로부터 그리스의 북부, 중부를 지배했다.

출전 《공손룡자公孫龍子》 《장자莊子·천하天下》

25현 대금
대금은 전국 시대의 악기이다. 이것은 색채가 아름답고 윤기가 난다. 꼬리 부분은 도철무늬, 용무늬, 뱀무늬, 비늘무늬, 화변무늬가 부각되어 있고, 중간의 둘레에는 능형무늬, 기하무늬, 구름무늬, 변형용무늬가, 그리고 머리 부분에는 봉황이 그려져 있다. 많은 무늬가 있음에도 불구하고 이 모든 무늬가 서로 잘 어울려 높은 예술성을 띠고 있다.

은 또 그를 떠보려고 공시를 내붙이며 말했다. "말을 타지 않은 사람은 들어가지 못합니다." 공손룡은 말했다. "내가 탄 것은 말이지 흰 것이 아니오." 그러나 군사들은 인정하지 않았다. "저번에 당신이 탄 것은 흰 것이지 말이 아니라고 했는데, 그 말대로라면 그대가 탄 것은 말이 아니기에 들어갈 수 없다."는 것이다. 그러자 공손룡은 그 도리를 해명하지 않고 잠시 흰 말도 말이라고 인정하고 관문을 지났다.

궤변의 달인 공손룡

공손룡은 평상시에 '흰 말은 말이 아니다.'를 주장하면서 이렇게 논증했다. "희다는 것은 색깔이고 말은 형상이다. 색깔은 형상이 아니고 형상은 색깔이 아니다. 색깔을 말하면서 형상을 개입시키지 말아야 하며, 형상을 말하면서 색깔을 한데 뒤엉켜 놓지 말아야 한다. 지금 색깔을 말하는 흰 것과 형상을 말하는 말馬을 한데 뒤엉켜 놓고 있으니 물론 단순하게 말하는 말馬과는 같지 않다. 그러므로 흰 말은 말馬이 아니다."

공손룡이 제기한 '흰 말은 말이 아니다.'의 명제는 사람들의 상식을 위반했다. 사실 '흰 말은 말이 아니다.'는 개별과 일반의 관계이다. 흰 말은 개별을 대표하고 말은 일반을 대표한다. 공손룡은 개별과 일반을 갈라놓고 대립시켜 궤변을 만들어 냈다.

공손룡은 또 "굳은 것과 흰 것은 떨어져 있다."는 주장을 했는데 이 역시 상식을 위반하고 있다.

21개의 궤변

전국 시대에는 많은 변술 사상가가 있었다. 그 예를 보면 혜시惠施, 윤문尹文, 한韓(환桓), 단團 등은 기괴한 명제를 내놓고 논쟁했는데, 일반 사상가들은 그런 명제를 궤변이라 칭했다. 《장자·천하》에는 21가지 궤변의 논제가 기록되어 있다. 1.알에 털이 있다. 2.영郢에 천하가 있다. 3.개도 양이 될 수 있다. 4.말馬은 알이 있다. 5.성년이 된 남자는 꼬리가 있다. 6.산山은 입으로 나온다. 7.거북이가 크면 뱀이 된다. 8.흰 개는 검다. 9.닭은 발이 셋이다. 10. 불은 뜨겁지 않다. 11.바퀴는 땅에서 구르지 않는다. 12.눈目은 볼 수 없다. 13.손가락은 이르지 못하고 물건은 끊을 새 없다. 14.곱자로는 모方를 그리지 못하고 컴퍼스로는 동그라미를 그리지 못한다. 15.끌로는 구멍을 팔 수 없다. 16.나는 새의 그림자는 움직이지 않는다. 17.활촉의 우환은 행하지 않고 멈추지 않는 것이다. 18.개는 개가 아니다. 19.누런 말馬은 검은 소 셋이라 당한다. 20.홀로 있는 망아지는 어미가 있을 수 없다. 21.한 자一尺의 막대기는 날마다 절반을 취해도 만세萬世에 다 쓸 수 없다.

●●● 역사문화백과 ●●●

[중국 논리학의 창시학파 - 명가名家]

명가를 변술자辯者, 찰사察士 또는 형刑(形)명가라고 한다. 그 대표 인물은 혜시와 공손룡이다. 명가는 또 두 개의 큰 파로 나뉘어 있는데 그중 하나는 혜시를 중심으로 한 합동파이다. 이 파는 사물은 성질의 같고 다름을 막론하고 모두가 대동의 토대에서 차이를 가리지 않고 하나로 합쳐진다고 주장한다. 다른 하나는 공손룡을 대표로 하는 '굳고 흰 것은 떨어져 있다.'는 파이다. 이 파는 사물의 개념은 사물 자체를 떠나 독립해 있다고 주장한다. 명가의 학술 활동은 중국의 논리학을 크게 발전시켰다.

기원전 403년, 주나라 위열왕이 한, 조, 위나라의 세 제후를 정식으로 승인한 때임

| 중국사 연표 |

기원전 339년 　위魏나라는 대량성大梁城 북쪽에서 큰 물길을 파서 포전圃田의 물을 끌어 왔다. 이것은 후에 홍구鴻溝를 파는 첫걸음이 되었다.

039

적현 신주

추연鄒衍은 능란한 구변으로 역사상의 흥망성쇠를 오행五行의 탄생과 투쟁이라 설교했다. 그는 천하를 대9주州로 나누고 각 주에는 또 9주가 있는데, 중국은 그 81주 중의 하나라고 주장했다.

추연鄒衍 또는 추연騶衍(기원전 305~기원전 240년경)은 제나라 사람으로, 전국 시대 음양가陰陽家의 대표 인물이다. 일찍 제나라의 직하학당에서 자기의 주장을 폈으며 작은 사물을 실험해 큰 명제를 추론했는데 이로부터 일련의 무궁무진한 결론을 얻어 냈다. 그의 가장 대표적인 학설은 '대구주설大九州說'과 '5행종시설五行終始說' 이다.

세상을 정제하기 위한 입론

전국 시대는 경쟁이 들끓는 시대였다. 대신大臣이 군君을 살해하고 자식이 부친을 살해하는 현상이 발생했을 뿐 아니라 대신이 왕위를 찬탈하고 국가를 분열시키는 사건도 나타났다. 또한 군신들이 사치스럽고 음탕한 생활을 하자 백성들에게도 그런 성향이 나타났다. 유가에서 제창하는 덕치 인정德治仁政을 실천하는 사람은 아무도 없었다.

추연은 먼저 학술 분위기가 자유로운 직하학당稷下學堂에서 활동했다. 통치자는 비록 도덕을 받들지 않았지만 그래도 유가는 당시에 가장 영향력이 있는 학파로 알려졌다. 추연은 어떻게 '기상도제禮祥度制'를 창건해 신비한 색채를 띤 학술 체계, 다시 말해 마치 '서書', '예禮', '악樂'과 같은 것으로 권력자들이 도덕 수양에 힘쓰고 그로써 백성들에게 영향을 줄 수 있을까를 줄곧 생각했다. 그는 음양의 변화, 천지 사물의 발생과 소실을 깊이 관찰하고, 역사의 흥성과 패망, 교체를 서로 배합해 《종시終始》, 《대성大聖》 두 서적을 저술했다. 그리고 변설로 '오덕종시五德終始'와 '대구주大九州'의 학설을 역설했다. 그는 방대한 언론과 사상으로 사람들을 끌어 모았고 영향력도 아주 컸다. 학자들은 추연에게 '담천연談天衍'이라는 아름다운 호를 달아 주었다. 추연은 많은 국가에서 존중과 환영을 받았다. 그가 위魏나라에 갔을 때에는

선진先秦 시기의 가장 크고 가장 무거운 금 기구
이것은 전국 초기 증후을 묘지에서 출토된 것으로 묘지 주인의 특수한 신분을 반영하고 있다. 이 기구는 봉황이 새겨진 작은 발이 받치고 있으며, 기구의 덮개와 몸체에는 여러 가지 무늬가 새겨져 있다. 기구 안에는 국자 같은 것이 놓여 있고 변용 무늬가 새겨져 있다.

118 역사 시험장 〉 전국 시대 제나라 사람 추연이 '중국'을 다르게 불렀는데 무엇이라 했는가?

| 세계사 연표 |

기원전 345년

아리스토텔레스가 소아시아 아소스 성에서 플라톤 학원을 창설했다.

《여씨춘추呂氏春秋·유시람有始覽》
《사기史記·맹자순경열전孟子荀卿列傳》 출전

안희왕安僖王이 직접 대량성 밖까지 나와 영접했으며, 조趙나라에 갔을 때는 평원군平原君이 그를 위해 자리를 정했고, 연나라 소왕昭王은 직접 앞길을 쓸었다. 그리고 학궁을 지어 주고 제자의 자리에 앉아 추연의 연설을 들었다. 또한 그의 음양가 학설은 진秦대, 한漢대에 이르러서도 거대한 영향력을 미쳤다.

오덕종시설

추연의 저서는 유실됐지만 《사기》에 간략하게 그의 '오덕종시설五德終始說'과 '대구주설大九州說'이 기록되어 있다. '오덕'은 토土, 목木, 금金, 화火, 수水의 오행이다. 이 오행은 본래 대자연의 다섯 가지 물질인데 추연은 그것들을 오행 상생相生, 상승相勝의 학설에 서로 배합해 자연적인 세력이 인사人事와 역사 성쇠를 지배한다고 보고 있다. 이를테면 목은 토보다 강하고, 금은 목보다 강하며, 화는 금보다 강하고, 수는 화보다 강하고, 토는 화보다 강하다. 또한 추연은 오덕을 역사와 배합했다. 황제와 요순 시대는 토의 덕을 얻어 흥성했고, 대우는 목의 덕을 얻어 목이 토를 승해 하대가 흥성했으며, 상 탕은 금의 덕이어서 목을 승해 은상이 흥성했고, 주는 화의 덕이어서 금을 승해 주대가 흥성했다는 것이다. 황제로부터 주대의 역사를 알고 있던 학자들은 모두 추연의 이 설법을 받아들였다. 추연은 또 '오덕종시론'의 합리성을 증명해 황제로부터 천지에 아직 나타나지 않은 것에 이르는 심원하고도 가장 원시적인 역사를 말했다. '오덕'은 서로 배합되는 색깔과 숫자도 있는데, 그의 학설은 사람들로 하여금 진실인 것처럼 믿게 했다.

인형 구리 등잔
구리 등잔을 사람이 받쳐 들고 서 있다. 머리를 높이 빗어올린 온순한 중년 여노복의 형상이다. 이 등잔은 1966년 호북성 형문시 포산湖北省荊門市包山 2호 묘지에서 출토되었다.

대구주설

추연이 '오덕종시론'을 만든 다음 어떤 학자가 물었다. "'천학天學'이 이러할진대 그러면 '지학地學'은 어떠한가?" 그러자 그는 벌써 준비했던 '대구주설'을 피력했다.

추연은 중국 9주州의 명산대천, 수토水土의 부동함과 산과 물의 차이, 짐승들의 여러 유형 등에 대해 이

-403 ~ -221 전국

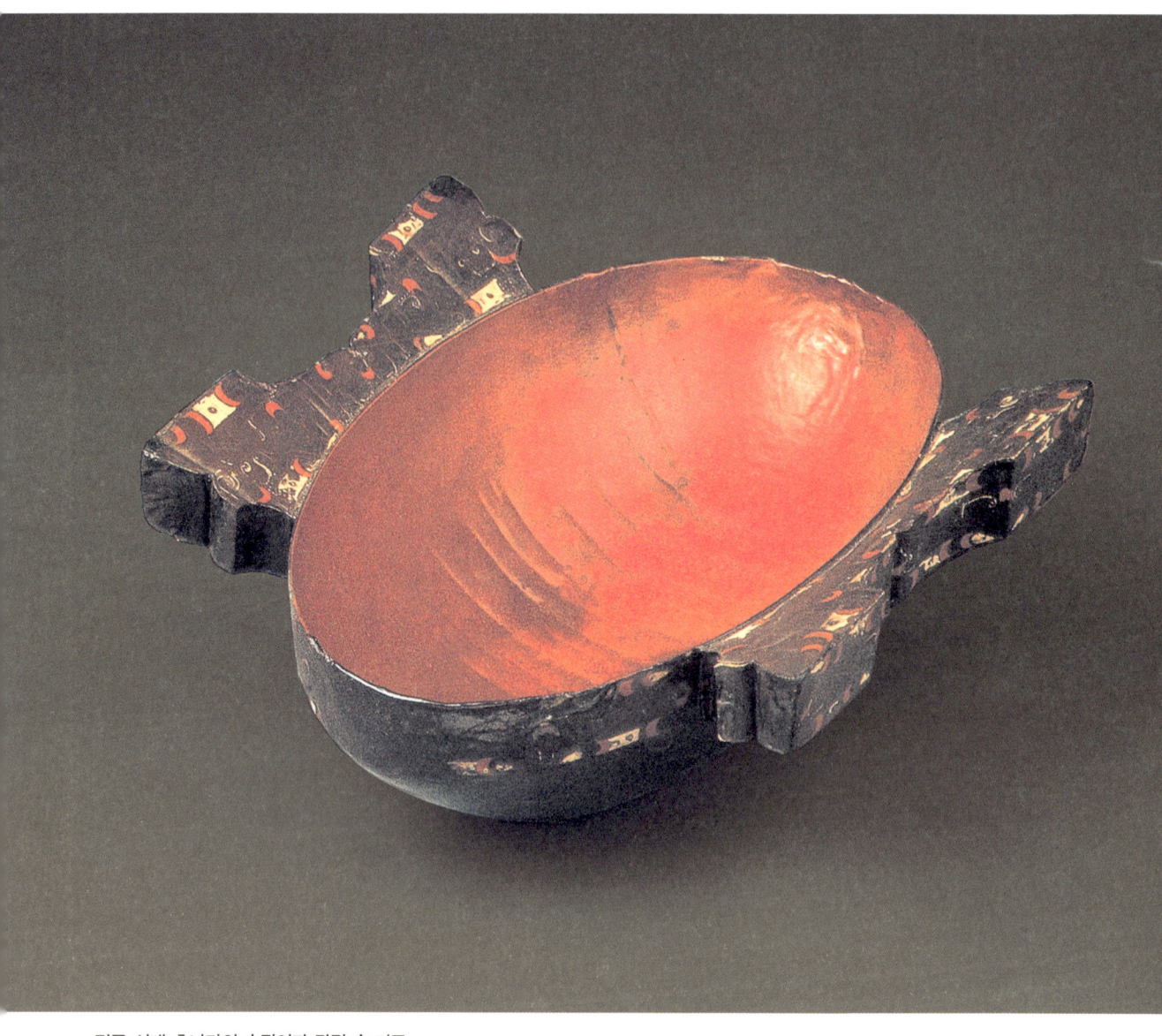

전국 시대 초나라의 손잡이가 달린 술 기구
이 술 기구는 증후을 묘지에서 출토된 것이다. 손잡이가 달려 있는 이 기구는 밖은 검붉은색, 안은 붉은색 칠을 올렸다. 기구의 둘레와 손잡이에는 검은색으로 무늬를 그렸는데 색채가 아름답고 신비하다.

| 세계사 연표 |

기원전 343년 — 페르시아 왕 아르타크세르크세스 3세가 몸소 이집트를 정벌해 이집트 왕 넥타네보 2세를 나일강 삼각주에서 격파해 이집트 30대 왕조를 멸망시켰다. 페르시아 인의 제 31대 왕조가 시작되었다.

미 검증을 거쳐 얻어진 사물을 나열했다. 그런 후 그는 추론했다. 중국의 9주는 같지 않다. 중국 이외에 또 작은 9주가 있다. 모두가 작은 바다에 둘려 싸여 서로 통하지 않는다. 그래서 작은 9주는 서로 다르다. 작은 9주 밖에 또 대9주가 있는데 대해에 둘러 싸여 있고 그들도 서로 통하지 않아 대9주는 서로 다르다. 천하는 모두 81주로 나뉘어져 있는데 중국은 81 주 중

용, 봉황 무늬 황옥패물
이 유물은 안휘성 장풍현安徽省長豊縣에서 출토된 전국 시대의 용과 봉황을 합친 무늬의 옥패玉佩이다.

의 한 개의 주인 '적현 신주赤縣神州'이다. 이것이 '대구주설'이다.

비록 전국 시대에는 온 세상의 운하와 항만 기술이 발달되지 않아 '대구주설'의 과학성을 증명할 수는 없었지만 추연이 응용한 추리의 과학적 방법은 사람들의 안목을 넓혀 세계가 아주 크다는 것을 알게 해주었다.

추연은 중국을 '적현 신주'라 이름 지었는데 적현은 신주라는 이름 후에 중국의 대명사가 되고 있다.

명 각본 《전국책戰國策·위책魏策》의 금주禁酒에 관한 글
대우大禹는 의적儀狄을 시켜 미주美酒를 양조하게 하고 또 술에 대해 예언을 했었다. "후세에 반드시 술로 인해 나라를 망칠 자가 있을 것이다."라고 하면서 의적을 멀리하고 술을 끊는 교지를 내렸다. 전국 시대에는 술 문화가 아주 성행했는데 선비들도 그 위해성을 깨닫고 있었다.

●●● 역사문화백과 ●●●

[선진 고古 지리 학설 – 대구주]
대구주는 전국 시대 제나라 사람 추연이 주장한 지리학설이다. 추연은 천하를 9주로 나누고 그 대주大州는 각 9개의 소주小州로 나눴는데 중국을 9주 중의 '적현 신주'라고 했다. 그는 이 적현 신주를 또 9주로 나눴다. 즉 대우가 설정한 것은 기冀, 청青, 서徐, 양揚, 형荊, 예豫, 유幽, 옹雍 등이다. 이렇게 온 천하를 81주로 나누어 중국을 81개 천하 중의 하나라고 했다. 추연은 주와 주 사이에는 '비해裨海'가 있어 서로 거리가 생기게 된다고 했다. 9대주 밖은 비해보다 더 큰 대영해大瀛海에 둘러싸여 직접 하늘과 맞닿아 있는데 이 '대영해'를 환자環者라고 한다.

| 중국사 연표 |

기원전 338년

진秦나라 효공孝公이 죽고 아들 혜문군惠文君이 왕위를 계승했다. 공손 앙은 반역을 꾀한 죄로 참형을 당하고 그 가족들도 멸족의 피해를 면치 못했다.

040

식양지맹

진秦나라 무왕武王이 성주成周를 합병하려 했다. 출정 명을 받은 좌정승 감무甘茂는 군신의 예의도 마다하고 무왕과 맹세를 다졌으며 마침내 최후의 승리를 거두었다.

영토 확장에 힘쓴 진나라 무왕

진나라 무왕은 즉위한 후 영토 확장에 대한 야망이 가득했다. 그는 '삼천三川으로 차車가 통해 주나라 왕실을 엿볼 수 있게' 라고 작심했는데 여기서의 '삼천' 이란 한韓나라의 의양宜陽을 말한다. 무왕은 한나라의 대도시인 의양을 점령한 다음 주나라 왕실을 합병하려 했다. 그는 이 계획을 실현하기 위해 좌정승 감무와 계책을 의논했다. 감무는 이렇게 말했다. "신이 먼저 위魏나라에 가서 한나라를 정벌하도록 설득하겠습니다." 무왕은 감무의 계책에 동감을 표하면서 대신인 향수向壽로 보필을 삼아 함께 위나라로 보냈다.

군신간의 맹세

감무는 위나라 양왕襄王에게서 진나라와 연합하여 한韓나라를 공격하겠다는 승낙을 얻었다. 감무는 향수를 통해 먼저 편지 한 통을 무왕에게 보냈다. 편지에는 다음과 같이 씌어 있었다. "양왕이 함께 한나라를 공격하겠다고 했으나 신은 대왕께서 이 계획을 그만뒀으면 합니다." 편지를 본 무왕은 아무리 생각해도 감무의 뜻을 알 수 없었다. 그래서 직접 함양을 벗어나 감무를 마중하러 떠났다. 식양息壤에서 둘이 서로 만났는데 무왕은 감무를 보자 대뜸 "무슨 영문인고?" 하고 물었다. 감무는 "의양은 한나라의 중요 도시로 성곽이 견고하고 군량과 병사도 충족합니다. 진나라에서 출발해 의양을 공격하려면 가는 길이 험난할 뿐만 아니라 군수 물자 보급도 곤란합니다. 출병한다면 반드시 많은 어려움에 부딪힐 텐데 만일 중도에 변고라도 생긴다면 그 후의 일은 상상도 하기 어렵나이다." 무왕은 반신반의하면서 다시 물었다. "그 무슨 변고가 생길꼬?" 그러자 우정승 저리질樗里疾 등과 뜻이 맞지 않았던 감무는 혹시나 그들이 자기를 비방할 것을 염려해 '증삼 살인曾參殺人'의 이야기를 무왕에게 들려주었다. 증삼曾參은 공자孔子의 제자로서 이름난 효자였다. 하루는 증삼의 모친이 베를 짜고 있는데 한 사람이 달려와서 아들이 밖에서 사람을 죽였노라 고했다. 하지만 증삼의 모친은 자기 아들이 그런 짓을

시가를 새긴 석고石鼓와 문자 탁본 (왼쪽 사진과 오른쪽 페이지 사진)
수당隨唐시기 천흥天興에서 10개의 비석을 발견했는데 그 모양이 북과 같아 '석고' 라 했다. 모든 석고에는 6, 70자로 된 시가가 새겨져 있었는데 그 내용은 대체로 진나라 왕의 정형을 묘사한 것들이었다. 새겨진 글자는 진나라 대전大篆으로 예술적 가치가 매우 크다. 대시인인 두보杜甫, 위응물韋應物, 한유韓愈 등도 석고의 시를 칭송했다. 이 석고들은 지금 북경의 수도박물관에 보관되어 있다. 그런데 많은 세월이 지나다 보니 석고의 많은 글자들이 지워져 지금 알아볼 수 있는 글자는 300~400자 정도이다. 이 그림은 석고와 석고 위에 새겨진 문자 탑본편이다.

| 세계사 연표 |
기원전 343년 ~ 기원전 341년
로마는 제1차 삼니움 전쟁을 일으켜 캄파니아 평원을 쟁탈했다.

《전국책戰國策·진책秦策②》
《사기史記·저리자감무열전樗里子甘茂列傳》
출전

하지 않을 거라 여겼다. 얼마 후 또 한 사람이 달려와 증삼이 살인했노라 아뢰었다. 그래도 증삼의 어머니는 의연히 믿지 않았다. 그러나 다시 한 사람이 달려와 알리자 어머니는 믿지 않을 수 없었다. 그래서 짜던 베를 버리고 바삐 도망을 쳤다. 이야기 마지막에 감무는 덧붙였다. 만일 신이 오랫동안 의양을 점령하지 못한다면 궁궐에서는 의문이 가득 생길 것이고, 대왕님도 증삼의 모친이 짜던 베를 버리듯이 신을 버리면 그때 신은 어찌하면 좋습니까?' 무왕이 감무의 말을 듣고 크게 웃으며 말하기를 "위와 같은 상황이 일어나는 것을 막기 위해 과인은 자네와 피의 맹세를 할 것이니 그러면 마음을 놓을 수 있겠는가?"라고 했다. 그리고 두 사람은 그 자리에서 소 한 마리를 죽여 그 피로 맹세를 했다. 식양에서 거행된 이 장엄한 의식은 두 사람의 맹세가 이미 천지신명의 감독을 받는 것을 뜻했으므로 두 사람은 서로 마음을 놓을 수 있었다.

마침내 승리한 감무

감무는 5만의 진나라군을 거느리고 의양성을 겹겹이 포위했다. 하지만 성곽이 워낙 높고 견고한데다가 한나라군의 사기도 높아 다섯 달이 되도록 의양을 공략하지 못했다. 더욱이 진나라군의 손해도 막심했다. 이렇게 되자 진나라의 궁궐에서는 감무를 비판하는 분위기가 일기 시작했는데 그중에서도 출병을 반대했던 저리질의 반대가 제일 심했다. 그러자 무왕도 감무를 철수시키려고 했다. 그 소식을 들은 감무는 사람을 파견해 무왕에게 알리기를 "식양지맹息壤之盟을 기억하고 계십니까?"라고 했다. 그제야 무왕은 "감무가 앞을 내다보는구나. 과인의 의지가 약했다." 하며 명을 내려 군사 5만을 더 파견했다. 그리고 지원군을 얻은 감무의 군대는 사기가 충천해져 기원전 307년, 마침내 의양을 점령했다.

감무는 의양 점령의 어려움을 미리 짐작하고 무왕과 맹세를 다졌기에 성공을 거둘 수 있었다. 이것으로 감무의 지략과 선견지명을 알 수 있다.

●●● 역사문화백과 ●●●

[독특한 선진先秦 시대 서법書法 – 석고문石鼓文]

석고문은 선진 시대 돌에 새겨진 문자로서 당唐나라 초기 지금의 섬서성 봉상현 삼시원鳳翔縣三時原에서 출토되었다. 학술계에서는 석각石刻의 연대를 춘추 초기에서 전국 시대로 다르게 주장하지만, 비교적 정확하게 그 연대를 측정할 수 있는 것은 진나라의 석각이다. 석고문은 10수首의 사언시四言詩로 되어 있는데 각각 10개의 북 모양의 돌 위에 새겨져 있다. 그런데 연대가 오래되어 원문은 거의 파손되었고 지금은 321자만 남아 있다. 현재 비교적 보존이 잘 되어 있는 것은 송宋나라 때의 세 가지 탑본으로 서로 보충해 보면 모두 501자를 확인할 수 있다. 석고문은 그 독특한 서법과 시가 예술로 중국 전통적 예술의 독특한 풍격을 보여 주고 있다.

| 기원전 336년 | 중국사 연표 |
진나라 '초행전初行錢'

041

무왕이 '구주신정'을 들다

힘이 장사인 진나라 무왕武王은 남과 겨루기를 즐겼다. 그는 힘겨루기로 '구주신정九州神鼎'을 들려다가 중상을 입고 죽고 말았다.

밤낮으로 구주신정을 생각한 무왕

의양 점령은 진나라가 동으로 확장하는 문을 열어 주었다. 진나라 무왕은 저리질을 삼천三川에 파견해 길을 인도하게 한 후, 그는 일부 문무 대신들을 거느리고 저리질의 뒤를 따라 직접 성주成周로 갔다. 평소에 보고 싶었던 '구주신정'을 직접 눈으로 확인하고 싶었던 것이다.

무왕이 갑자기 성주로 오는 목적을 알 수 없었던 주나라 난왕赧王은 당황했다. 명의상 난왕이 천자이긴 했지만 천자의 존엄성을 잃어버린 지는 오래인지라

새 모양의 손잡이가 달린 청동 등잔
이 등잔은 1992년에 산동성 치천 상왕촌淄傳商王村 1호 전국 시대 무덤에서 출토되었다. 등잔은 나팔 모양의 밑굽과 조롱박 모양의 굵은 기둥에 얕은 원 모양의 등판으로 되어 있다. 등판 안에는 송곳 모양의 등축이 있고 오른쪽에 작은 새 모양의 손잡이가 달려 있다. 섬세한 털이 새겨진 새는 두 날개를 가다듬고 있는데 부채 모양의 꼬리가 오른쪽으로 들려 있어 잡기에 편리하다.

난왕은 진나라 무왕의 위엄에 억눌려 급히 사자를 파견해 교외에서 무왕을 영접했다.

무왕이 이번에 성주에 온 목적은 단지 천자가 살고 있는 도읍과 9개의 신주보정神州寶鼎을 친히 보기 위한 것이었다. 이 9개의 보정寶鼎은 대우大禹가 홍수를 다스린 후 전국의 금金, 즉 청동을 모아 중국의 9개 지구에 따라 만든 것으로서 보정마다에는 각 주의 산수와 인물, 밭과 논들이 새겨져 있고 정의 발과 귀에는 모두 용 무늬가 새겨져 있어 '구룡신정九龍神鼎'이라고도 불렸다. 이 9개의 보정은 하나라와 상나라를 거쳐 주나라에 전해졌고, 전국 시대 진나라 무왕 때에 이르자 근 2000년의 역사를 가진 보물이 되었다. 무왕은 오래전부터 이 보정을 욕심내고 있었던 터라 천자도 만나지 않고 직접 태묘太廟의 편전으로 가 그렇게도 욕심냈던 구주신정을 보려고 했다.

무거워 옮기기 힘든 보정

마침내 무왕 일행은 편전에 들어섰다. 9개의 보정이 일자로 배열되어 있었는데 소박하면서도 정중한 그 신비스러움에 눈이 부셨다. 무왕은 보정들을 자세히 관찰했다. 보정마다 모두 각자의 주州 이름이 새겨

| 세계사 연표 |

기원전 340년

아테네는 펠레폰네소스에 반마케도니아 동맹을 건립하고 같은 해에 비잔티움에 출병하여 마케도니아 군의 포위를 물리침으로써, 라틴 동맹전쟁이 시작되었다.

《자치통감資治通鑑·주난왕周赧王 7년》
《사기史記·은본기殷本記》

출전

진나라 무왕이 보정을 들다
진나라 무왕은 용사들과 힘겨루기를 즐겼다. 장수들과 주나라 왕실의 태묘에 와서 구주신정을 본 무왕이 보정을 지키는 관리에게 보정을 든 사람이 있었는지 물었다. 그 관리가 1000근이 넘는 보정을 누가 감히 들겠냐고 반문했다. 맹설이 들기를 자처했으나 실패하자, 승벽勝癖이 강한 무왕은 온몸의 힘을 모아 보정을 들다가 떨어뜨려 심한 상처를 입었다. 그리고 그 상처로 인해 그만 붕어하고 말았다. 이 그림은 청나라 말 민국 초기의 석인본 《동주열국지》에 실려 있다.

져 있었는데 차례로 형주荊州, 양주梁州, 옹주雍州, 예주豫州, 서주徐州, 양주揚州, 청주青州, 연주兗州, 익주翼州였다. 무왕은 한 바퀴 돌아본 다음 옹주 보정 앞에 와서 관원들을 돌아보며 말했다. "옹주는 우리 진나라가 있는 곳이로다. 그러면 이 보정은 우리 것이 아니냐? 이 보정을 옹주로 옮겨 가자." 그리고 보정을 지키던 관리에게 얼마나 무거운지 물었다. 관리가 대답했다. "각 보정의 무게는 1, 2천 근으로 너무 무거워

움직일 수가 없습니다." 그 말을 들은 무왕은 주위에 있던 진나라의 두 장수에게 말했다. "너희들 중 누가 이 보정을 들 수 있느냐?" 그중 임비任鄙라는 장수는 무왕과 맞설 수가 없어 들지 못하겠다고 했다. 하지만 다른 장수 맹설孟說이 눈치 없이 "제가 들어 보겠나이다." 하며 나섰다.

승벽을 겨루다가 목숨을 잃은 무왕

맹설은 기운을 모으고 보정을 들었지만 보정이 너무 무거워 겨우 반 자 정도 들어 올리고는 더 이상 들지 못했다. 얼마나 힘을 썼는지 맹설의 눈에서 피가 얼굴로 가득 흘러내렸다. 그러자 겨루기를 좋아하는 무왕이 보정 앞에 다가가 두 팔에 줄을 감고는 힘을 모아 보정을 들었다. 보정을 반 자 정도 들어 올린 무왕은 맹설을 이기려는 일념으로 보정을 든 채 한 걸음을 내딛다가 그만 보정을 떨어뜨렸다. 순간 무왕의 오른발이 보정에 깔려 산산이 부러지고 말았다. 처량한 소리와 함께 무왕은 그만 기절하고 말았다. 후에 깨어나긴 했지만 그날 밤 다시 피를 토하고는 결국 죽고 말았다.

무왕과 보정 들기 시합을 한 맹설은 무왕이 죽자 처형을 당하고 그 가족까지도 멸족을 면치 못했다.

●●● 역사문화백과 ●●●

[전국 시대 정예 보병步兵의 선발 기준]
전국 시대 각국은 모두 정예 부대를 가지고 있는데 그 정예 부대의 전투력을 유지하기 위해 병사 선발이 극히 엄격했다. 위魏나라의 '무졸武卒'은 반드시 3(상, 중, 하)층 갑옷을 입을 수 있어야 하며 12석(약 660근) 무게의 강궁을 당길 수 있어야 했다. 그리고 또 50대의 화살을 짊어지고 장검을 메고 투구를 쓰고 검을 차야 했으며, 사흘치의 식량을 지닌 채 한나절에 100리 길을 행군할 수 있는 자라야 했다. 그 체력의 강도와 무예의 수준은 적들로 하여금 듣기만 해도 겁을 줄 수 있었기에 싸우기도 전에 절반의 승리를 얻는 격이었다.

| 중국사 연표 |

기원전 334년 ― 위魏나라 혜왕惠王과 제齊나라 위왕威王은 서주徐州에서 만나 서로가 '왕王'임을 승인했다. 역사에서 이를 '서주 상왕徐州相王'이라 한다.

042

신릉군이 사죄하다

신릉군信陵君은 한나라 관읍管邑을 오랫동안 공격했지만 성공하지 못했다. 이에 관읍을 지키는 수장의 부친이 위나라 속국의 백성 축고縮高인 것을 알고 직접 찾아가서 위협했다. 축고는 고향 사람들이 피해를 입는 것을 원치 않았으며 더욱이 아들이 군자를 배반하고 나라를 배반하는 것을 원치 않았다. 그래서 끝내 그 뜻을 굽히지 않은 채 자결했다.

신릉군의 이름은 무기無忌로 위나라 소왕昭王의 작은아들이고 안리왕安釐王의 동생이다. 소왕이 죽고 안리왕이 즉위한 후에 동생 무기에게 봉지를 하사하고 호를 신릉군이라 했다.

축고를 핍박한 신릉군

한번은 신릉군이 위나라군을 거느리고 한韓나라의 관읍을 공격했는데 오랫동안 점령하지 못했다. 관읍을 지키는 수장은 안릉安陵 사람 축고의 아들이었다. 그래서 신릉군은 사람을 안릉군安陵君에게 파견해 축고를 관읍에 파견하면 축고에게 오대부五大夫의 벼슬을 주고 절의를 지키게 하겠다고 일렀다. 안릉 군주는 이 말을 듣고 놀라며 말하기를 "안릉은 위나라의 자그마한 속국으로 법에 따라 백성을 마음대로 지배할 수 없습니다. 사신인 당신이 직접 축고를 찾아가서 신릉군의 명을 전하시오!"라고 했다.

사신은 축고의 집으로 찾아가서 신릉군의 명령을 다시 한 번 알렸다. 축고는 한참 생각하더니 "신릉군이 날 찾은 것은 나에게 관읍을 치라는 것으로 아비가 아들을 공격하게 하려는 것이 아니겠소. 이는 아들을 핍박해 관읍을 버리게 하고 아들에게 왕을 배반하라고 핍박하는 것이나 마찬가지오. 아비로서 아들에게 충심을 저버리는 일을 하게 하다니 명을 받들 수 없소." 하고 단호히 말했다.

군사의 의리를 위한 축고의 자결

사신은 신릉군에게 이 일을 낱낱이 고했다. 화가 난 신릉군은 다시 사신을 보내 말했다. "안릉의 땅은 위나라의 영토와 마찬가지이다. 만약 내가 관읍을 공략하지 못한다면 진秦나라의 군대가 이곳을 지나 위나라를 공격할 텐데 그러면 망국의 위험에 처하게 되느니라. 안릉군이 축고를 잡아 오지 않는다면 나는 친히 10만 대군을 거느리고 가서 안릉성을 짓밟아 버릴 테다." 안릉군은 신릉군이 난폭하게 자기를 위협하는 것을 보고 매우 격분했다. 그리고 "나의 선군先君 성후成候는 양왕襄王의 조서詔書를 받들어 안릉을 지켰으며 대부大府의 법령도 받았다. 법령에 씌어 있기를 아들이 아비를 죽이고 신하가 군주를 죽이는 것은 영원히 용서 받을 수 없는 죄이다. 또 죄를 면할 때도 성城을 대가로 투항한 대신과 성을 버리고 도망친 신하는 이 범위에 속하지 않는다고 했다. 지금 축

동물 모양의 정鼎

정은 고대에 고기를 담던 식기이다. 그림의 정은 머리를 든 작은 짐승이 두 눈을 동그랗게 뜨고 두 뿔을 꼿꼿이 세운 모습이다. 짐승의 목과 정의 배가 이어져 있으며 몸체에 무늬가 새겨져 있는데 짐승의 털을 상징한다. 정의 세 발은 말발굽 모양으로 그 전체가 둥글다. 이것은 묘지에서 발굴된 대다수의 엄숙한 형상의 정들과 선명한 대조를 이루고 있다.

역사 시험장 〉 고대의 관제官制를 가장 완전하게 기록한 책은?

| 세계사 연표 |

기원전 339년 로마의 독재관 보부리우스는 법령을 반포하여 평민회의의 결정도 원로원의 동의를 거쳐야 법률적 효력을 가질 수 있다고 규정했다.

사슴뿔을 가진 학
호북성 수주시의 전국 시대 증후을 무덤에서 출토된 사슴뿔을 가진 학으로 높이는 142cm, 몸 길이는 109cm이다. 날개를 펼치고 머리 양측으로 사슴의 뿔이 달려 있다. 뿔과 학의 목에는 금은 무늬가 새겨져 있다. 일부 사람들은 사슴뿔을 가진 학은 새의 몸에 사슴뿔을 가진 비렴飛廉의 변체라고 해 풍우風雨를 관장한다고 여겼다. 진晉나라 사람 곽박郭璞이 비렴을 이렇게 풀이했다. '용 모양의 새로서 새 몸에 사슴의 머리를 하고 있다.'

고가 신릉군의 위임을 거절함은 바로 양왕의 법령을 지키고 부자간의 윤리를 지키기 위함이로다. 이렇게 덕행이 바른 사람을 내 손으로 잡아 오라니, 이는 나에게 양왕의 조서를 배반해 대부의 법령을 버리고, 조서를 받을 때 다진 선왕의 언약을 짓밟으라는 것과 다름이 없다." 라고 하며 사신을 외면해 버렸다.

이 일이 축고에게 전해지자 축고는 "안릉군의 말이 신릉군의 귀에 들어가면 망국의 재난을 면키 어려울 것이다. 내 비록 부자지간의 사사로운 감정은 지니고 있지만 군신의 의리를 저버릴 수는 없다. 내 어찌 군주로 하여금 위나라의 모욕을 당하게 하겠는가?" 라고 했다. 그리고 신릉군의 사신이 머무는 여관 앞에서 배를 찔러 자결했다.

의거義擧에 대한 감격과 참회

신릉군은 축고가 죽었다는 말을 듣고 후회가 막급했다. 가만히 생각해 보니 자기는 강한 힘을 믿고 약한 자를 짓누르고 아랫사람을 핍박해 충성스러운 사람을 죽음으로 내몰았다. 그래서 신릉군은 상복을 입고 축고에 대한 애도를 표하고 또 사신을 안릉군에게 보내 사죄했다. 이렇게 신릉군이 사죄한 것은 그의 내심에 아직도 군자의 의지가 남아 있음을 말해 준다.

안릉군을 위협해 축고를 죽게 한 사건은 신릉군에게 큰 교훈을 남겼다.

●●● 역사문화백과 ●●●

[고대인의 옷]

고대 사람들은 윗옷은 의衣라 하고 아래옷은 상裳이라 했다. 짧은 옷은 유襦라고 했는데 허리까지 오는 것과 무릎까지 오는 것이 있으며 평민 백성들이 평소에 입던 옷이다. 긴 옷은 심의深衣라고 하는데 발목까지 내려온다. 홑옷은 선禪이라 하고 겹옷은 겹裌 또는 복複이라 했다. 적삼 내의는 설의褻衣, 충衷, 사私라고 하며, 추위를 막기 위해 입은 옷은 구裘, 포袍, 견襺이라 했다. 전국 시대 이후 짧은 상의에 긴 바지인 호복胡服이 유행했는데 지금 사람들이 입는 옷과 비슷하다. 귀족들의 옷의 재료는 여름에는 비단, 명주, 흰 비단, 섬세한 아마 천이었으며, 겨울에는 여우 모피와 면포綿袍 위주였다. 일반 백성들은 거친 아마 천, 거친 짐승 털로 짜서 만든 옷을 입었는데 이를 '갈褐'이라고 한다. 의복은 대개 겹친 옷깃이 많았고 넓은 허리띠를 두르고 그곳에 물건들을 걸고 다녔다.

| 중국사 연표 |

기원전 330년 진秦나라 대양조大良造와 공손연公孫衍이 위나라군을 격파했다. 위나라는 하서河西 지역을 진나라에게 주었다.

043

사면초가의 조나라

조趙나라는 병력이 약하다 보니 늘 주위 국가들의 무시를 받았다. 더욱이 조나라는 북방에 위치하고 있는데다 국경이 복잡하고 분산되어 있어 사면으로 적의 공세를 받는 형세였다. 조나라 무령왕은 그 형세를 이렇게 표현했다. "지금 중산中山이 내 심복에 있고 북으로는 연燕, 동으로는 호胡, 서로는 임호林胡, 누번樓煩, 진秦, 한韓이 대기하고 있는데 강대한 병사가 없으니 구할 방법이 없구나." 무령왕 원년(기원전 325)에는 제나라군이 조나라를 공격해 평읍平邑을 점령하고 장군인 한거韓擧를 붙잡아 갔다. 또한 무령왕 9년(기원전 317)에는 조, 한, 위나라 연합군이 진秦나라를 공격하다 실패했는데 진나라군에게 죽은 조나라 군사만 해도 8만에 달했다. 그 다음 해에 진나라군은 조나라의 중도中都와 서양西陽을 점령했고, 무

호인을 따라 배우다

조나라 무령왕無靈王은 많은 사람들의 반대에도 불구하고 낙후한 호胡족의 복장과 기병술을 배워 조나라군의 전투력을 증강시키고 영토를 확장했다.

령왕 13년(기원전 313)에 다시 진나라군이 조나라의 인성藺城을 공격해 장군 조장활趙莊活을 잡아갔다. 이렇게 당하기만 하던 무령왕은 호인胡人을 따라 배우기로 결심했다.

당시 중원中原의 각국은 상고上古 때부터 전해진 차전車戰 전법을 계승했다. 이 전법은 군관이 앉은 전차에 왼편에는 장검수가 서고 오른편에는 궁수가 서며 앞에는 마부가 차를 몰고 전차 뒤에는 수십 명의 보병이 따르는 것이다.

전쟁이 시작되면 차와 차가 맞붙고 사람과 사람이 싸웠는데 이때 전차는 진퇴양난으로 신속성이 거의 없고 사람 또한 작전에서 주동성을 잃었다. 그러나 호인들의 기병은 번개같이 달리며 때로는 왼쪽으로 때로는 오른쪽으로 지나치는 것이 막아 내기가 어려웠다. 그래서 무령왕은 뒤떨어진 전통 차전 전법을 버리고 호인들의 기병술을 배우기로 결심했다.

개혁을 위한 과감한 결단

송자 삼공포宋子三孔布
송자 삼공포는 산서성에서 출토된 전국 시대 조나라 화폐이다. 삼공포는 원족圓足으로 포수布首와 두족에는 둥근 구멍이 나 있다. 겉면에는 '송자宋子'라는 두 글자가 새겨져 있는데 이것은 화폐 제작지의 이름이고 뒷면에 새겨져 있는 '십이주十二朱'는 화폐의 무게이다. 삼공포의 수량은 많지 않으며 그중 송자포는 더욱 적다.

●●● 역사문화백과 ●●●

[고대인의 바지]

고대인들은 아래옷을 상裳, 고袴, 곤褌이라고 불렀다. 상裳은 오늘날의 치마와 비슷한 것이다. 고는 고袴라고도 하는데 오늘날의 바지이다. 하지만 고는 바짓가랑이만 있고 사이가 없었다. 중간에 사이를 댄 다음 고袴는 곤으로 변했다. 아래옷을 또 '폐슬蔽膝', '사폭邪幅'이라고도 했는데 전자는 허리에서 무릎까지, 후자는 발뒤축까지 오는 것으로 오늘날의 바지와 흡사하다.

기원전 307년의 어느 날, 이미 결심을 굳힌 무령왕을 보고 심복 대신인 누완樓緩이 어떻게 개혁하려는지 물었다. 그러자 무령왕은 "과인은 먼저 백성들의 복장을 모두 호인 복장으로 바꾸도록 할 것이오."라고 말했다. 누완이 의아해 하자 무령왕이 말하기를 "호인은 좁은 소매에 짧은 겉옷을 입고 허리띠를 매고 가죽신을 신고 있기에 일하기 간편하고 걸음도 빠르오. 이러한 복장을 하면 호인들의 기병술을 배울 수 있을 것이오. 전통적인 차병들을 용맹하고 날랜 기병으로 바꿀 수만 있다면 우리 군의 작전 능력

| 세계사 연표 |

기원전 338년

마케도니아 국왕 필리포스 2세는 카이로네아 전투에서 그리스의 각 동맹군을 물리치고 전 그리스를 정복했다. 디비스는 과두 정치를 회복했으며, 그리스의 친마케도니아파들은 필리포스 2세와 화해했다.

《자치통감資治通鑑·주난왕周赧王 8년》《자치통감資治通鑑·주현왕周顯王 43년》《사기史記·조세가趙世家》 출전

은 상당히 향상되는 것이 아니겠소?' 왕의 해석을 들은 누완은 칭찬을 아끼지 않았다.

호복 기사의 위력

호복 기사胡服騎射의 영이 반포되자 궁궐에는 반대의 소리로 떠들썩했다. "관면冠冕 복장은 화하華夏 예의禮儀의 나라들이 미개에서 벗어나지 못한 민족들과 구별되는 것으로 염황炎黃 선인들이 대대로 물려준 문명인데 어찌 경솔히 바꿀 수 있단 말인가." 하며 호복 기사를 반대했다. 그러자 무령왕은 노대신인 비의肥義와 이 일을 상의했다. 비의는 "대왕께서 이미 호복 기사가 국익에 유익하다고 생각한 이상 반드시 실행하셔야 합니다. 옛 글에 이르기를 일에 의심하면 성공이 없고 행동에 의심하면 명의가 없다고 했습니다. 화하 민족은 몇 천 년 이래 부단히 주변 민족의 선진적인 사물을 학습했기에 오늘날의 문명을 이룰 수 있었습니다. 순舜 황제는 유묘족有苗族의 춤을 배웠고, 대우大禹도 나裸나라에 들어가기 위해 팔을 걷어올렸나이다. 우리의 선조들은 이미 이 방면의 계시를 주었으니 대왕은 두려워할 것이 없습니다." 비의의 말은 무령왕을 크게 고무시켰다.

두 사람은 반대자들을 설득하기 시작했다. 그리고 무령왕을 선두로 조정의 중요 대신들 모두가 호복 차림으로 조정에 나왔고 공개적으로 거리에 나가 다니며 선전을 했다.

무령왕의 이런 노력으로 마침내 일 년 후 대규모의 기병 군사가 훈련을 마쳤고, 무령왕의 영술하에 남정북전해 기원전 300년경에는 중산, 임호, 누번들을 하나하나 수복했다. 몇 년 후 조나라의 국경은 북으로 연燕, 대代, 안문雁門에 이르렀고 서쪽으로는 운중雲中, 구원九原에까지 미쳤다. 호복 기사의 개혁으로 조나라가 강국이 되자 주변의 모든 국가가 놀랐다.

진귀한 호인 조각상

이것은 하남성 낙양시 금촌洛陽市金村에서 출토된 전국 시대의 은제품으로 높이는 8.9cm이다. 그림에서의 호인은 키가 작고 머리에는 수건을 썼으며, 팔소매가 달린 웃옷과 좁은 바지를 입고 있다. 정지 상태의 조각이지만 생기발랄한 기상을 보여 주고 있다.

●●● 역사문화백과 ●●●

[전국 시대 우물]

1987년에 호북성 안현 양평진 남양성安縣洋坪鎭南襄城에서 전국 시대 도자기로 쌓아 올린 우물이 발견되었다. 우물의 보존 상태가 완전한데 깊이가 7m이다. 우물 입구는 원통형으로 지름이 1m, 높이가 0.95m, 원통 벽의 두께는 0.09m로서 청회색의 밧줄 무늬가 있는 도자기로 둥글게 쌓아 올린 것이었다. 모두 열 바퀴를 쌓아 올렸는데 지금 남아 있는 것은 8바퀴로 그 위로는 자갈돌을 쌓아 올린 후 둥근 돌 뚜껑으로 덮어 놓았다.

| 중국사 연표 |

기원전 329년 | 위나라 사람 장의張儀는 진나라로 갔고 공손연公孫衍은 진나라를 떠나 위나라로 갔다. 진나라는 위나라를 공격해 하동분음河東汾陰, 피씨皮氏, 초焦, 곡옥曲沃 지역을 빼앗았다.

044

우매한 군주 간악한 신하

중산中山 왕은 강산江山보다 미인을 더 아꼈고, 중산中山국의 재상은 군왕보다 자신을 더 중히 여겼다. 군자가 군자로서의 도리를 모르고 신하가 신하로서의 도를 지키지 않으니 중산국은 심연의 낭떠러지와 겨우 일보 거리밖에 남지 않았다.

재상의 위엄을 보이기 위한 계책

중산국의 대신 사마희司馬喜는 아첨을 잘한 덕분에 세 번이나 재상의 자리에 올랐다. 하지만 한때는 중산 왕의 총비인 음희陰姬와 맞서서 어려운 적도 있었다.

전간田簡이 사마희의 어려움을 알고 말하기를 "음희는 지금 강희江姬와 왕후 쟁탈전을 하고 있으니, 재상은 계책을 세워 음희를 중산국에서 내쫓던지 아니면 그를 도와 왕후의 자리를 빼앗는 것으로 재상의 위엄을 보여 줘야 합니다. 이렇게 해야 재상의 뒷날이 무탈할 것입니다." 전간의 말을 듣고 얼굴색이 밝아진 사마희는 그에게 계책을 가르쳐 줄 것을 간청했다. 전간은 "재상과 무령왕은 관계가 좋지 않습니까? 무령왕이 여색을 좋아하니 재상은 이 점에서부터 시작해 보는 것이 좋을 것입니다." 여기까지 듣고 이미 어떻게 해야 할 것인가를 파악한 사마희는 호탕하게 웃었다.

며칠 후, 사마희는 음희의 부친을 찾아가서 "후궁의 왕후 쟁탈은 매우 치열해서 만약에 음희가 왕후가 되면 좋겠지만 반대로 왕후가 되지 못하면 생명이 위험하게 됩니다."라고 말했다. 음희의 부친이 이 말을 듣고 낯빛이 하얗게 변하자 사마희는 다시 천천히 말했다 "음희가 성공하려면 나의 도움이 있어야 합니다." 그러자 음희의 부친은 얼른 머리를 조아리며 "재상의 도움을 받을 수만 있다면 우리 부녀는 한평생 그 은혜를 잊지 않고 크게 보답하겠나이다." 라고 했다. 사마희는 흐뭇한 기분으로 그 자리를 떴다. 음희에게 잘 보일 수 있는 기초를 닦아 놓은 이튿날, 사마희는 조정에서 중산 왕에게 다음과 같이 아뢰었다 "조나라는 오래 전부터 우리 중산국을 노렸습니다. 신이 듣기로 무령왕이 우리 중산국에 불리한 행동을 할 것이라 하는데 신이 구실을 만들어 조나라에 시찰을 다녀오려 하나이다."

중산 왕이 듣고 보니 중대

도금한 청동 짐승
하북성 평산현平山縣에서 발견된 영수성靈壽城과 중산국 왕 능묘 유적지에서는 진귀한 유물들이 많이 출토되었다. 그림의 청동 짐승은 도마뱀을 변형해 만든 것인데, 머리는 돌아보는 용의 모양이고 두 앞다리에는 날개가 달려 있다.

| 세계사 연표 |

기원전 337년

마케도니아 필리포스 2세는 코린토스에서 평의회(시네드리온)를 소집하고 헬라스 동맹을 결성해 그리스에서의 영도적 지위를 확립했으며, 페르시아를 공략할 준비를 했다.

한 일이라 생각되어 "재상이 과인의 사신으로 조나라에 가서 염탐해 보고 오시오." 라고 허락했다.

사마희의 계략에 마음이 흔들린 무령왕

조나라에 온 사마희는 무령왕을 만나 "신이 듣기로 조나라는 미인과 음악으로 유명하다 했는데 한단邯鄲까지 오면서 보니 특별히 아리따운 여자는 없었나이다. 신은 각국의 이름난 도읍들도 많이 가 봤지만 중산 왕의 총비인 음희처럼 아름다운 미녀는 보지 못했나이다. 음희는 절색의 미인으로 흠잡을 데가 없습니다. 또 그녀의 우아하고 단정하며 요염하면서도 고귀함은 가히 황후의 풍채라고 할 수 있어 그저 한 제후의 첩이 되기에는 정말 아쉽나이다." 무령왕은 사마희의 말을 듣고 저도 모르게 "과인이 음희를 데려오고 싶은데 자네 생각은 어떠한가?" 하고 물었다. 사마

《전국책戰國策·중산책中山策》 출전

희는 무령왕이 자기의 계략에 넘어간 것을 보고 이렇게 말했다. "신의 뜻은 그저 음희의 미모를 칭찬할 생각이었는데 대왕이 그 여인을 얻고 싶다는 생각까지 가지게 했으니 어찌하면 좋습니까. 그저 허튼소리로만 여기고 용서해 주십시오."

금은을 상감해 만든 청동 호랑이 (위 사진)
영수성과 중산국 왕 능묘에서 출토된 이 유물은 호랑이가 사슴을 먹는 형상이다.

중산국 선우족鮮虞族의 복장
그림에서 옥으로 조각된 것은 전국 시대 부녀와 아동의 형상이다. 여성의 머리는 소뿔 모양으로 빗어 올렸고 어린이는 하나로 올려 묶었다. 네모 무늬가 난 짧은 소매의 긴 치마에 허리띠를 하고 팔짱을 끼고 서 있는 모습이다.

●●● 역사문화백과 ●●●

[춘추 전국 시대의 염업鹽業]

춘추 시대 제齊나라의 해염海鹽 조업造業과 진晉나라의 하동河東 지염池鹽 조업은 상당히 발달되었다. 당시 하동의 소금 못은 감監이라 불렸으며 나라의 보배로 간주되었다. 전국 시대에 와서 염업의 규모는 한층 확대되었고 제나라 외에 연燕나라도 유명한 소금 산지가 되었다. 그래서 '제나라의 거전지염渠展之鹽, 연나라의 요동지자遼東之煮'라는 말도 있었다. 위나라도 염업을 발달시켜 그 판매 범위도 더 확대했다. 진秦나라가 파巴, 촉蜀나라를 점령한 후 촉나라 군주 이빙李氷은 광도廣都의 정염井鹽을 개발하기 시작했다.

높은 곳에 올라가 먼 곳을 바라보며 국화菊花주를 마셨음 131

| 중국사 연표 |
기원전 328년 　진나라가 처음으로 상방相邦을 설립하고 장의張儀를 승상으로 삼고 '연횡連橫' 정책을 실시하였다.

보기 좋은 공예 장식품 – 대구
대구帶鉤는 호복胡服을 입는 선비鮮卑족에서 기원된 것으로 처음에는 군복에 사용되다가 점차 귀족들의 장식품이 되었다. 그림은 전국 시대 위나라의 대구로서 은으로 만들어진 것에 금칠을 했으며, 짐승 머리와 새가 그려져 있고 그 정면에 세 개의 백옥이 박혀 있다.

절반의 성공

중산국에 돌아온 사마희는 중산 왕에게 이렇게 보고했다. "조나라 왕은 현명한 군주가 아니었습니다. 조나라 왕은 도의를 중히 여기지 않고 여색만 즐겼으며 의리를 지키지 않았나이다. 신이 듣기로 조나라 왕이 조만간에 중산국에 사람을 보내 대왕의 음희를 데려간다고 하였나이다." 이 말을 들은 중산 왕은 대뜸 얼굴이 굳었다. 사마희는 말을 계속했다. "조나라 왕은 자기의 힘을 믿고 음희를 데려가려 할 것입니다. 그때 가서 대왕이 음희를 주지 않으면 중산국은 망국의 위험에 닥칠 것이요, 그렇다고 음희를 보내면 천하의 웃음거리가 될 것입니다." 여기까지 들은 중산 왕은 어떻게 해야 할지 갈피를 잡지 못해 사마희에게 어찌 하면 좋겠느냐고 물었다. 사마희는 심사숙고하는 척하면서 이렇게 말했다. "대왕은 지금이라도 음희를 왕후로 봉하는 것이 어떻겠습니까? 생각해 보십시오. 천하의 예법에 다른 나라의 왕후를 요구하는 법은 없지 않습니까? 이처럼 예의에 어긋나는 일은 요구할 수도 없거니와 또 떳떳하게 거절할 수도 있습니다." 중산 왕이 들어 보니 과연 그럴듯해 그날로 음희를 중상 왕후로 봉하고 그 일을 널리 알렸다.

무령왕은 더는 음희를 데려오겠다는 요구를 할 수 없었다. 그 대신 중산국을 소멸하겠다는 결심을 한층 더 굳혔다. 기원전 296년 중산국은 결국 조나라에 의해 멸망되었다.

오리 모양의 도자기
이 도자기는 하북성 전국 시대 중산 왕 묘지에서 출토되었다. 이 도자기의 몸체에는 아름다운 꽃무늬가 새겨져 있고 좌우 양쪽에는 오리 머리와 꼬리가 달려 있으며 다리는 오리 발로 되어 있다. 이 도자기는 그 당시의 높은 도자기 공예 수준을 보여 준다.

연등잔連燈盞
하북성 중산 왕의 묘지에서 출토된 이 등잔은 높이가 82.9cm인데 15개의 등잔이 가지처럼 걸려 있다. 등잔 가지 사이에는 웅크린 용과 원숭이들이 있고, 밑판에는 두 마리의 짐승이 등잔 전체를 받들고 있다. 이 등잔은 뛰어난 공예품의 진수이다.

| 중국사 연표 |

기원전 328년 : 진秦나라가 위魏나라의 포양蒲陽을 공략하자 위나라는 상군上郡의 15개 현을 진나라에게 주었다.

045

양후가 정권을 잡다

진秦나라 양후穰侯는 진나라 소양왕昭襄王이 왕이 되는 과정에 큰 공을 세워 재상 직을 역임했다. 그는 진나라 영토 확장에 큰 공로를 세우기도 했지만 자기의 권력을 이용해 사리사욕을 채웠다.

왕을 세우는 데 공을 세워 권력을 장악한 위염

진나라 후기의 양후는 진나라 소양왕의 모친인 선태후宣太后의 동생으로 이름은 위염魏冉이다. 기원전 307년에 아들이 없던 진나라 무왕武王이 죽자 무왕의 형제들간에 왕위 쟁탈전이 벌어졌다. 3년간 지속된 왕위 쟁탈전 결과 공자 직稷이 왕위에 올랐는데 그가 소양왕昭襄王이다. 그가 왕위에 오를 수 있었던 것은 그 당시 병권을 장악하고 있었던 위염의 공이 컸다. 이에 소양왕은 즉위 후 위염을 장군으로 임명하고 도성인 함양咸陽을 수비하게 했다. 그 당시에는 소양왕이 아직 젊고 경험이 없어 선태후가 조정을 주최하고 위염이 대권을 장악했다.

재상으로 있으면서 강역을 넓힌 양후

기원전 300년, 재상인 저리자樗里子가 죽자 위염이 재상을 맡게 되었다. 재상이 된 위염은 소양왕에게 당시 통군 사령인 향수向壽를 대신해 백기白起가 주군을 맡도록 부탁했다. 통군 사령이 된 백기는 한나라와 위나라를 공격해 24만의 적을 죽이고 위나라의 대장군인 공손희公孫喜를 포로로 잡았다. 그는 계속해서 초楚나라의 완宛, 엽葉등도 공격했다. 이 시기 위염은 병으로 재상의 자리를 수촉壽燭에게 양도했으나 일 년 후 복위되었다. 그리고 양穰과 도읍陶邑을 봉지로 받고 호를 양후

쌍봉雙鳳 무늬 술잔 (위 사진과 아래 그림)
호북성 강릉시의 전국 시대 촉나라 무덤에서 출토된 쌍봉 무늬 술잔은 그 장식이 특이하며, 또 타원형 장식 면 위에 대칭되는 아름다운 꽃무늬가 그려져 있어 예술성이 뛰어나다.

●●● 역사문화백과 ●●●

[진나라의 도읍 – 평양平陽, 옹성雍城, 역양櫟邑, 함양咸陽]
춘추 시대, 진秦나라 최초의 도읍은 평양平陽으로, 덕공德公 원년(기원전 677)에 옹성으로 천도했으며, 진나라 왕 정政의 가면加冕 대례도 이곳에서 진행되었다.
또한 진나라 헌공獻公 2년(기원전 383)부터 효공曉公 13년(기원전 349)에 역양을 새 도읍으로 정했다.
공손앙이 두 번째 변법을 실행하던 때 진나라는 다시 함양으로 천도했으며 그 후로 계속 확대해 143년간 서쪽으로는 옹성雍城에 북쪽으로는 경수涇水에 닿는 사방 200여 리의 거대한 도읍을 건설했다. 진시황은 또 전국의 부호 12만을 함양에서 살게 함으로써 함양을 그 당시 전국에서 제일 큰 도시로 만들었다.

| 세계사 연표 |

기원전 336년 페르시아 왕 아르타크세르크세스 3세가 칼에 찔려 죽고 다리우스 3세인 코도만누스가 즉위했다.

《사기史記·양후열전穰侯列傳》 출전

양후穰侯라 했다. 몇 년 후 소양왕이 양후에게 위나라의 공격을 명하자 위나라는 하동河東 지역을 진나라에게 바쳤다. 그러나 양후는 여기에 만족하지 않고 위나라의 황하 이북 지역을 공격해 60여 개의 크고 작은 도읍들을 점령했다. 기원전 275년, 양후는 재차 위나라를 공격해 적군 4만 명을 죽이고 위나라의 현 3개를 점령해 자기의 봉읍으로 만들었다. 그리고 기원전 274년에는 백기의 객경客卿 호양胡陽과 연합해 다시 조나라, 한나라, 위나라를 공격했는데 화양성華陽城에서 위나라 장군 망묘芒卯를 무찌르고 위나라의 권卷, 채양蔡陽, 장사長社 지역을 빼앗았다.

사리사욕에 무너진 양후

정권을 잡은 양후는 진나라의 영토를 확장하면서 아울러 권력을 독차지하기 시작했다. 그는 진나라의 병력이 제나라 공격에 집중된 틈을 타 자신의 봉지인 도읍陶邑을 확대했다. 양후의 봉지인 양穰은 당시 진나라에서는 비교적 부유한 지방이었고 후에 봉지로 하사받은 도읍은 진나라의 제일 부유한 도시였다. 이로 인해 양후의 재산은 급속히 늘어났다. 진나라 소왕昭王이 그의 재상 직을 면직시켜 도읍으로 돌아가게 할 때 그가 거느린 차량들에는 왕실보다 더 많은 보물들이 실려 있었다. 양후는 비록 진나라의 영토 확장에 큰 공을 세웠지만 권력을 남용하고 그 재물이 왕실보

조형이 우아한 적도자기
세발솥은 익은 음식을 담는 그릇이다. 하지만 그 조형이 도자기 식기보다 훨씬 아름다워 지금까지도 역사 예술을 연구하는 학자들로부터 조형 예술 설계의 가장 뛰어난 작품으로 평가받고 있다.

'왕'자 동형王字銅衡
도량형度量衡 제도는 국가 경제를 안정시키는 중요 요소이다. 전국 시대 각국에는 모두 각자의 도량형 표준이 있었다. 수현壽縣에서 출토된 촉나라 동형은 형태가 얇고 길다. 저울대의 뒷면에 '왕王'자가 새겨져 있는 것으로 보아 촉나라 궁전의 유물로 추측된다.

다 많아 진나라 왕의 정권에 위협을 주었다. 그래서 소왕은 그를 조정에서 밀어내고 봉지로 주었던 도읍을 몰수한 후 군郡으로 내려 앉혔다.

-403~-221 전국

호복은 북방 유목 민족의 복장으로 치마를 입지 않고 바지만 입으며 긴 신을 신고 머리에는 탈피 모자를 썼다 135

| 기원전 325년 | 중국사 연표 |
진秦나라 혜문군惠文君이 왕이 되었다. 한나라 소후昭侯가 죽자 아들 선혜왕宣惠王이 왕위를 계승했다

출전 《전국책戰國策·조책趙策》
《사기史記·조세가趙世家》

046

무령왕이 곤욕을 치르다

조나라 무령왕은 즉위 후 호복 기사 등 개혁을 진행해 그 국력이 날로 강대해졌다. 그러나 후에 작은아들에게 왕위를 물려주는 바람에 궁정 내란을 초래했으며 그도 처량하게 사구沙丘에서 죽었다.

전통을 깨고 생전에 왕위를 물려주다

조나라는 진晉나라가 셋으로 분가三家分晉한 후 건립된 제후국이다. 조나라 무령왕이 즉위할 무렵 조나라는 아주 약소국으로 수시로 주변 국가들의 핍박을 받았다. 그러나 무령왕의 일련의 개혁을 거치며 국력이 강성해져 북방의 강대한 국가가 되었다. 무령왕은 이에 만족하지 않고 중원을 통일하기 위해 번거로운 정사에서 벗어나려 했다. 그래서 역대 왕들이 죽은 후에야 새 군왕을 임명하는 전통을 타파하고 왕위를 아들에게 넘겨주려고 결심했다.

이에 무령왕은 왕위를 작은아들 조하趙何, 즉 혜문왕惠文王에게 넘겨주고 경험이 풍부한 비의肥義로 재상을 삼아 새 왕을 섬기게 했다. 그리고 그는 '주부主父'로 자칭했다. 얼마 후, 주부는 군사를 거느리고 중산국과 북방의 누번, 임호 부족 등을 공략해 기원전 296년에는 마침내 중산국을 멸망시키고 동시에 누번, 임호의 항복을 받았다. 이로써 조나라는 북방의 큰 영토를 획득하고 이곳에 운중雲中, 안문雁門, 대군代君의 세 개 군을 세웠다.

내란을 일으킨 공자 장

왕위를 작은아들에게 넘겨준 지 3년 후, 즉 기원전 296년에 주부는 중산국 멸망을 경축하면서 장자인 장章에게 안양安陽을 봉지로 하사하고 호를 '안양군安陽君'이라 했다. 그리고 전불예田不禮를 장의 재상으로

삼았다. 동생이 왕이 된 것에 불만을 품고 있던 공자 장은 봉지와 봉호를 얻은 후 세력을 확장하고 군사를 모았다.

이듬해, 군신과 주부 그리고 혜문왕이 사구沙丘에 있는 궁에 모여정사를 의논하는 틈을 빌어 공자 장과 전불예는 내란을 일으켰다. 그들은 먼저 재상인 비의肥義를 죽이고 왕의 군사와 싸웠다. 이때 공자 성成과 이태李兌가 네 개 도읍의 군사를 거느리고 정난靖難에 와서 공자 장을 물리쳤다. 공자 장이 패해 사구에 있는 주부의 궁전으로 도망치자 주부는 그를 받아 주었다. 공자 성과 이태는 주부가 거주하는 사구 궁을 포위 공격해 마침내 공자 장을 죽이고, 주부의 친아들을 죽인 후환이 두려워 주부를 궁중에 가두었다. 그 결과 주부는 외부와 단절된 채 양식이 없어 참새 등으로 주린 배를 달래다가, 3개월 후 마침내 사구 궁에서 굶어 죽고 말았다.

전국 시대 취사도구의 부속품 – 정 갈고리 (위 사진)
증후을 무덤에서 발굴된 20건의 청동 정은 거의 대부분 갈고리가 같이 있다. 이 청동 갈고리는 장식이 화려하고 정밀하다. 출토된 수량이 많고 그 사용 방식과 장소도 명확히 구별되어 있어 취사도구를 연구하는 데 귀중한 실물 자료이다.

●●● 역사문화백과 ●●●

[각지의 특산물]

전국 시대에는 각 지역의 특산품이 교환 대상이었다. 예를 들면 남방은 목재, 광산, 해산물과 조류로 유명했는데 송松, 재梓, 편楠, 남楠, 서犀, 시兕, 미麋, 녹鹿, 상象, 우羽, 핵翮, 치齒, 혁革 등이다. 동방은 해산물, 소금과 견직물 등이 특산품이었고 서방의 특산품으로는 광산, 짐승의 가죽, 모우 털과 철, 지염池鹽 등이 있었다. 그리고 북방의 특산품으로는 가축과 과일이 있었는데 가축은 개·말·낙타 등이고, 과일은 주로 대추와 밤이었다.

| 세계사 연표 |

기원전 336년
마케도니아 왕 필리포스 2세가 죽고 아들 알렉산드로스 3세가 즉위했다.

047

《전국책戰國策·제책齊策 4》
《사기史記·맹상군 열전孟嘗君列傳》

풍환이 빚을 받다

경제 형편이 어렵게 된 맹상군孟嘗君은 문객인 풍환馮驩에게 채읍采邑 설성薛城에서 빚을 받아 오게 했다. 그리고 돌아올 때 집에 필요한 물건을 사 오라고 했다. 그러자 풍환은 채권을 모두 태워 버린 후 돌아와서 맹상군에게 이르기를 "받은 빚으로 모두 의義를 샀습니다."라고 했다.

검을 타는 식객

맹상군 전문田文은 정곽군靖郭君 전영田嬰의 아들로 왕실의 친척이며 제나라의 재상으로 봉지까지 가지고 있어 명성이 자자했다. 그는 인재를 모아 세력을 키우기 위해 3000명의 식객食客을 두었다. 그는 전국 시대의 유명한 4공자公子 중의 한 사람이었다. 이때 형편이 몹시 어려웠던 풍환은 맹상군이 많은 식객들을 거두고 있다는 말을 듣고 초라한 차림으로 맹상군을 찾아왔다. 맹상군이 그에게 "좋아하는 것이 무엇이오?" 하자 그는 "좋아하는 것이 없습니다."라고 대답했다. 맹상군이 또 "선생은 어떤 재주가 있소?" 하고 묻자 "아무런 재주도 없습니다."라고 했다. 그러자 맹상군은 웃으며 하인에게 풍환을 전사傳舍에 보내게 했다. 맹상군은 식객들을 재주와 명성에 따라 세 등급으로 나눴는데 상등은 '대사代舍'에 머물며 고기를 먹고 마차를 타고 다닐 수 있고, 중등은 '행사幸舍'에 머물면서 고기는 먹을 수 있어도 차는 탈 수 없었다. 하등은 '전사傳舍'에 머물렀으며 고기도 차도 없이 거친 밥만 먹었다.

얼마 후 맹상군은 전사를 총괄하는 사람(전사 장)을 불러 상황을 물었다. 전사 장이 말하기를 "얼마 전에 온 풍 선생은 늘 검劍을 타면서 '장검아, 고기도 먹을 수 없으니

풍환 탄협:馮驩彈鋏
가난한 제나라 사람 풍환이 맹상군의 식객으로 있었다. 후에 풍환은 설지에 빚을 받으러 가 채권을 태워 버리고 이것으로 맹상군에게 '의義'를 사 주었다. 또 맹상군에게 '교토삼굴'의 계책을 대 주었다. 맹상군은 수십 년간 재상으로 무사히 지냈는데 이는 전적으로 풍환이 책략을 대 주었기 때문이었다. 그림은 청나라 말 민국 초기의 석인본 《동주열국지》에 실려 있다.

전국 시대 채색 목용木俑
이 전국 시대 목용은 나무 조각으로 사람의 윤곽을 조각한 다음 다시 색칠을 해 세부적인 것을 그린 것이다.

제나라의 맹상군孟嘗君 전문田文, 조나라의 평원군平原君 조승趙勝, 위魏나라의 신릉군信陵君 위무기魏無忌, 초나라의 춘신군春申君 황헐黃歇

| 중국사 연표 |

기원전 323년

위魏나라 혜왕惠王과 제齊나라 위왕威王이 건鄄에서 회합했다. 위나라가 '5국(위魏, 한韓, 조趙, 연燕, 중산中山) 상왕相王'을 이끌어 조, 연, 중산도 왕으로 칭하기 시작했다

우리 그만 돌아가자.' 하며 노래를 부릅니다." 라고 아뢰었다. 그 말을 들은 맹상군은 풍환을 '행사'에 머물게 했다. 또 며칠 후 맹상군이 행사 장을 불러 그곳의 정황을 물었다. 그러자 행사 장이 "전사에서 온 풍 선생이 늘 '장검아, 차도 탈수 없으니 우리 그만 돌아가자.'고 노래를 합니다."라고 했다. 그러자 맹상군이 "그럼 그를 대사에 보내라." 라고 분부했다. 며칠이 지난 후 맹상군이 대사 장을 불러 풍환의 상황을 묻자 "풍 선생이 지금도 '장검아, 집을 돌볼 수 없으니 그만 돌아가자.' 고 노래합니다."하는 것이었다. 그러자 맹상군은 풍환을 불러온 후 물었다. "풍 선생의 집에는 누가 있습니까? 그러자 풍환이 "연세 많은 어머님이 계십니다." 라고 대답했다. 맹상군이 머리를 끄덕

최초의 예서 – 청천목독靑川木牘

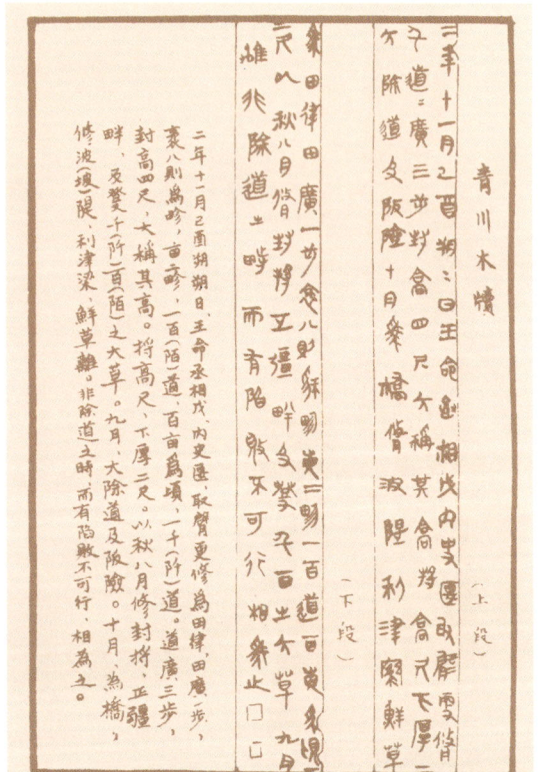

전국 시대에 성행한 도장
춘추 전국 시대 각급 관원들은 모두 관가 도장을 받아 가지고 몸에 지니고 다니면서 권력의 상징과 증거로 삼았다. 도장은 물건 유통 과정에서도 허가증 작용을 했다.

이며 매달 풍환의 모친에게 양식을 보내 주자 그 후로 풍환은 더는 검을 타며 잔소리를 하는 노래를 부르지 않았다.

맹상군에게 모자라는 것

맹상군은 이렇게 많은 문객을 두었기에 많은 재물이 필요했다. 그는 조정에서 주는 봉록만으로는 부족해 봉지인 설성薛城의 백성들에게 돈을 빌려 주고 그 이자로 문객들을 관리했다. 시간이 흐르자 백성들의 빚도 점점 많아져 많은 사람들은 빚을 갚을 수조차 없었다. 맹상군은 빚을 받을 방법을 생각하던 끝에 대문에 고시를 붙였고 이때 풍환이 가겠다고 나섰다. 떠나

| 세계사 연표 |

기원전 336년

페르시아 왕 다리우스 3세가 재차 이집트를 정복했다.

다양한 모습의 무도용舞踊俑
산서성 장치현 분수령長治縣分水嶺에서 출토된 흙으로 빚은 회색 도자기 무도용은 그 자태가 각각 다르다. 이는 뛰어난 공예 기술을 나타내 준다.

기 전 풍환이 "빚을 받은 후 무엇을 사 가지고 오면 됩니까?" 하고 묻자, 맹상군은 "내 집에 무엇이 모자라는가 보고 그것을 사 가지고 오시오."라고 대답했다.

백성들의 빚을 면해 준 풍환

풍환이 설성에 도착하자 백성들은 숨어 다니거나 며칠만 더 기다려 달라고 사정했다. 풍환이 그 사정을 알아보니 백성들은 이자는 고사하고 원금도 갚을 수 없는 형편이었다. 하룻밤을 꼬박 생각한 풍환은 소를 잡고 술을 준비해 빚을 진 백성들을 모두 불러서 대접했다. 그리고 계약서와 차용 증서들을 하나하나 확인한 다음 화로에 그것들을 다 태워 버렸다. 그리고는 이렇게 말했다. "맹상군이 너희들에게 돈을 빌려 줄 때는 너희들의 급한 문제를 해결해 주기 위해서였지 결코 이자를 탐내서가 아니었다. 맹상군은 제나라를 잘 이끌고 저 수천 명 문객들을 거두고 있는데 비용이 너무 많이 들어 봉록으로는 모자란다. 그래서 부득불 나를 이곳에 보내 돈을 거둬 오게 했다. 이제 갚을 수 있는 사람은 다 갚은 것 같다. 나머지는 갚을 수 있으면 갚고 갚을 수 없으면 전부 면한다. 그러니 맹상군의 은덕만은 잊어서는 안 되느니라." 사람들은 감격에 목이 메어 절했다.

'의'를 사 가지고 돌아오다

풍환이 임치臨淄에 돌아오자 맹상군은 무엇을 사 가지고 왔느냐고 물었다. "주공의 집에 모자라는 것을 사 가지고 오라 하기에 살펴보니 주공에게는 진귀한 보물들이 창고에 넘치고 준마들도 마구간에 가득 매여 있으며 미녀들도 하인으로 쓰는 형편이었습니다. 그래서 소인이 모자라는 것을 찾아냈는데 바로 '의義'였습니다. 하여 '의'를 사 가지고 왔습니다." 풍환의 말을 듣고 맹상군은 의아한 어투로 '의'란 무엇인지를 물었다. 풍환은 대답하기를 "설성은 주공의 봉지封地입니다. 비록 크지는 않지만 발을 붙일 근거지인 것입니다. 지금 주공은 설성에 머물지도 않거니와 도리어 고리대를 놓아 설성의 백성들을 착취하고 있습니다. 아무것도 없는 백성들에게 빚을 재촉한다면 그들은 도망갈 것입니다. 소인은 주공의 명이라 하면서 기일을 두고 빚을 갚을 수 있는 사람은 연기하고 빚을 갚을 수 없는 자들의 빚 문서는 아예 태워 버렸습니다. 그러자 백성들은 감격하며 높이 '맹상군 만세'를 불렀습니다. 이것이 바로 소인이 주공에게 사 온 '의'입니다."

●●● 역사문화백과 ●●●

[고대인들이 숭배한 8신]

전국 시대 제나라 사람들은 여덟 신을 믿었다. 8신은 천주天主(사천제祠天齊), 지주地主(사태산량부祠泰山梁父), 병주兵主(사치우祠蚩尤), 음주陰主(사삼산祠三山), 양주陽主(사지부祠之罘), 월주月主(사래산祠萊山), 일주日主(사성산祠成山), 사시주四時主(사랑사祠琅邪)이다.
'8신' 풍속은 불교佛敎, 도교道敎, 유교儒敎가 생기기 전 고대인들이 숭배하던 것으로 주로 인격화한 자연신을 위주로 섬겼다.

옻칠한 붓으로 쓴 글씨로서 그 글씨체가 마치 올챙이 같다고 해 올챙이 문이라 이름 붙여졌다

| 중국사 연표 |

기원전 322년

위魏나라 혜왕惠王은 혜시惠施를 몰아내고 장의張儀를 재상으로 삼았다. 장의는 혜왕에게 진秦나라와 연합할 것을 권고했다. 그러나 진나라가 거절하고 위나라의 평주平周 등을 점령했다

048

약은 토끼의 세 갈래 굴

맹상군은 제나라 왕의 의심으로 면직당해 평민이 되어, 순식간에 외로움과 위험에 직면했다. 풍환은 '교토삼굴狡兎三窟'의 묘책으로 맹상군이 다시 왕의 총애를 받게 했다. 그러자 옛 벗들과 문객들도 다시 찾아들기 시작했다.

나무가 넘어지자 원숭이들도 뿔뿔이 달아나다

일 년 후 비방을 받은 맹상군은 제나라 민왕湣王에게 면직당했다. 옛말에 "나무가 넘어지자 원숭이들도 뿔뿔이 도망친다."는 격으로 맹상군이 면직당하자 3000명 문객들은 사방으로 뿔뿔이 흩어지고 오로지 풍환 한 사람만이 맹상군을 섬겼다. 문을 나설 때면 숱한 마차들이 뒤따르던 장면은 사라지고 풍환이 모는 마차에 맹상군만 홀로 앉아서 쓸쓸하게 임치를 떠나 맹상군의 봉지인 설성薛城으로 떠났다.

풍환의 유세游說 재능

설성의 백성들은 맹상군이 돌아온다는 소식을 듣고 앞다퉈 마중을 나왔는데 술을 든 사람, 고기를 든 사람, 닭과 달걀을 가지고 나온 사람, 물을 들고 나온 사람 등 남녀노소 할 것 없이 진심으로 맹상군의 도착을 환영했다. 상심해 있던 맹상군은 감격해 눈물을 글썽이며 풍환에게 말했다. "선생이 사 온 '의'를 오늘에야 보았습니다." 그러자 풍환은 "약은 토끼는 굴 세 개를 파 놓고 곤경에 처할 때면 피합니다. 신이 주공에게 의를 사 온 것은 그저 하나의 굴에 지나지 않습니다. 이제 주공을 위해 나머지 두 개 굴을 파 놓을 테니 허락해 주십시오." 하며 말했다.

풍환은 맹상군이 준비해 준 마차에 앉아 예물을 싣고 진나라로 갔는데 이것이 바로 풍환이 파 놓으려는 두 번째 굴이었다. 풍환은 진나라 소양왕에게 이르기를 "진, 제 두 나라 간의 인재 쟁탈전은 이미 시작되었습니다. 누가 인재를 많이 얻는가에 따라 미래의 승부가 결정됩니다. 지금 제나라 민왕은 맹상군을 면직시켰는데 이는 대왕님께 좋은 기회가 아니겠습니까?" 소양왕은 저리질樗里疾이 죽은 다음 합당한 재상감을 얻지 못하던 터라 이 소식을 듣고 기뻐하며 제일 호화로운 마차에 예물을 싣고 맹상군을 청해 오게 했다.

풍환은 진나라 왕이 맹상군의 영접을 준비하고 있는 틈을 타 동으로 달려 제나라의 도읍인 임치로 돌아왔다. 그리고 생각했던 세 번째 굴을 파기 시작했다. 그는 제나라 민왕에게 다음과 같이 아뢰었다 "제나라와 진나라는 대치 상태에 있습니다. 승부의 관건은 인재의 용납과 사용에 있습니다. 인재를 얻는 자만이 천하를 얻을 수 있습니다. 신이 임치로 오는 중에 진나라 왕의 사신이 열 개의 호화로운 마차에 황금 100근을 싣고 재상의 예로 맹상군을 모시러 설성으로 간다는 소문을 들었습니다. 맹상군이 진나라의 재상이 되면 제나라는 위기에 처할 것입니다." 민왕은 맹상군을 면직시킨 것이 타인의 농간이었다는 것을 알고 후회하고 있던 차라 풍환에게 어떻게 해야 하는지를 물었다. 그러자 풍환은 대답했다. "대

정밀한 화살촉
사진의 화살촉은 전국 시대의 많은 정교한 화살촉 중의 하나이다. 화살촉 양편에는 각각 새 한 마리씩 새겨져 있고, 손잡이는 옥으로 만들어져 있다. 화살촉 주인은 귀족으로 짐작된다.

| 세계사 연표 |

기원전 335년

알렉산드로스가 죽었다는 소문을 듣고 그리스 각 나라들이 선후로 독립을 선포하자 알렉산드로스는 군사를 일으켜 테베를 공략하고 도시 안의 3만 주민들을 노예로 만들었다. 각 나라들은 모두 굴복했다. 같은 해 알렉산드로스는 트리발리와 일리리아 등의 지역을 정복했다.

《전국책戰國策·제책齊策 4》
《사기史記·맹상군열전孟嘗君列傳》

군사를 호위하는 법기法器
호북성 형문시荊門市에 있는 전국 시대 무덤에서 출토된 이 '병피 태세兵避太歲'과戈는 양면에 같은 부조浮雕 무늬 상이 새겨져 있다. 상像은 모자를 쓴 신선인데 좌우 양측에 날개가 나 있고 몸에는 갑옷을 입었으며 허리에는 띠를 두르고 있다. 왼손에는 도마뱀을 쥐고 오른손에는 쌍두 괴수를 쥐었으며 두 다리는 말 타는 자세 같다. 또 왼발로는 달을 밟고 오른발로는 해를 밟고 도마뱀을 타고 있다. 과의 명문銘文은 '병피 태세'로 되어 있는데 이는 고대 음양가들의 피병지설避兵之說과 관련되는 것으로 일종의 법기이다. 이 법기를 지니면 적을 피하고 군사를 호위할 수 있으며 적을 무찌르고 승리를 거둘 수 있다고 한다.

왕은 속히 사람을 파견해 진나라의 사신을 막아야 합니다. 그리고 맹상군이 이미 관직을 회복했다고 알리고 지금 곧 설성에서 맹상군을 모셔 와 그의 재상 직을 회복시키고 봉지를 더 하사하셔야 합니다." 민왕은 풍환의 말대로 했다.

부귀다사 빈천과우

맹상군이 다시 재상이 되고 봉지까지 더 하사받았다는 소문을 듣고 분산되었던 문객들이 다시 찾아오기 시작했다. 화가 난 맹상군이 풍환에게 말했다 "이전에 진심으로 그들을 대해 주었지만 그들은 내가 곤경에 처했을 때 나를 떠났다. 지금 무슨 면목으로 다시 찾아온단 말인가?" 그러자 풍환이 말했다. "부귀다사富貴多士·빈천과우貧賤寡友란 말이 있지 않습니까? 아침 시장에는 많은 사람들이 모여들지만 저녁이 되면 다 흩어져 갑니다. 이익에 따르는 것이 사람들의 행동 법칙이니 그들을 너무 원망치 마십시오. 더군다나 주공은 다시 재상으로 임명되셨으니 인재를 등용할 시기입니다. 찾아온 사람들을 예전처럼 예의로 대해 주십시오." 풍환의 말을 들은 맹상군은 깊이 고개를 숙였다.

두 표범이 사슴을 먹는 패쪽
이것은 전국 후기 북방 유목 민족이 허리에 두르던 장식품이다. 머리와 꼬리가 대칭되는 두 표범 사이에 사슴이 있는 패물이다. 패쪽 뒷면에는 단추가 달려 있다.

유리 대료주大料珠
이것은 유리琉璃(원시 유리)로 만든 전국 시대의 장식품 구슬로 자紫색을 띠고 있다. 이 구슬의 발견은 유리 제품의 발전을 연구하는 데 실마리를 제공해 주었다.

●●● 역사문화백과 ●●●

[교통 공구의 제작]
전국 시대 각 제후국과 지역 사이의 상품 교환은 교통 수단과 그 진보를 촉진했다. 당시 민강岷江과 장강長江을 건너는 배들은 50여 명이 3개월 동안 먹을 수 있는 양식을 싣고 하루에 300리 정도를 갈 수 있었다. 또한 묵자墨子가 만든 차車는 50석의 무게를 실을 수 있었다. 뿐만 아니라 기원전 289년, 진나라 장군 사마착司馬錯이 위나라를 공격할 때 하옹河雍과 맹진孟津 사이에 황하黃河 역사상 처음으로 부교浮橋를 놓았다. 이러한 배, 차, 다리 등의 제작은 당시의 교통을 크게 발전시켰다.

| 중국사 연표 |

기원전 319년 — 위魏나라 왕은 장의張儀를 진나라에 보내고 공손연公孫衍으로 재상을 삼았다. 위나라 혜왕惠王이 죽고 아들 양왕襄王이 즉위했다.

049

소문 듣고 재상을 얻다

진나라 소양왕은 맹상군孟嘗君을 얻고 싶어서 자기의 동생과 맹상군을 바꿔 왔다. 그러나 그를 의심해 등용하지 않고, 오히려 가둬 둔 다음 감시했다

미인을 죽여 사죄한 평원군

전국 후기에 일부 국왕과 재상들은 인재를 모아들였다. 당시 유명한 인물로는 조나라의 평양군平原君, 제나라의 맹상군孟嘗君, 위魏나라의 신릉군信陵君, 초나라의 춘신군春申君을 들 수 있다. 이들은 지위가 높을 뿐 아니라 어진 이를 예의와 겸손으로 대한 많은 이야기들을 엮어 그 명성이 자자했다.

어느 날 절름발이 한 명이 평원군 댁을 지나가자 그 첩이 그것을 보고 그만 크게 웃었다. 이튿날 절름발이가 평원군을 찾아와서 그 도리를 따지자 평원군은 말 몇 마디로 달래어 보냈다. 그리고 옆의 사람들에게 "그 주제에 나보고 미인을 처벌하라고?"하며 그 절름발이를 비웃었다. 이 말이 세상에 전해지자 "평원군은 자색에만 빠져 있고 인사들을 경시한다."고 하면서 주위에 있던 많은 인재들이 떠나갔다. 그러자 평원군은 크게 놀라 그 첩을 죽이고 절름발이를 찾아가서 사죄했다. 그제야 인재들은 다시 평원군을 찾아왔다.

더욱 뛰어난 맹상군

평원군의 이야기가 진秦나라에 전해지자 진나라 소양왕은 칭찬을 아끼지 않았다. 그리고 대부大夫인 향수向壽에게 "평원군은 정말 얻기 어려운 현명한 재상감이로구나."라고 했다. 그러자 향수는 맹상군에 비하면 아무것도 아니라고 하며 소양왕에게 맹상군을 상세히 소개했다. "맹상군 전문田文은 부친의 뒤를 이어 설薛 땅을 봉지로 받았기에 사람들이 설공薛公이라고도 부릅니다. 그는 많은 객줏집을 짓고 천하의 호걸 인사들을 접대합니다. 그를 찾아오는 사람이면 빈부를 가리지 않고 모두 받아 주었기에 그 문객이 수천 명에 달합니다. 그런데 사람이 많으면 비용도 자연히 늘어나는 법이라 식사의 수준을

채색 칠한 조각 병풍
이 병풍은 전국 중기의 칠기漆器이다. 밑 부분에는 뱀, 구렁이 등으로 부조되어 있고 중앙의 형 테두리 안에는 투조(조각에서 재료의 면을 도려내어 도안을 나타냄)로 각종 동물이 있다. 전체 작품에는 모두 구렁이 20마리, 작은 뱀 17마리, 개구리 2마리, 그 외 사슴, 봉황, 참새가 2마리씩 있다. 색깔은 흑색, 회색, 주홍색, 금, 은 등을 서로 엇갈려 가며 칠했다.

| 세계사 연표 |

기원전 334년

알렉산드로스는 안티파트로스를 그리스 총독으로 임명하고 직접 페르시아 정복에 나섰다.

출전 《사기史記·맹상군열전孟嘗君列傳》
《자치통감資治通鑑·주난왕周赧王 17년》

리고 "과인이 어떻게 하면 맹상군을 진나라의 재상으로 청해 올 수 있는가?" 하고 물었다. 향수가 대답하기를 "대왕은 친척을 제나라에 인질人質로 보낸 후 제나라 왕에게 맹상군을 진나라에 보내 달라고 청해 보십시오. 그 다음 맹상군을 재상으로 임명한다면 제나라 왕은 자연히 진나라와 친하게 지낼 것이고, 이렇게 된다면 대왕은 맹상군뿐만 아니라 제나라와 동맹을 맺을 수도 있습니다." 향수의 말에 동의한 소양왕은 즉시 자기의 동생 경양군涇陽君을 제나라에 보내고 맹상군을 진나라로 데려오고자 했다.

전국 시대 박수巫師 형상 (위와 오른쪽 그림)
중국 상고 시대 박수는 높은 지위였다. 왜냐하면 신령을 감동시킬 수 있고 사람과 신선 사이를 내통할 수 있다고 믿었기 때문이다. 박수의 형상은 고대의 그림에서 많이 찾아볼 수 있다. 강소성 회안 고장淮安高莊의 전국 시대 무덤에서 무늬가 새겨진 귀중한 청동 예기들이 많이 출토되었다. 기물에 새겨진 박수의 형상은 당시 유행하던 박수 형상으로 손에는 도끼(신과 내통하기 위한 법기法器)가 쥐어져 있으며 뱀, 짐승, 악어 등은 점술巫術의 조성 부분이다. 그중 박수가 짐승을 몰아 용선을 끄는 무늬는 박수가 용을 타고 하늘에 오른다는 뜻으로 하늘과도 내통한다는 의미가 담겨 있다.

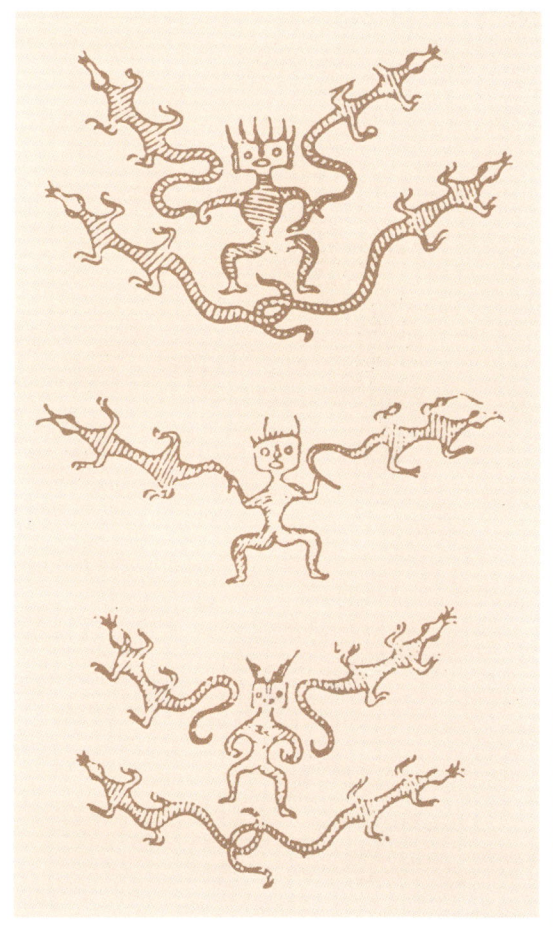

낮출 수밖에 없었습니다. 한번은 한 문객이 식사의 질이 나쁘다고 생각하고 있는데 마침 맹상군이 주위의 여러 사람들과 맛있게 음식 먹는 것을 보았습니다. 문객은 맹상군만 좋은 것을 먹는 줄 알고 젓가락을 던지며 가 버리려 했습니다. 그러자 맹상군이 그 문객에게 자기 밥그릇을 보였는데 그릇에는 문객이 먹던 것과 같은 음식이 담겨 있었습니다. 이 일이 전해지자 인재들이 앞다퉈 맹상군을 찾았다고 합니다."

이 이야기를 들은 소양왕은 탄복을 금치 못했다. 그

| 중국사 연표 |

기원전 318년
위魏나라 공손연이 위, 조, 한, 연, 초 다섯 나라를 연합해 초나라 회왕을 대장으로 삼아 진나라를 공격했다. 삼진三晉은 출병해 함곡관函谷關에서 패했다.

문객들을 데리고 함양에 온 맹상군

이리하여 경양군은 소양왕의 조서를 가지고 제나라로 갔다. 맹상군은 진나라로 가는 것이 좀 망설여졌지만 제나라 민왕의 지지하에 마침내 수천 명의 문객들을 거느리고 100여 대의 마차에 앉아 함양咸陽으로 왔다. 이때 경양군은 이미 진나라로 돌아온 뒤였다. 소양왕은 맹상군이 많은 문객들을 데리고 진나라에 온 것을 보고 매우 기뻐하면서 연회를 베풀어 그들을 환영했다. 맹상군은 진귀한 흰색 여우털 조끼를 소양왕께 선물로 드렸다. 선물을 받은 소양왕은 기쁨을 감출 수 없어 그 자리에서 맹상군을 진나라 재상으로 임명했다.

귀한 손님이 죄인으로 되다

맹상군이 진나라의 재상이 되자 진나라 대신들은 공포와 질투에 떨었다. 일부 대신들은 소양왕에게 이렇게 말했다. "맹상군은 제나라의 귀족으로 제나라 왕실과 한 핏줄입니다. 그 산하 문객들 또한 전부가 중원 사람들이라 진나라의 동진 정책東進政策을 반대할 것입니다. 또한 맹상군이 진나라의 재상이 되면 진

금도금한 청동 신수神獸

| 세계사 연표 |

기원전 334년

알렉산드로스는 그라니코스 강 부근에서 페르시아 군을 물리치고 리디아, 프리지아를 정복했다. 그리스의 여러 도시들은 페르시아의 통치에서 벗어나 민주 정치를 회복했다.

●●● 역사문화백과 ●●●

[매몰된 함곡관 유적]

1987년, 섬서성 상관부문에서는 영보靈寶 경내에서 진나라 함곡관函谷關의 유적 일부가 발견되었다. 함곡관은 길이가 5km 남짓한 협곡으로 동쪽으로는 굉농간宏農澗에 닿고 서쪽으로는 황하黃河 기슭에 닿는다. 협곡 밑의 길은 지금도 남아 있다. 옛 길의 동쪽 왕타촌王垛村 부근의 절벽에서 전국 시대의 성곽과 화살촉 저장 움 하나를 발견했다.

나라의 대권을 잡을 수 있습니다. 수 천 명 문객들이 받쳐 주고 있으니 만약에 다른 생각을 품고 있다면 진나라는 대단히 불리한 처지에 놓일 것입니다." 이 말을 들은 소양왕은 처음의 흥분은 사라지고 현실적인 이해관계로 마음이 복잡했다. 맹상군을 진나라의 재상으로 삼지 않는다고 해도 제나라로 되돌려 보낼 수도 없었다. 맹상군이 진나라에 온 시간도 비교적 오래 되었고 그 문객들은 널리 벗을 사귀어서 진나라의 내부 사정을 뻔히 알고 있는 터라 호랑이를 다시 산에 놓아 보내는 격이었기 때문이다. 결국 소양왕은 맹상군을 감금시키고 기회를 봐서 죽이기로 했다. 죄인이 된 맹상군은 자기의 생각이 세밀하지 못했던 것을 후회했다.

채색 도자기 병
목이 길고 허리가 둥글고 발이 원형인 이 도자기의 겉면은 붉은색과 백색으로 채색되어 있다. 산동성 치박시 임치대 무전장淄博市臨淄大武電廠에서 출토되었다.

청동 차축車軸, 갈고리, 재갈
서주西周로부터 전국 시대에 이르기까지 병거兵車 부대는 전쟁에서 중요한 역할을 했다. 말 4마리가 끄는 병거에는 3명의 병사가 각자 말을 몰고 격투와 활쏘기를 책임졌으며 장비도 모두 달랐다. 그림의 청동 차축, 갈고리, 재갈은 모두 전차에 사용되던 부품이다.

●●● 역사문화백과 ●●●

[선진先秦 시대 중의中醫의 오색진단법五色診斷法]

오색진단법은 전국 시대에 유행한 중의 진단법의 하나로서 보는 진단법과 오행설五行說의 결합으로 형성된 것이다. 대체적으로 오색과 인체의 기관器官, 방위方位, 병인病因 등을 결합해 인체의 어느 특징적인 부위, 예를 들면 얼굴색, 혀의 색깔 등을 보고 진단하는 것이다. 오색진과 절맥법切脈法을 결합해 진단의 정확함을 높였다.

| 중국사 연표 |

기원전 317년

진秦나라는 수어修魚에서 위魏·조趙·한韓나라의 연합군을 격파했고, 제齊나라는 송宋나라와 연합해 위魏나라를 공격해 관택觀澤에서 위나라를 격파했다.

050

흰 여우털 조끼를 욕심내다

구도계명 狗盜鷄鳴

개로 변장해 도둑질을 하고 닭의 울음소리를 내 성문을 열게 했다. 맹상군의 수하들은 재능을 발휘해 위급에 처한 맹상군을 제齊나라로 돌아오게 했다.

맹상군은 진나라 소양왕에게 갇히게 되자 문객들과 함께 빠져나갈 방법을 의논했다. 문객들은 소양왕의 첩에게 도움을 청해야만 살 수 있을 것이라고 했다. 그래서 맹상군은 사람을 궁에 보내 소양왕의 애첩인 연희燕姬를 찾아보게 했다. 소양왕의 애첩인 연희는 몸매가 아름다웠고 평상시에도 고운 옷을 즐겨 입었다. 맹상군이 그녀에게 도움을 청하자 그녀는 맹상군이 소양왕에게 준 흰 여우털 조끼가 생각나서 "그가 나에게도 흰 여우털 조끼를 선사하면 도와주겠다." 라고 했다. 그 말을 들은 맹상군은 근심에 싸여 "그 여우털 조끼는 세상에 둘도 없는 것인데 나보고 어디 가서 똑같은 것을 찾아오란 말인가." 하며 걱정했다.

도적 기술이 뛰어난 문객

맹상군이 흰 여우털 조끼를 얻지 못해 고민하고 있을 때 한 문객이 개처럼 도둑질을 하자고 건의했다. 이 문객은 "소인이 흰 여우털 조끼를 얻어 올 수 있나이다."라고 했다. 이 문객은 절도 기술이 뛰어났다. 그는 지금은 날씨가 더워서 소양왕이 조끼를 입지 않고 창고에 보관해 두었기 때문에 어렵지 않게 훔쳐 올 수 있다고 생각했다. 그래서 그 문객은 이미 창고지기와 익숙해졌으며 창고 주위의 환경도 파악해 두었다. 날

맹상군의 진나라 탈출
진나라 왕은 맹상군을 의심해 그의 재상 직을 면하고 죽이려고 했다. 맹상군은 문객들의 도움으로 밤새 도망쳐 동으로 달렸다. 그림은 맹상군이 관문을 빠져나가는 장면이다. 이 그림은 청나라 말 민국 초기의 석인본 《동주열국지》에 실려 있다.

●●● 역사문화백과 ●●●

[진나라 동부 지역의 요새要塞 – 무관武關, 함곡관函谷關]

전국 시대 진나라에는 두 개의 군사 요새 무관武關과 함곡관函谷關이 있었다. 기원전 299년 진나라 소양왕은 초나라 회왕懷王을 이곳 무관까지 유인해 와서 섬멸했다. 무관武關에서 함양咸陽에 닿는 몇 백리 길은 몹시 험준했는데 남전藍田에 와서야 겨우 평지가 보인다.
함곡관은 관성關城이 깊은 계곡 사이에 있어 위험을 속에 감추고 있는 듯하다 해 함곡관이라 이름 지었다. 함곡관의 동쪽은 효산崤山에서 시작되어 서쪽으로 동진潼津에 이르기까지 15리쯤 되는데 절벽과 낭떠러지로 되어 있고 낭떠러지 위는 산림이 빽빽해 하늘이 보이지 않을 정도여서 천험天險이라고도 불렸다. 기원전 241년(진나라 왕 정政 6년), 초·조·한·위·연의 연합군이 진나라를 공격했지만 함곡관에서 진나라에 격파당했다.

| 세계사 연표 |

기원전 333년

알렉산드로스는 페르시아 왕 다리우스 3세와 이수스 성에서 격전했는데 다리우스 3세를 크게 격파했고, 연이어 페니키아(토리아 성은 제외)도 정복했다. 다리우스는 알렉산드로스에게 서신을 보내어 땅을 떼어 주는 조건으로 화해를 청했지만 거절당했다.

《사기史記·맹상군열전孟嘗君列傳》
《자치통감資治通鑑·주난왕周赧王 17년》
출전

용봉을 수놓은 꽃무늬
전국 시대 초나라 사람들은 용봉龍鳳을 합한 도안을 즐겼는데 그 의미는 음양의 조화로 상서로움을 취하려는 것이었다. 호북성 강릉시 마산馬山 1호 초나라 무덤에서 출토된 수가 놓아진 문물들에서는 용봉이 합쳐진 많은 도안들을 볼 수 있다. 이렇게 많은 작품 중에서도 용과 봉황의 형태가 모두 달라 같은 무늬는 찾아볼 수 없다.

이 어두워지자 문객은 밤에 입는 개털 옷을 주워 입고 창고 담벼락의 개구멍으로 기어 들어갔다. 창고를 지키던 문지기가 소리를 내며 다가오자 그는 "왕, 왕, 왕!" 하며 개 짖는 소리를 냈다. 문지기는 문 지키는 개가 짖는 줄로 여기고 가 버렸다. 이렇게 되어 흰 여우털 조끼는 쉽게 맹상군의 손에 들어오게 되었으며, 흰 여우털 조끼를 얻고 흐뭇해진 연희는 소양왕에게 맹상군을 놓아줄 것을 간청했다. 소양왕은 애첩의 요구에 못이겨 진나라 변경을 통과하는 문서를 맹상군에게 내주고 그들을 놓아주었다.

목숨을 구해 준 닭 울음 흉내

맹상군은 문객들을 거느리고 밤낮 없이 함곡관을 향해 달렸다. 한밤중에 겨우 함곡관에 닿았지만 이미 성문이 닫힌 뒤였다. 성문은 진나라의 법에 의해 꼭 첫 닭이 홰를 치고 난 뒤에야 열 수 있었다. 맹상군은 연희 덕분에 내린 석방 명이 오래가지 못하리라는 것을 알고 있었기 때문에 속이 탔다. 만약 진나라군이 추격해 온다면 성문이 열릴 때까지 기다린다는 것은

복건성 무이산福建省武夷山 147

| 중국사 연표 |

기원전 316년 　진나라가 촉나라를 멸망시키고, 또 저苴나라와 파巴나라도 정복했다.

죽기를 기다리는 것이나 마찬가지였다. 이때 문객 중의 한 사람이 닭 울음소리를 흉내냈다. 한 번 또 한 번 '꼬끼오, 꼬끼오!' 하고 닭 울음소리를 흉내내자 여기저기에서 닭들이 같이 울어 댔다. 이 소리를 들은 성문지기가 잠에 가득한 눈을 비비며 성문을 열었다. 그리고 맹상군 일행의 통행증을 검사한 다음 성문을 지나가게 해 주었다.

맹상군의 안광

한참이 지난 뒤 맹상군을 놓아준 것을 후회한 소양왕이 여관에 가 보았으나 이미 맹상군 일행은 떠나고 여관은 텅 비어 있었다. 그래서 병사들을 불러 그 뒤를 쫓게 했다. 맹상군 일행이 성문을 지난 후 얼마 안 되어 추격하던 병사들이 성문에 도착했다. 그들이 성문을 지키는 관병에게 맹상군의 생김새와 문객들의 수를 말하자 그들이 조금 전에 지나갔다고 대답했다. 장령이 깜짝 놀라며 "우리들이 여기 도착한 다음에도 날이 밝지 않았는데 그들이 한밤중에 성문을 열고 나갔단 말이냐?" 하고 물었다. 그러자 문지기 병사도 어리둥절해 하며 "오늘은 닭이 다른 때보다 빨리 울었습니다. 닭이 울고 한참 지나서야 동녘이 밝아 오기 시작했습니다." 하고 대꾸했다.

진나라를 빠져나온 맹상군은 속이 후련했다. 지난날 맹상군이 도둑질 잘하는 자와, 닭 울음소리를 낼 줄 아는 문객을 두었다고 다른 문객들이 얼마나 비웃었던가? 이번에 맹상군이 진나라의 연금軟禁에서 벗어난 것은 모두 두 사람의 재능 때문이었다. 이때부터 문객들은 모두 맹상군의 안광眼光에 탄복했다.

초나라 풍격을 보여 주는 옥고玉鼓형 패물
이 패물은 전체적으로 볼 때 초나라 무덤에서 늘 볼 수 있는 호좌虎座 고鼓와 비슷하다. 초나라의 풍격을 선명히 드러내고 있는 예술 진품이라 할 수 있다.

148　역사 시험장 〉 전국 시대 술장사는 무엇으로 손님을 끌었는가?

| 세계사 연표 |

기원전 332년 　알렉산드로스는 티루스를 7개월 동안 포위공격해 점령하고 군인과 백성들을 모두 노예로 팔았다. 시리아와 유대 모두 마케도니아에 굴복했다.

051

《사기史記·연소공세가燕召公世家》
《전국책戰國策·연책燕策 1》
출전

덫에 걸린 연나라 왕

연 왕 쾌가 나라를 망치다

연나라 왕 쾌噲는 정사를 제대로 돌보지 않고 많은 권력을 신하에게 넘겨주었다. 그래서 연나라에는 내란이 일어났으며 제나라는 이 틈을 노려 침입했다.

전국 중기 연나라 왕 쾌는 다른 사람의 말에 쉽게 넘어갔는데 이로 인해 나라에 위기를 가져왔다. 당시 제나라 선왕宣王은 소진蘇秦의 형인 소대蘇代를 신하로 삼아 연나라 왕 쾌 3년(기원전 318)에 사신으로 보냈었다. 연나라 왕 쾌는 연회를 베풀어 환영했다. 분위기가 무르익자 쾌가 소대에게 물었다. "제나라 선왕은 어떤 위인인가?" 그러자 소대가 대답했다. "마음은 좋은데 기백이 없어 대업을 이루기에는 곤란합니다." 쾌는 제나라 왕이 어떤 면에서 기백이 없는지를 물었다. 소대는 "제나라 왕은 의심이 많아 인재를 크게 써 주지 않습니다. 인재들이 발전하기 어려우니 자연히 대업을 이루기 어렵지요."라고 대답했

다. 귀가 얇은 쾌는 그 말을 듣고 의식적으로 제나라 선왕과 자신을 비교한 다음, 재상인 자지子之에게 더 큰 실권을 주었다. 하지만 소대가 그렇게 말한 것은 자기와 밀접한 관계가 있는 자지가 더욱 큰 실권을 얻게 하기 위한 것이었다. 더욱 큰 권력을 얻은 자지는 바로 황금 100근을 소대에게 선사했다.

-403~-221 전국

봉황 무늬가 새겨진 기와
머리를 숙이고 꼬리를 쳐든 봉황이 새겨져 있는 기와.

전국 시대 연나라의 주요 강 - 거마하
태행산太行山에서 발원하는 거마하拒馬河는 전국 시대 연나라의 주요 하류였다. 《수경주水經注》의 기록에 따르면 당시의 독항督亢(지금의 하북성 도주, 고안, 신성 등지)에는 독항구督亢溝, 독항택督亢澤이 있었는데 모두 거마하의 물을 받아들였다. 강들이 사방으로 뻗어 있어 독항은 연나라의 가장 풍요로운 지방이 되었다. 그림은 태행산을 가로 지나는 거마하이다.

●●● 역사문화백과 ●●●

['진장원호'의 명문 해석]

1987년 강소성 우이현盱眙縣에서 출토된 귀한 보물 '진장원호陳璋圓壺'의 명문을 성공적으로 해석해 냈다. 이 기물은 미국에 소장되어 있는 '진장방호陳璋方壺'와 한 쌍인데, 두 기물에는 모두 29자의 명문이 새겨져 있다. 그 내용은 제나라 선왕 5년(기원전 316)에 제나라 진장陳璋(전장田章)이 연나라를 공격해 멸망시키고 이 기물을 빼앗아 온 것이다. 진장원호에는 연나라와 제나라의 두 언어가 새겨져 있었는데 이는 중국에서 출토된 청동기 중에서도 드문 것이다.

| 중국사 연표 |

기원전 314년

연燕나라 자지子之는 시피市被와 태자 평平을 죽였다. 제나라는 광장匡章을 파견하여 연나라를 공격해 50일 만에 연나라를 점령하고 자지와 연 왕 쾌를 죽인 후 퇴각했다. 조趙나라는 연나라 왕자인 직職을 연나라의 왕이 되게 한 다음 소왕昭王이라 칭했다.

연나라 왕의 직과職戈
과戈는 고대 병기 중의 하나로 구병句兵이라고 불렀다. 기원전 311년 연나라 소왕이 즉위한 후 연나라는 점차 안정되었으며 국력도 점점 강대해지기 시작했다. 그림은 연나라 왕이 쓰던 과戈로서 하북성 역현 연하도易縣燕下都의 유적지에서 출토되었다.

남의 손에 들어간 대권

연나라 왕 쾌가 자지子之를 특별히 중용한 결과, 일부 본분을 지키던 대신들은 왕과 접근할 기회를 잃었다. 그러던 어느 날, 자지와 같은 무리인 녹모수鹿毛壽란 자가 상주하여 이르기를 "대왕이 백성들의 말을 귀담아 듣고 현명한 신하를 등용했기에 사람마다 칭찬이 자자합니다. 상고上古 시기 명군이었던 당요唐堯는 대왕의 자리를 대신인 허유許由에게 내어 준 적이 있는데 허유는 사양하고 옥기산玉箕山으로 도망가서 살았습니다. 그래서 당요의 왕위 자리는 의연했을 뿐만 아니라 그 현명함이 천하에 알려졌습니다. 대왕께서도 당요를 본따 왕위를 재상인 자지에게 넘겨주시는 것이 어떻습니까? 자지는 반드시 사양할 것이고 이로 인해 대왕의 명성은 당요와 더불어 천고에 길이 전해질 것입니다." 이 말에 일리가 있다고 여긴 연나라 왕 쾌는 모든 권력을 자지에게 넘겨주었다. 이제 자지는 연나라를 통치하는 최고의 권력자가 되었다. 얼마 후 또 한 신하가 연나라 왕 쾌에게 진언하기를 "대왕이 정무 대권을 재상에게 위임해 연나라는 나날이 발전을 하고 있습니다. 실로 대왕님의 영명하심이 나타난 것입니다. 하지만 이유를 모르는 백성들은 대왕이 겉으로는 국정을 재상에게 부탁했지만 실제 관리 임명 대권은 태자의 손에 있다며 의견이 분분합니다." 라고 했다. 그러자 연나라 왕 쾌는 명을 내려 봉록 300석 이상 관원들의 인장을 모두 거둬들여 자지에게 맡겼다. 이렇게 되어 관리 임명 대권까지 장악하게 된 자지는 조정을 독단했으며, 왕의 권력을 행사했다. 연나라 왕 쾌는 몸도 허약하고 나이도 많아 조정에 관심을 두지 않았으며, 종일 후궁에서 시간을 보내며 간신들이 아첨하는 소리를 들으며 생활했다.

새 모양의 도자기 두豆
이 새 모양의 도자기 두豆는 산서성 장치현長治縣에서 출토된 전국 시대의 유물이다. 둥그런 배에 원형 밑판을 가지고 있는데 깃털이 풍부한 큰 새와 흡사하다.

●●● 역사문화백과 ●●●

[전국 시대 대형 토기 양식 저장 단지]
1987년 하남성 정한 고성鄭韓故城에서 전국 시대의 양식 저장에 쓰였던 대형 토기 움이 발견되었다. 이 움은 입구가 마치 항아리와 비슷하다. 아래는 세 개의 원형 도기로 쌓아 올렸고 원형으로 된 움 바닥은 네 개의 벽돌로 맞붙여 놓았다. 이 도기 움은 이동에 편리하게 했으며 수효에 따라 높낮이를 조절할 수도 있었다. 높이는 1.1m, 넓이 0.87m로 곡물 600여 근을 저장할 수 있다.

| 세계사 연표 |

기원전 332년

알렉산드로스는 이집트를 정복하고 알렉산드리아를 건립했다. 페르시아 인이 통치하던 이집트 제31대 왕조는 멸망되었고 이집트는 마케도니아 제국의 일부분이 되었다.

경작도耕作圖
전국 시대, 소로 경작하는 방법의 보급과 철 농기구가 널리 사용됨에 따라 농업은 많은 발전을 가져왔다. 농부들은 '인지제의因地制宜, 인시제의因時制宜(시간, 장소에 따른 처방)'의 원칙에 따라 농사를 지어 생산량이 대폭 향상되었다. 심지어 일부 국가에서는 10년 먹을 양식까지 비축해 두기도 했다. 그림은 원元나라 때 농학자 왕정王禎의 《농서農書》에 근거해 그려진 〈경작도耕作圖〉 중의 하나이다.

내란內亂과 외한外患

권력을 쥔 자지子之는 그 권력을 이용해 자기 주위의 사람들과 함께 욕심만 차렸다. 그래서 연나라 관리와 귀족들 간의 부패와 혼란은 날로 심해졌다. 때가 왔다고 여긴 제나라 선왕宣王은 연나라에 사람을 파견해 태자 평平이 정권을 탈취하게 했다. 제나라의 지지하에 장군 시피市被와 태자 평平은 자지를 공격했으나 오랫동안 공략하지 못했다. 그러자 장군 시피와 태자 간에도 갈등이 생겨 시피는 목숨을 잃었다. 이처럼 연나라의 내란이 그치지를 않자 백성들은 뿔뿔이 흩어져 피난을 갔다. 이 기회를 틈타 제나라 선왕이 연나라를 공격하자 연나라는 힘없이 무너졌고, 연나라

왕 쾌는 피살되었으며 자지는 국외로 도망가 버렸다. 그러나 제나라 선왕은 열국들의 간섭으로 연나라를 독차지하지는 못하고 수많은 재물들만 약탈해 갔다. 연나라의 내란은 3년간 지속되었으며 3년 후에 태자 평平이 즉위해 '소왕昭王'이라 칭했다. 하지만 이때의 연나라는 이미 다시 일어서기가 힘들 정도로 너무 쇠퇴해 있었다.

| 중국사 연표 |

기원전 314년

진나라는 의거義渠를 공략해 25개 성을 얻었으나 한韓나라를 공략하다가 봉문峰門에서 패했다.

052

황금대를 지어 인재를 모으다

연燕나라 소왕昭王은 나라를 다시 일으켜 세우기 위해 곽외郭隗의 건의로 역산易山 기슭에 금빛 찬란한 '황금대黃金臺'를 짓고 인재를 모아들였다.

3년 대란을 거친 후 왕이 된 연나라 소왕은 국가가 망한 교훈을 뼈저리게 느끼면서 백성들과 고락을 같이했다. 소왕의 희망은 현명한 인사들을 많이 모집해 국가의 대사를 함께 논의하는 것이었다. 어느 날 소왕은 부근에 학문이 높은 곽외라는 사람이 있다는 소리를 듣고 친히 찾아갔다.

서로 품격이 다른 군왕들

소왕은 곽외의 집으로 찾아가 말했다. "어떻게 하면 현인들의 도움으로 나라를 강성하게 할 수 있으며 제나라에게 원수를 갚을 수 있겠소?" 그러자 곽외는 대답했다. "나라의 번영은 인재를 근본으로 합니다. 하지만 어떤 부류의 인재가 모여드는가는 세 가지로 나눌 수 있습니다. 상上에 속하는 군왕은 현인을 선생으로 모시고 제업帝業을 이룩하며, 중中에 속하는 군왕은 현인을 친구로 대해 왕업王業을 이루고, 하下에 속하는 군왕은 현인을 신하로 대해 패업霸業을 이룩할 수 있습니다. 이에 속하지 못하는 군왕은 현인을 노예로 대해 나라를 망칩니다. 또한 현인을 선생으로 모시는 군왕에게는 군왕보다 백 배 이상의 능력을 가진 사람도 군왕을 모시고자 찾아올 것입니다. 현인을 친구로 대하는 군왕에게는 그보다 열 배의 능력을 지닌 사람들이 몰려들 것이요, 현인을 신하 취급하는 군왕에게는 그와 능력이 비슷한 사람들만이 모여들 것이며, 현인을 노예로 대하는 군왕에게는 노예와 다름없는 사람들이 모여들 것입니다. 또 인재를 존중할 줄 모르는 군왕에게는 아첨쟁이들만 모여들 것입니다."

죽은 말로 산 말을 유인

곽외의 말에 소왕은 고개를 끄덕이며 동감을 표시했다. "과인은 진심으로 상에 속하는 군왕이 되길 원하오. 선생이 훌륭한 현인을 추천해 준다면 과인은 그를 스승처럼 깍듯이 대할 것이오." 그러자 곽외가 말했다. "옛날 한 군주가 천금을 주고 천리마를 사려고 하자 한 신하가 천리마를 찾아 떠났지요. 석 달 만에 겨우 천리마를 찾았지만 말은 이미 죽은 뒤였습니다. 그 신하는 500냥 황금으로 그 죽은 천리마를 산 다음 말 머리를 군주에게 바쳤습니다. 군주가 화를 내자 그 신하가 대답했습니다. "소인이 대왕 대신에 500냥 금으로 죽은 천리마를 샀다는 소식이 온 세상에 전해지면 모두들 죽은 말도 500냥인데 산 천리마의 값이야 얼마겠는가 할 것입니다. 그러니 꼭 사람들이 천리마를 보내올 것입니다." 과연 일 년도 안 되어 군주는 세 필의 천리마

호랑이 머리 모양의 수도관水道關 입구 (위 사진)
이 유물은 하북성 역현 연하도易燕縣下都 유적에서 발굴된 건축 자재의 일부이다. 도자기로 만들어진 호랑이의 벌린 입 모양을 배수에 이용하고 있다.

●●● **역사문화백과** ●●●

[황금 화폐의 유통]

전국 시대부터 황금이 일반 유통에 사용되었다. 그 계량 단위는 근斤, 일鎰(1일은 20냥 또는 24냥)이다. 황금 화폐는 황금이 많이 생산되는 초楚나라에서 제일 많이 사용되었다. 초나라의 황금 화폐는 원형으로 된 금과 장방형으로 된 작은 덩어리인데 '칭稱'을 단위로 했다. 금 함량은 90% 이상이며 사용시 작은 덩어리로 만들어 무게에 따라 지불했다. 당시 황금은 각국 정부와 귀족, 관료와 일부 거상들의 수중에 있었으며 진귀한 상품 교환은 모두 황금으로 값을 매겼다.

| 세계사 연표 |

기원전 331년

알렉산드로스는 가우가멜라에서 다리우스 3세가 거느리는 페르시아 군을 모조리 격파시켰으며 다리우스는 메디아로 도망쳤다. 같은 해 알렉산드로스는 바빌론성을 점령했고 아르메니아는 마케도니아의 통치를 받게 되었다.

《전국책戰國策·연책燕策 1》《자치통감資治通鑑·주난왕周赧王 3년》《사기史記·연소공세가燕召公世家》 출전

보불 무늬의 통와당筒瓦當
하북성 역현 연하도 유적에서 출토된 반원형 통기와이다. 기와의 앞부분은 반원형 와당으로 보불(도끼와 亞자 모양) 무늬가 그려져 있다.

를 얻었습니다. 지금 대왕께서 진정으로 현인을 얻고자 하니 소인부터 시작해 봄이 어떻습니까? 소인처럼 무명지인도 대왕의 신임을 얻고 있다고 알려지면 천리 밖의 현인들이 모두 소문을 듣고 대왕님을 모시고자 찾아올 것입니다."

인재가 가득해 발전한 연나라

곽외의 말을 들은 소왕은 무척 기뻐하며 곽외를 위해 역산易山 기슭에 금빛 찬란한 높은 등대를 짓고 '황금대黃金臺'라 이름 지었다. 그리고 이곳에서 천하의 현인들을 맞이했다. 또 곽외를 스승으로 모시는 의식을 거행하자 많은 현인들이 "이름도 없는 곽외마저 이렇듯 총애를 받는데 하물며 우리들이야 더욱 중시를 받겠지." 하며 연나라로 몰려왔다. 악의樂毅는 위魏나라에서, 추연鄒衍은 제齊나라에서, 극신劇辛은 조趙나라에서 연나라로 왔다. 잠깐 사이에 연나라에는 인재로 들끓었다. 연나라의 국력은 전에 없이 강성해졌으며 오직 제나라에 복수할 날만을 기다렸다.

다양한 와당 도안
고성古城 유적들에서 와당과 판와板瓦가 많이 발견되었다. 이러한 와당 도안의 다양화는 당시 각 제후국의 서로 다른 예술 품격을 보여 주고 있다. 산동성 임치시臨淄市의 제나라 고성에서 출토된 반원형 와당에는 나무와 짐승, 구름무늬가 그려져 있고, 하북성 역현 연하도 유적에서 출토된 반원형 와당에는 도철무늬, 쌍조무늬와 산, 구름무늬가 그려져 있다. 하남성 낙양시 주왕성洛陽市周王城 유적에서 출토된 반원형 와당에는 여러 가지의 구름무늬가 그려져 있다. 그 외에도 사슴무늬, 변형된 구름무늬, 달리는 노루무늬, 새무늬, 야수무늬, 학무늬 등이 있다.

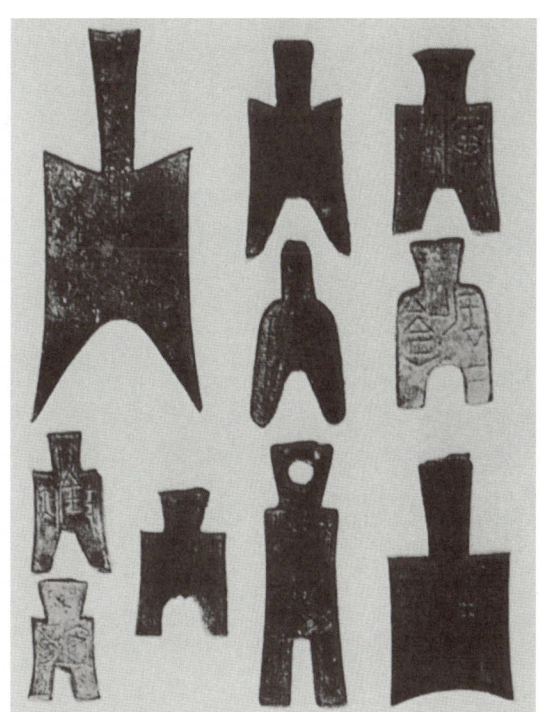

삽 모양의 포폐布幣
'포布'는 고대 화폐의 총칭으로 포폐는 고대 농기구인 '박鎛'에서 변화한 것이다. 박은 산鏟, 박과 포는 동성 가차자同聲假借字로 포폐를 '산폐鏟幣'라고도 부른다. 초기의 포폐는 산鏟의 형태였는데 주로 춘추 초기에 유통되었다. 후에 폐幣의 머리 부분이 점점 평평해졌는데 이것은 주로 전국 시대에 통용되었다. 초기 포의 뾰족하던 다리는 점차 네모난 다리로 변했고 전국 말년, 진나라 초기에 와서는 원족포圓足布가 되었다.

| 중국사 연표 |

순황荀況은 전국 말기 조趙나라 사람으로 유가儒家의 대표 인물이다. 그는 법가法家의 사상을 받아들여 '성악론性惡論'을 주장했으며, 저서로는 《순자荀子》가 있다.

기원전 313년 ~ 기원전 283년

053

오만한 송나라 왕 언

송宋나라 왕 언偃은 오만했으며 미신을 믿었다. 그는 '사천득승射天得勝', '태지득승笞地得勝'으로 자신을 격상시키고 신하와 백성들에게 소리 높여 세 번 만세를 부르게 했다.

패왕이 되려는 야심

춘추 전국 시대의 송宋나라는 은상殷商의 유족遺族이다. 일찍 주공周公이 무경武庚, 관채管蔡의 반란을 평정하고, 상나라 왕족인 미자微子의 현명함을 존경해 그에게 은상 유족의 대표로 송宋을 봉지로 줘 상족의 뒤를 잇게 해 송나라를 건립하게 했다. 송나라 왕은 건국 후 거의 다 평범한 인물들로, 전국 후기의 송나라 왕 언까지 전해 내려왔는데 일부 역사책에서는 송나라 왕 언을 강왕康王이라고 한다. 송나라 왕 언은 정변을 일으켜 형님을 몰아낸 다음 왕위를 얻었다. 그는 자기가 웅대한 포부를 지녔다고 생각했다. 그래서 여러 강국들이 서로 다투는 장면을 보고 "지금이야말로 우리 송나라가 위풍을 떨칠 때로구나." 했다. 한 무리의 간신들이 그를 부추기는 바람에 언의 야심은 더욱 부풀어 올랐다.

하루는 성을 수비하던 병사가 달려와서 궁전 성벽 밑의 참새 둥지에서 까마귀가 알을 낳았다고 보고했다. 언은 얼른 태사太史를 불러 이것이 무엇을 의미하는지 점을 치게 했다. 간신인 태사는 이렇게 말했다. "대왕님, 경사스러운 일입니다! 작은 새집에 큰 새가 알을 낳았다는 것은 작은 것으로 큰 것을 다스린다는 뜻입니다. 즉 우리 송나라가 천하의 패국霸國이 된다는 것을 의미합니다!" 그때부터 언은 왕으로 자칭하며 병사를 거느리고 사방으로 출병했다. 그는 먼저 병사를 거느리고 동으로 진군해 설읍薛邑 등 다섯 개의 제나라 성곽을 점령했다. 그리고 서쪽으로 진군해 위魏나라군을 격파하고 약소국이었던 등騰나라도 멸망시켰다. 다시 남으로는 초楚나라군을 격파해 회북淮北의 300여 리 지역을 점령했다. 많은 승리를 얻은 언은 득의양양해 자신이 진·제나라와 어깨를 겨룰 수 있는 강국의 군왕이라고 생각했다.

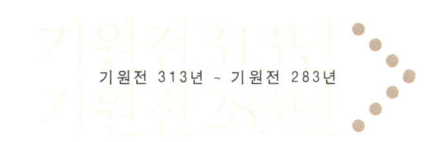

걸송 초망桀宋招亡
기원전 318년, 송나라는 국세가 기울어져 쇠락해 있는 상태였다. 하지만 송나라 왕 언은 도리어 왕으로 칭하면서 교만에 빠져 있다가 제齊·초楚·위魏나라의 공격을 받아 패망하고 말았다. 그림은 청나라 말 민국 초기의 석인본 《동주열국지》에 실려 있다.

모든 백성의 만세 소리

송나라 왕 언은 백성들의 왕에 대한 숭배를 높이기 위해 소 피를 가득 담은 가죽주머니를 매달게 한 다음

| 세계사 연표 |

기원전 330년

알렉산드로스는 군사를 지휘해 페르시아 옛 도시인 페르세폴리스의 크세르크세스 궁전을 불태워 버렸다. 페르시아 제국인 아카메네스 왕조는 이로써 멸망되었다.

출전 《전국책戰國策·송위책宋衛策》《자치통감資治通鑑·주난왕周赧王 28년~29년》《사기史記·송미자세가宋微子世家》

화살로 세 번 쏴 소 피가 쏟아지게 했다. 그리고는 이것을 '사천득승(하늘을 정복했다.)'이라 했다. 그 다음 언은 땅을 항복시킨다면서 특별하게 만든 채찍으로 땅을 매질해 제단을 무너뜨리고 제물을 불살라 버리고 이것을 '태지득승'이라 했다. 언은 이것으로 자신을 천지간의 모든 귀신들을 항복시킨 지고무상至高無上의 군왕으로 격상시켰다. 또한 매번 조회 때마다 100여 명의 관리들이 만세를 높이 부르면 그 밑에 있던 신하들도 그 소리에 응해 높이 만세를 부르게 했다. 그 만세 소리가 궁전 성문에까지 들리면 거리의 모든 백성들도 반드시 걸음을 멈추고 만세를 높이 불러야 했다.

채색 인형 사녀

전국 시대 사녀仕女 채용彩俑은 호남성 장사시 앙천호仰天湖의 초楚나라 무덤에서 출토되었다. 채용은 먼저 나무 조각에 인체를 조각한 다음 색칠을 한 것으로 오관五官을 그리고 복장도 세밀하게 그려 초나라 여자들의 복장 양식을 알 수 있다. 옷깃을 오른쪽으로 겹친 비단옷은 대부분 귀족 부녀자들의 옷차림이다.

를 내며 그 정탐병을 죽여 버렸다. 그리고 다시 전장에 정탐병을 보냈는데 그 병사도 아까와 같은 보고를 했다. 언은 이번에도 정탐병을 죽여 버렸다. 그러는 사이 제나라군은 이미 송나라 도성에 가까이 왔고 백성들은 도성을 빠져나가 도망을 쳤다. 언은 또다시 정탐병을 보냈다. 그런데 이 정탐병은 사실대로 보고하면 죽을 것이 뻔하다고 여겨 "어디에도 제나라 군사는 없습니다. 백성들은 모두 평안합니다."라고 보고했다. 언은 이 보고를 듣고 몹시 기뻐하며 정탐병에게 큰 상을 내렸다. 정탐병은 상을 받은 그 길로 멀리 도망쳐 버렸다.

제나라군이 송나라의 도성을 격파하자 언은 급히 온溫으로 도망쳤으나 얼마 후 그곳에서 죽었다. 송나라의 대부분 지역은 제나라에 점령되어 멸망하고 말았다.

오만한 왕의 비참한 최후

송나라 왕 언의 이러한 행동들은 각 제후국 군주들의 분노를 일으켰다. 그들은 언을 '걸송桀宋'이라 욕하면서 그의 행동을 하夏나라 말기 왕 걸桀에 비유했다. 제후들은 또 "지금의 송나라 왕은 그 선조인 은殷나라 주왕紂王이 하던 짓을 하니 망하지 않을 수 없다."고 하며 제, 초, 위 세 나라가 연합해 송을 공격하기로 결정했다.

기원전 286년, 제齊나라 민왕湣王은 초, 위와 연합해 직접 송나라 경내로 진격했다. 송나라의 정탐병이 이 사실을 보고하자 조정의 간신들은 이렇게 말했다. "제나라처럼 약한 나라가 어찌 감히 강대한 송나라를 공격할 수 있겠습니까? 틀림없이 저 정탐병이 다른 마음을 품고 있는 것입니다." 그 말을 들은 언은 크게 화

●●● 역사문화백과 ●●●

[고대인의 전렵]

전렵田獵은 고대인들의 오락성 예의禮儀 활동으로 일정한 군사 훈련의 의미도 포함하고 있다. 전렵은 계절에 따라 다르게 부르는데 춘수春蒐, 하묘夏苗, 추선秋獮, 동수冬狩 등이다. 전렵에는 또 엄격한 법규가 있는데 보통 농한기에 진행하며 어린 짐승을 잡지 않고 새 둥지를 부수지 않는다. 또 새끼 밴 짐승을 잡지 않고, 새알을 밟지 않는 등 자연계의 생태 평형을 파괴하지 않고 야생 동물 자원을 보호하는 것을 원칙으로 했다.

《산해경山海經》

| 중국사 연표 |

기원전 312년
초나라군은 한나라 옹씨雍氏를 공략했다. 진나라는 한나라를 돕기 위해 출병해 초나라군을 단양丹陽에서 크게 격파하고 초楚·한漢의 중부 지역을 점령했다.

054

소진이 첩자가 되다

소진蘇秦은 연燕나라 소왕昭王의 은혜에 보답하고자 첩자가 되어 제나라로 갔는데 이 사실은 전국 후기에 큰 반향을 일으켰다.

진을 공격하려 한 제나라

소진蘇秦은 동주東周 낙양洛陽 사람으로서 어린 시절 귀곡鬼谷 선생으로부터 종횡유세縱橫游說의 방법을 학습했다. 그는 열심히 여러 서적들을 읽고 각 방면의 지식을 습득했다. 그중에서도 《태공음부지모太公陰符之謀》라는 책이 소진에게 큰 영향을 미쳤다.

전국 후기에는 진나라와 제나라가 가장 강대했다. 기원전 288년, 진나라는 제나라와 연합해 조나라를 공략하고 진나라 왕을 서제西帝로, 제나라 민왕을 동제東帝로 칭했다. 소진은 바로 이때 제나라 왕을 만났다. 소진은 제나라 왕에게 황제 칭호를 없앨 것을 제의하면서 그렇게 하면 천하가 제나라를 사랑함과 동시에 진나라를 증오하게 될 것이라고 했다. 또 조나라보다는 송나라를 공략함이 더 유리하다고 하면서 동맹을 버리고 진나라를 공격하고 송나라를 점령하라고 건의했다.

이러한 건의가 받아들여져 소진은 5국과 연합해 진나라를 공략할 것을 상의했다. 소진은 제齊·조趙·연燕 3국의 충신과 봉군封軍을 겸해 그 명성이 자자했다.

최초의 은 주기銀酒器
이 기물은 안휘성 수현壽縣에서 출토된 초나라 왕의 손님 접대용 은잔으로 잔의 형태는 바가지와 비슷하다. 이는 초나라 문물 중 처음으로 발견된 것이다.

말주변이 좋은 종횡가縱橫家(중국 전국 시대에 독자적인 정책을 가지고 제후 사이를 유세遊說하며 다니던 사람) **소진**
동주 낙읍洛邑 사람인 소진의 자는 계자季子로 장의張儀와 함께 귀곡자의 제자였다. 그는 각종 서적을 읽고 정세를 연구했다. 전국 시대의 제일 걸출한 전략가 중 한 사람이라고 할 수 있다.

●●● 역사문화백과 ●●●

[춘추 전국 시대의 인구]

춘추 중기 이전에는 각국의 인구가 적었고 황무지도 많았다. 상대적으로 발달했다는 중원 지구나 정鄭나라, 송宋나라 등도 여전히 비어 있는 땅이 많았다. 그러나 소로 밭갈이를 하고 철제 농기구가 사용되면서부터 생산력이 많이 향상되었다. 이로 인해 전국 시대에 와서는 중원 국가들의 인구 밀도가 확실히 높아졌다. 당시 사람들은 "인접한 읍邑이 서로 바라볼 수 있었고, 개와 닭의 울음소리도 서로 들을 수 있었다."라고 묘사했다. 전문가들에 의하면 당시 중원 7국의 총 인구는 약 2000만 명 정도에 달했을 것이라 한다.

| 세계사 연표 |

기원전 330년

마르세유의 그리스 탐험가 피테아스는 유럽 대서양 해안을 따라 북으로 항해하여 약 기원전 330년에 프레타니카이(오늘날 '브리튼Britain'의 어원이 됨.) 섬에 도착했다.

출전 《전국종횡가서戰國縱橫家書》 4 《전국책戰國策·진책秦策 1》

《사걸사경도四杰四景圖·처불하기妻不下機》 (명나라 사시신邮時臣 그림)

소진蘇秦(?~기원전 284년)은 전국 시대 동주 낙양 사람으로 종횡가 귀곡의 제자이며 열국들을 다니며 유세했지만 큰일을 이루지 못했다. 거지처럼 남루한 모습으로 집에 돌아오자 그의 아내가 이런 꼴로 돌아온 남편을 보고 마중하지 않았으며, 집의 식솔들도 그와는 말도 건네지 않았다. 큰 충격을 받은 소진은 그때부터 분발해 책을 읽고 마침내 위업을 이룩했다.

라로 갔다. 원래 소왕의 부친 쾌가 왕위를 재상인 자지子之에게 넘겨준 탓에 연나라에는 내란이 일어났고 이때 제齊나라 선왕宣王이 공격해 와 연나라는 거의 멸망에 이르렀었다. 그런데 소왕은 즉위 20여 년 동안 나라를 잘 다스려 국가의 실력을 키웠고 제나라에 복수하려는 생각을 키워 나갔다.

소진은 연나라에서 소왕의 뜨거운 환대를 받았다. 소왕은 그에게 재상의 직위를 주고 동시에 군주로 봉하기까지 했다. 이러한 소왕의 행동은 소진을 감동시켰기에 소진은 소왕의 생각을 알고 난 후 그에게 계책을 대 주었다. "제나라는 비록 강대하지만 계략으로 나라를 어지럽게 만든 다음 제나라와 다른 국가들 사이의 관계를 깨뜨리면 됩니다. 그런 다음 연나라가 다른 나라들과 연합해 제나라를 공격한다면 대왕의 큰일은 이루어지는 셈입니다." 소진은 제나라를 부추겨 송나라를 점령하고 다시 남으로 초나라를 진공하게 한 다음 제·진·조나라의 관계를 깨뜨리고 연나라가 진, 조나라와 연합해 제나라를 공격하게 하려고 했다.

그러다 송나라 점령을 두고 위나라와 조나라 사이에 다툼이 생겼고 마침 진나라도 제왕의 칭호를 취소한다고 선포한 후 위나라와 조나라의 일부 지역을 되돌려 주었다. 이 때문에 5국이 연합해 진나라를 공격하려던 계획은 사라지고 말았다.

연나라 소왕과의 계책

한편 소진은 제나라를 무찔러 원수를 갚겠다는 연燕나라 소왕昭王에게 특별한 관심을 가지고 있어 연나

청동 용

| 중국사 연표 |

기원전 312년

한韓나라 선혜왕宣惠王이 죽고 아들 양왕襄王이 즉위했다.

걸출한 종횡가 소진

소진은 젊은 시절 큰 포부를 지니고 열심히 학습했다. 글을 읽다가 조는 것을 막기 위해 머리를 대들보에 매고 송곳으로 다리를 찌르기도 했다. 이러한 노력 끝에 마침내 걸출한 종횡가가 되었다. 왼쪽 그림은 청나라 말 민국 초기의 석인본 《동주열국지》에 실렸고 오른쪽 그림은 사부비요본四部備要本 《원곡선元曲選》에 실려 있다.

첩자 소진의 처형

소진은 연나라 소왕을 도와 제나라를 공격할 계획을 세운 다음 연나라의 사신으로 제나라에 갔다. 제나라 민왕은 소진을 성대히 맞이하고 재상의 직위와 군주의 봉호를 하사했다. 소진은 기원전 286년에 제나라를 도와 송나라를 멸망시키고 많은 땅을 점령했다. 제나라가 송나라를 멸망시키자 진나라와 조나라는 불안했다. 특히 진나라는 이것이 제나라를 공격할 절호의 기회라 여겨 각국과 연합해 제나라를 공격했다.

이때 소진은 제나라에서 비밀리에 연나라 소왕에게 편지를 썼다. "신은 제나라가 연나라의 적이 되리

용 모양의 옥 패물

라고 여깁니다. 하지만 신이 제나라에 있는 동안은 제나라가 연나라를 공격하지 못하게 하고, 조나라와의 관계를 악화시켜 대왕이 대업을 이룰 수 있게 하겠습니다." 편지에서의 '대업'이란 곧 제나라를 공략해 연나라 왕 쾌의 원수를 갚는 것이다.

그러나 기원전 284년, 악의樂毅가 다국적 부대를 거느리고 제나라를 공격하기 시작하면서부터 소진의 이러한 행동은 이내 폭로되고 말았다. 제나라 민왕은 그를 '반간反間' 죄로 다스려 '거열車裂(환형轘刑이라고도 한다. 죄인의 머리와 사지를 수레에 묶어 신체를 좌우로 찢는 형벌)'이라는 형벌을 내렸다. 사마천司馬遷은 《사기史記》에서 "소진이 반간죄로 죽자 천하가 그를 비웃었다."라고 했다. 하지만 일부 사람들은 "연나라의 흥성과 발전은 소진이 제나라에 있었기 때문"이라면서 은殷나라를 흥성시킨 대신 이윤伊尹, 그리고 주周나라를 흥성시킨 여상呂尙(강태공姜太公)과 비겨 소진을 높이 평가했다.

| 세계사 연표 |

기원전 328년 알렉산드로스는 페르시아를 정복한 후 페르시아 복식과 조의朝儀를 채용했으며, 또 박트리아 공주인 록사네를 아내로 맞이했다.

055

《전국책戰國策·연책燕策 2》《사기史記·전경중완세가田敬仲完世家》
《사기史記·연소공세가燕召公世家》《사기史記·악의열전樂毅列傳》

출전

악의가 제나라를 정벌

기원전 284년, 연나라 소왕은 전국의 병사들을 모두 파견하고 악의樂毅를 상장군上將軍으로 임명해 조趙, 진秦, 한韓, 위魏와 연합해 제나라를 공격했다.

악의는 위나라 장군 악양樂羊의 후대이지만, 악양이 중산 영수中山靈壽로 책봉받고 후에 조나라에 합병되었기 때문에 조나라 사람이라고도 할 수 있다. 악의는 조나라에 내란이 일어난 틈을 타 위나라로 왔으며 대부大夫의 칭호를 받았지만 중한 책임은 맡지 못했다. 그러다가 마침 연나라 소왕이 황금대를 세우고 천하의 인재들을 받아들인다는 소식을 듣게 되자 위나라 사신의 신분으로 연나라로 왔다. 연나라 소왕은 악의의 군사적 재능을 인정해 악의를 아경亞卿으로 등용하고 연나라 군대의 훈련을 책임지게 했다. 두 사람은 밤낮으로 제나라에 복수할 계책을 생각했다.

방자한 제나라 왕과 들끓는 민심

이 시기에 제나라 선왕은 연나라를 공격해 연나라에 깊은 원한을 안겼다. 기원전 286년, 제나라 민왕湣王은 초나라, 위나라와 연합해 송나라를 멸망시키고 초나라, 위나라와 함께 송나라 지역을 점령했다. 그러나 제나라 민왕은 자기가 손해를 봤다고 생각되어 초나라와 위나라를 기습해 그들의 많은 땅을 빼앗았다. 그리고 이로 인해 제나라의 세력이 커지자 민왕은 교만에 빠졌다. 민왕은 이렇게 말했다. "과인은 꼭 주나라를 멸망시키고 신주구정神州九鼎을 임치臨淄로 가져올 것이다." 보다 못한 재상 맹상군孟嘗君이 "송나라 왕 언偃은 방자하고 거만해 제후들의 반대를 받았기에 대왕께서 쉽게 멸망시킬 수 있었던 것입니다. 대왕님은 송나라 왕 언의 길을 걸어서는 안 됩니다. 주나라 천자는 비록 쇠약하지만 천하 제후들의 주인으로 누구 하나 천자를 대체하려고는 하지 않습니다. 대왕님도 천자를 멸망시키겠다는 생각만은 버리십시오."라고 진언했다. 민왕은 맹상군이 사람들 앞에서 자기의 흥을 깨뜨렸다고 생각하면서 "성탕成湯이 걸桀을 정벌하고 무왕武王이 주왕紂王을 죽일 수 있었는데 어째서 과인이 성탕成湯이나 주나라 무왕을 따라할 수 없단 말인가? 애석하게도 그대는 이윤伊尹이나 태공太公처럼 될 수 없도다."라고 했다. 두 사람의 논쟁이 더욱 심해지자 민왕은 맹상군의 도장까지 몰수했다. 이에 맹상군은 제나라에 더 머물 수 없음을 알고 위나라로 갔다. 대신인 호훤狐喧과 진거陳擧가 이에 대해 계속 권고하자 민왕은 그들을 아예 죽여 버렸다. 그리고 민왕은 천하를 얻겠다는 목

황금대黃金臺의 장군 - 악의

조趙나라 영수靈壽 사람인 악의樂毅는 많은 나라에서 관리로 있었다. 마지막에는 연나라 왕이 만든 황금대에서 현사가 되어 연나라를 흥성시키는 신화를 창조했다.

《황제내경黃帝內經》중의 〈소문素問〉 159

| 중국사 연표 |

기원전 311년

연나라에서는 철제 병기가 청동 병기보다 많았으며 불에 달궈 강철 검을 생산했다.

병권의 상징 – 한장서호절韓將庶虎節
전국 중·후기의 청동기. 엎드린 호랑이 형상이 매우 위풍스럽다. 이 자그마한 호절虎節을 손에 쥐기만 하면 병력을 배치하고 움직일 수 있었기에 호절은 병권의 상징이었다.

적을 달성하기 위해 백성들을 더욱 착취했다. 그러자 민심이 흉흉해졌고 전국 각지에서는 백성들의 원성이 드높았다.

5국의 연합 공격에 무너진 제나라

연나라 소왕은 제나라의 정황을 살펴본 후 제나라 정벌을 위해 악의와 의논했다. 악의는 "제나라 민왕은 비록 교만하고 우매하지만 아직은 강국이오니 경시해서는 안됩니다. 연나라의 힘만으로는 제나라를 정복할 수 없으며 다른 제후들과 연합해야만 승리할

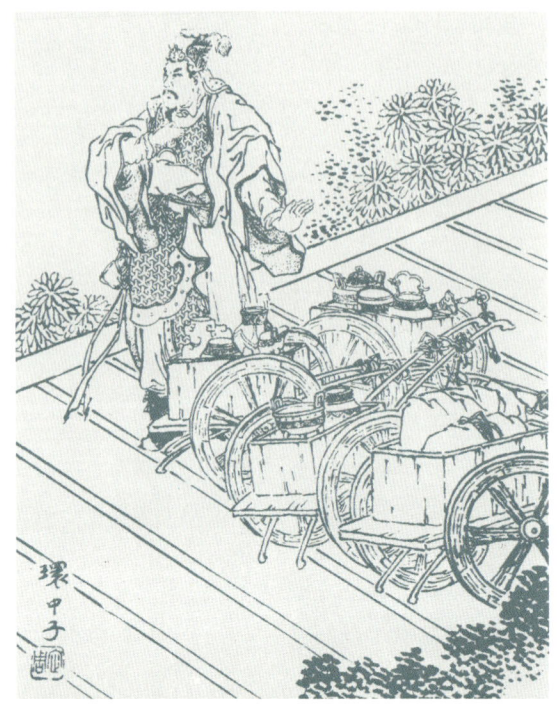

악의가 제나라를 크게 격파하다
제나라에 보복하기 위해 연나라 소왕은 철저한 준비를 했다. 기원전 284년, 연나라군은 상장군 악의의 총지휘하에 진·한·조·위魏나라의 연합군과 제나라에 전면적인 공격을 감행했다. 제나라 민왕은 도망쳤고 연나라군은 제나라의 70여 개 도읍을 점령했다. 왼쪽 그림은 명나라 말 각본 《신열국지》에 실려 있고, 위의 그림은 청나라 말 민국 초기 마태의 《마태화보》에 실려 있다.

••• 역사문화백과 •••

[전국 시대 성과 요새 공격에 쓰였던 도구 – 연시, 분온, 운제, 충거]

연시煙矢는 불화살을 말하는데 화살촉에 쉽게 연소될 수 있는 물질을 담아 적의 성루를 불태우는 데 썼다. 분온轒轀은 분연 또는 흉노차라고도 하는데 네 바퀴에 소가죽을 덮은 후 차 안에 10여 명이 앉아 돌과 흙 같은 것을 날라 적의 참호를 메우는 데 쓰였다. 운제雲梯는 높이가 두 장 가량으로 밑에 6개의 바퀴를 달아 도르래를 잡아당기게 했으며 겉을 소가죽으로 가려 사람이 안에서 밀 수 있게 만들었다. 성곽에 도착하면 도르래를 당겨 구름사다리로 성벽 꼭대기에 올라가 성을 공격할 수 있었다. 충거衝車는 총차라고도 하는데 대충거大衝車, 무충武衝, 거충距衝 등이 있다. 위를 막고 방패를 장치했으며 사람이 안에서 밀게 되어 있어 통나무로 적의 성문을 부수는 데 썼다.

| 세계사 연표 |
기원전 327년
마케도니아 왕 알렉산드로스가 인도에 진입했다.

수 있습니다. 조나라는 우리의 이웃이고 제나라에 좋지 않은 감정이 있어 쉽게 설득할 수 있습니다. 조나라가 동의하면 한나라도 동맹에 가입할 것이고, 위魏나라는 제나라와 갈등이 있으며, 진나라는 제나라의 위협을 견제하고자 하기 때문에 위의 다섯 나라와 연합하면 제나라 공격은 승리할 수 있습니다."라고 했다. 악의의 의견에 동의한 소왕은 다섯 나라에 예물을 보내고 제나라 정벌의 타당성을 설명하게 했다.

기원전 284년, 소왕은 악의를 상장군으로 임명해 제나라를 공격했다. 조·진·한·위나라도 군대를 파견해 제나라를 향해 돌진했다. 이에 제나라 민왕은 나라 안의 군사들을 모두 동원해 제수濟水의 서쪽에서 5국 연합군과 결전을 벌였다. 오랜 훈련과 악의의 지휘에 사기가 충천한 연나라군이 용감히 돌진하자 사기가 떨어진 제나라군은 뿔뿔이 도망쳤다. 이 때 4국의 병사들이 측면에서 공격해 오자 민왕은 작은 부대를 거느리고 도망쳤다.

파죽지세로 진공한 악의

제나라군을 격파하자 한나라와 진나라는 임무를 완성했다며 철병했고, 제나라와 인접해 있는 위나라와 조나라는 잃어버렸던 땅들을 수복하기에 바빴다. 그러나 악의는 전투력을 상실한 제나라군을 추격해 완벽한 승리를 얻

신비한 청동 창
사천성 비현 독백수獨柏樹에서 출토된 청동 창은 고대에 사용된 병기이다. 사진의 창은 긴 칼날에 짧은 교骹를 가지고 있다. 교 양측에는 파촉식巴蜀式의 궁형 귀를 가지고 있고 교 끝에는 우레 무늬가 있다. 엽교의 양면에는 특수한 파촉 부호가 새겨져 있는데, 이는 상서로운 부호일 것으로 추측된다.

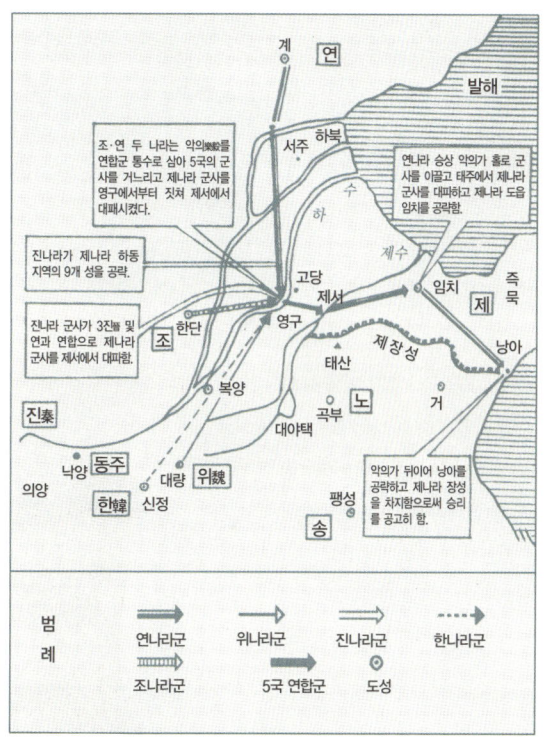

악의가 제나라를 공격한 시의도示意圖
기원전 284년, 연나라 상장군 악의는 각국의 적극적인 지지를 받아 제나라를 공격했다. 이에 제나라는 일시에 무너지고 말았다.

을 수 있는 절호의 기회라 생각하고 계속 진격했다. 또 제나라는 백성들의 신망도 잃었던 터라 백성들을 잘 달래면 손쉽게 제나라를 멸망시킬 수 있다고 여겼다. 그는 군사들을 규율로 다스리고 백성들을 안정시켜 아무런 저항도 없이 제나라 도읍인 임치臨淄로 쳐들어갔다. 연나라군은 제나라 왕조가 500여 년간 모아 둔 진귀한 보물들과 중정 예기들을 모조리 가져갔다. 연나라 소왕은 마침내 나라를 망하게 하고 부친을 죽인 원수를 갚게 된 것이다. 전쟁에서 큰 공을 세운 악의는 '창국군昌國君'으로 책봉받았다.

제나라 민왕은 위衛, 추鄒, 노魯나라 등으로 도망갔지만 모든 곳에서 쫓겨나고 결국 거읍莒邑에서 피살되었다.

《국어國語》 161

| 중국사 연표 |
기원전 309년
진나라는 처음으로 저리질과 감무를 좌, 우 재상으로 삼았다.

056

애국 소년 왕손가

악의樂毅의 연합군이 제나라 72개 성을 점령하자 초나라 장군 요치淖齒는 이 기회를 이용해 약탈을 감행했다. 그는 제나라 민왕을 죽이고 제나라 후궁을 점령했다. 그러자 소년 왕손가王孫賈는 백성들을 동원해 궁궐로 쳐들어갔다.

요치의 만행

악의가 5국 연합군을 거느리고 제나라를 공격하던 초기, 제나라 민왕은 초나라에 원조를 청하면서 회북 지역을 주겠노라고 했다. 그러자 초楚나라 경양왕頃襄王은 대장군 요치에게 10만 대군을 줘 제나라를 돕게 했다. 그러면서 요치에게 "초나라에 이로운 행동을 판단해 가며 행동할지어다." 라고 했다.

요치의 원군이 거읍莒邑에 다다르자 곤경에 빠졌던 제나라 민왕은 요치를 바로 제나라 재상으로 임명하고 그를 도와 연나라군을 물리칠 것을 바랐다. 그러나 요치는 민왕의 형세가 이미 돌이킬 수 없게 되었음을 알고서는 악의에게 몰래 사람을 보내 제나라 땅을 분할하는 것을 조건으로 민왕을 죽이겠노라고 했다.

악의의 승낙을 받은 후 요치는 병사들을 돌아본다는 명분으로 민왕을 유인해 죽여 버린 다음 민왕이 거읍에 둔 행궁行宮을 독차지하고 그곳에서 미녀들과 향락에 빠졌다. 바로 이때 15세 된 제나라의 한 소년이 오른쪽 어깨를 드러내고는 모두 오른쪽 어깨를 드러낸 제나라 백성들과 함께 소리 높이 외치며 궁궐로 쳐들어갔다.

모친의 가르침

그 소년은 왕손가王孫賈라 하는데 어린 시절 아버지를 여읜 후 어려운 가정환경에서 자랐다. 하지만 영리한 그는 우연히 제나라 민왕의 눈에 들어 왕의 시종이 되었다. 연나라군이 임치臨淄를 공격했을 때 왕손가는 민왕을 따라 도망을 쳤으나 중도에 대왕과 떨어지게 되어 혼자 집으로 돌아오는 수밖에 없었다. 어머니는 혼자 돌아온 아들을 보고 왜 대왕과 함께 도망가지 않았는지 물었다. 왕손가가 어쩔 수 없이 왕과 헤어진 이야기를 하자 어머니는 책망조로 말하기를 "신하로서 어찌 대왕을 버리고 혼자서 돌아온단 말이냐? 나는 네가 외

아름답고 화려한 전국 시대 채색 자기 단지
이 채색 단지의 겉면은 흑, 황, 백, 홍 네 가지 색채로 줄무늬, 인자 무늬, 톱날 무늬 등이 새겨져 있다.

| 세계사 연표 |

기원전 326년 — 알렉산드로스는 군사를 거느리고 인더스 강을 건너 계속 동으로 침공했다.

출전 《전국책戰國策·제책齊策6》
《자치통감資治通鑑·주난왕周赧王 31년》

출해 늦게 돌아오게 되면 늘 대문 어귀에 서서 기다렸고, 그래도 오지 않으면 마을 밖에 가서 기다렸다. 왜 그렇게 했겠느냐? 그것은 너에 대한 사랑과 책임이 있기 때문이다. 너는 대왕의 시종으로서 나라가 곤경에 처한 지금 대왕이 어디에 계시는 줄도 모르다니 부끄럽지 않느냐?" 왕손가는 어머니의 질책을 듣고 부끄러운 나머지 그 자리에서 어머니께 예를 올리고는 민왕을 찾으러 떠났다.

목숨을 걸고 적을 물리친 공손가

왕손가는 거리에서 민왕이 거읍에 갔다는 소문을 듣고 거읍으로 갔다. 하지만 대왕이 이미 초나라의 요치 장군에게 피살되었다는 소식을 듣게 되었고 이에 통곡하면서 사람들에게 큰 소리로 말했다 "제나라 왕은 요치를 신임해 제나라의 재상으로까지 봉했다. 하지만 요치는 은혜를 원수로 보답했다. 초나라 사람 요치는 분명 우리 제나라 사람을 무시하고 있다. 제나라 왕이 비록 잘못이 있다 해도 우리의 왕인데 어찌 요치란 놈이 우리 군왕을 죽이고 후궁을 어지럽힌단 말인가? 우리 제나라 남아男兒들은 모두 죽어 버렸느냐! 의리가 있는 남아라면 우리 같이 오른쪽 어깨를 드러내고 놈들을 물리치자!" 오른쪽 어깨를 드러내 놓는다는 것은 죽기를 결심한다는 뜻이다.

왕손가는 먼저 자기의 오른쪽 팔소매를 찢어 버린 후 검을 들고 행궁으로 처들어갔다. 백성들도 요치의 행동에 큰 분노를 느끼고 있던 차라 모두 왕손가를 따라 나섰다. 순식간에 400여 명의 사람들이 모여들었는데 모두 오른쪽 어깨를 드러내고 손에는 칼과 몽둥이, 도끼, 망치 등을 들고 행궁으로 돌격해 들어갔다.

행궁에서 주색과 가무에 빠져 있던 요치는 이러한 사태가 일어날 줄은 꿈에도 생각지 못했다. 그때 그의 십만 대군은 모두 성 밖에 대기하고 있었고 요치 주위에는 불과 몇 십 명의 위병밖에 없었다. 요치와 그의 위병들은 순식간에 모두 살해되었다.

왕손가를 따르는 무리가 많아지자 왕손가는 성 밖에 주둔해 있던 초나라군을 공격한 다음 성문을 닫고 성을 지켰다. 성 밖의 초나라군은 자기들의 장군이 이미 죽은 것을 알자 뿔뿔이 흩어져 초나라로 도망가 버렸다.

●●● 역사문화백과 ●●●

[함매와 장휘]

함매銜枚는 고대 군사 용어이다. 매는 수절 모양으로 생긴 것으로 줄에 꿰어 목에 걸 수 있으며 적이 가까이 왔을 때는 전체 장병들이 이것을 입에 물었다. 이렇게 하면 서로가 대화할 수 없어 적에게 탄로되는 것을 방지할 수 있었다.
휘장徽章은 당시 병사들이 지니던 군사 표지로 위에는 휘장을 지닌 사람의 이름, 부속, 등급이 적혀 있어 전쟁시 자기편과 적을 구별하는 데 사용되었다.

원자 환전垣字環錢
전국 시대의 화폐는 포布폐와 도刀폐에서 점차 발전되어 원형의 '환전環錢'이 나타났다. 원垣(지명)자 환전은 위魏나라에서 주조된 것으로 원형에 동그란 작은 구멍이 뚫려 있다. 명문으로 '원垣' 자가 새겨져 있다.

죽간竹簡, 목간木簡을 줄로 동여맨 다음 나무 곽 안에 넣고 흙으로 봉한 후 도장을 찍음

| 중국사 연표 |

기원전 307년
진나라는 처음으로 장군 직을 설치하고 위염魏冉을 장군으로 임명했다. 이때로부터 문무 대신의 구별이 있게 되었다.

057

전단의 복국復國

전단田單이 즉묵卽墨으로 피난을 오자 그곳 사람들은 그를 장군으로 받들었다. 그는 여러 가지 묘책으로 적을 마비시켰다. 어느 어두운 밤에 그는 한 무리의 소들을 적군 진영으로 몰았는데 소들의 꼬리에 맨 갈대에는 불이 붙어 있었다.

한 가닥 희망

제나라는 악의에게 70여 개 성을 점령당하고 이제 남은 것은 즉묵과 거읍뿐이었다. 악의는 제나라를 완전히 점령하기 위해 제나라 백성들의 민심을 달랬다. 이 소식이 연나라에 전해지자 연나라의 일부 대신들은 악의가 병권을 이용해 왕이 되려 한다고 의심했다. 악의와 사이가 좋지 않던 연나라 태자는 장군 기겁騎劫을 포함한 일부 대신들과 함께 이 사실을 연나라 소왕에게 알렸다. 그러나 소왕은 태자를 심히 꾸짖으며 "악의가 아니었다면 어찌 연나라가 망국의 치욕과 원수를 갚을 수 있었단 말이냐?"라고 했다. 이렇게 되어 한차례의 위기는 넘어갔다. 그러나 그 이듬해에 소왕이 죽자 태자 계繼가 혜왕惠王으로 즉위했고, 이 일은 제나라에게 한 가닥 희망을 가져다 주었다.

난세가 낳은 영웅

제나라의 성城인 즉묵을 수비하고 있던 장군은 전단田單이었다. 전단은 원래 임치의 시연市緣(시장을 관리하는 관리)이었는데 연나라군이 제나라에 진입하자 가족들에게 바퀴의 밖으로 나온 차축을 전부 떼어 버린 다음 마차에 철피를 두르고 도망치게 했다. 성 밖으로 빠져나올 때 사람들과 마차들이 서로 뒤엉켜 차축이 끊어지거나 서로 걸려 몽땅 연나라군의 포로가 되었지만 전단 가족들이 탄 마차는 안전하게 즉묵에 도착할 수 있었다. 사람들은 전단이 차 축을 끊고 도망해 온 것을 보고 그가 군사도 잘 다스리리라 여겨 전단을 장군으로 받들었다. 장군이 된 전단은 자기의 모든 재산을 군비에 쓰고 그의 가족들도 모두 성을 지키게 하는 등 솔선수범을 보여 사람들의 신임을 받았다. 전단은 성 안의 백성들과 힘을 합쳐 또 한 번 연나라군의 공격을 물리쳤다. 연나라에 혜왕이 즉위했다는 소식을 들은 전단은 좋은 기회가 왔다고 생각했다.

전단의 계책

전단은 사람을 연나라에 잠입시켜 악의가 새 왕을 깔보고 자기가 왕이 되려 한다는 소문을 퍼뜨렸다. 이 소문을 들은 연나라 혜왕은 악의의 직책을 기겁에게 넘기고 악의에게 귀국해 심문을 받으라고 했다. 이 명령을 받은 악의의 군사들은 불만을 토로했으며 악의도 모해를 받을까 두려워 조나라로 돌아가 버렸다.

전단은 자기의 첫 번째 계획이 성공하자 또다시 세

지혜로운 수장 – 전단 (위 그림)
제나라 사람 전단은 연나라를 물리치고 빼앗겼던 제나라 땅을 모두 되찾은 공신이다. 특히 즉묵卽墨 전쟁에서 '화우진火牛陣'으로 연나라 군대를 대파했는데 이로 인해 그의 이름은 후세에 널리 알려졌다.

| 세계사 연표 |

기원전 326년 인도 마가다 왕국의 찬드라굽타가 이해에 알렉산드로스를 만났다.

《자치통감資治通鑑·주난왕周赧王 30년~36년》
《사기史記·전경중완세가田敬仲完世家》《사기史記·전단열전田單列傳》

화우진火牛陣

기원전 279년, 연나라 혜왕은 기겁騎劫으로 악의 장군을 대체하고 제나라 즉묵을 포위 공격하게 했다. 성을 지키던 전단은 1000여 마리의 소에게 오색찬란한 천을 씌우고 소뿔에는 비수를 동여맸으며 꼬리에는 기름을 묻힌 갈대를 묶었다. 그 다음 갈대에 불을 붙인 소들을 성 밖에 풀어 놓아 연나라군의 진영으로 돌진하게 했다. 연나라군은 신령神靈이 병사를 내려 보낸 줄로 믿어 싸워 보지도 않고 도망쳤다. 전단은 연나라에 점령되었던 제나라의 70여 개 성을 수복해 제나라를 구해 냈다. 그림은 청나라 말 민국 초기 마태가 그린 《마태화보》에 실려 있다.

가지 계획을 실시하기 시작했다. 첫 번째 계획은 한 명의 군사에게 신神을 업은 듯이 분장시킨 후, 연나라 군은 이미 기세가 다했고 제나라에는 하늘이 전단에게 백성들을 영솔해 다시 나라를 회복하라는 명이 내려졌다는 소문을 퍼뜨리게 한 것이다. 두 번째 계획은 성 안의 백성들에게 식사 전에 밥상을 차려 선조에게 제사를 올리게 한 것이다. 그러자 새들이 먹이를 찾아 성 안으로 날아들었다. 성 밖의 연나라 군사들은 이런 정경을 보고 몹시 의아해 했다. 전단은 이것이 신령이 제나라를 보호해 주는 것이라고 소문을 퍼뜨렸다. 미신을 잘 믿는 연나라 병사들은 이런 소문을 듣자 사기가 떨어졌다. 세 번째 계획은 모사謀士를 첩자로 꾸며 기겁에게 묘책을 바치게 한 것이다. 그 내용은 제나라 사람은 조상의 무덤을 파헤치고 코를 베는 것을 제일 두려워하므로 연나라 군사들이 즉묵성 밖에 있는 제나라 조상의 무덤을 파헤쳐 코를 베어 버린다면 제나라군은 놀라 전투력을 상실해 즉묵은 저절로 무너질 것이라는 것이었다. 기겁이 이 말을 믿고 그대로 행동하자 즉묵의 백성들은 연나라군의 행동에 이를 갈았으며 모두 앞다퉈 연나라군과 싸울 것을 맹세했다.

자기의 계획이 성공했다고 여긴 전단은 부녀자와 노인들에게 성을 수비하게 하고는 장병들을 모두 은신시켰다. 그리고 사신을 연나라군 진지에 보내 성 안의 금은 재물들을 모아 가지고 연나라군 진영으로 가서 투항하겠다고 했다. 그리고 연나라 군사에게 즉묵이 투항하면 백성들을 포로로 잡지 말라고 당부했다. 이 말을 들은 기겁은 승리가 가까워 온 듯이 기뻐하면서 전단의 투항만을 기다렸다.

전국 시대의 금·은도금 청동기 정鼎

전국 시대 165

| 중국사 연표 |

기원전 307년 조나라 무령왕武靈王은 '호복 기사胡服騎射'의 실행을 선포했다.

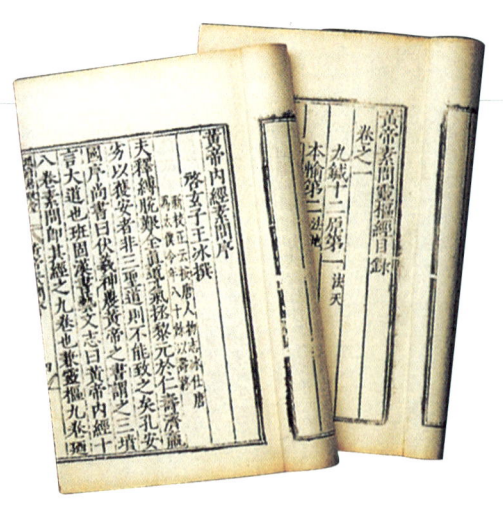

최초의 완벽한 의서醫書 - 《황제내경》
전국 시대에 완성된 《영추靈樞》와 《소문素問》 두 책을 합해 《황제내경黃帝內經》이라 한다. 이 책은 실천을 기초로 한 장부경락학설臟腑經絡學說과 병인학설病因學說을 내놓았는데 이는 중의학의 기초이며 진한秦漢 이전의 의학 경험의 총서이다. 또 중국 역사상 최초의 완전한 의서이기도 하다. 사진은 명나라 때의 간행본 《황제내경》이다.

기묘한 화우진

전단은 즉묵의 성문을 닫아걸고 수비를 강화하는 동시에 성 안의 튼튼한 소를 1000여 마리 골라냈다. 그 다음 신비한 오색 용 무늬를 가득 그린 붉은색 천을 소에게 씌우고, 소의 두 뿔에는 날카로운 비수를 매었으며 꼬리에는 기름을 바른 갈대를 동여맸다. 그리고 성벽 밑에 수십 개의 굴을 파게 한 다음 밤이 되기만을 기다렸다. 캄캄한 어둠이 대지를 뒤덮자 전단은 명을 내려 소꼬리에 맨 갈대에 불을 붙이게 했다.

아픔을 못 이긴 소들은 앞으로 쏜살같이 내뛰면서 성 밖에 파 놓은 굴에서 빠져나와 연나라 진영으로 내달았다. 한참 달게 자고 있던 연나라군은 미처 대피할 틈도 없이 소 떼에 짓밟혀 버렸다. 연나라군의 비참한 비명 소리가 밤하늘에 울려 퍼졌다. 소꼬리에 달린 불은 연나라 진영을 불바다로 만들었으며, 불길에 자극받은 소들은 진영을 마구 짓밟았다. 그때 성 안의 부녀자와 노인들이 북과 꽹과리를 울렸는데 그 소리가 천지를 진동했다. 전단은 5000명의 병사들에게 신비스런 옷을 입히고 얼굴에는 괴상한 그림을 그리게 한 다음, 손에 큰 칼을 쥐고 소의 뒤를 따라 연나라군 진영으로 돌진하게 했다. 분노와 사기가 충천한 제나라군이 공격하자 연나라군은 혼비백산해 흩어졌고 기겁도 제나라군의 칼에 죽고 말았다.

전단은 승리의 기세를 이끌어 계속 연나라군을 추격해 황하 기슭까지 왔다. 닿는 곳마다 백성들은 전단의 군대에 귀순했는데 얼마 안 되는 사이에 빼앗겼던 제나라의 70여 개 성을 모두 수복했다. 그 후 전단은 거읍에 있던 제나라 태자 법장法章을 임치로 모셔 와 왕으로 옹립했는데 그가 바로 양왕襄王이다. 큰 공을 세운 전단은 안평군安平君으로 책봉되었다.

역사문화백과

[성과 곽]
전국 시대 각 제후국의 국도國都는 거의 작은 성성과 대곽大郭들이 이어져 있었다. 작은 성은 군주와 귀족들이 사는 지역으로 궁성과 궁궐들은 모두 높은 계단 위에 지어졌다. 궁전 구역 밖에는 많은 수공업 작업장을 앉혔는데 각종 병기와 화폐, 그리고 생활 도구들을 생산했다. 대곽은 각급 관리와 일반 백성들이 사는 구역으로 수공업과 상업이 집중된 지역이기도 했다. 사람이 많고 산업이 번성했으며 이 구역의 범위는 궁성보다 훨씬 더 넓었다.

반룡 건고 좌盤龍建鼓座
건고는 고대에 사용되던 타악기의 일종이다. 이런 고鼓는 길이가 길고 둥글며 나무 막대기가 북을 꿰뚫고 지나면서 북을 받쳐 준다. 전국 시대에는 건고가 널리 사용되었다. 사진의 건고는 원형 기둥으로 8마리의 큰 용과 십여 마리의 작은 용이 있는데 조형이 생생해 예술, 심미, 실용적 가치를 지니고 있다.

| 세계사 연표 |

기원전 326년

로마는 포에테리아 파피리아법의 통과로 채무노예제를 폐지했고 평민이 채무노예로 되는 것을 막았는 바, 이는 평민이 자유를 얻기 시작한 표징이다.

058

출전: 《사기史記·노중련추양열전魯仲連鄒陽列傳》
《전국책戰國策·조책趙策 3》《전국책戰國策·제책齊策 6》

노중련이 묘책을 내다

노중련魯仲連은 한 통의 편지로 연나라 장군을 자살하게 했으며, 뛰어난 변설로 진나라군의 한단邯鄲에 대한 포위를 물리쳤다.

전국 후기의 책사策士인 노중련은 제나라 사람이다. 그는 한 통의 편지로 제나라 요성聊城에 있던 연나라 장군을 자살하게 했으며, 또 뛰어난 변설로 위나라 장군 신원연新垣衍을 설득해 진나라군이 조나라 도읍 한단에 대한 포위를 풀게 했다. 그가 조나라와 제나라를 위해 큰 공을 세우자 조나라는 많은 금으로 사례를 하려 했고 제나라는 관직을 내리려 했지만 그는 이를 모두 거절하고 은거 생활을 했다. 그런 이유로 사람들은 그를 고사高士라고 칭했다.

적장의 마음을 움직인 편지

기원전 279년, 제나라 장군 전단田單은 화우진火牛陣으로 연나라군을 물리치고 잃어버린 땅들을 수복했으며 제나라 왕을 임치에 모셔 와 정상적인 사회 질서를 회복했다. 그러다 보니 그때까지도 연나라군에게 점령되어 있던 요성聊城을 수복할 겨를이 없었다. 그러나 전단이 요성을 수복하려 할 때는 연나라군이 이미 만반의 준비를 하고 있었다. 그래서 매 공격마다 모두 실패하고 목숨을 잃는 장병들의 수만 점점 늘어났다.

이에 노중련은 자신의 지모智謀로 국가의 어려움을 없애리라 작심했다. 그는 편지 한 통을 써서 화살에 맨 다음 병사를 시켜 요성 안으로 쏘았다. 요성에 있던 연나라 장군은 이 편지를 보고 3일 동안 밤낮으로 통곡했다. 연나라로 철수하자니 이미 연나라 왕과 갈등이 생긴 터라 죽을 것이 틀림없고, 제나라에 투항하자니 많은 제나라 병사를 죽인 자기를 가만둘 리 없었다. 진퇴양난에 빠진 연나라 장군은 끝내 자살하고 말

앞으며 연나라군은 해산되고 요성은 제나라에 수복되었다.

노중련은 편지에서 연나라군이 계속 패할 때 연나라 장군이 개인의 이익을 위해 연나라를 지원하지 않은 것에 대해 이는 불충不忠, 불용不勇, 부지不智의 행동이라 질책했다. 그 다음은 천하의 형세를 분석하면서 제나라의 전략

제나라 고사高士 노중련魯仲連
연나라 장군이 요성聊城에 주둔하고 있을 때 노중련은 《유연장서遺燕將書》라는 편지를 써서 화살에 동여맨 다음 요성 안으로 쏘았다. 연나라 장군은 편지를 읽은 후 3일간이나 비통하게 울다가 끝내는 자결했다. 이 그림은 《역대명신상해歷代名臣像解》에 실려 있다.

403~221 전국

초楚나라 167

| 중국사 연표 |

기원전 306년

초楚나라가 월越나라를 점령하고 강동江東에 군을 설치했다. 조趙나라는 영가寧葭에서 중산中山국을 정벌하고 유중楡中에서 호지胡地를 공략했다.

목표는 제수濟水 이북의 영토를 공고히 하는 것으로 제나라군이 요성을 포위하고 있기에 장군은 성 안에 갇혀 죽을 수밖에 없다고 했다. 그리고 연나라는 지금 조나라와의 전쟁에서 패한데다 내란이 일어나 지원군을 보낼 처지가 못된다고 알려 주었다. 뒤이어 노중련은 연나라 장군에게 두 길을 선택할 것을 권고했는데 하나는 군대를 거느리고 연나라로 돌아가 연나라 왕의 칭찬을 받는 것이고, 다른 하나는 제나라에 투항해 제나라 왕이 주는 상을 받는 것이라 했다. 마지막으로 노중련은 관중關仲과 조말曹沫도 작은 수치심 때문에 죽지 않고 결국은 공을 세워 이름을 남겼는데 장군도 일시적인 용맹으로 지위도 명예도 잃지 말 것을 권고했다. 연나라 장군은 자신의 재능이 관중이나 조말과는 비교도 되지 못함을 알고 있었기에 차라리 자결하는 편이 낳을 것으로 여기고 자결했다.

전단은 요성을 수복한 다음 임치로 돌아와서 제나라 양왕襄王에게 노중련을 중용할 것을 건의했으나 노중련은 관직을 거절하고 은거했다.

도철 무늬 와당
반원형의 전국 시대 와당의 정면에는 매우 정교한 도철 도안이 새겨져 있다.

힘을 합쳐 위급한 국면에서 벗어나다

한동안의 은거 생활을 마친 후 노중련은 천하를 돌아보리라 작정했다. 그는 진나라 장군 백기白起가 장평長平에서 조나라군 40만을 섬멸했다는 사실을 듣고 조나라의 실제 정황을 살펴보고자 조나라의 도읍인 한단邯鄲으로 왔는데 마침 진나라가 한단을 포위하고 있는 상황이었다.

조나라 재상인 평원군平原君은 위魏나라에 증원을 요구할 수밖에 없었다. 위나라 안희왕安僖王은 대장군 진비晉鄙에게 군사를 줘 원조하라 했지만 그저 형식적인 도움이 목적이었기에 전력을 다해 진나라군과 싸우려 하지 않았다. 위나라 지원병은 중간에 머물면서 더는 전진하지 않았다. 진비는 장군 신원연新垣衍

을 한단에 잠입시켜 진나라 소왕昭王을 제帝로 받들라고 평원군을 설득했다. 신원연이 평원군을 한창 설득하고 있는데 이때 노중련이 왔다는 보고가 들어왔다. 신원연이 자리를 피하자 평원군은 노중련에게 위나라 장군 신원연이 조나라를 설득해 진나라 왕을 제帝로 받들라 했다는 진상을 이야기했다. 노중련은 진나라 왕을 제帝로 받들면 각국 백성들은 모두 진나라의 노예가 된다며 평원군을 설득했고, 나아가서는 위나라군과 조나라군이 협력해 한단을 포위하고 있는 진나라군을 물리치리라 결심했다.

그러자 평원군은 신원연에게 노중련을 만날 것을 권고했다. 노중련을 만난 신원연은 "평원군을 찾아온 사람들은 모두 그에게 도움을 청하고자 한 사람들인

●●● **역사문화백과** ●●●

[옛 나라의 천서天書 – 파촉 문자]

파촉 문자巴蜀文字는 선진先秦 시대 파巴, 촉蜀 지역에서 유행했던 문자인데 출토된 예기, 병기, 악기, 공구 등의 명문銘文과 인문印文에서 볼 수 있다. 글자의 형태로 볼 때 이 문자는 두 가지로 나눌 수 있는데 하나는 직행자가 비교적 많고 대체로 상형象形 단계를 벗어났지만 한자와 조금 다르다. 다른 하나는 상형 부호象形符號로서 문자 결구가 복잡하고 형상성이 매우 강하며 필순이 고정적이지 못하다. 또 다른 일부는 비교적 추상적이면서 결구가 비교적 간단하다. 파촉 문자(또는 부호)는 지금까지 해석할 수 없어 '천서天書'로 불리고 있다.

| 세계사 연표 |

기원전 325년

알렉산드로스는 계속 동으로 진군해 인도 히파시스 강까지 이르렀는데 무더운 날씨로 병사들이 더는 전진하려 하지 않았기에 철군하는 수밖에 없었다. 알렉산드로스는 육로로 서쪽으로 퇴각했고 장군 네아르코스에게 명해 함대를 거느리고 해안을 따라 페르시아 만으로 돌아가게 했다.

데 선생은 도움을 청하러 온 것 같지는 않군요. 그렇다면 위험을 무릅쓰고 한단까지 온 목적은 무엇이오?"하고 따졌다. 노중련은 "소인이 온 것은 조나라를 도와 진나라에 대항해 포위를 물리치기 위함이오."라고 했다. 이 말을 들은 신원연은 자기는 무장의 신분으로서 진나라 왕을 제帝로 모시는 것을 제의했는데 일개 문객이 정의를 내세우며 진나라군에 대항하려 하자 자신이 기운다고 생각했다. 뒤이어 노중련은 신원연에게 역사 속 폭군들의 잔인함을 지적하면서 만약 위나라가 조나라와 협력해 진나라에 대항하지 않으면 위나라 백성들은 노예가 될 것이라고 했다. 또 강포한 행위에 맞서 싸운 사실들도 열거하면서 신원연에게 분발해 진나라군과 싸울 것을 권고했다.

무력 앞에서도 굴하지 않는 노중련의 정신에 감동된 신원연은 돌아가서 대장군 진비를 설득하겠다고 했다. 마침 신릉군申陵君이 명을 받고 조나라를 구하러 와서, 진나라와 교전하려 하지 않는 진비를 죽이고 조, 위 두 나라가 진정한 연합을 보이자 진나라는 포위를 풀었다. 평원군은 노중련의 담력과 식견에 크게 탄복한 나머지 많은 금으로 사례를 하려 했으나 노중련은 사양하고 조나라를 떠났다. 그 후로 다시는 그의 행방을 알 수 없었다.

소박한 원시 자기 주전자
절강성 소흥시 상장향紹興市上蔣鄕에서 출토된 원시 청자기로 만든 손잡이 주전자는 짐승 발 모양을 한 세 개의 발을 가지고 있으며 손잡이는 몸체와 연결되어 있다. 주전자 전체에는 청갈색의 얇은 유약이 칠해져 있다.

정형등鼎形燈
전국 후기의 조명 도구이다. 전체 기물은 정형鼎形으로 되어 있으며 두 귀에 세 발을 가지고 있다. 덮개 중심에는 송곳처럼 뾰족한 등심이 있다.

| 중국사 연표 |

기원전 304년 | 진秦과 초楚 두 나라가 황극黃棘에서 동맹을 맺고 진나라는 상용上庸을 초楚나라에 돌려주었다.

059

순자의 유세

순자荀子는 15세 때 제나라의 직하학궁稷下學宮에서 유가 학파儒家學派를 다시 세웠으며 일생 동안 이상적인 정치의 건립을 위해 애썼다.

직하학궁의 제주

조나라 사람 순자의 이름은 황況인데 당시 사람들은 그를 존경해 순경荀卿 혹은 손경孫卿이라고도 했다. 15세 때 제나라의 직하학궁稷下學宮에 온 순자는 직하학궁의 많은 학자들 중에 맹자孟子, 전변田騈, 추연鄒衍 등의 학식과 능란한 언변, 민감한 통찰력에 미혹되었다. 총명하고 배우기를 즐겼던 순자는 이러한 환경 속에서 많은 발전을 했으며 얼마 후에는 다른 유명한 학자들처럼 강단에 올라 연설을 할 수 있었다.

시간이 흐름에 따라 순자는 마침내 직하학궁에서 제일 영향력을 지닌 학자가 되었다. 제나라 민왕은 순자에게 학궁學宮의 제주祭酒를 맡겼는데 이는 지금의 학교장과 비교된다. 그러나 기원전 285년, 연나라가 30년 전 제나라 선왕의 연나라 정벌에서 받은 치욕을 씻으려고 악의를 장군으로 진·조·위나라와 연합해 제나라를 공격해 그 이듬해에 제나라 도읍인 임치를 점령했고 제나라 민왕은 거읍에서 피살되었다. 이러한 정황 속에서 학궁의 선생과 학생들도 도망을 쳐 학궁은 문을 닫지 않으면 안 되었다. 후에 전단이 화우진火牛陳으로 연나라군을 격퇴시키고 제나라 양왕이 즉위하면서 제나라가 복구되자 순자는 다시 제나라로 돌아왔고 학궁도 부흥되었다. 양왕은 순자를 매우 존경해 학궁의 제주祭酒로 다시 임명했으며, 양왕이 죽고 제나라 왕 건왕이 재위했어도 의연히 순자에게 학궁의 제주 직을 맡겼다.

난릉령으로 임명

제나라 왕 건建의 신변에는 간신들이 있었는데 늘 왕과 전단의 관계를 헐뜯고 순자를 비방했다. 그래서 순자는 제나라를 떠나 초나라로 왔다. 초나라에는 춘신군春申君 황헐黃歇이 재상으로 있었는데 그는 순자에게 난릉령蘭陵令을 맡겼다. 박학하고 재능 있는 순자가 얼마 안 되어 큰 성과를 이루자 황헐 신변의 식객들은 질투와 참언으로 순자를 비방했고 황헐은 순자를 해임했다. 다시 조나라로 돌아온 순자는 조나라 왕의 상경上卿 대접을 받다가 순자의 학식과 재능에 탄복한 황헐의 일부 식객들에 의해 후에 다시 난릉령으로 등용되었다. 기원전 238년에는 춘신군이 이원李園에게 살해되고 순자의 난릉령 직무가 또다시 해임당했지만 이미 연로해진 순자는 계속 난릉령에 남아서 책을 쓰고 학생들을 가르치면서 자신의 정치 사상을 널리 퍼뜨렸다.

진나라를 비평한 순자

순자는 난릉령의 직위를 해임당한 후 진나라에 온

순황 상荀況像 (위 그림)
순황, 즉 순자는 전국 시대의 유명한 사상가이다. 그의 사상은 유가儒家에서 기원되었지만 법가法家와 도가道家의 학설도 흡수했다. 순황은 정치상 '법후왕法后王'을 주장했고 특히 '예禮'의 '화성化性' 작용을 강조했는데 이는 후세의 유가 발전에 매우 큰 영향을 주었다.

| 세계사 연표 |

기원전 324년

인도는 마우리아 왕조를 건립하고 파탈리푸트라를 수도로 정했다.

출전

《풍속통의風俗通義·궁통窮通》
《사기史記·맹자순경열전孟子荀卿列傳》

채색 출행도彩色出行圖 칠기 잔편 漆器殘片

전국 초기에 그려진 칠회漆繪 작품으로 하남성 신양시 관대信陽市關臺 2호 초나라 무덤에서 출토되었다. 원본은 흙색 바탕에 붉은 칠로 마차와 인물의 출행도를 그리고 있는데 비록 조각이지만 의연히 차 안에 앉아 있는 세 사람의 모습을 볼 수 있다. 그들은 모자를 쓰고 넓은 복장을 입고 있다. 그중 한 사람은 왕자로서 황색 옷을 입고 있는데 말을 몰고 달리는 모습이다.

적이 있었다. 이때 진나라는 상앙 변법을 거쳐 법제法制를 숭상하고 상벌賞罰을 분명히 했기에 경제가 번영하고 국력도 날로 강성해졌다. 그래서 한동안은 종횡가들이 설쳐 인의仁義와 도덕이 황폐해졌다. 이러한 상황을 목격한 순자가 자기의 사상을 주장하고자 진나라에 온 것이다. 진나라 소왕은 순자를 친히 접견해 재상인 범저範雎와 함께 강국이 되는 문제를 논하게 했다. 순자는 진나라는 물자가 풍부하고 지세가 견고하며 백성이 순박하지만 문화 지식 보급과 교육이 모자란다고 여겼다. 그래서 진나라의 통치자들에게 문화를 숭상하고 특히 유가에 관심을 돌릴 것을 요구했다. 그는 "고대로부터 속된 사람을 등용하면 나라가 망하고, 속유俗儒를 쓰면 나라는 보존할 수 있으며, 아

유雅儒를 쓰면 나라가 안정되고, 대유大儒를 쓰면 국토를 넓히고 이후 3년은 천하가 하나로 되며 제후들이 신하로 귀순할 것이라 하였도다."라고 말했다.

조나라에서 병권을 논하다

또한 순자는 초나라에서 난릉령 직을 해임당하고 조나라에도 갔다. 조나라에서 순자는 효성왕孝成王, 임무군臨武君과 함께 군사 문제를 의논한 적이 있었다. 효성왕이 "군사상에서 제일 중요한 것은 무엇인가?"라고 묻자 임무군은 "적의 정황을 파악해 진군할 때 적보다 늦게 출발한 다음 적보다 먼저 도착하는 것입니다."라고 했다. 하지만 순자는 임무군의 말이 틀렸다며 제일 중요한 것은 '왕자지지王子之志'와 '인인지병仁人之兵', 즉 천하의 분쟁을 누를 수 있고 백성들의 옹호를 받는 정의의 군사가 있어야 한다고 했다. 또한 순자는 '인인상하仁人上下, 백장일심百將一心, 삼군동력三軍同力, 인인지병仁人之兵, 취칙성졸聚則成卒, 산칙성열散則成列……' 이라는 군사에 관련된 어구를 만들기도 했다.

-403~-221

전국

●●● 역사문화백과 ●●●

[유학과 의학醫學의 주요 저서 - 6경]

6경六經은 유가 학파의 여섯 가지 주요 저서를 일컫는데 육예六藝라고도 한다. 여기에는 《시詩》, 《서書》, 《예禮》, 《악樂》, 《역易》, 《춘추春秋》 등이 있으며 그중 《악》은 전해지지 않고 있다. 그 외에 전국 시대 중의中醫에도 6경이 있었는데 이는 인체를 기혈유통氣血流通의 차례에 의해 6경으로 나누고 '6경 위천六經 爲川'이라고 했다. 6경에는 '삼음삼양三陰三陽'이 포함되는데 삼음에는 궐음厥陰, 소음少陰, 태음太陰이 있고, 삼양에는 소양少陽, 양명陽明, 태양太陽이 있다. 하지만 마왕퇴 유적지에서 발굴된 의서 《구경구경灸經》에는 '맥脈'만 있고 '경經'은 없다. 이는 전국 시대에 중의학의 6경 이론이 아직 초기 단계에 처해 있었음을 설명한다.

남북 문화 융합의 견증

이 초나라 죽간竹簡은 형문시 곽점郭店에서 출토된 것으로 모두 804매이다. 여기에는 모두 16편의 유가와 도가의 중요 문헌이 기재되어 있다. 이는 옛날부터 초나라 문화와 남북 문화가 함께 존재했다는 증거이다.

《순자荀子》

| 중국사 연표 |

기원전 301년 — 제濟나라는 장교莊蹻가 영도하는 농민 봉기로 그 통치가 사분오열되었다. 후에 장교는 초나라 왕의 장군將軍이 되었고, 기원전 279년경에 전지滇池에서 왕이 되었다.

060

장자가 검을 논하다

조나라 혜문왕惠文王은 검술을 매우 즐겨 한때 궁전에는 검객들이 구름처럼 모여들어 조정 정사가 황폐해졌다. 조나라 태자는 장자莊子를 청해 검을 빌어 정치를 말하게 했다. 혜문왕은 장자의 말을 듣고 크게 뉘우쳤다.

천금을 상으로 세객을 찾은 태자

조나라 혜문왕은 검술을 아주 즐겼다. 그래서 많은 검객들이 조나라로 몰려들었다. 혜문왕의 궁전에는 검객이 3000여 명이나 되었으며 그들은 밤낮을 가리지 않고 궁전 앞에서 검술을 겨뤘다. 이렇게 3년이 흐르자 조나라의 정치는 황폐해졌으며 주변 제후국들은 조나라를 엿보기 시작했다. 그러자 조나라 태자는 문객들에게 대왕이 다시는 검술에 미련을 두지 않도록 설득한다면 천금을 상으로 주겠다고 했다. 이때 한 문객이 자기가 그 일을 담당하겠다며 태자 앞에 나섰다.

그 문객은 천금 예물을 들고 장자를 찾아갔다. 평범한 것을 원하는 장자는 거절했지만 문객의 끈질긴 설득으로 결국 조나라 태자를 만나기로 했다. 장자는 태자에게 "귀 문객의 말로는 태자께서 나보고 대왕을 설득해 다시는 검술에 파묻혀 있지 말 것을 권고하라고 했다는데 만약 내가 대왕을 설득하지 못한다면 죽게 될 테니 천금을 받아서 무엇합니까. 또 만약에 대왕을 설득한다면 조나라는 이후에 모든 것이 새롭게 변할진대 어찌 나의 설득이 천금만 하리오?"하고 말했다. 태자는 장자가 자기의 뜻을 받아들인 것을 보고 몹시 기뻐했다. 그리고 장자에게 검객 복장을 마련해 주었다.

천하에 막을 자가 없는 검술

3일이 지난 후 태자는 검복 차림을 한 장자를 궁전에 모시고 갔다. 한창 검을 휘젓던 혜문왕은 검객이

북명도北溟圖
《장자莊子》의 첫 편 문장 〈소요유逍遙游〉의 첫 구절은 이렇게 되어 있다 '북명유어北溟有魚, 기명위곤其名爲鯤, 곤지대鯤之大, 불지궤천리不知几千里.' 여기서 북명은 북해北海를 말한다. 명나라의 저명한 화가 주신周臣의 그림 〈북명도〉는 북해의 웅장한 기세와 세찬 파도의 거대함으로 사람들의 마음을 울린다.

| 세계사 연표 |
기원전 323년 알렉산드로스의 수하인 톨레미가 이집트의 총독으로 임명되었다.

《장자莊子·설검說劍》 출전

찾아왔다는 말을 듣고 검을 놓을 새도 없이 급히 궁에서 나와 영접했다. 장자는 큰 걸음으로 다가가 예를 올리지도 않고 오만하게 서 있었다. 혜문왕이 물었다. "선생은 태자가 추천한 사람이니 훌륭한 검술을 과인에게 보이겠지?" 그러자 장자는 오만무례한 자태로 "대왕이 검술을 몹시 즐긴다기에 나의 재능을 보이러 일부러 찾아왔습니다."라고 대답했다. 혜문왕이 "선생의 검술은 어떤 특별한 점이 있는가?"라고 묻자 "신이 검을 쓰면 열 발자국에 한 사람을 죽일 수 있고, 천 리를 가도 머리 한 번 돌리지 않을 정도로 아무도 막을 자가 없습니다."라고 대답했다. 혜문왕은 찬탄을 금치 못했다. 장자가 다시 말했다. "검을 즐겨 다루는 사람들은 의식적으로 적에게 약점을 보이고 그 틈을 노려 한칼에 적을 죽이려고 합니다. 지금 신이 당장 보여 드리겠습니다."

혜문왕은 검술을 이런 방식으로 설명하는 것을 처음 들었기에 매우 흥미를 가졌으나 연속 손을 내저으며 말했다. "먼저 며칠 휴식을 취하시오. 며칠 후 과인이 고수 몇 사람을 뽑아 선생과 겨뤄 보게 하겠소." 혜문왕은 고수를 고르기 위해 검객들을 모아 궁전에서 연속 7일간이나 시합을 치렀다. 60여 명의 검객이 죽고 6명의 우승자가 뽑혔다. 그러자 혜문왕은 이 6명의 검객들을 궁전에 일렬로 세워 놓고는 장자를 데려 오라고 했다.

●●● 역사문화백과 ●●●

[오행五行]

오행은 수水, 화火, 목木, 금金, 토土 등 다섯 가지 물질을 가리킨다. 춘추 전국 시대에 유행한 오행설은 당시의 사상가들이 백성들의 생활에서 늘 만나는 이 다섯 가지의 물질 및 그 성질을 이용해 온 세상의 운행 특징과 그 규율을 설명하려는 데 있다. 그들은 이 다섯 가지 물질이 서로 영향을 주면서 끊임없이 순환되어 끝없이 변하는 세상이 생긴다고 여겼다. 당시 오행은 또 인仁, 의義, 예禮, 지智, 신信 등 다섯 가지 도덕 규범을 가리키기도 했는데 《순자荀子·비십이자非十二子》 중의 오행이 바로 그것이다.

〈인물용봉도〉
호남성 장사시의 전국 시대 초나라 무덤에서 출토된 백화帛畵〈인물용봉도人物龍鳳圖〉에는 용과 봉황이 무덤 주인의 영혼을 하늘로 인도한다는 뜻이 담겨져 있다. 그림의 아래는 넓은 치마를 입은 여자가 두 손을 모으고 앞을 주시하고 있는 모습이다. 인물 위쪽으로 용과 봉황 한 마리가 있는데 용과 봉황은 신선을 태워 하늘에 오르게 하는 것으로, 그림은 고대인들의 '인혼승천引魂昇天'의 미신 관념을 반영하고 있다.

천자 검과 제후 검과 서인 검

장자는 궁궐에 들어서서 혜문왕에게 말했다. "신은 여러 날을 기다려 왔습니다." 혜문왕이 매우 기뻐하며 "선생은 어느 정도 길이의 검을 쓰시오?" 하고 묻자 장자는 "검의 길이는 상관없지만 신은 3가지 검을 사용하는데 대왕께서 그중의 하나를 고르십시오." 하고

| 중국사 연표 |

기원전 300년 　진나라는 초나라를 공략해 신성新城을 점령하고 초나라 장군 경결景
缺을 죽였다.

말했다. 혜문왕이 세 가지 검이 무엇이냐고 묻자 장자가 말하기를 "세 검은 천자 검天子劍, 제후 검諸侯劍, 서인 검庶人劍이옵니다." 라고 했다. 혜문왕이 다시 물었다 "천자 검이란 어떤 검이오?" 장자는 대답하기를 "천자의 검은 연곡燕谷, 석성石城을 칼날로 하고 제나라 대산岱山을 검릉劍稜으로 하고 진나라, 위나라를 검등으로 하며 주나라의 도읍과 송나라를 검환劍環으로 합니다. 또 한나라와 조나라로 칼자루를 하고 사이 사계四夷四季로 칼집을 하며 발해渤海, 상산常山으로 술을 만듭니다. 5행行 상극生克으로 검을 움직이고 상벌장징賞罰獎懲 도리로 휘두르며 음양 변화로 검을 뽑고 춘하春夏로 공결하고 추동秋冬으로 싸웁니다. 이러할진대 검을 한번 휘두르기만 하면 우레가 진동하고 귀신도 놀라니 검의 기운이 하늘에 솟아 구름도 흩어지고 산천도 기겁을 합니다. 이 검을 한번 사용한다면 제후들은 두려움에 떨 것이고 천하는 왕에게 순종할 것입니다. 이것이 바로 천자의 검입니다."

혜문왕은 장자의 말이 무슨 뜻인지 몰랐지만 또 물었다. "그럼, 제후 검이란 또 어떤 검이오?" "제후 검은 영웅호걸로 칼날을 하고 염명廉明과 경직耿直으로 검릉을 만들고 충효와 절의로 검 등을 만듭니다. 인자仁慈와 박애博愛로 검환을 만들고 지혜와 용맹으로 칼집을 만듭니다. 이 검을 높이 휘두르면 빠져나갈 자가 없고, 내리찍으면 누구도 피하지 못하며, 검을 펼칠 때면 누구도 가까이에 올 수 없습니다. 이 검은 천상天象을 검의 이치로 하고 일월성신日月星辰의 지혜를 한 몸에 지녔으며 지리地理를 검술로 해 사계절 변화의 교묘함을 다 모았고 백성의 의지와 사회의 안정을 검법으로 했기에 이 검을 한번 사용하면 천지가 흔들리고 강산이 머리 숙이고 만물이 신하가 됩니다. 이것이 바로 제후의 검입니다."

그 도리를 조금 알 듯한 혜문왕은 정색을 하며 계속 물었다. "서인 검이란 또 어떤 것이오?" "서인 검은 갑옷 차림에 짧은 적삼을 입었고 머리에는 뒤엉킨 술을 달고 있으며 오만한 눈길에 언변이 없습니다. 적과 싸울 때는 마구 머리를 자르고 몸을 베니 이것이 바로 서인 검으로, 닭싸움과 별다른 차이가 없기에 일단 목숨을 잃는다 해도 국가 대사에는 아무런 영향도 없습니다. 지금 대왕은 서인 검에 파묻혀 있으니 신하로서 정말 안타깝게 생각합니다." 라고 장자가 대답했다.

깊은 깨달음

장자의 말을 다 듣고 난 혜문왕은 벌떡 일어서서 장자에게 깊이 예를 올리고는 장자의 손을 잡아끌고 상전으로 향했다. 그리고 연회를 베풀어 장자를 대접하고는 책상 주위만 돌면서 앉지를 못했다. 그 후 3개월 동안 혜문왕이 문을 나서지 않자 3000검객들도 다 흩어져 버렸다. 이때부터 조나라의 정치는 정상적인 궤도에 들어서기 시작했다.

●●● 전국 시대 제후 연표 ●●●

번호	칭호	재위 연도	재위 연수
1	주周 안왕安王	기원전 401년~376년	26
2	주 열烈왕	기원전 375년~369년	7
3	주 현顯왕	기원전 368년~321년	48
4	주 신정慎靚왕	기원전 401년~376년	6
5	주 난赧왕	기원전 314년~256년	59
		기원전 256년	진이 서주를 멸함

번호	칭호	재위 연도	재위 연수
		기원전 249년	진이 동주를 멸함
1	진秦 혜공惠公	기원전 399년~387년	13
2	진 출出공	기원전 386년~385년	2
3	진 헌獻공	기원전 384년~362년	23
4	진 효孝공	기원전 361년~338년	24

기원전 322년	**세계사 연표** 백과사전 식의 그리스 학자 아리스토텔레스(기원전 384년~기원전 322년)가 사망했다.

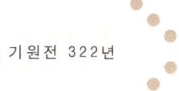

●●● 전국 시대 제후 연표 ●●●

번호	칭호	재위 연도	재위 연수	번호	칭호	재위 연도	재위 연수
5	진 혜문惠文왕	기원전 337년~311년	27	7	연 혜왕	기원전 278년~272년	7
6	진 무武왕	기원전 310년~307년	4	8	연 무성武成왕	기원전 271년~258년	14
7	진 소양昭襄왕	기원전 306년~251년	56	9	연 효孝왕	기원전 257년~255년	3
8	진 효문孝文왕	기원전 250년	1	10	연 왕 희喜	기원전 254년~222년	33
9	진 장양莊襄왕	기원전 249년~247년	3			기원전 222년	진이 연을 멸함
10	진 왕 정政	기원전 246년~210년	37				
				1	조趙 헌후獻侯	기원전 423년~409년	15
1	월越 왕 예翳	기원전 411년~377년	35	2	조 열烈후	기원전 408년~387년	22
2	월 왕 제구諸咎	기원전 376년	1	3	조 경敬후	기원전 386년~375년	12
3	월 왕 착지錯枝	기원전 375년	1	4	조 성成후	기원전 374년~350년	25
4	월 왕 무여지无餘之	기원전 374년~363년	12	5	조 숙肅후	기원전 349년~326년	24
5	월 왕 무전無顓	기원전 362년~355년	8	6	조 무령武靈왕	기원전 325년~299년	27
6	월 왕 무강無疆	기원전 354년~?	알 수 없음	7	조 혜문惠文왕	기원전 298년~266년	33
		기원전 222년	진이 월을 멸함	8	조 효성孝成왕	기원전 265년~245년	21
				9	조 도양悼襄왕	기원전 244년~236년	9
1	위魏 문후文侯	기원전 445년~396년	50	10	조 왕 천遷	기원전 235년~228년	8
2	위 무武후	기원전 395년~370년	26	11	대 왕 가代王嘉	기원전 227년~222년	6
3	위 혜惠왕	기원전 369년~319년	51			기원전 222년	진이 조를 멸함
4	위 양襄왕	기원전 318년~296년	23				
5	위 소昭왕	기원전 295년~277년	19	1	초楚 도왕悼王	기원전 401년~381년	21
6	위 안리安釐왕	기원전 276년~243년	34	2	초 숙肅왕	기원전 380년~370년	11
7	위 경민景湣왕	기원전 242년~228년	15	3	초 선宣왕	기원전 369년~340년	30
8	위 왕 가假	기원전 227년~225년	3	4	초 위威왕	기원전 339년~329년	11
		기원전 225년	진이 위를 멸망	5	초 회懷왕	기원전 328년~299년	30
				6	초 경양頃襄왕	기원전 298년~263년	36
1	한韓 경후景侯	기원전 408년~400년	9	7	초 고열考烈왕	기원전 262년~238년	25
2	한 열烈후	기원전 399년~387년	13	8	초 유幽왕	기원전 237년~228년	10
3	한 문文후	기원전 386년~377년	10	9	초 왕 부추負芻	기원전 227년~222년	5
4	한 애哀후	기원전 376년~375년	2			기원전 222년	진이 초를 멸함
5	한 의懿후	기원전 374년~363년	12				
6	한 소昭후	기원전 362년~333년	30	1	제齊 강공康公	기원전 404년~379년	26
7	한 선혜宣惠왕	기원전 332년~312년	21	2	전제환공田齊桓公	기원전 374년~357년	18
8	한 양襄왕	기원전 311년~296년	16	3	제 위威왕	기원전 356년~320년	37
9	한 이釐왕	기원전 295년~273년	23	4	제 선宣왕	기원전 319년~301년	19
10	한 환혜桓惠왕	기원전 272년~239년	34	5	제 민湣왕	기원전 300년~284년	17
11	한 왕 안安	기원전 238년~230년	9	6	제 양襄왕	기원전 283년~265년	19
		기원전 230년	진이 한을 멸함	7	제 왕 건建	기원전 264년~221년	44
						기원전 221년	진이 제를 멸함
1	연 간공燕簡公	기원전 414년~370년	45				
2	연 환桓공	기원전 369년~362년	8	1	송宋 도공悼公	기원전 403년~396년	8
3	연 문文공	기원전 361년~333년	29	2	송 휴休공	기원전 395년~370년	26
4	연 역易공	기원전 332년~321년	12	3	송 척성剔成	기원전 369년~329년	41
5	연 왕 쾌噲	기원전 320년~312년	9	4	송 군 언偃	기원전 328년~286년	43
6	연 소昭왕	기원전 311년~279년	33			기원전 286년	제가 송을 멸함

중국사 연표
기원전 299년 — 진나라 왕이 초나라 회왕懷王을 속여서 가둬 놓자 태자 횡橫이 초나라 경양왕頃襄王으로 즉위했다.

061

신의를 지키지 않는 기만술

진나라와 조나라는 군사 동맹을 맺고 위나라를 공략하려 했다. 하지만 책사策士인 맹묘孟卯의 계책으로 조나라 왕이 오히려 위나라에 사신을 보내 다섯 개의 성읍을 떼어 주는 조건으로 화해를 구했다.

전국 시대에는 동란이 끊이지 않고 서로 속고 속이는 일이 부지기수였다. 공손앙은 공자 앙을 청해 연회를 베풀고 군사를 거두겠다고 약속하고는 군사들을 잠복시켜 공자 앙의 군대를 섬멸했다. 또한 장의張儀는 초나라 회왕에게 제나라와 관계를 끊는다면 600여 리의 땅을 주겠다고 약속한 후, 자신의 봉읍奉邑 6리만 줄 수 있다고 했다. 그런데 기원전 290년에 또 위나라가 조나라를 기만하는 사건이 발생했다.

국난을 해결한 맹묘

당시 진과 조 두 나라는 동맹을 맺고 위나라를 공격하려고 했다. 위나라 소왕昭王은 이 소식을 듣고 종일 안절부절했다. 이때 책사 맹묘가 소왕에게 이렇게 말했다. "대왕님은 조나라에 장의를 사신으로 파견하십시오. 그리고 조나라 왕에게 '과인은 업성鄴城을 관리하는 것이 힘에 부치오. 대왕이 진나라와 연합해 우리나라를 공격한다는데 무엇을 바라는 것이오? 과인은 근심을 덜기 위해 업성을 대왕에게 바쳐 위나라와 조나라와의 관계에 손상이 없도록 하고자 하오. 만약 조나라 왕이 업성을 관할할 의향이 있다면 진나라와의 동맹을 포기해야 하는데 대왕의 뜻은 어떠한지요?' 라고 대왕님의 뜻을 전하십시오. 만약 조나라 왕이 동의한다면 대사는 성공하는 셈입니다." 한참 생각한 소왕은 그 계책대로 하라고 분부했다.

동맹의 해제

장의는 조나라로 가서 조나라 혜문왕에게 맹묘가 일러 준 대로 말했다. 그러자 조나라 혜문왕은 매우 기뻐하면서 재상과 이 일을 상의했다. 그는 "위나라 왕이 업성을 과인에게 주려고 하는데 만약 과인이 동의하려면 진나라와 관계를 단절해야 하느니라. 재상의 의견은 어떠한고?" 하고 물었다. 재상은 이렇게 대답했다. "진나라와 연합해 위나라를 공격한다 하더라

목성木星과 그 위성衛星
전국 시대 유명한 점성가占星家인 제齊나라의 감덕甘德은 목성을 관찰하면서 작고 붉은 별이 곁에 붙어 있는 듯한 것을 발견했다. 이는 세계 천문 역사에 대한 하나의 커다란 공적으로 갈릴레이가 목성의 제일 밝은 위성을 관찰한 것보다 2000년이나 앞섰다.

●●● 역사문화백과 ●●●

[《감석성경甘石星經》]

《감석성경》은 전국 시대에 쓰인 천문학 저서이다. 저자는 제나라 사람 감덕(일부 역서에서는 초나라 사람이라고 함)과 위나라 사람 석신石申이다. 감덕은 《천문성점天文星占》 8권을 썼고, 석신은 《천문天文》 8권을 썼는데 두 저서를 합해 《감석성경》이라고 한다. 책에는 120개 항성의 적도 표시가 정확히 기록되어 있는데 그들이 관측한 항성 기록은 세계 최초의 항성표恒星表이다.

| 세계사 연표 |

기원전 322년 마케도니아의 알렉산드로스 대왕이 서북 인도 지역에 침입해 찬드라 굽타, 난다 왕조를 멸망시켰다.

《전국책戰國策·위책魏策3》

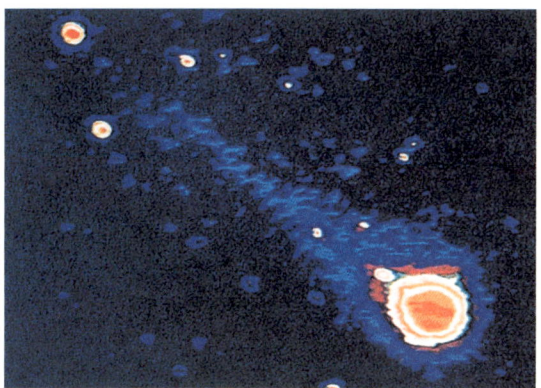

핼리 혜성에 대한 최초 기록
중국 역사 서적에는 혜성에 대한 기록이 많이 있다. 책에서는 혜성을 요성妖星, 장성長星, 기성奇星이라고 했다. 그중 핼리 혜성에 대한 기록이 제일 상세했는데 기원전 240년부터 기원후 1910년까지 모두 29번의 핼리 혜성이 나타났다는 기록이 있다.

도 업성보다 좋은 것을 얻지는 못할 것입니다. 지금 단 한 사람의 손실도 없이 업성을 가질 수 있으니 이런 좋은 일을 왜 마다하겠습니까?" 이에 혜문왕은 즉시 장의를 불러와서는 위나라의 제의에 동의한다고 말했다. 장의는 혜문왕에게 예를 올리고 말했다. "업성을 헌납할 사절이 이미 성에 와 준비를 하고 있습니다. 대왕님께서는 언제쯤 사신을 보낼 예정이십니까?" 혜문왕은 시간을 더 늦출 수 없다고 여기고 즉시 진나라와의 동맹을 취소했다.

이후 조나라에서 업성을 접수할 특사가 업성으로 왔다. 맹묘는 업성 태수의 신분으로 연회를 성대히 베풀어 조나라 사신을 대접했다. 조나라 사신이 자기가 온 이유를 다시 한 번 말하자 맹묘는 금시초문인 양 조나라 사신에게 말하기를 "정말 그런 일이 있었단 말입니까? 나라 사이에 우호적인 왕래가 있는 것은 모두 벗을 널리 사귀고 자기 나라를 보호하기 위함으로 우리 위나라도 예외가 아닙니다. 어찌 아무런 이유도 없이 자기의 영토를 남에게 떼어 줄 수 있단 말입니까? 이 일을 나는 알지도 못하거니와 우리 대왕님도 듣지 못했을 것입니다. 틀림없이 장의가 잘못 알고 있는 듯합니다." 조나라 사신은 황당했지만 그렇다고 아무런 증거도 내놓을 수 없었기에 그대로 혜문왕에게 보고하는 수밖에 없었다.

5개 성읍을 떼어 주고 화해를 구한 위나라

한편 맹묘는 조나라에 첩자를 잠입시켜 위나라가 조나라의 무례함에 불만을 품고 진나라와 연합해 조나라를 공격하려 한다는 소문을 퍼뜨리게 했다. 이 소문을 들은 조나라 혜문왕은 놀랍기도 하고 분하기도 했다. 얼마 전 진나라와 관계를 그만둔 일로 진나라와의 관계가 악화된 터라 만약 위나라가 진나라와 관계를 맺고 조나라를 공격하자고 제의한다면 진나라 왕이 거절할 리가 없다고 생각했다. 혜문왕은 생각하면 할수록 겁이 더럭 났다. 그래서 어쩔 수 없이 위나라에게 5개 성읍을 떼어 주는 조건으로 위나라와 동맹을 맺어 진나라의 공격에 대항할 것을 요청했다. 맹묘의 계책으로 위나라 소왕은 한 명의 병사도 잃지 않고 조나라와 진나라의 동맹을 깨뜨렸을 뿐만 아니라 5개의 성읍까지도 얻었다.

전국 후기의 옥 척
척戚은 병기의 일종으로 옥으로 만들어졌다. 사진의 척은 용무늬가 새겨져 있고 세밀하게 제작되어 있다.

《감석성경甘石星經》 177

| 중국사 연표 |

기원전 299년 — 조나라 무령왕武靈王은 '주부主父'로 자칭하고 왕위를 왕자 하何에게 넘겨주었는데 그가 바로 혜문왕惠文王이다.

062

지혜로 초나라 영윤을 설득

초나라 경양왕頃襄王은 낙읍雒邑을 공략해 다른 제후들보다 먼저 유리한 고지를 차지하려고 생각했다. 주나라 난왕赧王은 이 소식을 듣고 몹시 조급해 했다. 주나라 무공武公이 초나라 영윤令尹을 만나 이해관계에 대한 설명을 하자 초나라 군신들은 간담이 서늘해져 주나라를 공격하려던 것을 그만두었다.

위험에 처한 주나라 도읍

전국 말기, 주나라 천자天子의 조정은 이미 서산에 지는 해와도 같았고 제후들간의 전쟁은 막바지에 이르렀다. 이러한 상황에서 강대한 진나라군이 공격을 한다면 공격을 당하는 나라는 첫 번째로 소멸되는 대상이 되는 것이었다. 하지만 진나라는 여러 가지 측면에서 생각을 하며 일을 미루고 있었다. 우선 중원中原의 6국이 연맹을 한다면 진나라는 결코 그들의 적수가 안 되었다. 또한 중원의 제나라와 초나라의 실력은 진나라와 비슷했다. 이러한 상황에서 동서 2대 진영 사이에 있는 주나라의 낙읍은 특별히 중요도가 커 먼저 낙읍을 차지하면 전쟁에서 한발 앞서게 되는 것이었다.

그런데 초나라 경양왕은 이러한 전략에 의해 먼저 행동을 취하려고 했다. 기원전 281년, 그는 위나라, 한나라와 연합해 진나라를 공격한 다음 진나라가 빼앗아 간 동관潼關 동쪽의 땅을 되찾고, 진나라군을 황하 서쪽과 동관 서쪽으로 몰아내 6국의 안전을 공고히 하려고 했다. 그리고 주나라 천자가 머물고 있는 낙읍을 먼저 탈취하는 것이 목적을 달성하고 전쟁에서 유리한 고지를 잡을 수 있는 방법이라고 생각했다.

이 소식을 들은 주나라의 조정은 크게 술렁였다. 그러자 주나라에서 오랫동안 신하로 있던 무공이 초나라에 사신으로 가 주나라 도읍을 탈취할 계획을 버리도록 설득하겠다고 했다.

이해관계를 밝힌 주나라 무공

주나라 무공武公은 많은 예물들을 가지고 초나라로 갔다. 그는 초나라의 정사를 쥐고 있는 영윤令尹의 저택으로 갔다. 영윤 소자昭子는 주나라 무공이 왔다는 말을 듣고 직접 나와 영접했다.

당시의 예로 볼 때 무공의 지위는 대국 제후와 같은 것이며, 초나라는 대국 제후의 아래 등급에 속했다. 그러므로 무공이 먼 길도 마다하지 않고 직접 방문한 것은 영윤의 체면을 크게 세워 준 일이었다.

자리를 정하고 앉자 무공은 초나라에 직접 온 목적을 이야기했다. 그는 영윤에게 "조나라는 주나라 천자의 소재지를 점령해서는 안 되오."라고 했다. 영윤은 시치미를 떼면서 말했다. "무슨 말씀인지요? 조나라가 천자의 땅을 점령하다니 저는 모르는 일입니다. 하지만 점령하면 안 된다는 이유는 또 무엇입니까?" 그러자 무공은 영윤의 얼굴을 보며 천천히 대답했다. "주나라 천자의 소재지는 사방 100리밖에 되지 않지만 천하가 공동으로 소유하는 것이라 할 수 있소. 이 땅을 점령한다 해도 비국肥國보다 작을 것이고 얻은 백성이라고 해야 강한 부대 하나에도 비기지 못할 것이오. 하지만 주나라를 점령한다면 군왕을 죽이고 예의를 어지럽혔다는 죄명을 뒤집어쓰게 될 것이고 다른 제후국들이 호시탐탐 기회를 노릴 것이오. 초나라

●●● 역사문화백과 ●●●

[초나라 비단 창고]

1984년, 호북성 강릉시 1호 무덤에서 방대한 초나라 비단 창고가 발견되었다.
창고에는 견絹, 사紗, 기綺, 라羅, 금錦 등과 일부 수놓은 비단이 있었는데 품종이 많고 완전하게 보존되어 있었다. 또 장식에 사용되었던 좁은 끈도 발견되었는데 그 크기가 다양했으며 일부 다른 색깔의 비단실로 기하 도안과 짐승 무늬를 수놓은 것도 발견되었다.

| 세계사 연표 |

기원전 321년 로마 군대는 카우디움 협곡에서 삼니움 족들의 매복 습격을 받았으며, 핍박으로 전군이 투항하고 소 수레 밑으로 지나는 수모를 받았다.

《자치통감資治通鑑 · 주난왕周赧王 34년》 출전

403~221 전국

전국 시대에 이미 보급된 양잠업養蠶業

《상서尚書》의 기록에 따르면 하夏, 상商 시대에 이미 잠상蠶桑업이 나타났다고 한다. 전국 시대에는 뽕을 심어 누에를 기르는 것이 황하 중·하류 지역에까지 보급되었다. 그림은 원나라 때 농학자 왕정王禎의 《농서農書》에 그려진 〈경직도耕織圖〉 중의 〈소사도繰絲圖〉이다.

가 정말로 낙읍을 점령한다면 다른 제후국들은 초나라를 공격할 것인데, 그들이 또 초나라를 점령하면 왕을 존경한다는 미명까지 얻을 것이니 다른 제후들이 이런 일을 마다할 리가 있겠소? 정말로 이렇게 된다면 초나라는 보존하기 힘들 것이오. 생각해 보시오. 만약 초나라가 낙읍을 점령해 주나라 왕에게 세세대대로 전해져 온 보물을 초나라로 옮겨 올 때면 각 제후국들도 잇달아 초나라를 공격할 것이오.' 무공의 말을 들은 영윤은 간담이 서늘해져 식은땀이 줄줄 흘렸다. 무공은 영윤의 안색을 보고는 더는 말하지 않고 훌쩍 떠나 버렸다.

마침내 초나라는 낙읍을 점령하려던 계획을 포기하고 말았다.

영윤令尹 179

| 중국사 연표 |

기원전 298년 — 진나라가 초나라를 공략해 석지析地 16개의 성읍을 빼앗았다. 제·한·위나라 연합군이 함곡관函谷關에서 진나라 군을 공격했다.

063

완벽귀조完璧歸趙

진나라 소양왕昭襄王은 자기의 힘을 믿고 약한 나라를 업신여겼다. 그는 15개 성읍과 조나라의 '화씨벽和氏璧'을 바꾸자고 했다. 조나라 왕은 이것이 거짓이라는 것을 알면서도 바꾸지 않으면 진나라의 공격을 받을까 두려웠다. 그러자 환신宦臣의 문객으로 있던 인상여藺相如가 스스로 나서서 화씨벽을 다시 조나라에 가지고 왔다.

전국 시대의 역사에는 사람을 감동시키는 이야기들이 많이 전해지고 있는데 인상여藺相如의 '완벽귀조完璧歸趙'는 그중에 널리 알려진 이야기이다.

옥을 받들고 사신으로 간 인상여

그해에 조나라 혜문왕惠文王이 '화씨벽和氏璧'이라는 이름난 초옥楚玉을 얻었다는 소문을 들은 진나라 소양왕은 사신을 파견해 15개 성읍을 대가로 화씨벽과 바꾸자고 했다. 혜문왕은 대

인상여가 진나라 왕을 두 번 굴복시키다

진나라 소양왕은 조나라 왕이 화씨벽을 얻었다는 소식을 듣고 15개 성과 화씨벽을 바꾸려 했다. 인상여는 담략과 지혜로 진나라 왕을 굴복시켰으며, 화씨벽을 손상 없이 조나라로 다시 가져왔다. 진나라 왕은 화씨벽을 얻지 못하게 되자 또 조나라 왕을 민지澠池에서 만나자 하고는 연회에서 조나라 왕을 모욕했다. 그러자 인상여는 두려워하지 않고 진나라 왕의 무례에 반격해 조나라의 존엄을 지켰다. 조나라 왕은 귀국한 다음 인상여를 상경上卿으로 모셨다. 그림은 청나라 말 민국 초기의 석인본 《동주열국지》에 실려 있다.

제나라의 제법화齊法化 도폐

'제법화' 도폐는 전국 시대 제나라의 조폐로, 법화法化란 표준 화폐라는 뜻이다. 제법화는 제나라 도폐에서 유통된 시간이 제일 길다. 주조가 정밀하고 문자가 수려하며, 주조량이 제일 많았고 유통 영역도 제일 광범위했다. 칼 모양으로 주조되어 있으며 칼과 칼자루가 연결된 곳은 약간 원형으로 되어 있다. 칼자루 두 면에는 모두 두 개의 직선이 그려져 있으며 칼 정면에는 양문陽文 대전大篆으로 '제법화'라 씌어 있다. 또 뒷면 위쪽에는 세 개의 가로줄이 있고 문자가 새겨져 있다.

●●● 역사문화백과 ●●●

[화씨벽和氏璧]

춘추 시대, 초나라 사람 변화卞和가 산 중턱에서 보옥 하나를 얻어 초나라 역왕厲王에게 바쳤다. 역왕이 옥공에게 그 가치를 묻자 그저 하나의 돌멩이에 지나지 않는다고 했다. 역왕은 대로하며 군왕을 기만한 죄로 변화의 왼발을 끊어 버리게 했다. 얼마 후 무왕武王이 즉위하자 변화는 다시 옥을 무왕에게 바쳤다. 그러자 무왕은 왕을 기만한 죄로 그의 오른발을 끊어 버렸다. 이후 문왕文王이 즉위했을 때 이미 나이가 들고 쇠약해졌으며 걸을 수도 없게 된 변화가 형산荊山에서 보옥을 안고 꼬박 사흘 밤낮을 울자 눈물이 말라 두 눈에서는 피가 흘렀다. 문왕이 이 사실을 알고 사람을 보내 물어보자 변화는 "나는 두 발이 잘려 우는 것이 아니라 보옥이 돌멩이 취급을 받는 것이 안타까워 울고 있다."고 했다. 문왕이 그것을 가져와 겉에 있던 흙을 닦아 내자 정말로 세상에 둘도 없는 보옥이었다. 그래서 이 보옥을 '화씨벽'이라 이름 지었다.

| 세계사 연표 |

기원전 317년   마케도니아의 주둔 군대는 모두 인도에서 철거하고 아우리아 왕조가 북인도를 통일했다.

출전 《자치통감資治通鑑·주난왕周赧王 32년》
《사기史記·염파인상여열전廉頗藺相如列傳》

신들과 대책을 강구했지만 방도를 찾지 못했다. 만약 화씨벽을 진나라 왕에게 바친다 해도 15개 성은 주지 않을 것이고, 그렇다고 해서 화씨벽을 주지 않으면 진나라가 공격할 구실을 주는 것이니 혜문왕은 난처한 입장에 처하게 되었다.

그때 이 모든 것을 보고 있던 환관 무현繆賢이 혜문왕에게 말했다. "신에게 인상여라는 문객이 있는데 그에게 진나라와의 교섭을 맡기십시오." 혜문왕이 "그에게 무슨 능력이 있는가?" 하고 묻자 무현이 대답하기를 "한번은 신이 대왕께 잘못을 범한 적이 있었는데 그때 신은 무서워서 연나라로 도망가려고 했습니다. 그러자 인상여가 '어르신과 연나라 왕의 교분은 어느 정도입니까?' 라고 묻기에 신이 '대왕님을 따라 연나라에 갔을 때 연나라 변경에서 한 번 만난 적이 있었다. 그때 연나라 왕이 가만히 내 손을 잡으며 사귀기를 원했다. 이 정도 교분이면 연나라에 갈 만하지 않느냐.' 하고 대답했습니다. 저의 말을 들은 인상여는 '조나라와 연나라가 만날 때는 조나라가 강하고 연나라가 약했으니 연나라 왕이 어르신과 사귀자고 한 것이지요. 하지만 지금 어르신이 조나라를 배신하고 연나라로 도망간다면 연나라는 조나라가 두려워 감히 받아 주지 못할 것입니다. 오히려 어르신을 조나라에 돌려보내 조나라의 환심을 사려 할 것입니다. 차라리 대왕님께 가서 저지른 죄를 고백하십시오.' 그때 신은 그의 말을 듣고 대왕님께 잘못을 빌고 용서를 받았습니다. 이 사실로 신은 인상여가 담략이 있고 지혜가 출중하다고 여기기에 진나라와의 교섭도 성공할 것이라 믿습니다."

이 말을 들은 혜문왕은 급히 인상여를 궁으로 불렀다. 그리고 혜문왕은 "진나라 왕이 15개 성읍과 과인의 화씨벽을 바꾸려고 하는데 네가 보기에

인상여의 완벽귀조 (빌린 물건을 정중히 돌려보냄)
청나라 화가 오력吳歷의 〈완벽귀조〉는 인상여의 이야기를 바탕으로 해 그려진 것이다. 그림에서 인상여는 두 손에 화씨벽을 받쳐 들고 기둥에 기대어 두 눈을 부릅뜨고 있다. 진나라 왕은 그의 위협으로 지도를 펼쳐 인상여에게 15개 성읍의 위치를 보여 줄 수밖에 없었다.

| 중국사 연표 |

기원전 297년 — 제·위·한나라 연합군이 계속 진나라를 공격했다. 초나라 회왕懷王은 진나라에서 도망해 조나라로 갔지만 받아 주지 않았으며, 나중에는 진나라로 붙잡혀 왔다.

는 어떻게 하면 좋겠느냐?" 하고 물었다. 인상여가 대답하기를 "진나라가 강하니 응낙할 수밖에 없다고 생각합니다." 하자 조나라 왕이 또 "만약 진나라 왕이 화씨벽을 가지고도 성읍을 떼어 주지 않으면 어떻게 하겠느냐?" 하고 물었다. 인상여는 "진나라가 성읍으로 옥을 바꾸려 하는데 우리가 응낙하지 않으면 조나라가 도리에 어긋나는 것이 되고, 만약 조나라가 옥을 바쳤는데 진나라가 성읍을 주지 않으면 진나라가 도리에 어긋나는 것이 됩니다. 이렇게 되면 두 쪽이 균형을 잡을 수 있으니 후자가 우리에게 유리합니다." 라고 대답했다. 혜문왕이 "누가 진나라로 가서 이 임무를 수행하겠느냐?" 하고 묻자 대신들은 서로 쳐다볼 뿐 감히 나서는 사람이 없었다.

그러자 인상여가 "대왕께서 합당한 사람을 찾지 못하신다면 신이 옥을 가지고 진나라에 가려고 합니다. 진나라가 15개 성을 조나라에 바치면 신은 옥을 진나라에 줄 것이지만, 성읍을 주지 않는다면 소신은 반드

의비전蟻鼻錢
의비전은 고대 청동으로 주조한 패전貝錢의 최종적 고급 형태로 전국 시대에 초나라에서 유행했다. 전錢은 타원형이고 정면에 문자가 새겨져 있다. 흔히 고대 문자인 '패貝' 또는 '진晉' 자가 새겨져 있는데 사람의 얼굴 모양과 비슷해 '귀검전鬼臉錢'이라고도 한다. 글자의 흔적이 개미와 비슷하고 귀검전에 솟아오른 코가 있어 의비전이라 한다.

시 화씨벽을 손상 없이 조나라로 가지고 돌아올 것입니다."라고 대답했다. 혜문왕은 인상여를 진나라에 사신으로 보냈다.

담략과 지혜로 완성한 사명

진나라 소양왕은 장대章臺에서 인상여를 접견했다. 인상여는 예를 올리고 난 뒤 두 손으로 공손히 화씨벽을 진나라 소양왕에게 바쳤다. 옥을 본 소양왕은 기뻐하며 좌우 애첩과 대신들에게도 돌아가며 보였다. 인상여는 한참을 기다렸지만 소양왕은 옥을 감상만 할 뿐 15개 성읍을 내어 줄 기미는 좀처럼 보이지 않았다. 그러자 인상여가 말했다. "옥에 흠집이 있는데 신이 보여 드리겠습니다." 소양왕이 옥을 인상여에게 건네주자 옥을 받아 쥔 인상여는 몇 발자국 뒤로 물러서더니 궁전의 기둥에 기대면서 격분에 넘친 소리로 말했다. "대왕께서 화씨벽을 얻고자 조나라 왕에게 서신을 보내자 조나라 왕과 군신들은 '진나라 왕은 탐욕스러워 자기의 세력을 믿고 15개 성읍을 미끼로 일을 꾸민 것이다.' 라며 옥을 진나라 왕에게 줄 수 없다고 했습니다. 그러나 신은 평민의 교제에도 신의를 지키는데 하물며 진나라는 존엄을 지키고 체면을 중

뇌양사구牢陽司寇 동인銅印
인장印章은 은상殷商 시대에 나타났으며 전국 시대에 와서 대량으로 사용되었다. 인장에는 음문陰文과 양문陽文의 구별이 있다. 중국 인쇄술은 인장의 기초 위에서 발전된 것이다.

| 세계사 연표 |

기원전 312년

세계에서 가장 오래된 수도가 고대 로마의 아피아 거리에 설치되어, 로마시 주변의 샘물과 호수의 물을 관을 통해 끌어 와 공동 목욕탕이나 분수대로 공급했다.

짐승 위에 사람이 서 있는 경반擎盤
전국 시대의 청동 공예품이다. 짐승의 등에는 머리를 길게 드리운 여자가 서 있는데 두 손으로 짐승 등에 있는 원기둥을 붙잡고 있다. 기둥 꼭대기에는 원판이 이어져 있는데 원판은 원기둥과 같이 돌릴 수 있다.

왕에게 바쳤다.

닷새가 지난 후 소양왕은 궁궐에서 사절을 접견하는 예절로 인상여를 접견했다. 인상여는 예를 올린 다음 진나라 왕에게 다음과 같이 말했다 "진나라는 목공穆公 이래로 20여 명의 군주가 즉위했지만 언제나 신의를 지켰습니다. 하지만 신은 대왕의 기만으로 조나라에서의 신용을 잃을까 두려워 이미 사람을 시켜 화씨벽을 조나라에 돌려보냈습니다. 여러분도 알다시피 지금 진나라는 강국이고 조나라는 세력이 약합니다. 진나라 왕이 사신을 조나라에 보내면 조나라 왕은 틀림없이 옥을 보내 드릴 것입니다. 강국인 진나라가 먼저 15개의 성읍을 조나라에게 준다면 조나라가 어찌 감히 옥을 주지 않을 수가 있겠습니까! 신은 대왕님을 속였으니 그 처분은 대왕님의 결정에 따르겠습니다." 주위에 있던 대신들은 진나라 왕의 두 눈에서 분노의 불길이 이는 것을 보고 무서워 감히 숨도 쉬지 못했다. 그런데 진나라 왕이 한숨을 내쉬며 말했다. "놓아주어라! 지금 이 사람을 죽인다 해도 옥을 얻을 수 없을 것이다. 그러니 진나라와 조나라의 관계를 악화시키기보다는 예의로 대하여 조나라에 돌려보냄이 나을 것이다. 조나라도 옥 하나 때문에 진나라를 기만하지는 않았을 것이다."

인상여가 조나라로 돌아오자 혜문왕은 그의 담략과 지혜를 칭찬하면서 그에게 상대부上大夫의 관직을 주었다. 그 후로 진나라 소양왕은 다시는 이 일을 입 밖에 내지 않았다.

히 여기는 대국으로서 어찌 평민보다도 못하겠는가 하고 생각했습니다. 그런데 지금 대왕님은 태도가 거만하고 사절의 예의로 대해 주지도 않으며, 옥을 받고서도 15개 성읍을 조나라에 내어 줄 뜻도 보이지 않으니 신은 옥을 다시 가져가려고 합니다. 만약 대왕이 무력으로 신을 핍박하려 든다면 신은 머리와 옥을 이 돌기둥에 부딪치겠습니다." 말을 마친 인상여는 바로 돌기둥에 머리를 부딪치려고 했다.

깜짝 놀란 소양왕은 잘못을 승인하면서 인상여에게 절대로 옥을 부수지 말 것을 당부하고는 그 자리에서 대신을 불러 조나라에 떼어 줄 15개 성읍을 정했다. 인상여는 이 모든 것이 소양왕이 좋은 때를 노리려는 간계임을 알고 말하기를 "화씨벽은 천하에 둘도 없는 보물로서 조나라 왕은 옥을 내놓을 때 다섯 날 동안이나 옥을 위해 제사를 지냈습니다. 지금 대왕께서도 이 옥을 얻고자 하니 꼬박 닷새 동안 제사를 지내야만 신은 옥을 대왕님께 바칠 것입니다." 하고는 바로 객점으로 돌아가 버렸다. 인상여는 진나라 왕이 제를 지낸다고 대답은 했지만 15개 성읍을 떼어 주지는 않을 것이라 짐작하고 사람을 시켜 그 옥을 조나

기원전 296년

| 중국사 연표 |

제齊·위魏·한韓나라 연합군은 함곡관函谷關에서 진나라군을 격파했다. 진나라는 황하 이남과 무수武遂 등지를 한나라에 돌려주고 황하 이남과 봉릉封陵 지역 등을 위나라에 돌려주는 것으로 화해를 청했다.

064

죽음을 두려워하지 않다

진나라 왕이 조나라 왕을 민지澠池로 불러 모욕하자 인상여는 죽음을 두려워하지 않고 진나라 왕과 대신들의 무례한 거동을 막아 조나라의 존엄을 지켰다.

인상여는 화씨벽을 조나라에 무사히 되가져온 후 또 조나라 왕과 함께 민지에 가서 진나라 왕을 만났다. 그는 그곳에서 다시 나라의 존엄을 지켜 사람들을 감동시켰다.

보이게 되어 후에 시끄러운 일들이 계속 일어날 것입니다."라고 했다. 결국 인상여가 혜문왕과 함께 민지로 가기로 하고 염파는 국내의 안정과 태자의 안전을 지키기로 했다.

위험천만한 민지에서의 만남

화씨벽을 얻지 못해 속을 앓던 진나라 소양왕은 그 이듬해에 조나라를 공격해 두 개의 성을 점령하고, 세 번째 해에는 석성石城을 빼앗았다. 그리고 그 다음 해에는 조나라군 2만 명을 죽이고 대지代地의 광랑성光狼城을 점령했다. 그러자 조나라는 위, 초, 한나라에게 원조를 청했다. 바로 그때 소양왕이 갑자기 조나라 혜문왕에게 사신을 보내 동맹을 맺고 싶으니 황하 이남의 민지에서 만나자고 했다.

이런 일이 있기 얼마 전 초나라 회왕懷王이 진나라의 요청으로 진나라에 갔다가 인질로 갇히고 결국 그곳에서 죽은 일이 있었다. 이 때문에 근심에 싸여 있는 혜문왕에게 대장군 염파廉頗와 상대부 인상여는 "대왕이 가지 않는다면 조나라의 쇠약함과 비겁함을

나라의 존엄을 지킨 몇 걸음

기원전 279년, 진나라 소양왕과 조나라 혜문왕은 약속대로 민지에서 만났다. 술이 몇 잔 돌아가자 소양왕은 술기운을 빌어 방자해지기 시작했다. 그는 혜문왕에게 말했다. "과인이 듣기로 조나라 왕은 음악을 즐긴다고 하던데 마침 여기에 거문고가 있으니 한 곡조 타서 주흥을 돋우는 것이 어떻소?" 혜문왕은 군왕으로서 거문고를 다루는 것은 신분에 어긋나는 일인 줄 알면서도 감히 거절할 수 없어 억지로 한 곡조를 탔다. 소양왕은 박수를 쳐 대며 웃었고, 수행하던 진나라 사관史官은 얼른 죽간을 펼쳐 들고는 득의양양하게 "모년 모월 모일, 진나라 왕과 조나라 왕이 함께 하는 연회석에서 조나라 왕이 거문고를 탔다."고 외쳤다. 이 말을 들은 혜문왕은 자기를 포로 취급하는 데에 수치와 분노를 느꼈다. 그때 인상여가 자리에서 천천히 일어섰다. 그는 손에 사발을 들고 소양왕에게 예를 올린 다음 말했다. "우리 대왕님은 진나라 왕이 진나라 가락을 잘 부른다고 몹시 감탄해 했습니다. 그러니 대왕께서 여기 부缶를 두드려 주흥을 돋우는

금은으로 장식한 서우기좌犀牛器座
춘추 이후 금은 도금과 장식을 한 주물 공예가 연이어 나타났다. 그림의 서우기좌는 온몸에 금은 도금을 했는데 전국 시대에 금은 장식 청동기가 유행했음을 말해 준다.

| 세계사 연표 |

기원전 308년

이집트의 알렉산드리아 도서관은 이 시기에 준공되었는데 장서가 약 120만 권에 달하였다.

《자치통감資治通鑑·주난왕周赧王 36년》
《사기史記·염파인상여열전廉頗藺相如列傳》

출전

구어반려 무늬 네모 접시

구어반려龜魚蟠螭 무늬 네모 접시는 전체가 화려한 무늬와 부조한 동물 형상으로 되어 있다. 접시 바닥에는 여러 개의 반려 무늬로 물이 흐르는 구성에 부조浮雕한 거북, 물고기, 개구리들이 차례로 배열되어 있다. 접시 밖에도 부조한 동물들이 있는데 그중에서도 거꾸로 매달린 새끼양이 젖을 먹고 있는 형상을 조각했다. 이 접시는 전국 시대 청동기 제조 공예와 고대의 신화와 전설을 연구하는 중요한 자료가 되고 있다.

한발 물러선 진나라 소양왕

진나라 소양왕은 분에 치를 떨었다. 그러자 자리에 있던 진나라 대신들이 진나라 왕의 체면을 세우기 위해 말했다. "오늘은 진나라 왕의 생일로 군주들의 동맹에 예물이 없어서는 안 됩니다. 조나라 왕은 15개 성읍을 진나라 왕의 생일 선물로 드리는 것이 어떻습니까?" 인상여가 자리에서 일어서며 대답했다. "그럴 수 있습니다. 하지만 예상왕래禮尚往來라 했으니 진나라 왕도 함양函陽을 조나라 왕의 생일 선물로 드려야 합니다." 그런데 쌍방이 한창 대치 상태에 있을 때 진나라의 첩자가 총망히 들어와서 소양왕의 귀에 대고 보고하기를 조나라군 5000의 정예 부대가 부근에 있으며 1, 2리 밖에는 수만 명의 조나라군이 진을 치고 있다고 알려 주었다. 소양왕은 아무렇지도 않은 기색으로 조나라 혜문왕에게 말했다. "양국의 상호 관계는 화목을 첫째로 하오. 자, 한잔 합시다!" 진나라 왕은 끝내 조나라 왕을 모욕할 기회를 얻지 못했고 평등 우호의 분위기 속에서 헤어질 수밖에 없었다.

민지 회동이 있은 후 진나라 소양왕은 조나라 내부에 걸출한 문무 대신들이 있고 군신이 잘 단결되고 있음을 알게 되었다. 그래서 그 후 몇 년간은 조나라를 공격하지 못했다.

것이 어떠하옵니까?" 한창 득의양양하던 소양왕은 인상여의 뜻밖의 요구에 어떻게 대꾸해야 할지 몰라 못 들은 척하면서 계속 술을 마셔 댔다. 인상여는 진나라 왕이 들은 척도 하지 않자 앞으로 몇 걸음 나가 재차 꿇어앉으며 청했지만 진나라 왕은 계속 거들떠보지도 않았다. 그러자 인상여는 자리에서 벌떡 일어서며 두 눈에 독기를 품고 큰 소리로 말했다. "진과 조가 만나서 동맹을 맺으려면 예의로 평등하게 대해야 합니다. 대왕은 진나라가 강하다는 것을 빙자해 공공연히 조나라 군신들을 모욕했습니다. 지금 저는 대왕과 다섯 걸음밖에 떨어져 있지 않습니다. 제가 목을 베어 그 피가 대왕의 몸에 닿도록 허락해 주십시오." 진나라 왕 주변의 무사들이 인상여를 때리려 하자 인상여는 눈을 부릅뜨고 큰 소리로 울부짖으며 누구도 접근하지 못하게 했다. 상황이 이렇게 되자 진나라 왕은 내키지는 않았지만 난감한 일이 생길 것 같아 할 수 없이 자리에서 일어나 사발을 몇 번 두드렸다. 그때서야 인상여는 뒤로 물러서면서 사의를 표하고는 수행한 조나라 사관에게 이 일을 기록하라고 일렀다. 조나라 사관은 "모년 모월 모일, 조나라 왕과 진나라 왕이 회견하는 연회에서 진나라 왕이 조나라 왕에게 부缶를 연주했다."라고 말하고 자리로 돌아가 앉았다.

●●● 역사문화백과 ●●●

[세상을 놀랜 증후을曾侯乙 무덤의 편종]

편종編鍾은 모두 65건으로 되어 있는데 상, 중, 하 세 층으로 나뉘어 하나의 종 틀에 걸려 있다. 길이는 10m 이상이고, 검을 지닌 6명의 청동 무사와 몇 개의 원기둥에 의해 받쳐지고 있다. 종에는 음계音階와 악률樂律 명문이 새겨져 있다. 고증에 따르면 매 건의 종은 모두 2개의 음을 낼 수 있다고 한다. 기본 곡조는 C대조大調에 속하며 음역音域이 피아노의 음역보다 2단씩 적다. 이 편종으로 동서고금의 여러 가지 악곡을 연주할 수 있는데 음색音色이 기묘하고 아름답다.

| 중국사 연표 |
기원전 296년 초나라 회왕懷王이 진나라에서 죽었다.

065

장군과 인상여의 화해

조나라 대장군 염파廉頗는 인상여藺相如의 빠른 승급에 불만을 품었다. 그러나 인상여의 인품을 알게 된 후에 대장군은 웃옷을 벗고 가시나무를 메고 인상여의 저택까지 가서 꿇어앉아 사죄했다.

염파를 피해 다니는 인상여

인상여는 민지에서 용맹과 지혜로 혜문왕과 조나라의 존엄을 지켰다. 한단邯鄲에 돌아온 후 혜문왕惠文王은 그를 상경上卿으로 임명했는데 이는 대장군 염파보다 높은 직위였다. 이를 불쾌하게 생각한 염파는 술을 마신 후 울분을 토했다. "나는 죽음의 고비를 넘나들며 조나라를 위해 싸워 큰 공을 세웠다. 하지만 인상여는 환관 집의 문객으로 있으면서 얇은 입술을 놀려 바로 나의 머리 위까지 올랐다. 정말 분하다." 같이 술을 마시던 몇몇 대신들도 인상여를 질투해 염파를 부추겼다. 분이 치밀 대로 치민 염파는 "인상여와 마주 치기만 하면 그에게 모욕을 줄 것이다." 하며 별렀다.

이 말을 들은 인상여는 분쟁을 피하기 위해 병을 핑계로 조정에 나가지 않았다. 그리고 문을 나설 때마다 밖을 살펴 염 장군이 있나 없나부터 알아보게 한 다음 혹시 염파가 거리에 있으면 아무리 급한 일이 있어도 나가지 않았다. 그러자 거리에서는 상경은 염 장군이 무서워 피해 다니는 비겁한 자라는 말들이 나돌기 시작했다. 하지만 인상여는 그 말에 아랑곳하지 않고 염파를 피해 다녔다. 그러자 그와 뜻을 같이하는 사람들마저 인상여의 이러한 처사에 불만을 토로하기 시작했다.

금은 대구金銀帶鉤 (아래 사진과 오른쪽 사진)
대구帶鉤는 선진先秦 시대 중국 복장의 주요 부분으로서 장식품처럼 사용되었다. 현재 출토된 전국 시대 금은 기물 중에서 금은 대구가 많은 부분을 차지한다.

●●● 역사문화백과 ●●●

[존경이나 사죄를 표시하는 예절 - 단襢]

단襢은 라裸 또는 육단肉襢이라고도 하는데, 당시 사회 예절의 일종이다. 특히 사례射禮를 진행하거나 상례喪禮 또는 경의를 표시할 때 특별히 사용했다.
왼쪽 어깨를 드러내 놓아 자기의 지극한 공경을 표시한다. 또 이러한 방식으로 사죄도 하는데 이것이 염파가 인상여에게 사죄한 방식이다. 오른쪽 어깨를 드러내는 방식도 있는데 이는 예절의 범위에 속하지 않는다. 우단右襢은 수형受刑하거나 기의起義를 일으키거나 반역 행동을 할 때 뭇사람들과 구별하기 위해 임시로 나타내기 위한 것이다.

나라를 위해 체면을 버린 인상여

하루는 인상여가 문을 나섰는데 멀리서 염파가 오고 있는 것이 보였다. 그는 얼른 마차를 좁은 골목으로 돌리게 했다. 평시에 상경의 사람이라고 우쭐거리던 하인들은 인상여가 거리의 수많은 행인들 앞에서 이런 행동을 하자 불평을 했다. "우리들이 고향을 등지고 주공을 찾아온 것은 주공의 고상한 품성과 걸출한 재능을 믿었기 때문입니다. 하지만 지금 주공과 염파 대장군은 다 같이 대왕의 충신인데 그와 도리를 따지기는커녕

| 세계사 연표 |

기원전 305년 — 셀레우코스가 알렉산드로스 제국의 아시아 영토의 대부분 지역을 점령한 다음 셀레우코스 왕국을 건립하고 스스로 왕이 되어 셀레우코스 1세라 칭했으며, 같은 해에 인도를 침입했다.

출전:《자치통감資治通鑑·주난왕周赧王 36년》《사기史記·염파인상여열전廉頗藺相如列傳》

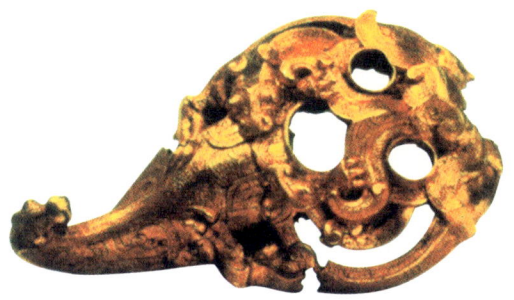

피해 다니기만 합니까? 보잘 것 없는 백성도 자기의 존엄을 지키려고 애쓰는데 나라의 상경으로서 어찌 자존심과 존엄도 없단 말입니까? 이런 주공을 믿고 저희들이 어찌 낯을 들고 다닐 수 있겠습니까? 우리들이 고향에 돌아가도록 허락해 주십시오."

인상여는 하인들을 보고 온화한 어조로 말했다. "염 장군과 진나라 왕을 비교해 볼 때 누가 더 무서우냐?" 하인들이 진나라 왕이 더 무섭다고 대답하자 인상여는 계속 말을 이었다. "그렇다. 나는 진나라 왕처럼 그렇게 무서운 사람도 맞대어 싸웠는데 염 장군을 두려워하겠느냐? 강대한 진나라가 우리 조나라를 공격하지 못하는 원인은 염 장군처럼 용맹한 장군과 나처럼 위협도 두려워하지 않는 문신이 있기 때문이다. 만약 우리가 서로 싸운다면 진나라는 앉아서 승리하는 것이나 다름이 없다. 생각해 보아라. 국가의 생사존망이 중요하냐 아니면 개인의 체면이 중요하냐?" 문객과 하인들은 인상여의 말을 듣고 탄복을 금치 못했으며 행인들도 인상여의 이와 같은 생각에 경의를 표시했다.

염파의 정중한 사과

이 소식을 들은 염파는 온밤을 뒤척거리며 잠을 이루지 못했다. 이튿날, 염파는 잘못을 뉘우치고 사죄하는 조나라의 풍속에 따라 웃옷을 벗고 채찍으로 쓰는 가시나무를 메고 맨발로 인상여의 집에 가서 꿇어앉아 죄를 빌었다. 그는 잘못을 참회하면서 큰 소리로 말했다. "나는 상경의 드넓은 마음을 모르는 비천한 놈입니다." 염파의 소리를 들은 인상여는 깜짝 놀라 달려 나왔다. 그러면서 염파의 앞에 꿇어앉아 가시나무를 던지고 자기의 옷을 벗어 씌워 주었다. 그리고는 염파를 부축해 안으로 모셨다. 옆에서 이 광경을 보던 사람들은 조나라에 이렇듯 광명정대光明正大하고 서로 믿는 문신과 장군이 있다는 것에 자부심을 느끼며 박수를 보냈다.

이때부터 염파와 인상여는 생사고락을 같이하는 벗이 되었다. 후세 사람들은 인상여의 드넓은 마음과 겸손함, 그리고 염파가 잘못을 인정한 사실을 희극인 〈장상화將相和〉로 엮어서 길이길이 전했다. 사실 당시 조나라의 재상은 평원군平原君 조승趙勝으로, 인상여는 재상이 된 적이 없었지만 인상여와 염파가 국익을 무엇보다 중히 여겼던 정신은 모두가 따라 배울 점이다. 문신과 장군이 협력해 강대한 정치 역량을 형성했기에 전국 후기의 조나라는 유일하게 진나라와 맞설 수 있는 강국이 되었다.

-403~-221 전국

전국 후기의 동용銅俑
운남성 진녕현 석채산雲南省 晉寧縣 石寨山에 있는 전국 후기 무덤에서 출토된 청동 용은 그 복장이 특이한데, 용俑이 걸고 있는 귀고리는 고대인들의 아름다움을 즐겼던 심리를 반영하고 있다.

〈장상화將相和〉 187

기원전 294년

| 중국사 연표 |

맹상군孟嘗君은 제나라 왕을 납치한 죄가 무서워 위魏나라로 도망가서 위나라의 재상이 되었다.

066

병사를 빌려 성벽을 쌓다

낙읍의 성곽은 오래되어 허물어지고 파괴되었다. 주나라 난왕이 이를 근심하자 모사謀士인 마범馬犯이 계책을 내놓았다. 그는 말을 달려 위나라와 진나라에 한 번씩 다녀온 후 위나라 군사들을 데리고 가 천자天子에게 성곽을 쌓아 주었다.

주나라 왕실이 있는 낙읍성 안의 9개의 신주보정은 여러 대국들이 호시탐탐 노리고 있었다. 이 보물을 차지하는 것이 바로 천하를 통치하는 권력을 차지했다는 것을 의미하기 때문이었다. 그런데 전국 후기에 와서 주나라 왕실은 이 보물을 얻으려는 대국 군왕들의 심리를 이용해 병사를 빌려다가 성벽을 쌓은 일도 있었다.

천자의 근심

기원전 273년, 진나라는 동으로 진군해 화양華陽에서 위나라군을 크게 격파했다. 전투가 계속되는 동안 고함 소리와 처참한 비명 소리가 하늘과 땅을 진동했다. 전장에서 멀지 않은 곳에 있는 주나라 궁궐에서는 천자와 신하들이 두려움에 질려 있었다. 주나라 난왕은 천자라고는 하지만 유명무실한 지위였기에 대국들의 미약한 역량으로도 얼마든지 주나라 왕실을 점령할 수 있었던 것이다.

난왕은 근심에 싸여 침식을 잊었으며 종일 조상 묘에 모셔진 9개의 보물 신주보정을 바라보며 한숨만 지었다. 더구나 낙읍의 낮고 허물어져 가는 성벽은 그의 근심을 더해 주었다. 만일 800년간 이어 온 나라가 자기 손에서 멸망된다면 돌아가신 조상들을 무슨 낯으로 대한단 말인가! 지금 제일 중요한 것은 성벽을 높고 튼튼하게 다시 쌓는 것인데 국고는 오래전부터 텅텅 비어 있으니 어디 가서 무엇으로 성벽을 다시 수리한단 말인가? 그때 난왕의 근심을 눈치 챈 마범이 천자에게 말했다. "신이 위나라로 하여금 우리 성벽을 쌓도록 방법을 세우겠습니다." 그러자 난왕은 그를 사신으로 파견해 성벽을 쌓는 일을 책임지게 했다.

미끼가 된 신주보정

마범이 위나라 도읍인 대량大梁에 도착하자 위나라 안리왕安釐王은 예를 갖추어 접대하면서 무슨 일로 왔는지를 물었다. 마범은 울상을 지으며 대답했다. "주나라 천자는 지금 병이 위급합니다. 만일 천자가 붕어하신다면 신도 더는 살고 싶지 않습니다. 죽는 것은 두렵지 않으나 주나라 왕조가 대대로 물려받은 아홉 개의 신주보정은 대우大禹왕이 만든 것으로 9개 주州의 정의를 모아 천하를 진정시킵니다. 그래서 진나라와 초나라는 진작부터 그 보정을 호시탐탐 노리고 있습니다. 지금 제대로 관리하지 않으면 아무 때든 그들

전국 시대 경작지의 노동을 반영한 〈경직도耕織圖〉
원나라 때 농학가農學家 왕정王禎의 《농서農書》에 그려진 그림이다.

역사 시험장 〉 전국 시대에 최초로 식품 조각 '조란雕卵' 이 출현했는데 이는 무엇인가?

| 세계사 연표 |

기원전 305년

이집트에서 프톨레마이오스 왕국이 건립되었다.

《사기史記·주본기周本紀》 출전

제사祭祀에 쓰는 청동 기물
소 경작은 농업 기술 발전에서의 중요한 돌파구였다. 소 경작은 전국 시대에 들어서면서 광범위하게 보급되었다. 농업 생산에서의 소의 사용은 점차 소를 농경과 물, 그리고 풍작의 상징이 되게 했다. 사람들은 소를 잡아 제사를 지내는 것으로 신령과 선조에 대한 최고의 예절을 나타냈다. 그림은 운남성 강천현 가산江川縣家山에서 비교적 많이 출토된 청동 소 장식품의 하나로서 당시 백성들 생활에서의 소의 중요성을 반영하고 있다.

이 빼앗아 가고 말 것입니다. 주나라 천자와 신은 거듭 생각한 끝에 이 보배를 대왕에게 맡기려 하는데 대왕의 뜻은 어떠하신지요?" 안리왕은 마범의 말을 듣고 저도 모르게 가슴이 뛰어 자리에서 일어서며 말했다. "이 일은 과인이 오매불망 그리던 일입니다. 어떻게 하면 보정을 가질 수 있겠는지 선생의 뜻에 따르겠습니다." 마범은 위나라 왕이 미끼에 걸린 것을 보고는 매우 신중한 표정을 지으며 말했다. "대왕께서 군사를 낙읍에 파견시켜 주십시오. 하지만 열국들의 의심을 피하기 위해서 주나라 천자를 도와 성을 지키러 간다고 하십시오." 안리왕은 그 자리에서 흔쾌히 동의했다. 안리왕은 보정을 운반하는 데 안전을 보장하기 위해 병사 수만 명을 마범과 함께 주나라 도읍에 보내 성 밖에 주둔하게 했다. 위나라의 병사가 주나라 도읍에 도착하자 마범은 말을 달려 몰래 진나라로 갔다. 그리고 진나라 왕에게 말했다. "위나라의 대군이 갑자기 주나라 도읍 성 밖에 들이닥쳤는데 겉으로는 주나라를 도와 성을 지킨다고는 하지만 아마 다른 꿍꿍이가 있는 것 같습니다." 마범이 말한 다른 꿍꿍이는 누가 들어도 무엇을 의미하는지 아는 일이었다. 자그마한 주나라 도읍에는 천자의 보정을 제외하고는 사람들의 꿍꿍이를 자아낼 만한 물건이 없었던 것이다. 마범은 진나라 왕의 얼굴색이 변하는 것을 보고

말했다. "대왕께서 믿지 못하겠으면 병사를 파견해 한번 살펴보시지요." 그러자 진나라 왕은 병사를 보내 위나라군의 동정과 실제 상황을 알아보게 했다. 만약의 경우를 대비해 신주보정을 먼저 빼앗으려 했던 것이다.

전錢과 패폐貝幣
환전圜錢은 전국 중기에 위나라에서 주조된 원圓형 폐幣이다. 돈의 가운데에 구멍이 있어 가지고 다니기가 편리하자 다른 제후국에서 저마다 이것을 모방해 주조했다. 이것은 후에 나타난 방공전方孔錢의 기원이 되었다. 동패銅貝가 처음으로 나타난 것은 청동 주폐로서 조개비 모양을 본떠서 만든 것으로, 타원형으로 되어 있으며 무문無文과 유문有文 두 가지로 나뉜다. 무문폐는 상商나라 말기와 춘추 전국 시대에 유통되었고, 유문폐는 귀검전이라고도 하는데 춘추 전국 시대 초楚나라에서 주조된 것으로 당시 광범위하게 사용되었다.

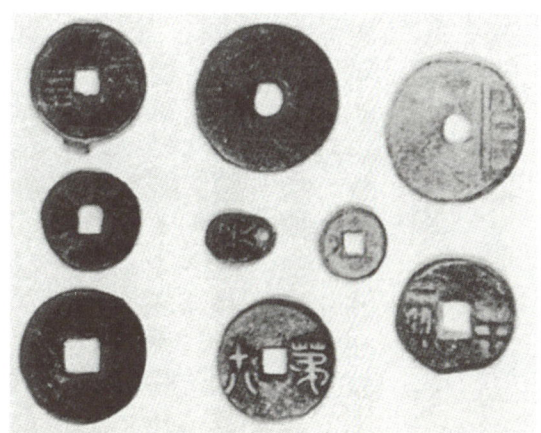

●●● 역사문화백과 ●●●

[고대 천자의 면복冕服]

천자天子는 제사祭祀, 등기登基, 조회朝會, 책봉冊封, 혼례婚禮, 생일生日 등 중대한 활동에는 면복冕服을 입었다. 면복은 면관冕冠, 현의玄衣, 훈상纁裳의 세 부분으로 이루어졌다. 웃옷은 검은색이고 아래옷은 진홍색인데 다섯 가지 색깔로 12가지 도안을 옷에 그리거나 수놓았으며 역사에서는 이것을 '십이 문장十二紋章'이라고 한다. 이들은 차례로 일日, 월月, 성신星辰, 산山, 용龍, 화충華蟲, 종이宗彛(호랑이와 원숭이), 조藻, 화火, 분미粉米, 보黼, 불黻이다. 주나라 이전에는 12문장이었고, 주조 이후에는 9문장紋章으로 줄어들었는데 그중 일, 월, 성신은 깃발에 그려 놓았다. 면복의 술과 문장은 등급이 낮음에 따라 감소된다.

| 중국사 연표 |

기원전 293년 — 진秦나라 재상 위염魏冉은 백기白起를 주요 장군으로 한韓나라를 공격해 한나라와 위나라의 연합군을 패배시키고 24만의 군사를 죽였으며, 위나라 장군 공손희公孫喜를 사로잡았다.

마범의 속임수에 넘어간 주나라 안리왕

마범은 진나라 왕이 병사를 움직이자 진나라 왕과 작별하고는 대량으로 달려와서 몹시 놀란 표정을 지으며 안리왕에게 말했다. "대왕님, 큰일났습니다. 위나라군이 주나라 도읍에 도착하자 각 제후들이 모두 의심을 하면서 대왕이 보정을 빼앗으러 간다고 했습니다. 진나라 왕이 파견한 군대는 주나라 도읍에 가서 대왕님과 겨루어 보겠다고 합니다. 지금쯤 진나라군은 이미 주나라 도읍에 도착했을 것입니다. 만약 이런 때에 우리가 보정을 옮긴다면 아마 보정을 움직이기도 전에 각 제후들의 병마가 먼저 대량으로 들이닥칠 것입니다. 대왕께서 어서 결정을 내리셔야 합니다."

즉위한 지 3년밖에 안된 안리왕은 정치 경험도 부족하고 화양에서의 패배가 눈앞에 어른거려 진나라 군이 온다는 말에 겁부터 냈다. 그는 오히려 마범에게 해결할 방도가 없는가 하고 물었다. 마범은 어쩔 수 없다는 기색을 내며 말했다. "지금은 오직 한 가지 방법밖에 없습니다. 우리가 주나라 도읍에 군사를 파견할 때는 주나라 천자를 도와 성을 지키러 간다고 소문

각종 목제木制 공구
호북성 대야현大冶縣에 자리 잡고 있는 동록산銅綠山 유적은 중국에서 지금까지 발굴한 고대 청동靑銅 광산 중에서 규모가 제일 크고 가장 완전하게 보존되었다. 고고학자들은 이 유적에서 서주西周부터 한漢대에 이르기까지 1000여 년에 달하는 채광 갱과 골목 360여 개와 고대 동 제련로 7개를 정리했다. 함께 출토된 유물로는 대량의 채광采鑛, 선광選鑛과 제련에 사용되었던 청동, 철, 참대, 나무, 돌로 만든 생산 도구들이 있다. 그림의 목제 공구들도 바로 그곳에서 출토된 것들이다.

을 냈습니다. 지금 제후들이 모두 의심을 하고 있으니 대왕께서는 소문대로 아예 군사들에게 명해 주나라 왕을 도와 성벽을 쌓는 것이 어떻습니까? 그러면 제후국들은 위나라군이 성을 지키려고 주나라 도읍에 갔다는 사실을 믿고 더는 아무 말도 하지 못할 것입니다." 안리왕은 마범의 말을 듣고 낙읍의 성벽을 높고 견고하게 쌓게 했다. 주나라 도읍의 성벽을 쌓는 일은 이렇게 해결을 보았다.

은도금한 편종
전국 후기의 악기로 무늬가 정밀하다. 2000여 년의 세월이 지났지만 지금도 두드리기만 하면 아름다운 소리를 낼 수 있다.

| 세계사 연표 |

기원전 304년

셀레우코스 1세는 패배당하고 인도의 마우리아 왕조의 찬드라굽타와 화의 협정을 맺었다. 그리고 지금의 아프카니스탄과 발루치스탄을 마우리아 왕조에 떼어 주고 전쟁에 쓰는 코끼리 500마리를 가지는 것으로 두 나라는 외교 관계를 맺었다. 마우리아 왕조는 전례 없이 강성해졌다.

067

《자치통감資治通鑑·주난왕周赧王 36년》
《사기史記·염파인상여열전廉頗藺相如列傳》

출전

세금을 받아들이는 조사

전부리田部吏 조사趙奢는 아첨을 하지 않고 법에 따라 일을 처리했다. 이로 인해 왕의 아우인 평원군平原君의 미움을 받아 처형될 처지가 되었지만 조사의 말에 평원군은 그를 놓아주었을 뿐만 아니라 전국의 부세賦稅 총관總管으로 추천했다.

권세가들의 납세 거부

조사趙奢는 조나라의 전부리로, 농업세를 받는 관리인데 세금을 받는 과정에 늘 어려운 일들에 봉착했다. 그중에서도 제일 대하기 어려운 사람이 있었는데 그가 바로 평원군 조승趙勝이다. 조승은 조나라 무령왕武靈王의 아들이고 조나라 혜문왕惠文王의 동생인데 동무東武를 봉지로 하사받고 호를 평원군이라 했다. 혜문왕은 그를 재상으로 삼고 관심을 아끼지 않았으며 그의 요구는 거의 다 들어 주었다.

소비가 많았던 평원군은 다른 귀족이나 관리들과 마찬가지로 갖은 방법을 다해 돈을 얻고자 했는데 그 방법 중 하나가 바로 탈세하는 것이었다. 국가 수입은 정해져 있는데 거부들의 세금을 거둬들이지 못하면 지출 비용은 결국 백성들의 몫으로 돌아가게 된다. 그래서 여러 가지의 세금이 늘어났지만 권세가들이나 부자들은 바치려 하지 않았다. 그렇다고 일반 백성들은 낼 형편이 안 되니 세금 징수를 책임진 각 지방의 전부리들은 그야말로 머리가 터질 지경이었다.

그러던 어느 해, 또 세금 징수를 위해 사람들을 각지에 파견했다. 일반 백성들의 세금은 어떻게 해서든지 받아 냈지만 귀족과 관리들의 세금은 다른 해와 마찬가지로 걷기가 힘들었다. 그중에서도 평원군이 제일 심했다. 세금을 받으러 간 관리가 문에 들어서기만 하면 평원군의 하인들이 문 밖으로 밀어내는가 하면 심지어 험한 욕지거리를 퍼붓기도 했다. 평원군이 이러할진대 하물며 다른 귀족들이야 오죽하겠는가? 당시의 작태로 볼 때 세무관은 예물을 들고 평원군 등과 같은 귀족이나 관리들의 집으로 찾아다녔는데, 조금이라도 받아들이면 좋고 받지 못해도 불평은커녕 아부하기 일쑤였다. 이렇게 함으로써 이후 승진을 하거나 횡재할 수 있는 기회를 잡으려는 것이었다. 그들은 권세가들의 세금을 백성들에게 돌리고 자기도 거기에서 이득을 보았지만 평원군과 같은 직위 높은 관리들이 막아 주기 때문에 두려워할 필요도 없었다. 하지만 조

야수野獸 무늬의 주전자

전국 초기의 이 청동기는 조그만 입구에 짧은 목, 납작한 원형의 몸체, 장방형 모양의 발을 가지고 있다. 양측에는 짐승 얼굴의 환을 박아 귀를 만들었다. 주전자의 뚜껑은 이미 분실되었다. 몸체에는 앞뒤에 각각 다섯 줄의 가로줄이 나 있고 이를 교차되는 직선으로 막아 장방형 칸을 만들었는데, 모든 칸에는 변형된 짐승 무늬가 정교하게 새겨져 있다. 이 주전자는 전국 시대에 나타난 신식 술 용기이다.

《관자管子·지원地員》 191

| 중국사 연표 |

기원전 290년

동주東周의 군君이 진秦나라에 갔다. 위나라는 황하 이동의 400리 땅을 진나라에 주고, 한나라는 무수武遂 200리 땅을 진나라에게 주었다.

용봉龍鳳 무늬 패물 (위 사진)과 투각 용봉 무늬 패물 (아래 사진)
용봉 합벽龍鳳合璧은 전국 시대 옥기玉器에서 늘 볼 수 있는 도안의 하나인데 그 주요 형식은 '용봉 병립龍鳳幷立'과 '용봉 합체龍鳳合體' 두 가지이다. 중국 대북臺北 고궁박물관에 보존되어 있는 전국 시대 용봉 무늬 패물은 그 전체가 반원형으로 되어 있으며, 가운데는 두 마리의 봉황이 조각되어 있다. 반원형 두 끝에는 각각 두 마리의 봉황을 주시하는 두 개의 용 머리를 조각했다. 안휘성安徽省박물관에 보관된 전국 시대 투각한 용봉 무늬 패물은 그 전체가 반원형 모양이고 패물의 윗부분은 맞붙은 꼬리에 머리를 반대 방향으로 한 두 마리의 용이 조각되어 있다.

●●● 역사문화백과 ●●●

[조세 제도租稅制度 — 세무稅畝, 구갑丘甲]

춘추 시대에는 정전제井田制가 와해되고 노역지조勞役地租도 점차 소실되었다. 춘추 말기에 와서 중원 각국에서는 모두 무畝에 따라 세금을 받는 제도를 실행했는데, 세금의 액수는 대체로 10분의 1에서 10분의 2 정도였다. '십일세什一稅'란 10분의 1이라는 뜻이다. 지세地稅가 보급됨에 따라 군사 세금도 변화되기 시작했는데 당시 이것을 '구부丘賦' 또는 '구갑丘甲'이라고 했다. '구丘'는 지역의 단위로서, 구부와 구갑은 지역적 범위에서 일정하게 군사 세금을 받는다는 것이다. 전국 시대는 기본적으로 이 제도를 사용했다.

사는 힘없는 백성들이 피해를 입는 것을 그저 두고 보려고만 하지 않았다. 그는 있는 힘을 다해 평원군에게서 세금을 받아 오리라 결심했다. 만약 평원군만 세금을 바친다면 다른 귀족들은 아무 말 못하고 세금을 바칠 것이 뻔했다. 많은 생각 끝에 조사는 평원군의 세금을 받아 낼 한 가지 방법을 생각해 냈다.

조사의 공정성에 탄복한 평원군

이날, 조사는 아래 관리들을 거느리고 평원군 댁으로 갔다. 평원군 댁의 하인들은 그전처럼 세금을 바치지 않았다. 그러자 조사는 주저 없이 명을 내려 하인들을 체포하게 했다. 조사는 평원군 댁의 하인 아홉 명을 체포해 관아로 끌고 간 다음 법에 따라 죽이라고 했다. 이 소식이 평원군에게 전해지자 평원군은 크게 노해 조사를 집 안으로 끌어들인 후 죽이려고 했다. 그런데 조사는 두려운 기색이라곤 없이 평원군에게 공손히 예를 올리고는 말했다. "소신은 세금 징수관리로서 법에 따라 세금을 받아 국가의 이익을 도모하려 했을 뿐입니다. 제가 확실히 공자 댁의 하인 아홉 명을 죽였는데 따지고 보면 그 하인들이 공자의 권리를 믿고 득세를 부려 공공연히 나라의 법에 대항했기

역사 시험장 〉 보첩譜牒은 한 씨족 또는 한 가족의 번영과 쇠망의 역사를 보여 준다. 그렇다면 중국 최초의 보첩류譜牒類의 역사책은?

| 세계사 연표 |

기원전 297년 — 마케도니아 왕 카산드로스가 사망했다.

때문입니다. 공자님께서도 아시다시피 국가의 일을 하는 우리 관리들이 만약 법의 존엄을 지키지 않고 오히려 법을 어기려 한다면 국가는 쇠약해질 것입니다. 나라가 쇠약해지면 제후국들은 우리나라를 침공할 것이고 그렇게 되면 조나라는 망국의 위험에 처하게 될 것입니다. 조나라가 망하게 되면 공자는 아마 제일 첫 번째로 그 어려움을 겪게 될 것입니다. 소신은 공자의 신분과 지위로 더욱 국가 이익을 보호하고 세금 의무를 시행해야 한다고 생각합니다. 또 공자님이 귀족들에게 미치는 영향이 크니 만약 공자님께서 솔선해 세금을 바치면 다른 사람들은 모두 따라 할 것입니다. 이렇게 되면 조나라가 안정되고 강성해질 날은 오래지 않을 것입니다. 조나라는 공자의 현명함으로 안정과 강성을 가져올 것이며, 군왕으로부터 백성에 이르기까지 모두 칭송을 아끼지 않을 것입니다." 조사의 말을 들은 평원군은 아무 대꾸도 하지 못했다. 그

●●● 역사문화백과 ●●●

[전국 시대 시장 경제 용어]

전국 시대에는 시장市場을 시정市井이라고도 불렀다. 시장은 관부에서 관할했는데 매일 아침, 오전, 저녁으로 세 번 열었으며 시간에 따라 잠그곤 했다. 시장에 들어와 교역을 진행하는 사람들을 시인市人이라고 했으며, 시장을 관리하는 관리를 시리市吏라 했다. 시장에서 교역을 진행하는 상가들은 모두 '시부市賦'를 바쳐야 했는데 여기에는 상품세와 영업세, 창고 임대세가 포함되었고 시부의 액수는 총 물건 값의 2%였다. 각 제후들은 시부 외에도 상단이 꼭 지나야 하는 길목마다 관리를 배치해 세금을 징수하게 했는데 이를 '관부關賦'라고 했다.

는 조사의 말을 듣고 깨닫는 바가 있어 연속 머리를 끄덕였고, 이후로 평원군의 태도는 급변했다. 평원군은 각별한 예로 조사를 접대하고 그동안 내지 않은 세금까지 모두 계산해 즉시 바쳤다.

이후로 평원군은 조사를 각별히 총애했으며 그를 혜문왕에게 추천하면서 자기가 세금을 납부했던 일을 상세히 이야기했다. 혜문왕도 조사의 행동에 칭찬을 아끼지 않았으며 조사에게 전국의 세금 징수를 책임지게 했다. 새 직무를 맡은 조사는 등용된 후 바로 세금 납부 개혁을 실행했다. 탈세를 시도하는 사람들의 여러 가지 행위를 금지시켰고, 가난한 백성들에게는 세금의 절반을 감면해 주었다. 그러자 채 몇 년도 되지 않아 조나라는 백성들이 잘 살고 국고가 풍족하게 되었다.

관개灌漑 기술의 발달
전국 시대 사람들은 이미 초보적인 최초의 관개 기술을 개발해 농업 생산량이 향상되었다. 그림은 원나라 때 농학자農學家 왕정의 《농서農書》에 그려진 〈경직도耕織圖〉 중의 하나로 전국 시대 농민들의 노동 상황을 잘 보여 주고 있다.

기원전 289년

| 중국사 연표 |
진나라군은 위나라를 공략해 61개 성읍을 빼앗았다.

068

진나라군을 물리침

진나라의 20만 대군이 조나라 변경 도시인 알여閼與를 포위하자 조나라 군신들은 어찌할 방도를 찾지 못했다. 조사는 어려움을 무릅쓰고 진나라군과 싸워 적은 병력으로 많은 군사를 물리쳐 크게 승리했다.

조사가 법에 따라 세금을 징수해 조나라는 부유해지고 군사력이 강해졌다. 조사는 또 군사적인 면에서도 뛰어난 담략과 지모를 보였는데 알여에서 진나라군을 크게 격파시키는 공을 세웠다.

중임을 맡은 조사

기원전 269년, 진나라 장군 호상胡傷이 병사를 거느리고 한나라의 상당上黨 지구를 지나 조나라의 알여를 공격했다. 조나라 혜문왕惠文王은 알여의 구원 요청을 받고 문무 대신들을 불러 대책을 상의했다.

그러나 혜문왕이 주위를 아무리 돌아보아도 좌우의 문무 대신들은 모두 굳은 표정으로 침묵만 지킬 뿐이었다. 그 당시의 진나라는 당해 내기 어려운 강대국이었기 때문에 싸우면 거의 다 큰 피해를 입었었다. 기원전 278년, 진나라 장군 백기白起는 일시에 초나라 주력군을 격파하고 초나라 도성인 영郢을 점령했다. 그 후로 영도郢都를 중심으로 초나라의 넓은 땅들이 진나라에게 점령되었으며 이듬해에는 무巫, 검黔 두 지역도 점령당했다. 결국 초나라는 이렇게 진나라에 의해 완전히 멸망되고 말았다. 또한 기원전 276년부터 진나라군은 연이어 위나라를 공격해 많은 지역을 빼앗았고 기원전 273년에는 한나라를 구한다는 명분으로 위나라와 조나라에 대한 공격을 개시해 화양華陽 전쟁에서 위나라군 13만을 죽였고, 조나라 장군 가언賈偃이 거느린 구원병은 진나라군에게 쫓겨 모두 황하에 빠져 죽었다. 이처럼 전쟁 때마다 승리를 이룬 진나라는 일단 무엇을 노리기만 하면 빼앗는 지경에까지 이르렀다. 효산崤山 동쪽의 6국은 거의 모두 진나라가 제멋대로 할 수 있는 곳이 되고 말았다. 대신들은 이런 상황에서 알여를 구할 수 없음을 잘 알고 있었다. 혜문왕도 그 어려움을 모르는 것은 아니었지만 마지막 희망을 버리고 싶지 않았다. 그는 기대에 가득 찬 눈길로 다시 한 번 문무 대신들을 돌아보다가 마지막으로 그 눈길이 등용된 지 얼마 안 된 조사趙奢에게 멈추었다.

보루를 든든히 쌓고 진을 벌이다

조사는 혜문왕을 바라보며 아뢰었다. "알여로 가는 길은 험난해 두 마리의 쥐가 가방 안에서 싸우는 것과 같은 형세이오니 용감한 자만이 승리할 수 있습니다." 그러자 혜문왕은 안도의 숨을 쉬며 조사를 장군으로 임명한 후 알여를 구하게 했다.

조사는 알여로 출발했다. 그는 30여 리를 행군한 다음 명을 내려 진영을 바로잡고 해로운 행동을 하는 자는 모두 처형한다고 병사들에게 말했다. 조사의 명령이 병영에 전달되자 군사들은 모두 숙연해져 맡은 바 책임을 다했다. 알여를 포위했던 진나라 장군 호상胡

독수리 모양의 금관 (위 사진)
내몽고에서 출토된 전국 시대 독수리 모양의 금관은 황금으로 제작된 것으로 관에 장식된 새의 머리에는 녹송석을 박아 넣었다. 이는 전국 시대 녹송석 가공 공예가 상당한 수준에 달했음을 보여 준다.

| 세계사 연표 |

기원전 294년

데메트리오스가 알렉산드로스 5세를 암살하고 마케도니아의 왕위를 빼앗았으며 그리스 북부와 중부 지역을 공략했다.

《자치통감資治通鑒·주난왕周赧王 45년》
《사기史記·염파인상여열전廉頗藺相如列傳》
출전

傷은 조나라 원군이 왔다는 소식을 듣자 무안성武安城 서쪽에 진을 치고 싸움을 걸렸다. 10만 명의 진나라 군사들은 진을 치고 일제히 고함을 질렀는데 그 고함소리가 얼마나 컸던지 무안성 내 지붕의 기와들이 다 흔들릴 정도였다. 조나라의 한 군사가 다급히 달려와 조사에게 무안武安이 위급하니 병사를 보내라고 했다. 그러자 조사는 이 군사가 명을 어겼다는 죄로 그 자리에서 처형해 버렸다. 그리고 계속 진지를 지키며 28일 동안 머물러 있었다. 호상은 조사가 이번 전쟁을 겁내는 줄만 알고 사절을 조나라군 진영에 보내 싸우기를 재촉했다.

조사는 친히 좋은 술과 안주로 진나라군의 사절을 접대했다. 그리고 말하기를 "조나라군이 이번에 서진西進한 것은 그저 한단을 더 굳건히 수비하기 위해서입니다. 어찌 병사가 많은 진나라를 대적하겠습니까!"라고 했다. 호상은 사절의 답을 듣고 크게 기뻐하며 알여로 돌아가 버렸다.

조나라군의 기습 공격

조사는 진나라군의 행동을 면밀히 주시하다가 진나라군이 이미 멀리 갔을 즈음 전군을 집합시켜 기병과 고수 1만 명의 선봉군을 진나라군보다 먼저 알여로 보냈다. 그리고 이틀 후에 알여에서 50여 리 떨어진 곳에 진영을 치게 했는데 진영이 다 지어지자마자 진나라군도 도착했다. 전쟁의 고비를 여러 번 겪은 조나라군 장령 허역許歷은 정황이 긴급함을 보고 조사에게 보고했다. "진나라군이 우리가 성동격서聲東擊西(동쪽을 치는 듯이 하면서 실제로는 서쪽을 친다는 뜻으로 상대를 기만해 공격하는 것을 이름)하는 것을 눈치 채고 갑자기 이곳으로 왔습니다. 우리는 밀집해서 진나라군의 공격을 막아야만 할 것입니다. 알여성 밖의 북산北山은 제일 높은 곳이니 먼저 북산을 점령하는 자가 전쟁의 주도권을 차지할 것입니다." 조사는 허역의 말이 옳다고 여기고 즉시 그에게 병사 만 명을 줘 북산을 먼저 차지하게 했다.

호상은 진나라군을 거느리고 조나라군 진영을 자세히 관찰하더니 병사를 파견해 북산을 빼앗으려 했으나 북산은 비탈이 가파르고 암석이 많아 공격하기가 힘들었다. 오른쪽으로 공격하던 진나라군은 조나라군이 던지는 돌멩이와 화살에 맞아 많은 사상자를 냈다. 이때 조사는 병사들을 두 조로 나눠 산에서 내려오며 적을 물리쳤는데, 양쪽에서 조나라군의 공격을 받은 진나라군은 많은 사상자만 내고 격퇴당해 조나라군의 포로가 될 뻔했다. 호상은 살아 있는 나머지 병사들을 이끌고 황급히 진나라로 돌아가 버렸다.

조나라군은 지혜롭고 용감한 전략 전술로 진나라군의 진공을 막았으며, 진나라군의 동진東進에 타격을 입혔다. 이 승리는 조나라와 동방 각국에게 진나라에 대항하려는 용기를 심어 주었으며 진나라는 이로 인해 그들의 동진 계획을 다시 생각하지 않으면 안 되었다. 조나라 혜문왕은 이 전쟁에서 공이 뛰어난 조사를 마복군馬服君으로 책봉하고 허역도 국위國尉(지금의 국방부 장관급)로 등용했다. 조사는 책봉된 후 그 지위가 염파, 인상여와 같았다. 이때부터 조나라에는 문무가 겸비된 대신이 또 하나 생기게 되었다.

-403 ~ -221
전국

••• 역사문화백과 •••

[노弩, 거래距來, 전사기轉射機]

노는 전국 시대에 유행한 병기로서 활에서 발전한 것이다. 구조는 활에 나무 팔을 더 부착했으며 나무 팔의 뒷부분에 동銅으로 만든 노기弩機를 달았다. 전국 시대 노는 대부분 팔의 힘으로 화살을 당겼으며 일부의 큰 노는 발로 궁부를 밟고 두 손으로 당겨야 했다. 노의 출현은 명중률과 살상력을 향상시켰다. 거래는 전국 시대 한韓나라에서 만든 일종의 강노强弩인데 살상력이 600보 밖까지 달했다. 전사기는 노기를 개조해 만든 것으로 돌면서 화살을 쏠 수 있었는데 길이가 여섯 자로서 사용할 때 정正, 부副 두 사람을 배치해야 했다.

| 중국사 연표 |

기원전 289년

제齊나라는 소진蘇秦을 재상으로 삼았다.

069

조 태후를 권고하다

진秦나라군이 쳐들어와 위험에 처하게 된 조나라는 제나라에 구원을 청하게 되었다. 이에 제나라는 조나라 태후太后의 막내아들을 인질로 요구했다. 하지만 태후는 막내아들을 제나라에 인질로 보내려 하지 않았고 이 일을 알게 된 퇴직한 노대신 촉용觸龍은 태후를 찾아가 설득시켰다.

나라를 위해 공훈을 세우게 하는가, 아니면 그들을 신변에 두고 우월한 물질적 향수를 누리게 하는가? 전국 후기 조나라 왕실은 자녀 교육에 관한 이와 같은 문제에 부딪히게 되었다.

어린 왕자를 인질로 보내는 일

기원전 265년, 조나라 혜문왕惠文王이 죽고 어린 효성왕孝成王이 즉위했다. 진나라는 이 기회를 틈타 조나라를 공격했다. 변경으로부터 급보를 알리는 편지들이 도성인 한단邯鄲으로 날아들었다. 어린 왕을 대신해 조정을 책임진 조나라 태후는 사신을 제나라에 보내어 원군을 청했다. 그런데 제나라 왕은 반드시 조나라 태후의 작은아들인 장안군長安君을 인질로 보내야만 출병시키겠다고 했다.

장안군은 혜문왕의 작은아들로 태후의 깊은 총애를 받고 있었다. 태후는 그를 인질로 보내려 하지 않

증후을 탄로

일상 생활 용품인 탄로炭爐에는 두 개의 둥근 손잡이가 있다. 기물 전체는 마름모형 무늬와 갈고리형 무늬로 장식이 되었고, 붉은 청동을 박아놓았다. 또한 탄로 밑굽에는 '증후을 작지용종曾侯乙作持用終'이라는 명문이 새겨져 있다. 옆에는 청동으로 주조한 기箕가 있고 밑굽에는 자그마한 구멍들이 나 있어 재를 털어 버릴 수 있게 했다.

| 세계사 연표 |

기원전 290년 제3차 삼니움 전쟁이 끝나고 삼니움 족이 항복했으며, 라치 동맹은 로마와 조약을 맺고 영토가 거의 점령되었다.

《자치통감資治通鑑·주난왕周赧王 50년》
《전국책戰國策·조책趙策 4》《사기史記·조세가趙世家》

앉다. 대신들이 여러 번 권했지만 태후는 도리어 화를 냈다. 진나라군은 점점 더 조나라에 깊이 쳐들어왔고 조나라 조정은 흔들리기 시작했다.

그때 퇴직해 휴식하고 있던 좌사左師 촉용觸龍은 이 사실을 알고 입궁해 태후를 만났다. 그는 허리를 구부리고 비틀비틀 걸어 층계 몇 계단을 오르고는 쉬면서 쑥스러운 표정으로 태후에게 말했다. "신도 늙었습니다. 더 걷기도 힘들군요. 그래서 오랫동안 태후께 문안드리지 못했으나 마음 속으로는 언제나 잊지 않고 있었습니다. 그러나 오늘은 마침 날씨도 좋고 하여 태후를 뵈러 왔습니다." 인질 문제로 골치를 앓고 있던 태후는 촉용의 말에 응대를 하기 시작했다.

자녀를 아끼는 방법

노대신 촉용과 한동안 대화를 나눈 태후의 마음은 천천히 풀리기 시작했다.

촉용은 태후에게 말했다. "신의 작은아들 서기舒祺는 아직 세상 물정을 모릅니다. 만일 신이 죽으면 그 아이가 어떻게 생활해 나갈지 근심이 태산 같습니다. 그래서 신이 특별히 태후에게 청을 드리니 내 작은아

기공양신氣功養身의 창립 — 행기명문行氣銘文

학자들은 보편적으로 중국의 기공氣功은 춘추 전국 시대에 탄생되었다고 주장하고 있다. 천진天津 역사박물관에 보존되고 있는 전국 시대 12면체의 작은 옥주玉柱에는 모두 45자에 달하는 《행기명行氣銘》이 새겨져 있다. 명문은 행기行氣, 탄칙축呑則畜, 축칙신蓄則伸, 신칙하伸則下, 하칙정下則定, 정칙고定則固, 고칙맹固則萌, 맹칙장萌則長, 장칙복長則複, 복칙천複則天. 전기본재상天其本在上, 지기본재하地其本在下, 순칙생順則生, 역칙사逆則死인데 이것은 전문 기공양신의 행기行氣 방법과 공능功能을 서술한 것으로 중국 최초의 기공양신 전문 문헌이다.

●●● 역사문화백과 ●●●

[전국 시대의 양생 기공비결養生氣功秘訣 — 행기옥명]

행기옥명行氣玉銘은 전국 시대의 한 옥기에 새겨진 명문이다. 형태는 12면 기둥체로 안은 비어 있고 위아래가 막혀 있는데 모두 45개의 글자가 새겨져 있다.

글의 대략적인 뜻은 입과 코로 천천히 길고 깊게 숨을 들이 쉬어 백회百會에까지 이르게 한다. 그 다음 숨을 내뱉되 맥을 따라 서서히 아래로 단전丹田까지 내려오게 한다. 아랫배의 기가 확실히 고정된 후 그 자체가 천천히 뜨거워지고 팽창되는데 일정한 정도에 이르면 맥을 따라 위로 다시 천천히 백합에까지 이른다. 이렇게 한 번씩 순환하는 것을 일주천一周天이라 한다. 진기眞氣가 끊임없이 움직이면 100가지 병이 제거되고 신체가 건강해지지만 만일 기가 순환되지 않거나 역충돌하면 병이 낫지 않으며 심지어 죽기까지 한다. 옥명은 지금 천진 역사박물관에 보존되어 있다.

| 중국사 연표 |

기원전 288년

이해 10월, 진秦나라는 제齊나라와 함께 제帝로 칭하자고 약조한 후 제나라는 동제東帝, 진나라는 서제西帝라 했다. 12월, 제나라는 소진蘇秦의 계략으로 제호帝號 칭호를 포기하고 합종合縱(남북의 여섯 나라가 동맹해 서쪽의 진나라에 대항해야 한다는 일종의 동맹)으로 진나라에 대항했다. 그러자 진나라도 할 수 없이 제호의 칭호를 취소했다.

들에게 궁정 시위侍衛라도 시킬 수 없겠습니까? 그렇게 되면 신은 죽어도 한이 없겠습니다."

태후는 촉이 작은아들을 감싸는 것을 보고 자신과 같은 처지라 생각되어 아들이 몇 살이냐고 물었다. "열다섯 살입니다. 비록 어리기는 하지만 신이 살아 있는 동안 아이가 발붙일 곳이라도 있었으면 하는 생각인데 태후께서 허락해 주십시오!' 하며 촉용이 말했다. 이 말을 들은 태후는 "남자들도 막내를 더 사랑하는군요."라고 말했다. 그러자 촉용은 "그것은 태후께서 모르시고 하는 말씀인데 남자들은 막내를 여인들보다 더 아낍니다!' 라고 했다. 태후가 다시 말했다. "웬 걸요. 여인들이 막내를 더 아끼지요." 촉용은 태후가 번뇌를 몽땅 잊은 것을 보고 말머리를 돌렸다. "아닌 것 같은데요. 신이 볼 때에는 태후가 연燕나라 왕후를 장안군보다 더 사랑하는 것 같은데요."

연나라 왕후란 멀리 연나라에 시집을 간 태후의 딸이다. 촉용은 계속 말을 이었다. "대부분의 부모들은 자식의 장래를 위해 먼 미래를 봅니다. 연나라 왕후가 멀리 시집갈 때 태후는 그녀의 손을 잡고 눈물을 흘리며 '절대 돌아오지 말거라.' 하였거늘, 이것은 바로 태후께서 딸이 연나라 왕의 총애를 받아 아들을 낳아 장차 왕위를 계승하기를 바랐기 때문 아니었습니까?" 그러자 태후는 머리를 끄덕이며 "하긴, 그렇지요."라고 대답했다.

나중을 위해 아들에게 고생을 안겨 준 태후

촉용은 태후가 이미 이야기에 말려든 것을 보고 급히 말머리를 돌려 말했다.

"3대 이전까지 거슬러 올라가 조나라 건립에 이르기까지 조나라 군君 자손들이 봉후로 책봉받아 지금까지 남아 있는 사람이 있습니까?" 태후는 한참 동안 생각을 더듬더니 없다고 대답했다. "그럼 조나라에서 벗어난 자손들이 제후로 책봉받아 남아 있는 사람이 있습니까?" 하고 촉용이 다시 묻자 이번에도 역시 태후는 없다고 대답했다.

촉용은 긴 한숨을 내쉬고 계속 이야기를 했다. "선왕들의 자손이 모두 잘나지 못해서이겠습니까? 아닙니다. 그저 당장의 재난은 선왕들 자신에게 속했지만 앞날의 재앙은 그 자손들에게 미치기 때문입니다. 그들은 공이 없어도 높은 직위에 오를 수 있었고 넉넉한 봉록을 받을 수 있었습니다. 뿐만 아니라 숱한 금은보화도 가질 수 있었습니다. 지금도 태후께서는 계속 장안군을 아끼면서 주요 지역을 봉지로 하사하고 있습니다. 만약 장안군이 나라를 위해 공을 세우지 않은 상태에서 태후께서 붕어하신다면 장안군이 조나라에서 발붙일 곳이 있겠습니까? 보아하니 태후께서는 장안군에 대한 생각이 연나라 왕후에 대한 생각보다 짧군요. 그래서 신은 태후의 장안군에 대한 사랑이 연나라 왕후에 대한 사랑보다 못하다고 여긴 것입니다." 하고 넌지시 말했다.

촉용의 이야기에 한참 골똘히 생각하던 태후는 한숨을 몰아쉬며 말했다. "내가 생각이 짧았던 것 같소. 이 일은 촉觸 좌사左師가 맡아서 처리하시오!' 그러자 촉용은 대신들과 상의한 후 100대의 마차로 장안군을 호송해 제나라에 인질로 보냈다. 장안군이 제나라에 인질로 오자, 제나라는 군대를 즉각 출병시켰고 진나라는 신속히 철군해 조나라는 위기를 면했다.

이 일은 조나라에 커다란 파문을 일으켰다. 한 현인이 이 일을 평가하며 하는 말이 "군왕의 아들이 공로 없이 부귀에만 파묻혀 있으면 그는 평민과 다를 바 없다."고 했다.

| 세계사 연표 |

기원전 287년 그리스의 수학자, 물리학자이며 천문학자인 아르키메데스가 출생했다(~기원전 212년).

070

《자치통감資治通鑑·주난왕周赧王 45년》
《사기史記·범저채택열전范雎蔡澤列傳》 출전

죽음을 가장해 도망쳐 나오다

나라를 위해 힘을 바치려던 대량大梁 사람 범저范雎는 권세가들의 질투와 의심을 받아 억울하게 매를 맞고 화장실에 버려졌다. 후에 범저는 옥졸을 구슬러 빠져나온 다음 또 꾀를 써서 재상 위제魏齊의 뒷조사도 넘기고 마침내 그의 손아귀에서 벗어났다.

위魏나라 사람 범저는 집이 가난했지만 배우기를 즐겼고 나라를 위해 자기의 미약한 힘이라도 바치려고 했다. 그러나 그를 추천해 주는 사람이 없어 할 수 없이 중대부中大夫인 수가須賈의 문객으로 있었다. 그해 연나라가 제나라를 공격할 때 위나라도 5국의 연합군이 되었는데 전단田單이 화우진火牛陣으로 나라를 복구하게 되었다. 위나라 소왕昭王은 제나라의 복수가 두려워 수가를 제나라에 사신으로 보내어 관계를 회복하려고 했는데, 범저도 그 수행 인원으로 제나라에 가게 되었다.

공을 세웠지만 질투를 얻게 된 범저

제나라 양왕襄王은 비록 사신의 예로써 그들을 접대했지만 마음속의 옛 한은 사라지지 않았다. 그래서 몇 마디 말도 나누지 않은 채 큰 소리로 위나라가 인의를 지키지 않는다고 했다. 수가須賈는 그 상황에 어떻게 해야 할지 몰라 망설였다. 이 광경을 본 범저가 앞으로 나서며 제나라 양왕에게 예를 올리고 말하기

증후을曾侯乙 편종編鍾

증후을 무덤에서는 많은 고대 악기가 출토되었는데 편종編鍾, 편경編磬, 고鼓, 비琵, 금琴, 생笙, 배소排簫, 지篪 등 8종류 124점이나 된다. 그중 중국 음악사 연구에 중대한 공헌을 한 것은 타악기인 편종이다. 증후을 편종은 모두 64매이고 초나라 혜왕惠王이 준 1매까지 합쳐 모두 65매에 달한다. 출토될 때 편종은 3층의 동목銅木 구조로 된 곡척형曲尺形 종 틀에 달려 있었다. 종에는 모두 상관되는 악률樂律의 명문이 새겨져 있었다. 편종은 음계 결구가 지금 국제적으로 통용되는 C대조大調의 7성 음계音階와 동일한 음렬音列에 속하며 음역이 넓어 제일 낮은 저음에서부터 제일 높은 고음에 이르기까지 5개 8도 음을 넘나들고 있다.

| 중국사 연표 |

기원전 288년

소진蘇秦은 조, 제, 초, 한 등 5국을 연합해 진나라를 정벌했으며 연나라도 병사를 파견해 참전했다. 연합군은 성고成皋까지 쳐들어갔고 진나라는 조나라와 위나라의 땅을 돌려주는 조건으로 화의를 구했다.

를 "당년에 제나라가 두려워 다섯 나라가 연합을 했습니다. 하지만 위나라는 제나라에 대한 예의를 지켜 연나라를 따라 임치臨淄까지 쳐들어가지는 않았습니다. 지금 귀국은 새 왕이 즉위해 나라가 발전하고 있기에 위나라 왕은 몹시 기뻐했고 제나라군이 제나라 환공桓公의 뒤를 이어 일대 패업을 이룩하기를 진심으로 바라고 있습니다. 하지만 이제 와서 보니 대왕님은 과거를 잊지 않고 질책만 하고 있습니다. 대왕님은 환공을 본보기로 삼고 있습니까? 아니면 민왕湣王의 작풍을 따라 배울 예정입니까?" 하고 물었다. 범저의 말에 양왕은 오랫동안 아무 말도 못하다가 한참이 지나서야 수가에게 "이 분은 누구요?" 하고 물었다. 수가가 "소인의 문객 범저입니다." 라고 대답하자 양왕은 범저의 두려움을 모르는 태도에 탄복했다.

그날 저녁, 양왕은 자기의 심복을 범저에게 보내 경의의 뜻을 알리고 제나라에 남을 것을 요청했다. 그러나 범저는 제나라 왕의 관심에 고마움을 표시하고는 제나라에 남는 것은 신의에 어긋난다며 양왕의 건의를 거절했다. 범저의 뜻을 꺾지 못한 제나라 왕의 심복은 제나라 왕이 보낸 황금 열 근과 소고기 한 접시, 그리고 좋은 술 한 병을 범저에게 주었으나 그는 고기와 술만 받고 황금은 돌려보냈다. 그런데 이 소식을 들은 수가는 제나라 왕이 자기를 냉담하게 대하고 범저를 중히 여기는 데 대해 질투가 생겼다.

| 세계사 연표 |

기원전 287년 : 그리스의 소요파 철학자이며 농학자, 식물학자, 고대 세계 토양학과 식물학의 창시자인 테오프라스토스가 사망했다.

한쪽 말만 듣고 혹형을 가하다

위나라로 돌아온 다음, 수가는 재상인 위제魏齊에게 범저에 대한 험담을 했다. 위제는 수가의 말만 듣고 범저가 위나라를 배신한 것으로 믿어 그를 끌어다가 고문을 했다. 그러나 기개가 강한 범저는 절대 굴하지 않았다. 위제가 물었다. "위나라의 어떤 기밀을 제나라 왕에게 알려 주었는가?" 범저는 "내가 언제 기밀을 알려 주었다고 그럽니까? 나는 기밀이 무엇인지도 모릅니다."라고 대답했다. 위제가 다시 "제나라 왕이 사람을 파견해 너와 만났는데 정말로 네가 말한 것처럼 그렇게 간단한 것이냐?" 하고 물으니 "사실이 그런데 또 다른 무엇이 있겠습니까?"라고 대답했다. 위제는 범저가 이렇게까지 자기와 맞서는 것을 보고 더욱 화가 나서 사람을 불러 범저에게 곤장 100대를 내렸다. 범저는 수가가 한쪽에서 너털웃음을 치는 것을 보고 큰 소리로 질책하면서 말했다. "만약 내가 아니었다면 네놈이 임무를 순조롭게 완성할 수 있었겠느냐? 너희들이 이런 꼴로 어찌 위나라 왕을 위해 일한

범저가 죽음에서 벗어나다

범저는 수가須賈를 따라 제나라에 출사했다. 범저가 인재라 여긴 제나라 왕은 그를 제나라에 남게 하려고 했다. 그러나 거절하고 돌아온 범저에게 돌아온 것은 억울한 누명뿐이었다. 위나라 재상 위제魏齊에게 매를 맞고 화장실에 버려진 범저는 겨우 목숨을 부지해 진나라에 가게 되었다. 그림은 사부비요본四部備要本《원곡선元曲選》에 실려 있다.

전국 시대 진령포사잔도秦嶺褒斜棧道 복원 모형
진령포사잔도는 포수褒水와 사수斜水 두 강의 골짜기를 기초해 협곡 절벽의 돌을 깎아 굴을 내었으며 나무를 박아 기둥을 세우고 널빤지를 펴 길을 내었다. 이 길은 진령 남북 교통의 대동맥으로 촉蜀 지역과 관중關中 지역을 연결시켰다. 한漢나라 말기부터 5대代에 이르기까지, 또 남북 전쟁南北戰爭 모두가 이 길을 이용했다. 후에 이 길은 점차 황폐해졌지만 지금까지도 그 유적을 남기고 있다. 사진은 전국 시대 진령포사잔도의 복원 모형이다.

| 중국사 연표 |

기원전 287년

진나라가 황하 이북의 위나라를 공격하자 위나라는 안읍安邑을 진나라에 바쳤다. 진나라는 한나라를 하산夏山에서 패배시켰다. 제나라가 송나라를 멸망시켰다.

금과과두金戈戈頭
과戈는 춘추 전국 시대에 항상 전차와 함께 사용되던 병기이다. 청동으로 만들었는데 칼날은 긴 자루에 연결되어 있어 싸울 때면 옆으로 공격하거나 끌어 당기는 데 사용했다. 진한秦漢 이후, 전차가 점차 사용되지 않자 과도 점점 역사 무대에서 물러나게 되었다. 그림은 안휘성에서 출토된 전국 시대 초나라 과두戈頭이다.

다 할 수 있겠느냐!" 그러나 범저의 이 행동은 일개의 문객이 공공연히 경대부卿大夫를 멸시하고 나라 재상과 맞선 격이 되어 죄를 더욱 가중시켰고 이로 인해 더욱 심한 매가 그에게 가해졌다. 매를 너무 맞은 범저는 숨소리가 가늘어지더니 아예 숨을 쉬지 않았다. 그러자 하인이 달려가서 범저의 코에 손을 대 보더니 죽었다고 보고했다. 미처 분을 삭이지 못한 위제는 범저를 화장실에 던져 사람마다 그 위에 용변을 보게 하는 것으로 더러운 명성을 남기게 했다.

옥졸의 도움으로 목숨을 구한 범저

그러나 범저는 숨을 거둔 것이 아니라 죽은 체했던 것이다. 화장실에 던져진 후 눈을 떠 보니 늙은 옥졸 한 사람만이 지키고 있었다. 범저는 늙은 옥졸에게 말했다. "나를 재상 댁에서 빠져나가게만 도와준다면 후한 사례를 표하겠다." 그러자 옥졸은 그렇게 그냥 죽은 척 누워 있으라 하고는 대청으로 달려갔다. 그리고는 대청에서 한창 술을 마시고 있던 위제와 수가에게 말했다. "시체가 화장실에 그대로 있어 악취가 코를 찌를 뿐만 아니라 그 몰골이 무서워 손님들이 용변을 보지 못하니 차라리 밖에 던져 버리는 것이 좋겠습니다." 이 말을 듣고 속이 메스꺼워진 위제는 그렇게

하라고 명했다.

늙은 옥졸은 몇 명의 일꾼을 데리고 와 범저를 황야에 내던졌다. 그 다음 돌아와서 한밤중까지 기다린 다음 다시 범저를 집으로 업어 갔다. 범저는 옥졸에게 많은 금을 준 후 한 친구의 집에 숨어 있었다. 이튿날 범저의 집에서는 범저의 장례식을 치르는 것으로 위제의 뒷조사를 막았다.

이튿날 술이 깬 위제는 범저가 죽었는지 다시 확인하기 위해 사람을 보내 조사를 시켰는데 장례까지 치뤘다는 보고를 받고 범저가 죽었다는 것을 믿게 되었다. 얼마 안 되어 재상 위제는 이 일을 까맣게 잊어버렸다.

그 후 범저는 진나라로 가 많은 희극적인 장면과 이야기들을 남겼다.

혜성에 대한 첫 발견

전국 시대 점성가占星家들은 이미 혜성彗星에 대해 연구를 진행했다. 《사기史記》에도 전국 시대 혜성이 나타난 연대가 기록되어 있다. 영국 사람 에드먼드 핼리에 의하면 진나라 역공공歷共公 7년(기원전 470)과 진나라 왕 정7년(기원전 240)에 본 혜성은 핼리 혜성일 것이라 추측했다.

핼리 혜성은 매 76년에 한 번씩 태양에 접근한다.

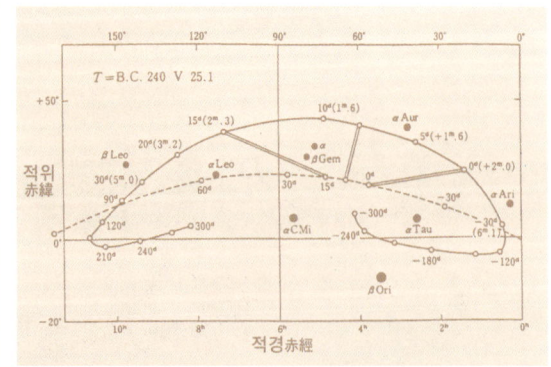

증후을曾侯乙 편종編鐘 (부분)

| 중국사 연표 |

기원전 284년

연나라 장군 악의가 연·진·한·조·위나라의 5국과 연합해 제나라의 도읍 임치를 공략하고, 위나라는 송나라의 옛 땅을 점령했으며 초나라는 회북 일대를 수복했다. 제나라는 왕자가 왕위에 올랐는데 그가 바로 양왕襄王이다.

071

진나라에 귀순

겨우 목숨을 건진 범저는 '장록張祿'이란 가명으로 숨어 살았다. 그때 진나라의 파견을 받고 사신으로 온 왕계王稽가 인재를 물색하다가 친구인 정안평鄭安平의 추천으로 범저를 만나본 후 그의 출중한 재능에 탄복해 그를 진나라로 데려가려고 했다.

가명을 쓰고 사신을 만난 범저

범저는 위제와 수가의 마수에서 벗어난 후 친구 정안평의 집에 숨어 상처를 치료했다. 상처가 다 낫자 그는 이름을 장록으로 바꾸고 다른 곳으로 옮겨 가 살았다. 얼마 후 진나라의 사신 왕계가 위나라에 왔다가 인재를 물색해 진나라 왕에게 천거하려고 했다. 이 소식을 들은 정안평은 역졸로 가장하고 객사에 찾아가 왕계의 시중을 들었다.

왕계는 정안평이 보통 사람이 아님을 직감하고 위나라에 어떤 인재들이 있는지 물었다. 그러자 정안평은 한숨을 짓더니 "이전에 범저라는 인물이 있긴 했지만 이미 저세상으로 가 버렸습니다." 하며 탄식했다. 왕계는 그 말을 듣고 무척 섭섭해 하면서 "죽은 사람인데 어쩌겠나. 산 사람 가운데는 없는가?" 하고 되물었다. 그러자 정안평이 대답했다. "장록이란 사람이 천하를 호령할 만한 장수의 재능을 구비하고 있는데 저와도 얼마간 면목이 있사옵니다." 이 말을 들은 왕계는 뛸 듯이 기뻐하며 장록을 한번 만나게 해 달라고 당부했다. 장록을 만난 왕계는 그의 재능과 학식에 탄복해 자기와 함께 진나라로 가자고 약속했다.

양후와의 만남

며칠 후 정안평과 장록을 태운 왕계의 마차가 진나라 경내로 들어섰다. 장록은 그제야 안도의 숨을 몰아쉬었다. 그런데 그때 갑자기 앞에서 화려하고 큰 마차 행렬이 마주 오고 있었다. 수많은 깃발이 바람에 휘날리고 갑옷과 투구들이 햇빛에 번쩍이는 것이 자못 위풍이 당당했다. 장록은 그 광경을 보고 왕계에게 물었다. "누구의 행렬인데 이처럼 위풍이 당당합니까?" 왕계는 한참 살펴보더니 "승상 양후穰侯의 행렬 같은데 아마 이곳에 순찰을 나온 듯합니다." 하고 대꾸했다. 그러자 장록은 잠깐 생각하더니 정안평에게 "듣기에 양후는 조정에서 권력을 독점하고 있고 더구나 동방 제후국의 손님을 꺼린다고 하던데 그와 만나면 시끄러울 듯하니 잠시 피하는 것이 좋을 듯합니다." 라고 하면서 그와 함께 차 안에 몸을 숨겼다.

기지로 재화를 모면

진나라의 승상 양후는 진나라 소양왕의 외삼촌으로서 이름은 위염魏冉이다. 소양왕이 어려 조정의 정사를 태후가 관장하면서 태후가 자기의 동생인 위염을 승상 자리에 앉히고 또 양후로 봉했던 것이다. 그로부터 몇 해가 지나자 양후는 진나라 최고의 권력가가 되었다. 양후는 왕계의 마차를 보자 세우게 하고는 귀국하는 사신한테서 소식이나 들으려고 자리를 잡

전국 시대의 묘지기 비석 (위 사진)
《공승 득수구 각석公乘得守丘刻石》은 전국 시대의 옛 영수성靈壽城 유적지의 서쪽에서 발견된 비석으로서 능묘지기의 고시를 적은 것이다. 비석에는 전서로 쓴 글이 19자가 새겨져 있다. 비석은 길이가 90cm, 넓이가 50cm, 두께가 40cm인데 글은 붉은 칠을 하지 않고 직접 새긴 것이다.

중국을 말한다

204 역사 시험장 〉 전국 시대에 호적을 무엇이라 했는가?

| 세계사 연표 |

기원전 287년
로마 제국에서 호르텐시우스 법이 만들어졌다.

《사기史記·범저채택열전范雎蔡澤列傳》

고 이야기를 나눴다. 인사치레를 마치자 양후는 "관동關東에 무슨 변화라도 없는가?" 하고 물었다. 왕계가 별로 없다고 하자 양후는 "위나라에 가서 그곳 제후들의 문객이라도 데려온 자가 없나? 그 따위 문객들은 밥이나 축내는 놈들이야. 그런 자들은 아무 쓸모도 없이 그저 나라만 어지럽게 할 뿐이야." 열변을 토한 양후는 제 딴에 흡족해 하며 마차를 타고 떠났다.

왕계는 진땀을 흘리면서 차에 올라 장록의 기지를 칭찬했다. 그러자 장록은 "양후는 총명한 사람이라고 들었습니다. 자칫하면 그가 차를 수색해 보지 않았다고 하며 사람을 보내 차를 들춰 보도록 할 수도 있을 것입니다."라고 하면서 만날 지점을 약정하고는 정안평을 끌고 차에서 내려 수풀 속으로 숨어들어 갔다. 아니나 다를까 얼마 지나지 않아 말발굽 소리가 요란히 들리더니 양후 수하의 사람들이 말을 타고 쏜살같이 뒤쫓아 오는 것이 아닌가! 그들은 말에서 내리자마자 "승상의 영을 받고 차 안에 외지 사람이 없는가 보려 하니 대부께서는 양해하시기 바랍니다." 하고는

막무가내로 차 안을 뒤졌다. 그리고 아무것도 발견하지 못하자 되돌아 제 갈 길을 가 버렸다. 왕계는 온몸에 식은땀을 흘리면서 자기가 오랫동안 양후와 함께 정사를 보았어도 양후에 대해 처음 대면하는 사람보다 이해가 깊지 못하다고 생각하며 이번에야말로 인재를 제대로 선택했다고 마음속으로 기뻐했다.

기회를 기다리는 장록

함양에 돌아오자 왕계는 진나라 소양왕에게 "나라를 흥하게 할 수 있는 재능을 가진 위나라의 인재 장록을 모셔 왔으니 대왕께서 만나 보시기 바라옵니다." 하고 말했다. 그런데 소양왕의 태도는 예상 외로 냉담했다. 이미 36년간이나 재위하면서 남으로는 초나라를 치고 동으로는 제나라를 공략했으며 진나라를 세 차례나 정벌해 업적이 혁혁하고 위세가 사방에 떨쳤으니 말장난이나 하는 서생들을 우습게 보고 있었기 때문이다. 하지만 인재를 모으는 것은 진나라의 기본적 국책이고 사신들이 다른 나라에 가면 인재를 끌어오는 것이 중요한 임무라고 정한지라 소양왕은 거절할 수 없어 장록을 객사에 머무르게 하고 잘 대접하라고 분부했다. 그러나 며칠이 지나자 그 일도 까맣게 잊어버리고 말았다. 그러나 얼마 후 장록은 재능을 발휘할 기회를 얻어 높은 벼슬을 하게 되었다.

초나라의 마차 유적
마차와 말은 춘추 전국 시대 왕족이나 귀족의 사치품으로서 그 수량의 다소는 신분의 높고 낮음을 표시했다. 그래서 주인이 죽으면 그의 신분에 상당한 마차를 함께 매장해 자신의 신분을 나타냈다. 사진은 호북성의 전국 시대 초나라 고분에서 발굴한 순장 마차 구덩이로서 매장한 마차가 두 대인 것으로 보아 그 주인이 당시에 왕공귀족이었음을 알 수 있다.

●●● 역사문화백과 ●●●

[구침·구장]

구침九鍼이란 중국 고대의 침구 요법으로서 전국 후기의 《황제내경黃帝內徑·소문素問》에 맨 처음 기록되었는데, 구침에는 참침鑱鍼, 원침圓鍼, 적침鍉鍼, 봉침鋒鍼, 피침鈹鍼, 원리침圓利鍼, 호침毫鍼, 장침長鍼, 대침大鍼의 9가지가 있다. 구장九臟이란 인체의 아홉 가지 기관을 가리킨다. 《황제내경·소문·6절 장상론臟象論》에서는 구장을 '유형지물有形之物'인 '형장4形臟四' 즉 위, 대장, 소장과 방광 네 가지와 '신장5神臟五'인 심장, 폐, 간장, 비장, 신장의 다섯 가지로 나누어 해석했다.

| 중국사 연표 |

기원전 283년 ~ 기원전 280년

진나라의 사마착司馬錯이 촉蜀나라로부터 초나라의 검중黔中을 공략하자 한북漢北과 상용上庸 지역의 땅을 진나라에 바쳤다.

072

먼 곳과는 화친하고 가까운 곳은 치다

장록이 마침내 소양왕의 중용을 받자 '먼 곳과는 친하고 가까운 곳은 치는遠交近攻' 계략을 내놓아 6국을 정벌하는 서막을 열게 되었다.

장록의 서신

장록이 진나라 왕의 중용을 받지 못하고 객사에서 기회를 기다리는 사이에 어느덧 한 해가 지났다. 그때 소양왕은 조정 내부의 권력 쟁탈로 인한 분쟁 때문에 한창 신경을 쓰고 있었다. 소양왕이 어려서 등극하자 모후인 선태후가 조정의 정사를 쥐고 있었다. 선태후는 자신의 통치를 공고히 하기 위해 자기의 두 동생을 양후와 화양군華陽君으로 봉하고 함께 권력을 행사했다. 나이가 들자 소양왕은 그들의 세력을 분산시키기 위해 그 두 사람을 서로 멀리 떨어진 경양군涇陽君과 고릉군高陵君으로 분봉했다. 그러나 왕으로서의 권력이 점점 쇠약해졌고 심지어는 승상인 양후가 태후를 등에 업고 제나라의 강성剛城과 수성壽城을 침공하자고 건의했다.

이 소식을 들은 장록은 이것이야말로 절호의 기회라 생각하고 소양왕에게 글을 올렸다. 그는 글에 이렇게 썼다. "대왕께선 현재 위기에 직면하셨습니다. 하지만 글로 여쭙기는 어려우니 만일 대왕께서 저를 만나 주신다면 대왕께서 기꺼워하실 말씀을 여쭐까 하옵니다." 이 글은 소양왕의 흥미를 끌어 소양왕은 이궁離宮에서 장록을 만나겠다는 명을 내렸다.

두각을 드러내다

장록은 소양왕의 부름을 받고 이궁에 오면서 소양왕이 전용으로 쓰는 영항永巷으로 들어갔다. 이때 소양왕이 바로 영항으로 오게 되었는데 앞에 가던 태감이 장록을 보고 호통을 쳤다. "웬 놈인데 대왕께서 오

시는 길에서 꾸물거리느냐?" 그러자 장록은 맞받아 더 큰 소리로 "진나라에는 태후와 양후만 있지 어디 대왕이 있느냐?" 하고 말하는 것이었다. 그 말을 들은 소양왕이 말 속에 뜻이 숨어 있음을 직감하고 누구냐고 물었다. 그가 장록이라고 하자 소양왕은 그를 궁실로 안내했다.

궁실로 온 소양왕은 좌우를 물리치고 예를 올린 후 나지막한 소리로 "선생께선 어떤 고견을 과인에게 일러 주겠습니까?" 하고 물었다. 장록은 "옛적에 강태공이 문왕을 도와 천하를 얻자 문왕은 그를 태사로 높이 모셨습니다. 하지만 비간比干은 상나라 주왕紂王에게 충언을 드렸지만 도리어 죽음을 당했습니다. 그건 왜일까요? 바로 믿음입니다. 문왕은 강상을 신임했지만 주왕은 비간을 믿지 않았습니다. 대왕께서 저를 처음 보았으니 저를 잘 모르시지요. 게다가 제가 여쭈려는 것은 예사로운 말이 아니온데 옛글에 이르기를 '교분이 얕은데 말이 깊으면 화를 초래한다.'고 했으니 저로선 '살신지화殺身之禍'를 가져올까 봐 두렵지 않을 수 없사옵니다." 하고 아뢰었다. 그러자 소양왕은 "과인이 선생을 만나기 위해 이미 좌우를 다 물리쳤으니 이미 선생에 대한 두터운 신임을 알

새 모양 덮개 주전자 (위 사진)
전국 초기의 청동기. 조롱박 모양으로 긴 목은 조금 경사지고 배가 불룩하며 팔각형 손잡이가 달려 있다. 손잡이는 아래위로 용의 머리가 주전자 몸체에 달려 있고 뚜껑은 새 머리 모양으로 되어 있으며 꼬리에 달린 사슬은 손잡이에 이어졌다. 사슬은 모두 네 마디인데 마디마다 용이 도사리고 있는 모양이다.

| 세계사 연표 |

기원전 283년

세계 고대 7대 불가사의 중 하나인 이집트 알렉산드리아의 높이가 146m 되는 파로스 등대가 이 시기에 세워진 것으로 추측된다.

《사기史記·범저채택열전範雎蔡澤列傳》
《자치통감資治通鑑·주난왕周赧王 45년》 출전

수 있는 것이 아니옵니까? 과인이 선생의 교시教示를 들을 수 있는 것은 하늘이 내린 복이옵니다. 그러니 선생께서는 위로는 태후로부터 아래로는 뭇 신하들에 이르기까지 거리낌 없이 모두 말씀해 주십시오." 하고 말했다.

묘책을 내놓아 신임을 얻은 장록

소양왕의 이와 같은 행동에 장록은 무척 감격했지만 초면인지라 여전히 함부로 말할 수가 없었다. 게다가 태후와 양후쪽 사람들이 엿듣는지 알 수 없는지라 장록은 우선 국내의 정사는 제쳐 놓고 대외에 관한 방책만 내놓기로 결심했다. "진나라의 역량은 막강해져 천하에 당할 자가 없는데 어찌 지금껏 함곡관 안에서만 맴도십니까? 가장 큰 원인은 외교 책략이 잘못되었기 때문입니다. 이를테면 근래에 제나라의 강성과 수성을 공격하라는 결정이 내려졌다는데 이것이 바로 큰 실책이옵니다. 제나라는 우리 진나라와 멀리 떨어져 있고 그 중간에 또 한나라와 위나라가 있습니다. 대왕께서 출병해 제나라를 치려 할 때, 군사를 적게 쓰면 이기기 어려워 손해만 보고 제후들의 비웃음을 당하게 될 것입니다. 반대로 군사를 많이 쓰면 비용이 엄청나게 들어 설사 공략했다 해도 효과적으로 다스리기 어려울 것입니다. 양후가 제나라의 강성과 수성을 치려 함은 그의 봉지인 도읍이 바로 강성과 수성에 잇대어 있기 때문입니다. 이처럼 사사로운 일로 제나라를 친다면 진나라의 발전에 불리할 뿐입니다. 신의 소견으로는 진나라가 여러 나라를 제압하고 패권을 쥐려면 '원교근공遠交近攻' 즉 먼 나라와는 사귀고 가까운 나라는 치는 방책을 취하면 된다고 생각합니다. 바로 멀리 떨어져 있는 제나라, 초나라, 연나라 등과는 화합하는 정책을 취하고 우리와 가까이 있는 한나라, 위나라와 조나라에 대해서는 공격 태세를 취하는

나무 조각 사슴
호북성 수주시隨州市에서 발굴된 증후을 묘는 전국 초기 증曾나라 군주의 묘로서 무려 1만 5000여 점의 유물이 출토되었다. 그곳에서 출토된 나무 조각 사슴은 머리 위에 자란 뿔이 조각의 3분의 2를 넘는다.

것이옵니다. 제·초·연나라는 원래부터 우리 진나라의 위력을 두려워하는데다가 자기와 무관한 일은 강 건너 불 보듯 할 것이오니 대왕께선 역량을 집중해 한, 위 두 나라를 칠 수 있사옵니다. 한, 위 두 나라는 천하의 중추에 위치하고 있기에 이 두 나라만 점령하면 대세를 쥔 것이나 마찬가지이니 그때에 다시 제, 초 두 나라를 공격하면 쉬울 것이옵니다." 하고 열변을 토했다.

장록의 조리 있는 말을 들은 소양왕은 그의 비범한 재능에 경탄한 나머지 그를 바로 객경으로 모시고 나라의 군사를 도맡아 보게 했다. '원교근공'의 책략이 효력을 보자 이 틈을 타 장록은 진나라 왕에게 권력을 집중하여 대권이 남의 손에 들어가지 못하도록 하라고 제의했다. 그러자 소양왕은 태후를 폐하고 양후 등 외가 권세가들을 외지로 내몰았다. 그로부터 '장록'이란 가명으로 숨어 살던 범저는 소양왕의 총신으로 승상의 자리에 올랐고 '응應'에 봉지를 분봉받아 '응후應侯'라 부르게 되었다.

●●● 역사문화백과 ●●●

[중농억상 정책]

'중농억상重農抑商(농업을 중시하고 상업을 억제)'은 중국 봉건 시대의 중요한 사상으로서, 춘추 시대에 생겨나 전국 시대에 성숙된 후 줄곧 이어 내려왔다. 여기에서 '농'은 소농과 소농을 토대로 한 농업 경제를 말하는데 '중농'의 목적은 국가의 군대와 과세 및 사회의 경제 기초를 안정시키려는 데 있다. '상'이란 상품 경제와 자본 시장을 가리키는데 상인 자본이 파산된 소농에 대한 착취를 억제한다는 명분 아래 사실은 왕권의 대립 역량이 출현함을 방지하려는 데 근본적 목적이 있다.

| 중국사 연표 |

기원전 279년

제齊나라의 전단이 악의가 파면당한 틈을 타 '화우진'으로 반격해 잃었던 성을 70여 곳이나 찾았다. 진나라 소양왕은 조나라의 혜문왕과 민지에서 회면하고 백기를 보내 초나라를 공격하도록 했다. 그래서 초나라의 언鄢, 등鄧, 서릉西陵 등을 공격하자 초나라의 장군 장교莊蹻가 귀주성 중부를 지나 전지滇池를 공략하고 왕으로 칭했다.

073

사신으로 온 수가

위나라의 안리왕安釐王은 진나라 소양왕이 새로운 승상인 장록의 '원교근공' 책략에 따라 우선 위나라와 한나라를 공격한다는 소식을 듣자 대경실색해 대신들을 불러 대책을 논의했다. 상국相國인 위제가 나서서 말했다. "진나라는 위나라보다 강하니 전쟁이 일어나면 우리가 패할 것이 당연합니다. 그러니 화해를

기회를 타 복수하다

진나라 '원교근공'의 위력으로 궁지에 몰린 위나라는 화친을 위해 진나라에 사신을 파견했다. 사신 수가須賈는 '장록'이 바로 범저인 줄 모르고 단신으로 함양에 왔다. 범저는 거지 차림을 하고 수가를 찾아갔다. 범저는 진나라의 승상인데다 응후로 책봉받아 부귀영화를 누렸지만 과거의 원수인 수가와 위제魏齊를 잊지 않고 복수의 기회를 노렸다.

구하는 것이 상책이라 생각됩니다. 신이 듣기에 진나라에서 새로 등용한 승상 장록이 원래 위나라 사람이라 하오니 그와 연락을 취해 방법을 간구하면 재난을 면할 수도 있을 것입니다." 안리왕은 이 외에 별 묘책이 없는지라 수가를 진나라에 보내 활동하도록 명했다. 어명을 받은 수가는 곧장 함양으로 갔다.

타향에서 만난 옛사람

범저는 수가가 진나라에 왔다는 소식을 듣고 사실을 알아보기 위해 거지 차림을 하고 수가를 찾아갔다.

도강언都江堰 수리 공정도

촉나라의 군수 이빙李冰이 백성들을 이끌고 수해를 없애기 위해 갖은 노력을 다했다. 그중 사천성 관현灌縣에 도강언을 수축해 수해를 막아 수해가 극심하던 성도평원成都平原이 곡창지대인 '천부지국天府之國'으로 변모했다. 그림의 지도는 당시 도강언 수리 공정도이다.

도강언 복룡관伏龍觀 중의 석각 상

도강언의 복룡관은 세 채의 전당으로 구성되었는데 그 앞에는 1794년 민강岷江의 심처에서 발굴한 이빙의 동한 시대에 제작한 석각 상이 모셔져 있다. 석각 상의 의복 중간과 양쪽에는 아래와 같은 글이 새겨져 있다. 가운데에는 '고촉군 이부군 휘빙故蜀郡李府君諱冰'이라 새겨져 있고 양쪽에는 '건녕 원년(168) 윤월 무신 삭 25일 도수연 윤룡장 진일 조 삼신석인 진수 만세建寧元年潤月戊申朔二十五日都水掾尹龍長陳壹造三神石人珍水萬世焉'이란 글이 새겨져 있다. 이 몇 단락의 문자는 이빙 석상이 언제 제작되었는가를 감정하는 데 직접적인 증거를 제공해 주었다.

| 세계사 연표 | 기원전 281년

시리아의 셀레우코스의 공격으로 리디아의 쿠르페티온 전투에서 알렉산드로스의 장군이었던 리시마쿠스가 전사했다.

출전 《사기史記 · 범저채택열전范雎蔡澤列傳》
《자치통감資治通鑑 · 주난왕周赧王 49년》

이빙 부자의 이왕묘

도강언은 고대 중국에서 공정이 가장 크고 효과가 가장 좋으며 공사 기간이 가장 긴 수리 공정으로서 이빙 부자의 공덕이 크다. 따라서 백성들은 세세대대로 그들을 추모하고 있다. 사진의 '이왕묘二王廟'는 사천성 주민들이 이빙 부자를 기리기 위해 세운 것이다.

객사에 머물고 있던 수가는 범저가 다가오자 깜짝 놀라 "아니 범숙範叔(숙叔은 범저의 자)께서 아직 생존해 계셨습니까?" 하고 물었다. 그러자 범저는 "상국이 저를 성 밖에 내버렸는데 바로 그때 지나던 진나라의 한 상인이 저를 불쌍히 여겨 진나라까지 데려다 주었습니다." 하고 거짓을 꾸며 댔다. 수가가 "범숙께서 이곳에 오셨으면 왜 진나라 왕에게 찾아가지 않았습니까?" 하고 물었다. 그 말에 범저는 "감히 어찌 그렇게 하겠습니까? 그전에 위나라에서 상국의 미움을 받아 자칫 목숨까지 잃을 뻔했는데 어찌 다시 그런 일을 할 엄두를 내겠습니까!" 하고 탄식했다. "그럼 이곳에서 어떻게 살아가고 있습니까?" 하고 수가가 묻자 "남의 노복으로 연명하고 있을 뿐입니다." 라고 범저가 대답했다.

범저를 본 수가는 차츰 경계심이 사라지며 미안한 생각까지 솟구쳤다. 타향에서 고향 사람을 만난 수가는 범저에게 식사를 한 끼 대접했다. 때는 바로 겨울이라 범저는 식사를 하면서도 추워서 덜덜 떨었다. 그 광경을 보자 수가는 한숨을 쉬며 "범숙께선 어찌하여 이 지경까지 되었습니까!" 하며 제포綈袍(두꺼운 비단 솜옷) 한 벌을 꺼내어 범저에게 입혔다.

수가는 제포를 걸친 범저를 보자 그의 집에서 문객으로 있을 때와 같은 생각이 들어 공손한 태도로 "제가 듣기에 진나라의 정사를 새로 부임한 승상 장록이 쥐고 있다던데 범숙께서 아는 사람 가운데 혹시 장 승상을 아시는 분이 있는지요?" 하고 묻자 범저는 한참 생각을 하는 척하더니 "저의 주인이 장 승상과 가까운 사이여서 늘 만나곤 합니다. 그 바람에 저도 장 승상과는 안면이 있습니다. 그러니 대부께서 장 승상을 뵈려 하신다면 제가 주선해 드릴 수 있습니다." 하고 대꾸했다. 그러자 수가는 너무 기뻐 무릎을 치며 "참 잘되었습니다. 그런데 오늘따라 말이 병이 든데다 끊어진 수레 축도 미처 수리하지 못했습니다. 장 승상께 가려면 사마대차駟馬大車(네 필의 말이 끄는 큰 수레)가 있어야 할 텐데 어찌할까요?" 하고 물었다. 그러자 범저가 "그건 별 문제가 아닙니다. 제가 주인한테 여쭈어 그의 차를 빌려 쓰도록 하지요." 하고 대답했다.

보병구寶甁口

보병구는 도강언의 주요한 구성 부분으로서 이빙李冰이 현성縣城 서남쪽의 옥루산玉壘山을 부숴 내지의 강이 주마하走馬河, 포양하蒲陽河, 백조하柏條河 등으로 흘러들게 했다. 이것이 성도평원을 가로질러 가게 함으로 관개와 항운의 수로가 되었다.

| 중국사 연표 |

기원전 278년

진나라의 백기가 초나라의 도읍 언영(鄢郢)을 공략하고 이어 이릉(夷陵)을 불살랐으며, 동쪽으로 경릉(竟陵), 안륙(安陸), 치남군(置南郡)에 이르고 또 동정호(洞庭湖) 일대를 공략하자 초나라는 어쩔 수 없이 도읍을 어도(於都)로 옮겼다.

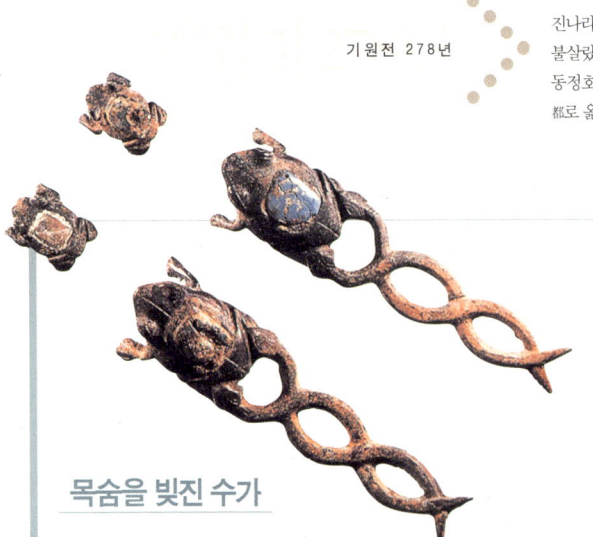

개구리와 뱀 모양의 말 장식품
전국 시대의 고분에서 출토된 장식품으로서 개구리 모양 장식품의 등과 눈에는 녹송석을 박았다. 이 장식물은 앞에 개구리가 엎드려 있고 뒤의 두 다리가 두 마리의 뱀에게 물린 형태로 되어 있다.

목숨을 빚진 수가

승상부에 돌아온 범저는 자기의 마차를 몰고 바로 객사로 향했다. 수가는 장록을 한시 바삐 만나고 싶은 심정인지라 두말없이 차에 올랐다. 마차가 승상부에 이르렀을 때 좌우의 사람들이 모두 고개를 숙여 인사하는 것을 보자 수가는 무척 의아스러웠다. 그때 범저가 "대부께서 잠깐만 기다려 주시오. 제가 안에 들어가 승상께 아뢰겠습니다."하고는 곧바로 안으로 들어가는 것이었다. 수가는 말고삐를 쥔 채 한참이나 기다려도 기척이 없자 문지기에게 물었다. "범숙이 들어간 지 한참인데 왜 아직도 나오지 않는가?" 그러자 문지기가 도리어 "범숙이라니요?" 하고 반문하는 것이었다. "아니, 금방 나와 함께 마차를 타고 온 사람이 바로 범숙이오." 하고 소리치자 문지기들이 "그분이 바로 우리의 장 승상님이십니다." 하며 웃어 댔다. 그제야 수가는 놀라며 범저의 올가미에 걸려들었다는 것을 직감했으나 이미 때가 늦었다. 궁리 끝에 용서를 비는 방법밖에 없다고 생각한 수가는 옷을 몽땅 벗고 알몸으로 대문 앞에 꿇어앉아 문지기에게 위나라의 죄인 수가가 승상께 죄를 빈다고 보고하라고 했다.

그제야 범저는 위풍당당하게 휘장을 둘러치고 모든 문객과 시종들을 모이게 한 다음 수가를 불러오라고 호령했다. 수가는 무릎으로 기며 머리를 조아리면서 범저의 앞에 이르러 "죄인은 공부를 헛하고 이 세상에서 헛살면서 어른께 용서받지 못할 죄를 지었나이다. 오늘 죄인은 과거의 죄를 뼈저리게 느끼오니 어른께서 죽이시든 살리시든 마음대로 처리하시길 바라옵니다."라고 소리 높이 외쳤다. 그러자 범저는 짐짓 놀란 체하며 "그대가 말끝마다 용서받지 못할 죄를 지었다고 하는데 도대체 무슨 죄를 저질렀단 말이오?" 하고 물었다. 수가는 머리를 땅에 조아리며 "저의 머리를 한 올 한 올 다 뽑아 헤아려도 제가 지은 죄를 헤아릴 수 없사옵니다." 하면서 지금껏 자기가 저지른 죄를 하나하나 고해바쳤다. 그러자 범저는 냉소를 지으며 "흥, 너의 죄대로 처분한다면 죽어 마땅하다. 허나 오늘 너를 참하지 않을 것이다. 그 이유는 조금 전 네가 나의 가련한 상황을 보고 성심성의껏 제포를 내주었으니 그래도 아직까지 옛 정분은 다 잊지 않고 인성이 훼멸되지 않았음을 알았다. 그래서 너의 목숨을 살려 주니 어서 썩 물러가거라!" 하고 호통을 쳤다. 오늘 설사 죽지는 않더라도 심한 곤욕을 치르려니 각오했던 수가는 땅바닥에 꿇어 엎드려 머리를 조아리며 죽이지 않은 은공에 거듭거듭 감사를 올렸다.

대중 앞에서의 모욕

수가의 일이 터지자 '장록'의 신분도 탄로나고 말았다. 범저는 '기군지죄(欺君之罪, 임금을 속인 죄)'를 속죄하기 위해 궁궐에 들어가 소양왕을 뵙고 자초지종을 아뢰었다. 그러자 소양왕은 격분해 "그대가 이처럼 하늘에 사무치는 원한이 있었는데 왜 과인에게 말하지 않았는가? 지금 그 수가라는 자를 잡아 죽이고 군사를 일으켜 위나라를 정벌하세!" 하고 열변을 토했다. "대왕께서는 노여움을 가라앉히십시오. 수가가 이번에 진나라에 온 것은 공적인 일이고 신과의 관계는 사적인 일이오니 사적인 것으로 공적인 것을 그르

| 세계사 연표 |

기원전 280년 — 알렉산드리아의 그리스인 의학자 헤로필로스가 처음 공개적으로 인체를 해부함으로써 '해부학의 아버지'로 불리게 되었다.

칠 수 없나이다. 또한 소신을 사지에 밀어 넣은 자는 위제로서 모든 죄를 수가에게만 덮어씌울 수 없나이다." 하며 만류했다. 소양왕은 범저가 이처럼 마음이 넓은 것을 보자 "그래. 수가는 그대가 처리하게. 하지만 위제의 원수는 과인이 갚아 주겠네!" 하고 말했다.

이튿날 수가가 귀국하려고 승상부에 찾아가자 범저가 풍성한 음식상을 차려 놓고 각국의 사신들을 불러 모았다. 그리고 한쪽에 작은 상을 마련하고 거기에 말 사료를 푸짐히 쌓아 놓더니 수가에게 앉게 했다. 그리고는 두 명의 마부를 시켜 말 사료를 집어다 수가의 입에 마구 쑤셔 넣게 했다. 좌석의 비난 속에서 범

장식품 영양羚羊

고대인들은 영양을 재앙을 막아 주는 영물로 간주했다. 그것은 영양의 뿔이 독을 물리치는 진품이라는 데서 유래되었다. 《본초本草》에서는 영양 뿔이 "눈을 밝게 하고, 기를 돋우며 음양을 조화한다.明目益氣起陰"라고 하여 독기와 악귀 및 상서롭지 못함을 막는다고 여겼으며, 또 사람들이 악몽을 꾸지 않게 한다고 했다. 전국 시대의 영양 장식물은 장례시 재앙을 막아 주는 수장품으로 쓰인 것이다.

저가 수가에게 호령했다. "이제 돌아가서 위나라 왕에게 알려라. 당장에 위제의 머리를 갖다 바치지 않으면 내가 대량大梁(위나라의 도읍)을 짓뭉개 버릴 것이다."

수가는 수모를 당할 대로 당한 후 황급히 돌아와 진나라의 승상인 '장록'의 소행을 일러바쳤다. 위나라 안리왕은 그 사연을 듣자 덜덜 떨며 "진나라가 진작부터 위나라를 침공하려 했는데 범저마저 독기를 품고 있으니 위나라는 재앙을 면할 수 없게 되었어. 범저가 지금 위제의 머리를 요구하고 있으니 이 일을 어이할꼬?" 하며 위제를 슬그머니 곁눈질해 보았다. 위제는 얼굴이 사색이 되어 자리에 앉아 벌벌 떨기만 했다.

전국 중·말기의 안읍安邑 하관종下官鍾

사진은 전국 중·말기의 청동기로서 1966년 섬서성 함양시 탑아파咸陽市塔兒坡에서 출토된 것이다. 이 그릇은 구조가 무척 복잡해 뚜껑에는 세 개의 고리가 달렸고 몸체의 양쪽에 둥근 고리가 달렸다. 몸체에는 고대 여섯 나라의 문자가 새겨져 있으며, 입구 주변에는 진나라 문자로 다섯 글자가 새겨져 있는데 이것으로 이 청동기가 원래 위나라에서 제조되어 후에 진나라가 소유한 것이라 판단하고 있다. 이 청동기는 주전자인데 그 당시에는 종鍾이라 불렀다.

●●● 역사문화백과 ●●●

[위대한 수리 공정 - 도강언都江堰]

도강언은 중국 고대의 가장 유명한 수리 공정이다. 원래는 이 공정이 고대의 도안현都安縣 경내에서 진행되어 '도안언'이라고 했는데 송, 원나라 이후에 도강언이라 개칭해 불렀다. 도강언은 지금의 사천성 도강언시四川省都江堰市 서북쪽의 민강岷江 중류에 위치하고 있다. 민강은 민산岷山 남쪽의 양박령羊膊嶺에서 발원하는데 수량이 풍부해 늘 수재를 일으켰다. 진나라 소왕 때 촉나라 군의 군수인 이빙 부자가 민강을 다스려 수재를 제거했으며 항운과 관개를 개발해 성도평원은 그때부터 천리옥답이 펼쳐지고 사람과 가축이 흥성하게 되었다.

기원전 277년

| 중국사 연표 |
진나라 촉군 군수 장약張若이 다시 초나라를 쳐 무군巫郡과 검중군黔中郡을 함락했다.

074

궁지에 몰리다

위나라의 상국相國인 위제는 범저가 '장록'으로 이름을 바꾸고 진나라의 재상이 되어 위제의 머리를 요구할 줄은 꿈에도 생각하지 못했다. 결국 궁지에 몰린 위제는 자결하고 말았다.

위제는 위나라의 공자로서, 출신과 왕실의 친척 관계를 이용해 위나라의 국상國相으로 발탁되었고 권세를 이용해 사리사욕을 채웠다. 그런데 자기가 죽인 자가 막강한 진나라의 승상이 될 줄은 꿈엔들 생각했겠는가? 궁지에 몰린 위제는 이리저리 숨어 살았다.

위제의 피신으로 연루된 평원군

위제는 진나라에서 그의 머리를 내놓으라고 하는 소식을 듣자 혼비백산하여 조나라의 평원군 조승에게로 갔다. 진나라 소양왕은 범저를 대신해 복수하려는 일념으로 위제가 평원군에게 피신해 있다는 소식을 듣자 화해하려는 듯한 어조로 평원군에게 서한을 띄웠다. 편지의 내용은 다음과 같다. "과인은 일찍부터 선생의 높은 의리를 흠모해 선생과 포의지교를 맺고 싶사오니 선생께서 함양에 열흘쯤 오셔서 술잔이나 나누었으면 하옵니다." 서한을 받은 조나라의 군신은 어찌할 바를 몰랐다. 상국 우경虞卿이 나서서 "진나라 소양왕은 신의를 지키지 않사오니 군왕께선 가실 수 없사옵니다. 이전에 초나라 회왕이 감금되었을 때 맹상군이 하마터면 호랑이 굴에 떨어질 뻔하지 않았습니까?"라고 간하자 노장군 염파는 "나라의 일은 대사이고 개인의 일은 사사로운 일이니 가는 것이 상책이옵니다."

하고 주장했다. 식객이 3000이나 되는 평원군은 남들이 담력이 약해 나랏일을 망쳤다고 질책하는 것이 싫어 의연히 함양으로 향했다.

평원군을 위협한 진나라 소양왕

진나라 소양왕은 평원군이 찾아오자 연회를 베풀어 대접하고는 이렇게 말했다. "오늘날 과인이 범저를 숙부로 모시고 있으니 숙부의 원수는 과인의 원수가 아니겠습니까? 지금 바로 그 원수가 선생님의 댁에 머무르고 있다고 하던데 사람을 시켜 그자의 머리를 베어 오십시오. 그러지 않으면 선생님도 돌아가기 어려울 것이옵니다." 하고 으름장을 놓았다. 그러나 평원군은 태연하게 "대왕의 분부를 소신이 어찌 감히 거역하겠사옵니까? 하지만 위제는 소신의 친구로서 어려움에 처해 친구를 찾아왔는데 소신이 어찌 의리를 저버리고 저의 안일만 바라겠습니까?" 하고 대꾸했다. 소양왕은 평원군이 이처럼 거절하자 그를 가두고 조나라 효성왕孝成王에게 서한을 띄웠다. 편지에서 소양왕은 "군왕의 동생 평원군이 과인의 손아귀에 잡혀 있고 과인의 철천지원수인 위제가 평원군 댁에 숨어

술 담는 그릇 - 청동감青銅鑒
이는 전국 초기의 청동기로서 중간에 네모난 주전자가 있다. 그릇과 주전자 사이에는 큰 공간이 있는데 그곳에 얼음을 넣어 술을 보관한다. 또 술을 뜨는 긴 국자도 출토되었다. 이런 그릇은 모두 두 점이 출토되었는데 술을 차게 하는 데 쓰는 주기酒器로서 설계가 독특하고 세밀한 공예로 이루어져 있다.

| 세계사 연표 |

기원전 280년

그리스 로도스의 청동으로 제작한 거대한 크로이소스 상은 이 시기에 만든 것으로서 세계 고대 7대 불가사의 중의 하나이다.

《사기史記·범저채택열전范雎蔡澤列傳》
《자치통감資治通鑑·주난왕周赧王 56년》 출전

독특한 모양의 술잔
이는 전국 시대의 유물로서 아래는 가늘고 위는 넓게 퍼졌다. 몸체에 줄무늬가 있고 청황색 빛이 난다.

있습니다. 왕께서 사람을 시켜 위제의 머리를 베어 보내온다면 평원군을 돌려보낼 것이요, 그렇지 않으면 과인이 대군을 보내 정벌하는 수밖에 없습니다. 왕께서 과인이 이런 일을 하지 않도록 해 주기만 바랍니다." 하고 강경한 태도를 취했다. 소양왕의 서한을 접한 효성왕은 여러 신하들의 의견을 모은 후 군사를 보내 평원군의 자택을 포위했고 위제는 슬그머니 뒷문을 통해 줄행랑을 쳤다.

대량성 밖에서 자결한 위제

평원군의 집을 빠져나온 위제는 밤의 어두움을 타고 상국인 우경의 집으로 찾아갔다. 우경은 위제와 정분이 깊은지라 위제와 함께 위나라로 가 신릉군인 위나라 공자 무기에게 구원을 청하려 했다. 대량성 밖에 이르자 우경은 소식이 누설될까 우려해 객사에 들지 못하고 위제에게 들에 머물러 있게 하고 홀로 신릉군을 찾아갔다. 그러나 신릉군 자택의 문지기들이 문을 막고 들어서지 못하게 하는 바람에 신릉군은 만나지도 못하고 기가 죽어 돌아왔다.

우경을 학수고대하고 기다리던 위제는 풀이 죽어 돌아오는 우경을 보자 벌써 짐작이 갔다. 우경이 그에게 초나라로 피신하라고 권유하자 위제는 한숨을 길게 내쉬며 "이는 하늘이 나를 멸하기 위함이오. 내가 깊이 생각하지 못하고 범저를 해하였기에 오늘과 같은 결과를 초래한 것이오. 생生을 구걸하려고 이미 평원군과 당신을 연루시켰는데 초나라도 진나라 왕을 두려워한다면 당신마저 해를 입을 것이 아니겠소? 그러면 내 어찌 당신을 볼 면목이 있겠소! 이 한 목숨이 그렇게까지는 값이 나가지 않소!' 하는 말을 남기고는 검을 뽑아 자결했다.

조나라 효성왕은 이 소식을 듣고 사신을 위나라에 파견해 위제의 머리를 베어 진나라에 바쳤다. 그러자 진나라 소양왕도 평원군을 마지못해 조나라로 돌려보냈다. 이처럼 위제는 자기가 쌓은 악덕으로 처참한 종말을 맞이하고 말았다.

전국 시대의 수도 연결관
전국 시대 건축 구조물의 과학성은 사람들의 상상을 초월한다. 사진의 수도관은 네 개의 이음으로 되어 있는데, 하남성 등봉시登封市의 안양安陽 유적지에서 출토된 것으로 당시 용수 처리가 매우 발전했음을 알 수 있다.

●●● 역사문화백과 ●●●

[선진 시대의 중의 문진법 – 5형지五形志]

'5형지'란 선진 시대의 문진법으로서 '형形'은 사람의 신체적인 보양 상황을 가리키는데 음식과 노동으로 인한 피로 상황 등을 망라한다. '지志'는 인간의 마음과 정신적 상황을 가리킨다. '5형지'는 사람들의 고락을 변증법적으로 진찰해 인체의 건강 상황을 '형락지락形樂志樂(신체도 건강하고 정신 상태도 좋음)', '형고지락形苦志樂(신체는 고달프나 정신은 좋음)', '형락지고形樂志苦(몸은 건장하나 정신 상태가 좋지 않음)', '형고지고形苦志苦(신체나 정신이 모두 나쁨)', '형수경공形數驚恐(신체가 지탱하기 어려움)' 등 다섯 가지로 분류하고 증상에 따라 치료하는 것이다.

| 중국사 연표 |

기원전 275년 — 진나라가 위나라의 대량까지 정벌하자 한韓나라가 구원에 나섰다. 그러나 위나라는 대패하고 강요에 의해 온溫 땅을 진나라에 바치면서 평화를 요구했다.

075

이간책을 쓰다

조나라 장군인 염파가 나와 싸우지 않고 성을 굳게 지키면서 진나라 군대와 대치하자 범저는 계책을 바꿔 금은보화를 지닌 첩자를 조나라에 보내 유언비어를 유포하도록 했다.

상당을 바친 태수

범저의 '원교근공'으로 강성해진 진나라는 우선 국세가 쇠락하고 거리가 가장 가까운 한나라를 맨 처음 공격 목표로 삼았다.

기원전 262년, 진나라 소양왕은 대장 왕흘王齕을 파견해 한나라의 야왕성野王城을 공략하고 상당上黨 지구를 한나라의 도읍인 신정新鄭과 철저히 격리시켰다. 급해진 한나라 왕이 사방에 구원을 청했으나 진나라의 위력에 억눌려 누구 하나 지원할 엄두를 내지 못했다. 그러다 보니 상당 지구의 17개 성은 고립무원의 상태에서 함락의 위험에 직면했다. 하지만 상당 태수 풍정馮亭은 투항을 거부하고 사람들을 모아 놓고 대책을 상의했다. 그는 "지금 같아선 대왕께서 증원하기 어렵고 또 우리의 힘만으로는 진나라 군사를 당하기 어려우니 상당을 조나라에 바침이 상책인 듯하오. 만일 조나라가 상당을 접수하기만 하면 진나라가 분노해 조나라를 공격할 테니 조나라는 하는 수 없이 한나라와 힘을 합칠 것이오. 그래야만 우리가 구원될 것이오." 하고 자기의 견해를 피력했다. 그러자 모두들 그의 계책이 옳다고 찬성을 표했다. 그리하여 태수는 곧바로 사신에게 상당의 17개 읍의 지도와 명부를 줘 조나라 왕에게 바치도록 파견했다.

싸우지 않는 조나라 염파

조나라의 효성왕은 사신을 보자 이게 웬 떡이냐 하고 반겼다. 그러자 평양군平陽君 조표趙豹가 "옛사람들은 '갑자기 횡재하면 상서롭지 못하다.'고 했습니다." 하면서 상당의 접수를 반대했다. 하지만 효성왕은 "상당의 백성들이 성심성의로 나한테 의탁하는데 어찌 거절할 수 있겠는가?" 하면서 대수롭게 생각하지 않았다. 평양군은 이어서 "진나라가 원교근공하면서 한나라를 침공하는데 그자들이 야왕성을 공략함은 상당을 탈취하기 위함이었습니다. 지금 상당의 군사들이 조나라에 의뢰함은 분명 이 전쟁을 우리 조나라에 이전시키려 함이니 진나라가 어찌 가만히 있겠습니까? 진나라군은 기필코 우리를 공격할 것이니 소신은 상당을 접수하지 않는 것이 옳다고 생각합니다." 라고 말했다.

효성왕은 차려진 큰 떡을 놓기 아쉬워 다시 평원군에게 물었다. 평원군이 상당을 접수하는 것도 괜찮다고 하자 효성왕은 평원군을 특사로 파견해 상당을 접수하도록 했다. 평원군은 상당에 이르자 "3개의 만 호 읍에 태수를 봉하고 3개의 천 호 읍에 현령을 두는데 모두 세세대대로 작위를 이어가도록 하며 관리들은 모두 작위를 세 급씩 높여 준다." 라고 선포했다. 이는 상당의 인심을 농락하려는 술책이었다.

조나라는 이렇게 상당을 넘겨받았으나 지원병을 보내지 않았다. 이렇게 되자 상당은 진나라군의 포위 속에서 꼼짝할 수 없게 되었다. 이처럼 두 달이 지나자 풍정은 하는 수 없이 나머지 병졸과 난민들을 이끌고 포위망을 헤치며 조나라 쪽으로 향했다. 그들이 장평까

●●● 역사문화백과 ●●●

[전국 시대의 투광 동경]

1989년 호남성의 유현攸縣에서 전국 말기의 투광 동경透光銅鏡이 발굴되었다. 원형으로 된 이 구리거울은 밑바닥에 구름 무늬가 새겨져 있고 그 위에 용과 괴물이 싸우는 그림이 새겨져 있는데 도안과 주조 기법이 정교하다.

| 세계사 연표 |

기원전 276년 프톨레마이오스 2세가 이집트 파라오의 구제도를 답습하여 그의 여동생 아르시노에 2세를 부인으로 맞아들였다.

《사기史記·염파인상여열전廉頗藺相如列傳》
《자치통감資治通鑑·주난왕周赧王 53년~55년》 출전

지 갔을 때에야 조나라의 노장 염파가 거느린 원군과 마주쳤다. 그러나 염파는 뒤쫓아오는 진나라군의 기세를 보자 싸울 준비를 하지 않고 군사를 후퇴시켰다. 그리고 보루를 튼튼히 쌓고 대기하면서 출병하지 말도록 영을 내렸다. 또한 그는 "누구든 출전을 건의하면 목을 자른다."라고 엄한 영을 내렸다. 진나라의 장군 왕흘은 염파의 군사가 출전하지 않고 매일 보루를 쌓고 갱도를 파는 것을 보자 답답했다. 이처럼 쌍방이 무려 넉 달 동안이나 대치하게 되자 더 참지 못한 왕흘은 왕에게 사람을 보내 "진나라군은 원정을 나왔으니 속전속결로 이 전쟁을 마무리해야 합니다. 그런데 염파가 진지만 지키고 싸우지 않으니 이대로 계속 간다면 우리가 불리해지게 됩니다."라고 아뢰었다.

잉어를 탄 금고 (명나라 이재李在 그림)
《열선전列仙傳》의 기록에 따르면 금고琴高는 전국 시대 조나라의 사람으로 거문고를 잘 탔다 한다. 그는 후에 도를 닦아 신선이 된 후 줄곧 기주冀州와 탁군涿郡의 강 위를 떠돌아다녔다고 한다. 어느 날, 그가 제자들과 탁수涿水에 가서 용의 아들을 잡자고 약속했는데 그날이 되자 정말 금고가 잉어를 타고 돌아온 것이었다.

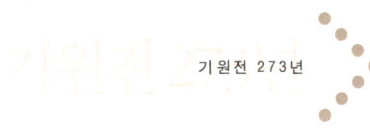

기원전 273년

| 중국사 연표 |

조나라와 위나라 연합군이 한나라를 공격해 화양에 이르자 진나라 장군 백기白起가 원병을 이끌고 조, 위 연합군을 대패시키고 위나라의 도읍 대량을 포위 공격했다. 조나라와 연나라가 구원을 왔으나 위나라는 남양南陽을 내주기로 하고 진나라와 화해하려 했다.

이간책을 세운 범저

 진나라 소양왕이 응후인 범저에게 계책을 묻자 범저는 "조나라는 노장인 염파의 경험에 의해 버티는 것이옵니다. 그러니 조나라 왕이 염파를 불러가고 그 대신에 경험이 없는 장수를 세운다면 우린 그들을 물리칠 수 있습니다."라고 말했다. 그리고는 왕의 귀에 대고 귓속말을 주고받았다. 범저의 말을 들은 소양왕은 머리를 끄덕이더니 범저에게 그 계책에 따라 행동하라고 분부했다. 범저는 그날로 심복에게 황금 1000근을 주어 조나라에 숨어들어 가 군신들에게 뇌물을 주도록 했다. 그러자 얼마 후 조나라의 도읍 한단에서는 이상한 말들이 나돌기 시작했다. 심지어 효성왕의 충신들마저 의견이 분분해 "사람이 늙으면 맥이 모자라는 법이야! 이제 다 늙은 염파가 어찌 강대한 진나라 군사를 막아 낼 수 있겠는가? 젊고 용맹한 조괄趙括이 군사를 거느렸으면 벌써 진나라군을 물리쳤을 것이야!" 하는가 하면 "진나라에서 제일 두려워하는 장수가 바로 조괄이야! 병서에 능통한 조괄이 군사를 맡으면 진나라 군사는 소문만 들어도 겁을 낼 것이야!"라고 하기도 했다. 이런 소문들이 조나라 왕의 귀에까지 전해지자 효성왕도 마음이 동해 염파에게 어서 보루를 나와 결전을 하라고 독촉했다. 하지만 노장군 염파는 그 말을 듣지 않고 종전대로 진지를 굳게 지키기만 했다. 그러자 효성왕은 더는 참지 못하고 조괄을 궁궐에 불러들였다.

 범저의 이 이간책에 젊고 혈기가 넘치는 조나라 왕이 걸려들어 경험이 풍부한 노장군 염파를 철수시키고 조괄을 군의 총수로 내세웠다. 이는 곧 조나라의 머리에 벼락이 떨어짐을 예시하는 일이었다.

●●● 역사문화백과 ●●●

[서법의 기원]

중국의 서법書法은 춘추 말기에 기원했다. 이때 전통적 문자의 예술화 현상이 출현하기 시작해 원래의 필획을 동그라미나 파도 모양, 새 모양 등으로 변형해 썼다. 이것들은 후에 '조전鳥篆', '충전虫篆', '무전繆篆' 등 전서書의 기원이 되었다. 전국 시대에 들어서서는 초전을 널리 쓴 외에 중요한 예기에 새긴 명문마저 춘추 이전의 반듯하고 딱딱한 형태가 없이 보편적으로 미화 처리를 했다.

●●● 전국 시대의 과학 기술 ●●●

농업 기술	철제 농기구를 쓰고 경작에 소를 많이 이용했다. 대규모의 수리 공정이 보편화되었는데 그중 대표적인 공정이 바로 진나라의 도강언, 정나라의 정국거鄭國渠, 위나라의 포전圃田 등이다. 따라서 농업 학파인 농가農家가 출현해 농시, 종자 개량, 작물 재배, 토양, 시비, 충해 방지, 수확과 저장, 농기구 개량 등 각 방면에 대해 전문적인 연구를 진행했다. 또한 전문적인 농학 저작인 《신농神農》, 《야로野老》, 《재씨宰氏》 등이 나왔다. 특히 《여씨춘추》 가운데의 〈상농上農〉, 〈임지任地〉, 〈변토辯土〉, 〈심시審時〉 등은 그 내용이 풍부하다. 그중 〈상농〉에 기술된 고랑을 만들고 작물을 심는 기술과 농시의 중요성에 대한 논술은 중국 고대 사회에서의 최고 기술이었다.
역법	24절기를 정해 농업이 적기에 진행되도록 했다.
경작 제도와 기술	토지의 연작이 보편화된 반면 윤작과 복종複種 기술이 출현하기 시작했다. 토질을 개량하고 고랑 짓는 법을 완비했으며, 비료를 내고 복토를 해 땅을 일구는 등의 방법을 겸했다. 또한 빛과 통풍 등을 이용해 합리적인 파종을 했다. 이때 선종, 파종, 씨 솎음, 배토 및 제초 등 기본적 농작 기술이 등장했다.
원예 기술	토지 개량, 거름 주기, 수리 관개 등이 원예 재배에 쓰이기 시작했다.
임업 기술	화재를 방지하는 등 삼림에 대한 보호 조치가 제정되었으며, 일정한 시간을 정해 채벌하는 등 남벌을 금지했다.
목축업 기술	상축술相畜術이 발전해 가축도 모양을 봐 가며 길렀다. 그래서 말의 관상을 보는 사람들이 많아졌으며 《상마경相馬經》이라는 책까지 나왔다. 따라서 가축에 대한 번식, 사육, 관리, 사용 등에까지 상당히 풍부한 경험을 쌓았다.
양잠 기술	뽕나무의 여러 가지 전지 기술을 익혀 뽕나무가 보기 좋게 자라도록 했다. 또한 양잠 기술도 보다 정밀해지고 광범위하게 보급되었다.
어업 기술	늪이나 양어장에서 기르는 것과 논밭에서 기르는 것을 결합한 인공 양어 기술이 생겼다.

| 세계사 연표 |

기원전 276년 — 제1차 시리아 전쟁이 폭발. 시리아 왕 안티오코스 1세와 이집트 왕 프톨레마이오스 2세가 페니키아와 소아시아 연안의 패권을 쟁탈하기 위해 전쟁했다.

-403 ~ -221 전국

생물학	생물 자원에 대한 보호 의식이 발전해 전문적인 금지령과 학술 저서까지 나왔다. 이를테면 어린 나무를 베지 못하며 꼭 베야야 할 때에는 시간적 제한을 정했다. 또 봄에 사냥을 못하고 새나 짐승의 암컷을 제삿감으로 쓰지 못하며, 물고기는 산란기에 잡지 못하고 어린 고기도 잡지 못했다. 또 독약 같은 것은 호수에 넣지 못하는 법 등을 세웠다
청동기 제작 기술	청동기 제작에 쓰일 원재료 선택, 배합, 주조 기술 등에 대한 정밀한 분석 기록과 이론적 근거가 구비되었다. 금은 제작 기술이 발전했으며 금을 씌우고 도금하며 주옥을 박는 기술이 쓰이기 시작했고 그림을 새기는 기술이 매우 성행했다.
방직, 제염과 칠기 기술	견직품, 마직품의 질이 좋고 색채가 풍부했다. 소금을 대량으로 생산하기 시작했는데 그중에 해염海鹽, 지염池鹽, 정염井鹽의 구분이 있었다. 칠 나무를 장강 유역 외에 황하 중류에서도 심었으며 색칠이 널리 쓰이고 색깔의 종류가 많았다. 오동나무 기름을 희석제로 쓰면서 칠의 성능이 현저히 좋아졌다.
채광 기술	이미 철제 공구를 대량 사용했고 채굴과 받침 기술 등에서 보다 발전되었다. 채굴 시설도 좋아졌으며 공기가 통하도록 합리적으로 설계했다.
철 제련 기술	유화 기술을 터득해 단단한 철을 연한 철로 만들 줄 알았는데 이 기술은 유럽보다 2000여 년 앞섰다. 제련 중 침탄 기술도 발전했고 일부 극戟, 검劍 등은 고온에 의한 담금질 기술로 강하게 되었다.
교통, 운수	마차 제작 기술이 진일보 발전해 재료 선택, 크기 및 제작 공예에 이르기까지 자세한 기록을 남겼다. 예를 들면 차 바퀴와 지면의 마찰력을 감소시키는 문제, 차의 속도를 증가시키는 문제 등에 이르기까지 상세히 기술했다. 또한 대형의 전투함도 제조했다.
기계	철의 사용으로 이 시기의 기계는 모양이나 구조가 한결 정밀했고 효율도 높아졌다.
수학	변의 부동한 배열을 이용할 줄 알았으며 직각 삼각형과 대응변의 비례 관계를 이용해 수평과 수직 방향을 확정하고 먼 거리 물체의 고도, 심도와 거리를 측량했다. 또한 간단한 기하형 물체의 체적 계산과 비례 분배 문제를 해결하는 수학적 방법을 확립했다.
천문학	천문학자 감덕甘石과 석신石申이 쓴 《감석성경甘石星經》에서는 120여 개나 되는 항성의 천체 위치를 측정하고 세계 최초의 성표인 '석씨 성표石氏星表'를 작성해 28수宿를 구역별로 나누고 북두성과 결합해 완벽한 천상도天象圖를 최종적으로 완성했다.
기상학	자연신으로부터 천기 현상을 설명하는 유물주의 학술 사상이 탄생했다.
지리학	전국을 각 구역에 따라 비례적으로 그린 《산경山經》, 《우공禹貢》과 같은 지도가 출현했다. 《우공》에서는 전국을 9주九州로 나눴는데 황화, 회하 및 장강 유역을 모두 포함했다. 그중 특히 황하 유역의 산맥, 하류, 소택지, 토양, 물산, 공부, 교통 등 다방면에서 상세히 기록했다. 《산경》에서는 전국을 5개 지구로 나눴는데 각 지구는 또 큰 산을 기본으로 일정한 방향과 길이에 따라 각 산의 지형, 수문 상황, 기후 및 천연적 동식물과 광물 자원 등에 대해 상세한 기록을 했는데 무려 451개의 산과 300개의 강, 27개의 호수, 160종의 식물, 270종의 동물, 89종의 암석과 광물 등을 폭넓게 기록하고 있다. 이 책에서는 이런 하천, 산과 동식물 등에 대해 상세한 설명 외에 또 117종의 약물藥物도 기록했다. 그리고 각 지역 만물의 상태, 식물의 생태 등에 대한 전문적 저서도 출현했다.
물리학	성학聲學 방면에서 편종이 만들어졌다. 이것으로는 120가지 음을 낼 수 있는데 5개 반의 8도에 해당하여 현대의 피아노보다 고저 양쪽으로 각각 1조 가량 적을 뿐이다. 중간에는 3개 반의 8도와 12개의 반음이 완전히 구비되어 있고 조를 바꿀 수 있어 각종 악곡을 모두 연주할 수 있게 만들어졌다. 또한 발성체의 모양, 두께, 대소 등 음질에 대한 영향을 과학적으로 밝혔다. 자기학 방면에서 자석으로 제작한 '사남司南'은 지남침(자침으로 항상 남북을 가리키도록 만든 기구)의 최초 형태이다. 물질 구조 방면에서 기원전 4세기 송견宋銒, 윤문尹文 등이 노자의 '도'에 관한 학설에 기초해 '원기설元氣說'을 제기했는데 이 학설은 그 후의 2000여 년간 중국 고대 물질 구조에 관한 가장 중요한 학설로서 중국의 물리학과 철학사에서 중요한 위치를 차지하고 있다.
의학	도가의 기공학설을 주체로 하는 독특한 양생 지도와 생리 위생 방법이 형성되었다. 이 기초상에서 통계적인 도인술導引術과 기공의 토납술吐納術이 탄생되었다. 중국 최초의 통계적인 의학 저서 《소문素問》(《황제내경》의 한 부분으로서 중요한 내용은 전국 후기에 완성되었음)이 나왔다. 이 저서에서는 사람의 몸과 심리는 서로 통하는 유기적 종합체로서 자연계의 변화와 변증법적 내재 관계가 존재한다고 인정한다. 이를 기초로 음양에 관한 개념을 내세웠다. 즉 음양의 실조失調로 병인病因을 해석하고 음양 학설로 인체의 생리와 병리를 설명했으며 음양의 변화에 근거해 병리 분석을 하고 그에 따라 변증법적인 치료 준칙을 확정해 '거사부정祛邪扶正(사악한 것을 쫓고 정기를 세우는 것)'을 병 치료의 기본으로 했다.

법가法家와 종횡가縱橫家 217

| 중국사 연표 |

기원전 270년

진나라가 호양胡陽을 파견해 한나라의 상당을 거쳐 조나라의 민여閼
與를 공격하도록 하고, 또 객경客卿에게 제나라를 치도록 해 제나라의
강剛, 수壽 두 성을 공략했다.

076

장평에서의 참패

나이가 젊은 조나라 효성왕은 신하들의 권고를 듣지 않고 나이가 젊고 경험이 없는 조괄趙括을 군의 총수로 앉혀 진나라 군대와 장평長平에서 결전을 벌이게 해 참패를 당했다.

탁상공론의 폐해

조나라의 효성왕은 떠도는 소문을 믿고 조괄을 불렀다. 조괄은 유명한 장군인 마복군馬服君 조사趙奢의 아들로서 어려서부터 병법을 익히고 병서를 많이 읽었다. 장수들의 회의 때마다 조사가 아들을 데리고 참여했기 때문에 조괄이 16, 7세 때는 군사 이론상에서 따를 자가 없을 정도였다. 하지만 부친 조사는 기뻐하기는커녕 늘 아들을 보고 고개를 저으며 탄식했다. 부인이 그 이유를 묻자 조사가 한숨을 지으며 "싸움은 위험도 뒤따르며 음흉한 수단도 가리지 않고 변화무쌍하오. 그런데 저 아이가 병서의 겉만 보고서 열변을 토하고 있소. 탁상공론만 하면서 안하무인하니 이는 병가의 금기를 범하는 것이오. 만일 조나라 왕이 조괄을 시켜 군사를 통솔하게 한다면 나라가 재앙을 당할 것은 물론 나의 아들도 죽음을 면치 못할 것이오." 하며 탄식했다.

가죽 갑옷
춘추 전국 시대에는 전쟁이 빈번했는데 그때에는 군사의 수량과 장비가 전쟁에서의 결정적 요소였다. 사진의 갑옷은 전국 시대 병사들이 입던 가죽으로 만든 갑옷의 복제품이다.

그런데 정말 조사가 근심하던 일이 마침내 발생하고야 말았다. 이런 내막을 알 길이 없는 효성왕은 기골이 장대하고 용모가 준수한 조괄을 보자 대번에 마음에 들어 군사 지식을 물었는데 대답도 청산유수로 술술 잘하는 것이었다. 흡족해진 효성왕은 진나라군과 맞서 싸워 볼 의향이 있는가 물었다. 그러자 조괄은 "진나라군엔 무안군 백기를 제외하곤 소신의 눈에 드는 사람이 없습니다. 왕흘 따위는 염파와 대적이나 될지 모르겠사오나 제가 나서면 돌개바람 치듯 대번에 휩쓸어 버릴 것입니다." 하고 큰 소리를 쳤다.

효성왕은 너무나 기뻐서 당장 조괄을 대장으로 봉하고 장평으로 보냈다. 이 소식을 들은 조괄의 모친이 곧바로 효성왕을 찾아가 남편 조사가 생전에 하던 말을 그대로 아뢰고 현자를 다시 고르라고 일렀다. 병중에 있던 인상여도 사람을 시켜 효성왕에게 그녀의 의견을 따르라고 간했다. 그러나 이미 마음이 동한 효성왕의 결심을 돌릴 수 없었다. 조괄의 모친은 더는 고집하지 못하고 조괄이 실수해 큰일을 저질러도 그 죄를 가족에게까지 묻지 말아 달라고 요구해 왕의 허락을 받았다.

전군의 참패

조괄은 20만 대군을 거느리고 장평에 이르자 염파가 제정한 모든 법령을 폐지하고 적극적인 공격을 준비할 새로운 영을 반포했다. 진나라군의 위력을 아는 풍정馮亭이 이 광경을 보고 조괄에게 신중히 대처할 것을 권유했으나 조괄은 듣는 둥 마는 둥 했다.

조나라에서 군의 총수를 바꿨다는 소식을 접한 진

| 세계사 연표 |

기원전 275년

그리스의 수학자이며 알렉산드리아 학파의 창시자인 유클리드가 사망했다. 유클리드는 수학, 기하학, 천문학, 광학, 음악 등 각 방면에서 탁월한 성과를 거두었으며, 저술로는 도합 13권으로 된 《기하학 원본》이 있다.

《사기史記·염파인상여열전廉頗藺相如列傳》
《사기史記·백기왕전열전白起王翦列傳》 《자치통감資治通鑑·주난왕周赧王 53년~55년》

나라 소양왕은 가장 위망이 있는 장수인 무양군 백기를 몰래 장평으로 보내 작전을 지휘하도록 했다. 그리고 후속 증원 부대도 비밀리에 장평으로 파견했다. 장평에 이른 백기는 몇 천 명의 군사만 내보내 조괄과 접전하게 하고는 일부러 패한 듯이 뒤로 퇴각했다. 오만해진 조괄은 그것이 계책인 줄 모르고 군사를 몰아 대거 진격하다가 진나라군의 매복에 걸려들고 말았다. 조나라군은 진나라군에 의해 양쪽으로 갈라지고 철통 같은 포위에 빠져나갈 길이 없었다. 포위된 조나라군은 46일 동안이나 제대로 먹지 못해 극도의 기아에 허덕인 군사들이 심지어 서로 잡아먹는 참상까지 벌어졌다고 한다. 갈 길이 없게 된 조괄은 마지막으로 5000명의 정예 부대를 이끌고 포위를 뚫고 탈출하려 했으나 진나라군이 쏘아 대는 화살에 조괄을 포함한 5000명이 모두 죽고 말았다. 백기가 조괄의 수급을 베어 장대에 매달고 조나라군에게 투항하라고 외치자 조괄이 죽은 것을 본 조나라군은 모조리 무기를 놓고

전국 시대의 자기 단지
이 자기 단지는 입구가 작고 옆에 손잡이가 달렸는데 선이 간결한 것이 현대적 미감이 있다.

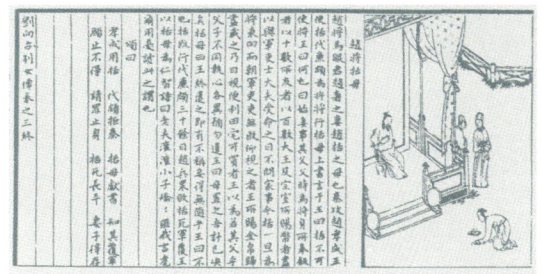

조괄의 탁상공론
조나라의 명장인 조사의 아들 조괄이 탁상공론만 하자 그의 부친인 조사가 조괄이 군사를 통솔하면 기필코 참패를 면치 못할 것이라 예언했다. 그런데 조나라 효성왕이 진나라 첩자가 퍼뜨린 소문을 믿고 노장 염파 대신 조괄을 등용했다. 병권을 쥔 조괄은 진나라군과 접전하다가 자신을 포함한 40만 대군이 목숨을 잃거나 투항했다. 이 그림은 조괄의 모친이 효성왕에게 아들의 일을 간하는 것인데 동한 시대 유향劉向이 지은 《열녀전》에 실려 있다.

항복했다. 투항한 병사들이 너무 많아 다시 반란을 일으킬까 염려한 백기는 투항한 병사들을 큰 골짜기에 들어가게 한 후 허약한 240여 명의 사람만 남기고 나머지를 모두 생매장해 버렸다. 그리고는 살려 둔 240여 명을 조나라에 돌려보내 진나라 군사의 막강한 위력을 알리도록 했다.

악의가 제나라를 공략한 후 진나라를 대항할 만한 나라는 조나라밖에 없었으나, 조나라는 이로 인해 효성왕의 이간책에 걸려 극심한 참패를 당해 더는 기를 펼 수 없게 되었다. 장평의 참패 이후 조나라는 고아와 과부들이 도처에서 헤매게 되었으며, 다시는 원기를 회복할 수 없게 되었다.

●●● 역사문화백과 ●●●

[전국 시대 문자의 변혁]

전국 시대에는 문명과 교역의 발달로 문자가 많이 쓰이게 되었다. 선사 시대 문자는 귀족화와 평민화의 양극으로 발전했는데 귀족화된 글자는 정연해 예기의 명문으로 많이 쓰였고, 평민화된 글자는 인장과 화폐, 도자기 등에 쓰였다. 평민화된 글자는 간결하면서도 속필하는 취향으로 발전했다. 귀족화된 정연한 문자는 후에 발전한 전서篆書의 기원이고 당시 '초전草篆' 또는 '고예古隸'라 불린 평민화된 초서체는 예서隸書의 기원이 된다.

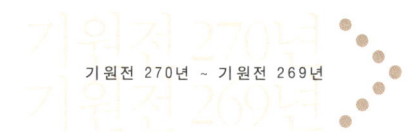

| 중국사 연표 |

기원전 270년 ~ 기원전 269년

조나라 장군 조사가 군사를 거느려 알여閼與를 구하고 진나라 군사를 대패시켰다.

077

자기 자신을 천거한 모수

조나라의 도읍 한단이 진나라군에게 포위당하자 평원군이 초나라에 구원을 요청하러 떠났다. 그러자 하잘것없는 문객인 모수毛遂가 자진해서 평원군을 따라가 그의 문제를 해결해 주었다.

모수의 자청

장평전에서 조나라 군이 주력을 거의 상실하자 진나라 군은 그 기세를 타 조나라의 도읍 한단을 공격해 조나라를 멸망시키려 했다. 기원전 258년 진나라 소양왕은 대장 조흘에게 10만 대군을 주어 한단을 포위한 진나라군을 증원시켰다. 조나라군이 더는 지탱하기 어렵게 되자 조나라 효성왕은 평원군平原君을 초나라에 사신으로 보내 구원병을 청하기로 했다. 영을 받은 평원군은 사람을 시켜 문객 중에서 문무를 겸비한 20명을 뽑아 수행하도록 했다.

그때에는 권세나 이름이 있는 사람들은 문하에 많은 문객을 두는 일이 성행했고 조나라의 평원군도 수하에 문객 3000을 두고 있었다. 하지만 이런 문객 가운데에는 문무를 겸비한 사람이 드물어 겨우 19명밖에 찾아내지 못했다. 평원군이 이로 인해 난처해 할 때 한 사람이 나서서 "소인 모수가 주공과 함께 갈 것을 요청합니다." 하고 말하는 것이었다. 누군가 자진해서 나서자 평원군이 자세히 살펴보니 생소한 사람이었다. 평원군이 "선생은 여기에 온 지 얼마나 되었소?" 하고 물었다. 그는 "3년이 되옵니다." 하고 대답하자 평원군은 크게 실망해 "무릇 인재란 주머니에 넣은 송곳처럼 뾰족한 끝이 주머니를 찌르고 나오기 마련이오. 그런데 선생은 이미 3년이나 있었다고 하는데 남들이 칭찬하는 소리도 듣지 못했고, 무슨 뚜렷한 일을 하는 것도 보지 못했소? 그러니 선생의 재능이 평범하다는 것을 알 수 있으니 따라가지 말고 집에 있는 것이 바람직하오." 하고 말했다. 그러자 모수가 말을 이어받았다. "그러하오니 오늘 주공께서 저를 주머니에 넣어 가지고 가 보십시오. 주공께서 일찍부터 저를 주머니에 넣어 가지고 다니셨다면 어찌 끝머리는 물론 전부 찌르고 나오지 않았겠습니까?" 범상치 않은 모수의 대답을 들은 평원군은 합당한 사람을 찾기 어려운 터라 그를 데리고 가기로 했다.

증후을 편경編磬

편경은 처음에는 선민들이 악무를 할 때 쓰였었는데 후에는 역대 통치자들의 제사나 연회 등 예의 활동에 쓰였다. 그리하여 편경은 사실상 신분과 지위를 상징하는 예기가 되었다. 증후을 편경은 옥석, 청석을 갈아 만든 것으로 모두 32개를 4개 조로 나눠 틀에 걸어 만들었다. 틀은 구리로 만들었는데 학 모양의 짐승으로 받침대를 만들고 그 위아래로 두 줄을 걸었다. 경쇠마다에 글씨가 새겨져 있는데 잔존한 글자는 6~700여 자로서 그 내용은 편종과 비슷해 모두 음률, 음계의 명칭과 번호에 관한 것이다.

기원전 273년

| 세계사 연표 |
인도 마우리아 왕조의 아소카 왕이 즉위하여 전성기를 이루었다.

《사기史記·평원군우경열전平原君虞卿列傳》
《자치통감資治通鑑·주난왕周赧王 57년》 출전

웅변을 토하는 모수

초나라에 당도한 평원군 일행이 협력해 진나라군에 대항할 것을 초나라 고열왕考烈王에게 열심히 설득했으나 고열왕은 동의하지 않았다. 평원군은 물론 수행인원들마저 어쩌지 못하고 있을 때 모수가 한 손으로 허리에 찬 장검을 짚고 나서서 고열왕의 면전에서 평원군에게 따져 물었다. "동심협력의 이해관계는 불보듯 빤한 것인데 어이하여 아침부터 점심때가 다 되도록 결론을 내리지 못하는 것입니까?" 그러자 고열왕이 음침한 얼굴로 평원군에게 "이자는 누구인가?" 하고 물었다. 평원군이 수하의 문객이라고 대답하자 고열왕은 대로하여 "어서 썩 물러가지 못할꼬? 과인이 제 주인과 이야기를 나누는데 어떤 놈이 말참견인가?" 하고 모수에게 호통을 했다.

그러나 모수는 아랑곳하지 않고 허리의 검을 잡은 채 한 걸음 더 나서며 열변을 토했다. "대왕께서 저를 이처럼 무례하게 대함은 아마 초나라의 세력을 믿고 뽐내는 것일 것이옵니다. 하지만 전 지금 열 보 안에 대왕님을 저승에 보낼 수 있사옵니다. 그러면 병마가 무수한들 무슨 소용이 있사옵니까? 옛날에 상탕은 처음엔 70리 땅밖에 분봉받지 못했어도 후에 천하를 차지할 수 있었고, 주나라 문왕도 100여 리의 땅밖에 차지하지 못했어도 상나라를 멸하고 주나라를 흥기시키는 대업을 이룩했나이다. 이때부터 천하에 대업을 이룩하는 자는 병마의 다소에 의탁하는 것이 아니라 군왕의 영명함에 따르는 것이옵니다. 오늘 초나라는 사방 5000여 리의 땅을 차지하고 100만이 넘는 군사를 가지고 있어 천하의 패권을 쥘 조건을 완전히 구비하고 있지만 지금의 처지는 어떠하옵니까? 진나라의 한낱 필부에 지나지 않는 백기가 겨우 몇 만의 군사를 이끌고 들이치니 귀국은 첫 싸움에서 언성鄢城과 영성鄂城을 빼앗기고, 두 번째는 이릉夷陵을 불태우고, 세 번째는 종묘마저 훼손당하지 않았습니까? 대왕께서 역대의 조상들을 이처럼 수모를 당하게 했으니 세세대대로 이어질 수치입니다. 이에 우리 조나라마저 분개하고 있습니다. 그런데 대왕께선 조금도 원통해하지 않으시니 도대체 어찌된 일이옵니까? 지금 우리 주공께서 사신으로 영을 받고 귀국에 찾아와 '합중지책合衆之策'을 논의하려 하시는데 이는 동심협력해 진나라의 횡포에 맞서려는 것으로 초나라가 복수하고 패업을 이룩하는 데 유리한 것이지 어찌 조나라의 안위만 위한 것이옵니까?" 하고 당당하게 말했다.

험한 벼랑에 낸 길
《전국책·진책 3》에는 변사인 채택蔡澤이 응후의 물음에 답해 진나라의 상황을 분석할 때 진나라에 매우 유리한 지리적 조건이 있는데 특히 "천리 잔도가 촉한과 이어져 있어 천하가 모두 진나라를 두려워한다."고 했다. 이것으로 진나라에서 촉나라로 들어가는 절벽 사이를 이은 잔도가 전국 시대에 이미 있었음을 알 수 있다. 사진은 섬서성 경내에 있는 공중 잔도이다.

기원전 266년 ~ 기원전 264년

|중국사 연표|
범저가 진나라 상(相)이 되다.

조나라와 초나라의 혈맹

모수의 웅변은 초나라 고열왕의 아픈 상처를 찌르고 또 그의 웅대한 뜻을 일으켜 세웠다. 모수가 열변을 마치자 고열왕은 일어나서 인사를 올리며 "선생의 말씀이 지당합니다. 만일 조나라 왕께서도 그런 생각이라면 저도 힘을 모두 모아 조나라에 달려가 진나라와 결사항전을 벌이겠습니다."라고 말했다. 그러자 모수는 고열왕이 그 말을 번복할까 걱정돼 고열왕에게 "그럼 '합종지책'에 동의하신다는 말씀이옵니까?" 하고 다시 물었다. 왕이 "이미 결정지었습니다."라고 결연히 대꾸하자 모수는 머리를 돌려 초나라 왕의 시중들에게 "어서 개, 돼지와 말의 피를 올려라!"라고 분부했다. 당시에 혈맹을 맺을 때면 천자는 소와 말의 피를 마시고 제후들은 개, 돼지 피를 마시며 대부 아래는 닭 피를 마시는 규범이 있었다. 피를 가져오자 모수는 그릇이 담긴 구리쟁반을 받쳐 들고 먼저 고열왕 앞에 다가가 마시게 한 다음 평원군을 마시게 하고는 자기도 따라 마셨다. 그리고는 쟁반을 들고 계단 아래로 내려가 따라온 열아홉 사람도 마시게 했다. 이리하여 평원군은 중임을 저버리지 않고 사명을 훌륭히 완수하게 되었다.

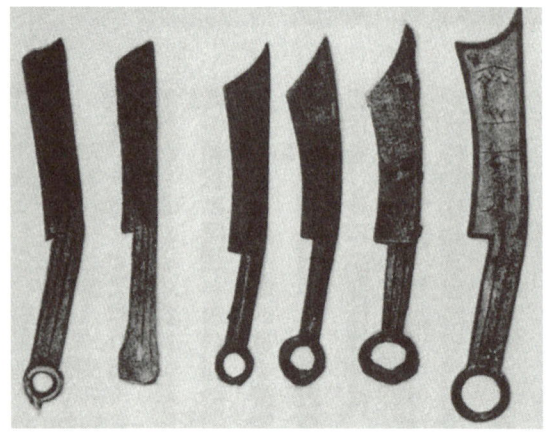

칼 모양의 동폐
도폐刀幣는 칼의 모양을 본따 제조한 화폐로서 춘추 중기와 말기에서 전국 말기까지 유행했다. 칼의 모양에 따라 6가지 종류로 나누는데 전국 말기에 제조된 직도는 크기가 작고 얇은 것으로 보아 도폐가 쇠락되어 감을 예시해 준다.

그 후 평원군은 보는 사람마다에게 "나는 전에 사람을 대충 훑어봐도 그 사람의 됨됨이를 알아 인재를 놓은 적이 없다고 자부했는데 이번에 모수 선생이 자천해 큰일을 성사시켜 나에게 큰 교훈을 주었습니다." 하고 감개무량해 자랑했다. 그 후 평원군은 더욱 겸허하게 사람을 대하게 되었고 모수도 상객 대접을 받게 되었다.

원대의 농학가인 왕정王楨이 지은 《농서》에 근거해 그린 〈경직도〉 (일부분)

●●● 역사문화백과 ●●●

[초나라 죽간]

1993년 10월 호북성 형문시 사양구 사방향 곽가점촌荊門市沙洋區四方鄉郭家店村 1호 초나라 고분에서 초나라 문자 죽간이 출토되었다. 죽간은 도가의 저작과 유가의 저작 두 부분으로 나누어졌는데 도가 저작은 2종 4편이고 유가 저작은 11종 14편에 달한다. 전문가들은 무덤의 주인은 초나라 태자의 선생인데 그곳에서 출토된 도가와 유가의 저작은 마왕퇴에서 출토된 죽간보다 가치가 더 크다고 인정하고 있다. 이 죽간은 공자로부터 맹자에 이르기까지의 자료가 없던 공백을 메웠으며, 유가의 초기 상황과 노자 및 '요순선양堯舜禪讓' 등 학술계의 현안을 연구하는 데 새로운 자료를 제공해 주었다.

| 세계사 연표 |

기원전 272년 — 제1차 시리아 전쟁이 종료. 안티오코스가 패전하고 이집트의 프톨레마이오스 2세가 소아시아 연해 및 페니키아 등을 점령했다.

078

《사기史記·평원군우경열전平原君虞卿列傳》
《자치통감資治通鑑·주난왕周赧王 57년》
《사기史記·위공자열전魏公子列傳》

병부를 훔쳐 조나라를 구하다

조나라를 구원하러 간 위나라 군사는 진나라 소양왕의 협박에 못 이겨 업성까지 가서 더 나가지 못했다. 평원군은 처남인 신릉군信陵君의 원조를 바랐으나 신릉군은 병권이 없었다. 그러자 후생侯生이 신릉군에게 병부를 훔칠 계책을 대 주었다

질겁한 위나라 왕

조나라의 도읍 한단이 진나라군의 포위망에 들자 조나라는 두 곳의 증원을 바랐다. 그 하나는 평원군을 초나라에 보내 고열왕의 원조를 받는 것이고, 다른 하나는 평원군의 아내가 위나라 왕과 그의 남동생인 위나라 공자 신릉군에게 편지를 띄워 위나라의 구원을 청하는 것이었다. 그러자 위나라 왕은 장군 진비晉鄙에게 10만 군사를 줘 조나라를 돕게 했다. 이 소식을 접한 진나라 소양왕은 대로하여 "과인이 한단을 포위하고 함락할 것인데 누가 감히 구원병을 보낸다면 과인이 한단을 공략한 즉시 예봉을 그자에게 돌리리라." 하고 위나라 왕에게 편지를 띄워 엄포를 놓았다. 그러자 놀란 위나라 왕은 이미 업성에 도달한 진비에게 그곳에 주둔한 채로 전진도 후퇴도 하지 말라고 명했다. 신릉군은 누나가 재앙을 당하는 것을 볼 수 없을 뿐만 아니라 조나라가 망하면 뒤이어 위나라가 위태로워진다는 것을 알고 있었다. 그래서 문객 몇을 데리고 위나라 왕을 찾았으나 진나라 왕의 위세에 겁을 먹은 위나라 왕은 아무리 설득해도 듣지 않았다. 실망한 신릉군은 문객 가운데서 1000여 명을 골라 100여 대의 전차에 태우고는 조나라로 가 누나와 자형과 함께하려고 준비를 했다.

후생이 알려 준 계책

전차가 대량을 막 떠날 때 신릉군은 이문夷門에서 후생과 작별 인사를 나누려고 차에서 내렸다. 후생은 70여 세가 되는 노인으로서 이문을 지키는 문지기였는데 풍설에 의하면 학식과 재능이 특출한 은사隱士라고 한다. 신릉군은 평소에 귀천을 가리지 않고 후생을 언제나 깍듯이 대했다. 후생 또한 신릉군이 공자라 하여 아부하는 법이 없이 꿋꿋이 지냈다. 후생은 풀이 죽은 신릉군 일행을 보며 담담한 기색으로 "공자님께서 무사하기만 바랍니다. 이 몸은 이미 다 늙어 공자님을 따라 함께 갈 수 없나이다."라고 말할 뿐이었다. 그리고는 덤덤히 서 있는 것이었다. 신릉군은 말이 더 이상 통하지 않는 것을 보자 노여운 생각이 들어 작별하고 말았다. 신릉군은 길을 가면서 '평소에 내가 그를 푸대접하지 않았는데 오늘 내가 어려움에 처했는데 왜 모르는 척하며 아무 계책도 대 주지 않는가.' 하고 생각했다. 후생의 행동에 납득이 가지 않은 신릉군은 말머리를 돌려 후생의 집 앞으로 되돌아왔다. 그런데 후생이 문 앞에서 기다리고 있는 것이었다. 이상하게 생각한 신릉군이 다가가서 "선생께서는 어찌 제가 되돌아올 줄 알았습니까?" 하고 묻자 후생은 빙그레 웃으며 "나라의 대사를 신중하게 생각해야지 어찌 한때의 혈기로 행동할 수 있겠습니까? 공자께서 이처럼 막무가내로 진나라군과 싸우러 간다면 양 새끼가 범의 입에 뛰어드는 격이니 살아남기 어렵지요. 공자님께서 평소에 저를 친절히 대해 주었는데 이번에 저를 찾은 것은 이 늙은이의 도움이나 받아 보려는 것이겠죠. 그런데 늙은 것이 아무 말도 하지 않으니 공자님께서 노여워하시며 떠났으니 전 공자님께서 기필코 되돌아오실 줄 짐작하고 여기서 그대로 기다리고 있었습니다." 하고 대꾸하는 것이었다. 신릉군은 그의 말 속에 숨은 뜻이 있음을 감지하고 좌우를

호부虎符(구리로 범의 모양을 본떠 만든 군대 동원의 표지)

| 중국사 연표 |

기원전 264년 진나라에서 백기白起를 보내어 한나라를 공격해 형성陘城을 함락했다.

물리치고 다가섰다. 그러자 후생은 낮은 소리로 "진나라와 조나라 두 군은 한단에서 대치 상태에 처한 지 오래되어 쌍방이 모두 피로할 대로 피로해졌습니다. 그러니 관건이 군사의 수인데 공자님께서 얼마 안 되는 문객을 거느리고 간다 하니 생사를 무릅쓰는 마음만 나타낼 뿐 대세에 무슨 도움이 있습니까?" 하고 말하는 것이었다. 그러자 신릉군은 길게 한숨을 내쉬며 "낸들 무슨 다른 방도가 있습니까?" 하고 탄식했다. 그러자 후생은 크게 웃으며 "정문이 통하지 않으면 뒷문으로라도 들어가야 하지 않을까요? 공자께서는 대왕이 가장 총애하는 왕비 여희를 도와 그녀 아버지의 원수를 갚아 주었던 일이 있지 않습니까? 지금 조나라를 중원하는 군사를 진비가 통솔하고 있는데 그를 움직일 수 있는 병부가 대왕의 거실에 있지요. 그런데 대왕의 거실에 마음대로 출입할 수 있는 사람은 여희 한 사람뿐입니다. 이 늙은이가 듣기에 여희는 줄곧 공자님의 은혜를 갚으려고 한다던데 그녀에게 부탁해 병부를 훔쳐 내 오기만 한다면 공자님께서 진비의 군사를 통솔해 조나라의 위기를 구할 수 있지 않겠습니까?" 하고 말하는 것이었다. 이 말을 듣자 신릉군은 바로 사람을 보내 여희를 찾아가게 했다.

진비를 죽인 백정 주해

후생의 예견대로 여희는 위나라 왕이 단잠에 들었을 때 병부를 몰래 꺼내 신릉군에게 넘겨주었다. 병부를 받아 쥔 신릉군은 그 길로 또 후생을 찾아가 "장수가 밖에 있으면 더러 군왕의 말을 듣지 않아도 된다고 하는데, 진비가 만일 병권을 내놓지 않고 버티면 어찌 하겠습니까?" 하고 물었다. "공자님께서 우려하시는 바를 이 늙은이가 미리 생각해 두었습니다. 저에게 백정 일을 하는 주해朱亥라는 친구가 하나 있는데 용맹무쌍합니다. 이제 그를 딸려 보내겠으니 만일 진비가 거역하고

신릉군이 현자를 방문 (청나라 오력吳歷 그림)
위나라의 신릉군 위무기는 인재를 높이 모셔 그의 집에는 문객이 늘 3000명씩이나 있었다. 그는 대량大梁의 이문夷文을 지키는 후생이 현자라는 소문을 듣고 연회 때마다 친히 마차를 타고 가 후생을 초대했다. 그리고는 항상 상석인 왼쪽 자리를 비워 놓고 그를 앉혔다. 신릉군의 이와 같은 성심은 마침내 후생을 감동시켜 신릉군을 상빈으로 섬겼다. 후에 신릉군이 조나라를 구하기 위해 떠날 때 병부를 훔칠 계책을 알려 준 것이 바로 후생이었다. 이 그림은 신릉군이 이문에 가서 후생을 청하는 장면을 묘사한 것이다.

| 세계사 연표 |

기원전 271년

에피쿠로스는 데모크리토스 철학과 키레네 학파의 윤리학을 조합한 철학을 확립해 쾌락주의적인 성향의 《자연론》, 《신에 대하여》를 펴냈다.

병권을 내놓지 않으려 한다면 주해에게 당장 그자를 죽이도록 하십시오." 하고 후생이 말했다. 이 말을 듣자 신릉군은 눈물을 흘렸다. 이상히 여긴 후생이 이유를 묻자 신릉군은 "진비는 위나라의 노장인데 그를 이렇게 죽이자니 저의 마음이 편치 않습니다." 하고 대꾸했다. 그러나 후생이 정색을 하며 "모략을 쓰는 사람은 성패를 다투지 도덕을 크게 따지지 않습니다. 한 사람의 목숨으로 나라를 구할 수 있다면 어찌 그리하지 않을 수 있습니까?" 하며 나무랐다.

신릉군은 주해와 문객 몇 사람을 데리고 업성에 이르러 대왕의 영에 따라 진비를 대신해 군사를 통솔하러 왔다고 알렸다. 그러나 진비는 "내가 왕의 영에 따라 10만 군사를 거느리고 변경을 수비하는 중임을 떠맡고 있습니다. 이는 중대한 일인데 오늘 공자께서 단신으로 조정 관원도 없이 이렇게 찾아오고, 게다가 대왕의 책봉 단서도 없으니 저는 시름을 놓을 수 없습니다. 그러니 공자님께서 며칠 기다리시면 제가 대왕께 상주한 후 병권을 이양하는 것이 어떨는지요?" 하고 물었다. 그러자 신릉군의 옆에 있던 주해가 나서며 "진비! 네놈이 감히 왕명을 거역하니 반역하려는 거냐?" 하고 고함을 질렀다. 진비가 노하여 두 눈을 부릅뜨고 "넌 웬 놈이냐?" 하고 호령하자 주해가 옷 속에 몰래 감춰 두었던 쇠망치를 꺼내 진비의 머리를 내리쳤다.

●●● 역사문화백과 ●●●

[조나라를 구할 때 죽은 군사 무덤]

1983년, 하남성 탕음현 오리강湯陰縣五里崗에서 4~5000개의 무덤이 있는 무덤군이 발견되었는데 그곳에서 토기, 동기, 철기, 옥기, 수정주와 유리주 등 200여 점의 문물이 나왔다. 이는 전국 중·말기의 무덤으로서 죽은 사람은 대부분 중·청년이었고 일부 뼈에서는 동 활촉이 박혀 있고 어떤 것은 칼에 찍힌 자국이 확연했다. 전문가들에 따르면 이는 전사한 군사들의 무덤으로서 신릉군이 병부를 훔쳐 조나라를 구원하던 때의 무덤일 수 있는데 연대도 그 전쟁이 벌어지던 때와 비슷하다.

한단의 포위를 풀고 공을 세운 신릉군

진비를 죽이고 병권을 쥔 신릉군은 병부를 높이 쳐들고 여러 장수들에게 "대왕께서 나에게 진비를 대신해 군사를 이끌고 조나라를 구하라고 명하셨는데 진비가 거역해 이미 처단했다. 그러니 모두들 나를 따라 출정하라. 공에 따라 상을 내릴 것이다." 하고 호령했다. 그리고는 군사들 중 노약자나 독자는 돌려보내고, 부자가 함께 있으면 아들만 남기고 아비는 돌려보냈으며, 형제가 있으면 형만 남기고 동생은 돌려보냈다. 이리하여 남은 8만여 명의 정예 부대를 이끌고 기원전 257년 진나라군을 향해 맹공격했다. 이에 합세해 고열왕과 춘신군이 파견한 경양이 이끄는 초나라 군사까지 함께 한단에 이르러 밖으로부터 진나라 군을 향해 공격하고, 한단성 안에 있던 조나라 군사들도 성문을 열고 나와 세 갈래로 협공을 하자 진나라의 정안평 장군이 거느린 2만여 명의 군사는 항복했고 왕흘이 거느린 진나라 군사도 처참한 살상을 당하고 퇴각하여 진나라군은 전례 없던 참패를 당했다.

신릉군은 이렇게 진나라군을 대패시키고 조나라의 위기를 제거했다. 하지만 병부를 훔쳐 내고 진비를 죽인 죄를 문책당할까 두려워 진나라군을 격퇴시킨 후 군사를 위나라에 돌려보내고 자신은 잠시 조나라에 머물면서 국세의 변화를 지켜보았다.

●●● 역사문화백과 ●●●

[옥새와 병부 제도]

'새璽'란 공문에 쓰인 관인이고 '부符'란 군사 행동시 쓰던 호부를 말한다. 춘추 후기에 이미 '새'로 공문을 봉했는데 전국 이후에는 명령을 내리거나 공문을 보낼 때에 모두 새로 봉한 증거가 있어야만 효력이 있었다. '부'는 호랑이 모양으로 만들어져 '호부虎符'라고 하는데 두 쪽으로 나뉘어 있고 그 위에 명문이 새겨져 있다. 호부의 오른쪽은 군왕에게 두고 왼쪽은 장수들한테 두는데 군대를 움직일 때면 군왕한테 둔 반쪽과 맞춰 보고 그것이 맞아야 군사를 움직일 수 있었다.

| 중국사 연표 |
기원전 263년 - 백기가 한나라를 공격해 남양을 함락했다.

079

백기의 죽음

백기白起는 수십 개의 성새를 공략하고 수백만의 적을 살상한 진나라의 명장이나 정치에는 둔했다. 그래서 범저의 음모에 걸려들어 소양왕과의 관계가 어긋나 함양에서 쫓겨났다. 그가 한참 불만을 품고 있을 때 사형 명령이 내려졌다.

백기는 진나라의 미현眉縣 사람으로서 군사에 능통해 한, 위, 조, 초나라의 수많은 땅을 공략하고 좌서장左庶長이란 작은 벼슬에서 일약 대량조大良造라는 높은 벼슬까지 올랐으며 혁혁한 전공으로 무안군武安君에 봉해졌다. 그러나 이처럼 명성과 전공이 탁월한 명장이 후에 진나라 왕에게 살해되고 말았다.

승리 임박에 철군

장평 전투에서 조나라 군사가 45만이나 복멸하자 백기는 조나라의 도읍 한단을 포위했다. 그리고 포차와 운제雲梯 등을 준비해 일거에 한단성을 공략해 조나라를 멸망시키려고 했다. 조나라 효성왕은 성내에 노약자와 부녀자, 어린이들만 남은 것을 보고 애간장만 태웠다. 이때 평원군의 문객인 연나라의 대부 소대蘇代가 진나라에 가서 활동해 보겠다고 자진해 나섰다. 그러자 절망에 빠졌던 효성왕은 급히 황금주보黃金珠寶를 소대에게 내주었다.

소대는 몰래 함양에 이르자 가장 먼저 응후인 범저를 찾아 "무안군 백기가 한단을 에워싸 조나라는 도마 위에 놓인 고기 처지가 되었습니다. 하지만 조나라 사람들은 진나라를 뼈에 사무치게 증오하니 설사 한단을 공략한다 하더라도 조나라 사람들이 귀순할 일은 없을 것입니다. 한단이 공략되면 조나라 사람들은 북으로는 연나라에 갈 것이고, 동으로는 제나라로 피신할 것이며 남으로는 한, 위나라로 갈 것이니 진나라는 빈 성을 차지하게 될 것입니다. 그렇게 되면 무안군은 전공이 혁혁해 삼공의 자리에 오를 것이나 응후는 그 아래로 밀리고 말 것입니다. 지금 조나라 왕이 6개의 성읍을 내놓아 진나라와 화해하려 하는데 응후께서 심사숙고하시기 바랍니다." 하고 구슬렸다. 범저는 그 말에 일리가 있다는 생각이 들었다. 게다가 소대가 귀중한 예물을 한 아름 안기자 범저는 소양왕에게 아뢰겠다고 수락했다. 그 후 얼마 안 되어 진나라 소양왕은 백기에게 군사를 철수하라고 명했다.

진나라 왕의 재임을 거절한 백기

왕의 명을 어기지 못하고 철수한 백기는 이 모든 것이 범저의 농간임을 알고 분노하여 "범저가 그따위 농간을 부리지 않았더라면 한 달이면 한단을 공략했

전국 시대 진나라 군사가 – 백기 (위 그림)
백기는 일생 동안 한·조·위·초나라의 많은 땅을 함락해 혁혁한 전공을 세운 진나라의 명장이다. 후에 시기가 성숙되지 않아 조나라를 정벌하면 기필코 패배하리라는 주장을 내세우고 병을 핑계 대고 싸움에 나가지 않아 진나라 왕의 미움을 샀다. 소양왕이 하는 수 없이 다른 사람을 파견했으나 패배만 하자 진나라 소양왕은 백기의 직위를 파하고 검을 보내 자결하도록 했다. 백기의 죽음은 전국 시대 영웅 인물의 종결을 의미한다.

| 기원전 269년

| 세계사 연표 |
인도의 마우리아 왕조에서 아소카 왕이 정식으로 등극했다.

《사기史記·백기왕전열전白起王剪列傳》 출전

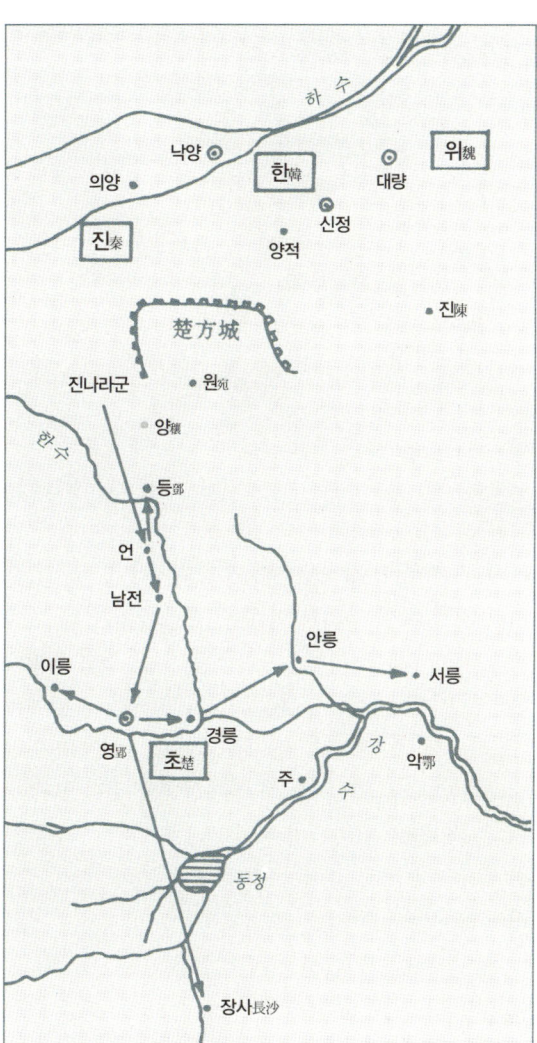

백기가 초나라를 공략한 시의도
기원전 279년, 진나라 소양왕이 대장 백기를 파견해 초나라를 공격하도록 했다. 백기는 우선 초나라의 정치 중심인 언성鄢城을 공격해 전승을 거둔 후, 이어 영郢, 등鄧, 남전藍田 등 다섯 개의 성을 공략했다. 백기는 수만 명의 군사를 거느리고 2년 사이에 초나라 도읍 영성 주위의 부유한 몇백 리 땅을 점령했다.

나라군의 병권은 다시 노장 염파의 손에 넘어갔다. 이런 정세에서 다시 조나라를 친다는 것은 쉬운 일이 아니었다. 그래서 백기는 병을 핑계 삼아 조회에 나가지 않았다. 소양왕은 하는 수 없이 5대부인 왕릉王陵을 시켜 10만 군사를 거느리고 한단을 치게 했는데, 그 결과 왕릉은 경험이 풍부한 노장 염파에게 당해 공격은 실패하고 많은 손실을 보게 되어 다급히 증원을 요청해 왔다. 그러자 소양왕은 막무가내로 백기를 궁궐로 불러들였다.

백기가 궁중에 들어오자 왕은 왕릉이 한단을 공략하지 못하고 있는데 이대로 철군하면 천하의 웃음거리가 되지 않겠느냐고 백기에게 물었다. 즉 백기더러 출동을 하라는 것이었다. 백기는 왕의 말이 채 끝나기도 전에 손을 저으며 "지금 정세는 과거와는 딴판이어서 강공을 하다간 패하기 십상이니 이런 싸움은 하지 말아야 합니다." 하고 한마디로 거절해 버렸다. 이때 이미 이성을 잃은 소양왕은 '이자가 어느 땐 한 달이면 한단을 어김없이 함락한다고 하더니 이제 와선 패하고 말 것이라 하니 분명 나를 얕보는 게 아닌가?' 하고 생각하며 백기를 흘겨보더니 진노해 소리쳤다. "국가가 군대를 키우고 장수를 등용함은 바로 어려운 전쟁에서 이기기 위함이 아닌가? 지금 당장 왕릉을 대신해 자네를 파견하려 하는데 그대의 의향은 어떠한가?" 백기가 조금만 영민했더라면 이 지경에 이르러서는 왕의 뜻을 거절하지 말아야 할 텐데 그는 꿋꿋하게 소양왕의 재임을 거절했다.

소양왕의 기분대로라면 당장 백기에게 벌을 내려야 했지만 한단을 공략함에서 백기가 필요했기에 마음을 누르고 다시 범저를 보내 설득하도록 했다. 그런데 범저를 괘씸하게 여겨 오던 백기는 범저가 찾아오자 바로 재임을 거절해 버렸다. 이렇게 되자 소양왕은 하는 수 없이 대장 왕흘에게 10만 군사를 주어 왕릉을 대신하도록 보냈다.

을 것이다." 하며 불만을 터뜨렸다. 이 말이 소양왕의 귀에까지 전해지자 왕은 후회하며 다시 백기를 불러 한단으로 보내려 했다. 하지만 이때는 이미 정세가 변해 조나라가 한·위·제·초나라와 연합을 맺었고 조

| 중국사 연표 |

기원전 262년

진나라의 명장 백기가 한나라를 공격해 야왕野王을 공략함으로써 한나라와 상당 간의 연락을 끊었다. 상당 군수 풍정은 진나라에 항복하기를 거부하고 상당上黨을 조나라에 바쳤다.

범저의 농간으로 자결한 백기

왕흘이 왕명에 따라 약 다섯 달간 한단을 공격했으나 함락하지 못했다. 이때 초나라에서 대장 경양景陽을 파견해 위나라 공자가 거느린 10만 군사와 합쳐 밖에서 공격하고 거기에다 조나라의 군사가 성문을 열고 공격을 하는 통에 진나라군은 대패하고 말았다. 이 소식이 함양에 전해지자 백기는 만나는 사람마다 "어떤가. 대왕께서 내 말을 듣지 않고 고집을 부리더니 끝내 패하지 않았는가?" 하고 말을 했다. 이 말이 소양왕에게 전해지자 왕은 대로하여 당장 백기에게 전선에 나가 뒷수습을 하라고 최후의 통첩을 내렸다. 하지만 백기는 병을 핑계 대고 왕의 조서마저 받지 않았다. 화가 상투 밑까지 치민 소양왕은 백기의 관직을

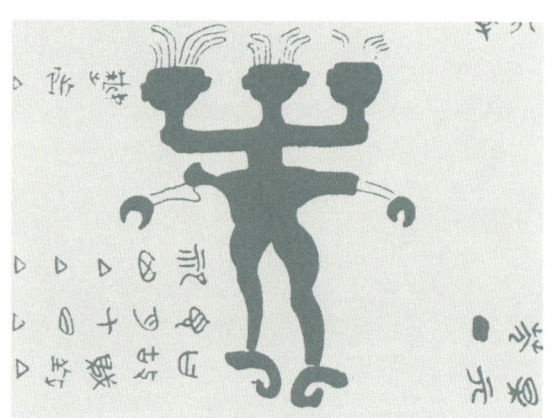

파하고 서민으로 만든 다음 함양을 떠나 음밀陰密로 가라고 명했다. 그러자 백기는 불만에 차 "이전에 범려가 '토끼를 다 잡으면 사냥개를 삶아 먹는다.'고 하더니 지금 토끼 무리가 아직 다 죽지 않았는데 벌써 이놈의 사냥개를 죽이는 판이구나!" 하고 투덜거렸다. 누군가 이 말을 소양왕에게 전하자 범저가 그 옆에서 "명장인 백기가 일단 다른 제후들한테 넘어가면 우리 진나라에게 대단히 위험합니다." 하고 부채질했다. 그러자 소양왕의 얼굴색이 변하더니 수하를 시켜 보검을 백기에게 갖다 주면서 자결하라고 명했다. 이리하여 한때의 명장은 강요에 의해 비장히 자결하고 말았다. 그때는 바로 기원전 257년이었다.

유약 칠 도자기 잔
이 원시적 도자기 잔은 겉면에 가는 무늬가 줄지어 있고 청황색의 유약 칠을 올렸는데 조형이 독특하고 공예가 정밀하다.

●●● **역사문화백과** ●●●

[전국 시대 묘소의 세 등급]

첫째 등급의 묘소는 여러 층의 관을 쓰고 동기銅器가 많이 매장된 무덤이다. 무덤에는 청동 예기, 악기 및 마기, 병기, 옥기와 생활 용품 등이 많이 매장되어 있는데 그 많고 적음은 무덤 주인의 지위 여하에 따라 다르다. 이를테면 천자와 제후는 9정, 4편종이고, 경은 7정, 3편종이며 대부는 5정, 1편종이고 사는 3정, 1편종이다. 두 번째 등급은 단관, 단곽에 도자기를 매장한 무덤으로서 동을 모방한 도자기 예기와 소량의 옥기, 병기 등이 들어 있는데 대부분 하층 선비나 지주 및 부호들의 무덤이다. 세 번째 등급은 관은 있으나 곽이 없거나 관이나 곽이 모두 없는 무덤으로서 매장품이 없는데 이는 평민들의 무덤이다.

기원전 268년 | 세계사 연표 |
로마의 데나리온(데나리우스) 은화가 처음 나왔다.

봉황새 모양의 국자
봉황새는 초나라가 숭배하는 영물이어서 초나라 땅이었던 곳에서는 봉황새 모양의 문물이 많이 출토되었다. 사진의 채색 도자기 국자는 호북성의 전국 시대 초나라 고분에서 출토된 봉황새 모양의 국자이다.

| 중국사 연표 |

기원전 260년

조나라는 범저의 계략으로 노장 염파 대신 젊은 조괄을 대장으로 삼았다. 진나라 장군 백기는 장평에서 조나라 군사를 대파하고 40여 만에 달하는 포로를 생매장했다.

080

승상 자리에 오른 채택

연나라 사람인 채택蔡澤은 종횡술縱橫術을 터득해 모략이 출중했으나 출로를 찾지 못하다가 진나라의 승상인 범저의 자리가 위태롭다는 소식을 듣고 기회를 만났다고 기뻐했다.

위급에 처한 범저

연燕나라 사람인 채택은 어려서부터 천하를 떠돌아다니며 유세하는 종횡술을 숭상해 간교한 권모술수를 터득하고 열국을 떠돌아다니며 유세를 일삼게 되었다. 그는 조나라와 한나라, 그리고 위나라에 갔으나 가는 곳마다에서 어려움을 겪었고 마침내 밥을 짓기 위해 가지고 다니던 가마마저 강도들한테 빼앗기고 말았다. 이런 상황에서 진나라의 승상인 범저가 어려운 처지에 처했다는 말을 얻어듣고 이것이야말로 기회라 생각해 그 길로 함양을 향해 떠났다.

범저의 처지는 실로 난처했다. 그는 정안평과 왕계의 도움으로 승상의 자리에까지 올랐기에 승상이 된 후 은덕을 갚기 위해 그들을 장군과 하동河東 군수의 자리에 앉혔는데 그들 둘이 다 일을 저지른 것이다. 먼저 장군으로 발탁된 정안평이 한단성 아래에서 2만여 명의 군사를 거느리고 위나라에 투항했고 이어 하동 군수로 있던 왕계는 다른 나라와 내통해 함양에서 진나라 소양왕에게 참수당했다. 이 두 사건 후 소양왕과 범저의 사이가 벌어졌다. 어느 날 조회 때에 왕이 탄식을 하자 범저가 물었다. 소양왕이 "무안군이 죽고 정안평과 왕계가 반역해 이제 국내엔 명장이 없는데 밖엔 적이 수두룩하니 과인이 어찌 근심하지 않겠는가!"라고 대답했다. 범저는 소양왕이 말한 세 사람이 모두 자기와 관련 있는 사람들인지라 그 후부터 늘 불안한 속에서 나날을 보냈다.

은퇴의 이로움

범저의 이러한 속을 꿰뚫어 본 채택은 함양에 이르자 도처에 "연나라의 대종횡가 채택은 천하의 걸출한 웅변가인데 진나라 왕이 그를 만나기만 하면 곧바로 범저 대신에 그를 승상 자리에 앉힐 것이다."라는 요언을 퍼뜨렸다. 이 소문을 들은 범저는 그를 자택으로 불렀다. 채택은 범저의 집에 오만한 자세로 들어갔다. 범저가 불쾌해 하며 "그대가 거리에서 이제 범저를 대체한다는 소리를 했는가?" 하고 묻자 채택은 주저 없이 그랬다고 답했다. 범저가 이유를 물으니 채택은 안하무인 격으로 "당신을 견식 있는 사람으로 알았는데 어찌 이리 아둔합니까? 당신은 아직도 계절이 바뀌고 공을 이루면 은퇴해야 한다는 도리를 못 들으셨습니까? 이전의 진나라 상앙이나 초나라의 오기吳起, 월나라 문종文種 등의 비참한 종말을 보지 못했습니까?" 하고 따졌다. 범저는 "그들은 모두 충의를 지킨 천추의 호걸이오. 군자가 지켜야 할 살신성인의 인생 준칙에 맞을진대 죽어도 후회가 없을 것이오." 하고 맹비난했다. 그러자 채택은 얼굴에 비웃음을 띠더니 열변을 토해 냈다. "도리는 그럴듯하나 공을 세우려는 사람은 모두 명성도 날리고 업적도 이룩하려 하오. 하지만 거기에 상, 중, 하의 구별이 있음을 아는 사람이 많지 않소. 말하자면 업적도 성취하고 명성도 남

금은으로 장식한 전국 시대의 유리 단지

| 세계사 연표 |

아테네의 스파르타쿠스가 마케도니아를 반대하는 전쟁을 일으켰다.

《전국책戰國策·진책秦策3》
《사기史記·범저채택열전范雎蔡澤列傳》

전국 시대 소사면포素紗棉袍

긴 자는 상류에 속하고, 몸은 죽었지만 명성이 남은 자는 중류에 속하며, 몸은 살았어도 명성이 없는 자는 하류에 속하는 것입니다. 진나라 효공을 보필한 상앙이나 초나라 도왕을 보좌한 오기나 월나라 왕 구천을 보좌한 문종은 평생 모든 힘을 바쳐 헌신해 나라를 부강하게 하고 군사력을 강화시켜 확실히 충신의사의 극치에 이르렀다고 할 수 있습니다. 하지만 그들이 이룬 공명이 주나라 문왕文王을 보필한 굉요閎夭와 주나라 성왕成王을 보필한 주공단周公旦과 비길 수 있습니까?" 범저가 비길 수 없다고 하자 채택이 또 물었다. "그럼 지금 당신이 모시고 있는 소양왕이 진나라 효공이나 초나라 도왕, 월나라 왕 구천과 비교해 누가 더 인자하고 수하의 신하들을 더 신임하며 옛 신하를 홀대하지 않는다고 생각합니까?" 그러자 범저는 "그건 잘 모르겠습니다." 하고 얼버무렸다. 채택은 이어 "그럼 당신이 소양왕을 보좌해 이룩한 공로가 상앙이나 오기와 비길 수 있습니까?" 하고 문자 범저는 고개를 저으며 "비길 바가 안 됩니다." 하고 대꾸했다. 그러자 채택이 일어서며 열변을 토하기 시작했다. "당신은 공로상에서 상앙, 오기나 문종에 비할 바가 안 되지만 지위와 봉록, 그리고 집안의 재산 등 모든 면에서는 이미 그들을 훨씬 초월하고 있습니다. 그런데 당신이 아직도 은퇴할 궁리를 하지 않고 있으니 아마 당신의 종말이 그들보다 더 비참할 것 같습니다. 속담에 이르기를 '해는 정오가 지나면 지기 마련이고 달은 둥글어지면 줄어들기 마련이다.' 라고 하지 않습니까? 세상의 모든 만물은 성했다가 쇠퇴해지기 마련인데 인간이 처세할 때에도 이런 법칙에 따라야 합니다. 지금 당신은 극성 시기여서 직위가 높고 위세가

하늘을 찌른다 해도 다년간 쌓아 온 원한이 깊어지고 당신에 대한 소양왕의 신임이 떨어지는데 권세에만 눈이 어두워 변할 줄 모르니 어찌 위험의 극치에 달하지 않았다고 할 수 있겠습니까? 제가 거리에서 당신을 대신하겠다고 한 것은 바로 당신을 일깨워 좋은 결말을 보기를 원했기 때문입니다." 하고 말을 맺었다. 그러자 범저는 한참 동안 깊은 생각에 잠겨 있더니 "선생의 말씀이 지당합니다." 하며 채택을 상빈으로 모셨다.

승상이 된 채택

며칠 후 범저는 소양왕에게 "소신의 저택에 중원에서 온 채택이라는 문객이 머물고 있는데 웅변이 대단합니다. 소신도 평생 많은 사람을 만나봤지만 그를 초월할 인재를 보지 못했습니다. 저도 그와 비할 바가 못됩니다." 하고 아뢰었다. 소양왕은 인재를 널리 물색하던 차라 바로 채택을 불러 장시간의 담화를 나눈 후 무척 흡족해 바로 객경으로 모셨다. 그 후부터 범저는 병을 핑계 삼고 조정에 나가지 않다가 얼마 뒤에 승상의 자리를 사직하겠다고 했다. 소양왕은 만류하다가 범저가 듣지 않으니 그 자리에 채택을 앉혔다.

●●● 역사문화백과 ●●●

[소실된 고성 – 진나라 검중 도성 유적]

기원전 285년, 진나라 소양왕은 초나라에서 탈취한 '검중黔中' 땅에 군郡을 설치하도록 했다. 그리고 진나라 시황이 전국을 통일한 후 검중군을 36군 중의 하나로 정했다. 그런데 그 후 군성이 오랜 기간의 동란을 거치면서 훼멸되어 역사 기록에만 있을 뿐 유적을 찾지 못했다. 그러던 1989년, 호남성 고고학자들이 원수沅水와 유수酉水가 만나는 원수 북안에서 성곽 유적을 발견했다. 발굴된 이 도성은 면적이 10만㎡에 달하며 산과 물을 끼고 있어 교통이 편리해 검중이 정치, 경제와 문화의 중심지였음이 밝혀졌다.

전국 시대 제齊, 조趙, 위魏 삼국이 제각기 황하 연안에 제방을 쌓은 것을 말한다

| 중국사 연표 |

기원전 259년

진秦나라군이 상당군을 점령하고 태원, 무안을 공략하고 이어 조나라의 도읍 한단을 포위 공격했다.

081

정국거

한나라의 환혜왕桓惠王은 계속된 진나라의 침공에 저항할 묘책으로 관개 설비 전문가인 정국鄭國을 진나라에 첩자로 보내 진나라의 관개 사업을 개발함으로써 진나라의 국력을 분산시켰다.

적의 공격을 늦추는 계책

진나라 소양왕이 범저가 내놓은 '원교근공'의 책략을 세운 후 위, 조, 한나라 삼국은 진나라 대군의 공격 대상이 되었다. 특히 전략적 요충지에 위치한 한나라는 편안한 날이 없었다.

어찌하면 기세 흉흉한 진나라군의 침공을 억제하고 잠시나마 숨쉴 기회를 얻을 수 있을까? 그러다가 기원전 246년, 한나라 환혜왕이 기발한 생각을 해냈다. 그때까지 진나라는 관중關中 지역이 개발되지 않아 고생을 하고 있었는데 국내의 수리 전문가인 정국을 파견해 관중의 수리 공정 사업을 벌이도록 한다면 모든 장정들이 동원되어야 하니 어느 겨를에 전쟁을

정국거 유적
한나라는 진나라의 국력을 약화시키기 위해 정국을 파견해 관중을 개발하는 수리 공정을 벌이도록 했다. 후에 간계에 빠졌다는 것을 안 진나라 왕이 정국을 참하려 할 때, 정국의 이치 있는 말을 듣고 정국에게 수리 공정을 계속 추진하도록 해 진나라에는 물론 후세에까지 복을 안겨 준 위대한 관개 시설인 '정국거'가 완공되었다.

할 수 있겠는가? 관중 지역은 사방 수백 리나 되어 온 나라의 인력과 물력을 모두 동원해도 1, 20년은 걸려야 개발할 수 있으니 일단 진나라 왕이 관중 개발을 하기만 하면 한나라는 10여 년쯤은 평화로운 생활을 누릴 수 있을 것이었다.

첩자인가, 기술자인가?

정국은 이러한 영을 받고 몰래 진나라에 들어와 행상으로 가장하고 관중 지역을 돌며 그곳의 산천, 물길, 지형과 토지, 물산 등에 대한 조사를 하고 그 기초 위에서 방대한 수리 공정 계획을 설계했다. 그 계획이란 지금의 섬서성 경양현涇陽縣의 서북에 위치한 중산仲山을 나누어 경수涇水를 서쪽으로 호구瓠口에까지 끌어들이고 거기에서 다시 북산北山의 남록南麓을 지나 동쪽으로 삼원三原, 부평현富平縣 등을 거쳐 북北 낙수洛水에 흘러들게 하는 것이다. 그 총 길이는 300여 리로서 일단 이 공정이 이루어지면 그 지역의 광대한 염전지가 전부 밭으로 개간될 수 있었다. 정국은 상인 출신인 여불위가 탐욕스러우니 그자만 뇌물로 구슬리면 어김없이 자신을 진나라 왕에게 천거하리라고 생각을 했다. 그때 진나라 장양왕이 죽고 나이 어린 영정嬴政이 왕위를 계승하고 있었다. 어느 날 진나라 왕 정이 여불위의 알선에 따라 정국을 만났는데 정국은 그동안 조사해 얻은 자료를 내놓고 또 공정이 이루어진 후의 관중 지역의 풍요로운 광경을 열거했다. 거기에다가 진나라 왕의 '중부仲父'인 여불위까지 부추기자 군신들은 너나없이 정국의 면밀한 계획에 탄복하며 그 자리에서 정국의 안을 만장일치로 통과시키

| 세계사 연표 |
기원전 266년 로마가 남 이까라부리아를 정복.

《사기史記·하거서河渠書》

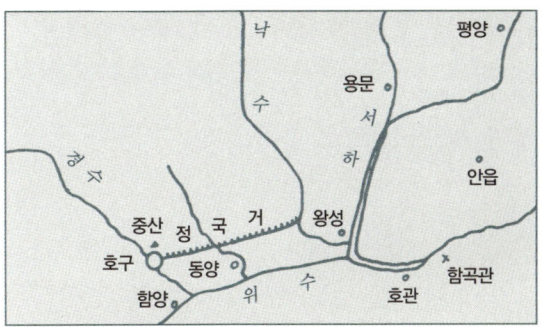

정국거鄭國渠 시의도

고 정국을 수리 공정의 기술 총감으로 봉했다. 당시에는 산을 파헤치고 강을 터뜨리는 일들을 모두 인력으로 해야 했기에 인력, 물력, 재력의 소모가 엄청났고 사망 사고도 수시로 발생해 원성이 들끓었으며, 조정 안에서도 공정의 득실에 관해 의논이 분분했다. 게다가 공정이 반쯤 진척되었을 때 정국의 신분까지 탄로나 조정 안팎은 순식간에 혼란해졌다. 진노한 진나라 왕 정은 당장 정국을 체포해 함양에서 친히 심문하겠다고 명을 내렸다.

관개 사업으로 받은 혜택

정국은 진나라의 땅을 디딜 때부터 죽음을 각오한 터라 태연했으며, 무사들이 결박한 정국을 대전에 데리고 들어오자 분노한 대신들은 그를 노려보았지만 정국은 평온한 어조로 입을 열었다. "여러분도 아시겠지만 저는 한나라 왕의 명을 받고 진나라에 관중을 개발하러 왔지만 결과적으로 한나라가 얻을 것이 무엇입니까? 기껏해야 진나라가 잠시 공격하지 않아 몇 해나마 안정된 생활을 할 수 있겠지요. 그런데 진나라는 관중의 수리 공정이 완공만 된다면 만세의 기업을 이룬 것이 됩니다. 양식이 더 많이 생산되고 인구도 늘어날 것이며 따라서 국력도 강해질 테니 관중 개발을 해 누가 더 큰 이득을 보게 되었는가 하는 것은 자

명한 일이 아니옵니까?" 하고 열변을 토했다.

정국의 일리 있는 열변에 대신들은 답변거리를 찾지 못했고 진노하던 진나라 왕의 얼굴에도 어느새 화색이 돌았다. 진나라의 군신들은 "진나라가 기타 여섯 제후국을 점령하고 천하를 통일하려면 많은 군사와 풍족한 양식이 있어야 한다. 관중이 일단 개발되기만 하면 사방 몇백 리에 달하는 풍요로운 땅은 거대한 양식 창고와 병력이 끊임없이 나올 기지가 되지 않겠는가? 비록 동진하는 발걸음을 몇 해간 늦추는 것 같지만 길게 보면 관중 개발이 확실히 진나라가 천하를 통일하는 데 있어서의 필요한 준비가 된다."하며 생각을 모았다. 그러자 진나라 왕도 친히 보좌에서 내려와 정국에게 채워진 족쇄를 풀어 주며 계속해 수리 공정을 맡으라고 위로해 주었다.

몇 해 후 방대한 수리 공정이 완공되고 세찬 경하涇河가 갈라놓은 중산을 지나 관중평원에 끊임없이 흘러들자 불모의 염전지에서 파도가 넘실대고 황량하던 산과 들에 과일 향기가 넘쳐나며 황폐하던 광야에 인구가 밀집한 촌락이 일어서게 되었다. 그리하여 관중 땅은 옥토로 변해 해마다 풍작을 이루게 되었다. 사람들은 정국의 공로를 기려 그의 이름을 따 이 위대한 수리 공정을 '정국거鄭國渠'라 불렀다. 정국거의 개통으로 더욱더 부강해진 진나라는 주변국의 점령에 힘썼고, 한나라는 이러한 '완병지계緩兵之計'로 몇 해간은 지탱했지만 결국 멸망의 운명을 면치 못했다.

●●● 역사문화백과 ●●●

[걸출한 사상가 – 양주]

양주楊朱는 양자陽子, 양생陽生, 양자거陽子居로도 불린다. 그는 주로 노나라와 송나라 일대에서 활동했는데 일찍 노자를 만난 적이 있다. 그의 학설은 유학이나 묵자 학설과 마찬가지로 현학으로서 핵심 사상은 '귀기貴己(자신을 귀하게 여김)', '중생重生(인생을 중히 여김)'이다. 그는 개인 이익과 공중 이익을 엄격히 나눴으며 중국 역사상 개인 이익을 과감히 불가침범의 위치에 놓았다. 그의 이런 사상은 근대 법치 사회의 기본 전제이다.

한韓나라 233

| 중국사 연표 |
기원전 258년 진나라가 왕릉 대신에 왕흘을 파견해 한단을 쳤으나 공략하지 못했다.

082

여동생을 바친 이원

조나라 사람인 이원李園에게 미모의 여동생이 있었는데 출세를 해 보려고 간계를 꾸며 여동생을 처음에는 춘신군春申君에게 바쳤다가 그녀가 임신하자 다시 고열왕에게 바쳤다.

전국 시대는 나라가 분열되고 전쟁이 자주 일어나는 혼잡한 시기여서 무수한 애국지사와 정의를 지키는 사상가들이 나타나기도 했지만 반면에 자기의 부귀영화를 위해 간악한 짓을 하는 자들도 적지 않게 출현했다. 그중 이원이 여동생을 바친 사건은 전형적인 예이다.

이원이 여동생을 바치다

이원이 동생을 고열왕에게 바치고 정권을 탈취한 후 내막을 아는 영윤 춘신군과 그 일가족을 참살하는 장면을 묘사한 것이다. 그림은 청나라 말 민국 초기의 석인본 《동주열국지》에 실려 있다.

자색을 출세의 자본으로 삼은 이원

초나라의 고열왕은 왕위를 계승할 자식이 없었다. 그러자 영윤으로 있던 춘신군이 미모의 처녀들을 입궁시켜 왕에게 바쳤으나 아들을 낳지 못했다.

한편 조나라 사람인 이원은 원래는 미모의 여동생을 초나라 왕에게 헌납해 부귀영화를 누려보려 했으나 초나라 왕이 생육 능력이 없다는 소문을 듣자 춘신군의 문하에 일꾼으로 들어갔다. 얼마 후 말미를 받아 귀가했던 이원은 일부러 며칠 늦게 돌아왔다. 춘신군이 그 이유를 따지자 이원은 우쭐대며 "제나라 왕이 사람을 보내 여동생에게 청혼을 했는데 그 사람들을 접대하느라고 이제야 돌아오게 되었나이다." 하고 너스레를 떨었다. 그러자 춘신군은 맘이 동해 '제나라 왕까지 청혼한 것을 보면 자색이 뛰어나겠구나.'라고 생각하며 "그래, 수락했는가?" 하며 물었다. 이원이 아직 결정하지 않았노라고 대꾸하자 춘신군은 얼굴이 밝아지며 "자네 동생을 한번 볼 수 없을까?" 하고 넌지시 물었다. 춘신군이 간계에 걸린 것을 눈치 챈 이원은 시원스레 허락했다. 며칠 후 이원이 여동생을 춘신군의 저택에 데려왔는데 춘신군은 그녀의 자색에 금

●●● 역사문화백과 ●●●

[규모가 웅장한 옛 도시]

1986년 섬서성 봉상현鳳翔縣의 진나라 옛 도읍 옹雍의 동북부에서 전국 시대 도시의 유적이 발견되었다. 시내는 사방을 장방형의 성벽으로 쌓았다. 성벽의 사방 네 면의 중간에는 평면 도로 'ㄷ'자 모양으로 된 성문이 하나씩 있다. 시내의 면적은 3만㎡로서 서쪽에 네 갈래의 정井자로 된 사거리가 나 있다. 하지만 산동성에서 발굴된 죽간의 《시법市法》의 규정은 같은 전국 시대이지만 옹보다 세배가 크다.

| 세계사 연표 |

기원전 265년

인도의 아소카 왕이 왕비와 함께 불교 시조의 탄생지를 참배했다.

《사기史記·춘신군열전春申君列傳》《자치통감資治通鑑·
진시황제秦始皇帝 9년》《전국책戰國策·초책楚策 4》

방 매료되어 버렸다. 이처럼 며칠이 지나자 이원의 여동생이 임신을 하게 되었다. 이 소식을 들은 이원은 뒤채에 숨어들어 가 동생과 간계를 꾸몄다.

초나라 왕에게 재차 헌납된 여동생

얼마 후 이원의 여동생은 계책대로 춘신군에게 이렇게 말했다. "대왕의 낭군에 대한 사랑과 신임은 대왕의 몇몇 형제들보다 훨씬 깊습니다. 하지만 대왕께선 자식이 없어 일단 세상을 뜨시면 그의 형제가 왕위를 계승할 것입니다. 옛말에 '그 천자에 그 신하'라고 했으니 낭군님의 신세도 어떻게 될지 가늠키 어렵습니다. 게다가 낭군님께선 이미 영윤으로 지낸 20여 년 동안 원한을 진 일도 있을 터이니 만약 권력이 다른 사람의 손에 넘어간다면 명도 보존하기 어려울 수 있습니다. 그러니 지금부터라도 계획을 세우는 것이 옳을 줄로 아옵니다. 신첩이 이미 낭군님의 핏덩이를 배었는데 아직 아무도 모르지 않습니까? 그러니 낭군께서 저를 새로 물색한 미인이라고 대왕께 바치십시오. 그러면 대왕께서 저와 동침할 것이오니 그때에 대왕의 혈육을 가졌다고 할 것이옵니다. 만일 하늘이 도와 신첩이 아들을 낳게 되면 대왕께서 붕어하신 후 낭군

전국 시대의 '역서' - 《초백서》
전국 시대 민간에서 유행된 역서曆書는 그 달의 행사와 지켜야 할 금기를 주로 적는 것이었는데 사진의 그림은 초나라의 민간에서 유행되던 역서 - 《초백서楚帛書(비단에 적은 글)》로서 초나라의 신화, 역사, 종교, 천문과 점성술 등이 적힌 초나라 문화의 경전 저서이다. 《초백서》는 1942년 호남성 장사시의 자탄고子彈庫 초나라 고분을 도굴하다가 발굴된 것이다.

님의 아들이 왕위에 오를 것이 아니옵니까? 그때에 가서 신첩과 낭군님이 통하기만 하면 초나라의 대권은 반드시 낭군님의 손에 쥐어질 것이 아니옵니까?" 그 말을 들은 춘신군은 일리가 있다고 여기고 그 길로 이

신기한 전국 시대 초나라 편종
하남성 신양시 장대관信陽市長臺關에서 출토된 이 전국 시대 초나라의 악기는 편종이 모두 13개 달렸고 또 동할銅鎋이 13개 붙어 있다. 종의 양쪽에 명문 12자가 새겨져 있는데 진인晉人을 격퇴하고 융戎을 구한 역사 사실을 적었다. 이 편종은 음률이 정확하고 소리가 청아하다.

전국 시대 초나라의 춘신군이 지금의 상해 지역에 분봉받았었다는 전설에 의함

| 중국사 연표 |

기원전 257년

위나라의 신릉군이 병부를 훔쳐 조나라를 구하기 위해 나섰다. 결국 진나라군은 대패하고 진나라 장군 정안평이 투항했다.

원의 여동생을 치장시켜서 고열왕에게 들여보냈다.

그녀는 원래 목적을 품고 들어온지라 갖은 교태를 다 부려 왕을 매혹시켰으니 왕이 총애하지 않을 수 없었다. 이렇게 몇 번의 운우지정을 나눈 후 그녀가 임신을 했다고 고했다. 그 말을 들은 초나라 왕은 기뻐서 어쩔 줄 몰라 했다. 시간이 지나자 그녀는 정말로 아들을 낳았다. 고열왕은 기쁜 나머지 그녀를 바로 왕후로 책봉하고 신생아를 태자로 봉했다.

한편 이원은 여동생을 왕후로 앉히고 자기도 '국구國舅'가 되었으니 내막을 아는 춘신군을 죽여 후환을 없애려 했다. 그래서 자객들을 비밀리에 훈련시키며 기회를 노렸다.

춘신군과 일가의 피살

그러나 '낮말은 새가 듣고 밤말은 쥐가 듣는다.' 고 시간이 길어지자 이원이 자객들을 훈련시킨다는 소문이 새어 나오게 되었다. 이때는 춘신군이 영윤으로 있은 지 25년이 되는 해였는데 고열왕의 병세가 날로 위중해지고 있었다. 그러던 어느 날 춘신군의 책사인 주영朱英이 춘신군에게 "대왕께서 임종이 가까워졌으니 지금부터 대비하심이 옳을 줄로 압니다."라고 일러 주었다. 춘신군이 어떻게 해야 하는지를 묻자 주영은 "의외의 복을 맞이하는 것과 불측의 화를 방지하는 두 가지밖에 없습니다."라고 대꾸했다. 춘신군이 그 뜻을 묻자 주영은 "영윤께선 이미 그 자리에 계신지 스물다섯 해가 되시어 대왕의 사랑과 신임을 한 몸에 받고 계십니다. 그러니 어린 태자가 즉위하게 되면 주공께선 계속 보좌하거나 왕이 되려고 하셔도 한 마디면 족하니 이것이 의외의 복이라는 것입니다. 불측의 재화란 왕후의 오라비인 이원이 비록 병권은 장악하지 않고 있지만 벌써부터 자객을 모아 놓고 음모를 꾸미고 있습니다. 일단 대왕께서 붕어하시면 그자가 필연코 궁궐에 들어가 후환을 제거하기 위해 주공을 살해할 수도 있으니 이것이 바로 불측의 재화입니다. 그러니 만전을 기하기 위해 미리 손을 쓰심이 상책입니다. 주공께서 소인을 왕궁 위사로 임명하면 이원이 입궁할 때 먼저 그자를 죽여 후환을 없애 드리겠습니다."라고 했다. 그러나 춘신군은 손을 내저으며 "어떻게 그럴 수 있나? 이원은 담이 작은데다 나와도 절친한 사이인데 어찌 그를 모해할 수 있단 말이오?"하며 거절했다. 주영은 자기의 건의가 거절당하자 후환이 두려워 그날로 몸을 숨겼다. 이렇게 17일이 지나자 고열왕이 세상을 떴다. 주영의 말대로 이원은 맨 처음 입궁해 자객을 숨겨 놓았다가 춘신군이 조문하려고 들어서자 일시에 달려들어 그를 죽여 버렸다. 그리고는 가짜 성지를 내려 춘신군의 일가족을 몰살했다. 그리하여 그 후 이원의 여동생이 낳은 아이가 왕위에 올랐으니 그가 바로 유왕幽王이다.

●●● 역사문화백과 ●●●

[증후을 묘지의 놀라운 발견]

1978년, 지금의 호북성 수주시隨州市인 수현 뇌고돈隨縣擂鼓墩에서 완전하게 보존된 전국 초기의 증후을曾侯乙 묘지가 발굴되었다. 고분에서는 완전한 편종, 편경 등의 악기가 나왔고 청동 예기, 병기, 마차, 죽간과 28숙 도안을 그린 상자에 넣은 생활 용품들이 출토되었는데 각종 청동기만 하더라도 그 무게가 10톤이나 된다. 이런 문물들은 모두 증후가 생전에 쓰던 그대로 배열되어 있었는데 이 고분을 통해 전국 시대 귀족들의 생활 모습을 확연히 알아볼 수 있다.

| 세계사 연표 |

기원전 264년 — 로마와 카르타고가 시칠리아를 쟁탈하기 위하여 제1차 포에니 전쟁을 일으켰다.

083

《사기史記·여불위열전呂不韋列傳》《자치통감資治通鑑·주난왕周赧王 58년》《전국책戰國策·진책秦策 5》 출전

사람에게의 투자

귀한 상품을 저장하다

상인들은 보통 귀한 물건을 저장해 둔다. 그런데 위나라의 상인인 여불위呂不韋가 조나라에서 유리걸식하는 왕손 이인異人을 보자 이 사람에게 투자해 한 나라의 군왕으로 세우면 얼마만한 돈을 벌 수 있을까 하는 생각을 했다.

여불위는 위衛나라 복양濮陽 사람인데 그가 보통 양적陽翟에서 장사를 했기 때문에 항간에서는 그를 양적 사람으로 알고 있다. 그는 장사로 몇 해 사이에 억만 부자가 되었다. 어느 날 그가 한단에서 장사하던 도중 진나라의 인질로 거리에서 유리걸식하는 왕손 이인을 보고 문득 '기화가거奇貨可居(귀한 물건을 저장해 둠)'의 기발한 생각이 떠올랐다. 그리하여 그는 집에 돌아오자 아버지에게 "농사를 지어 얼마의 이윤을 낼 수 있습니까?" 하고 물었다. 아버지가 열 배쯤 낼 수 있다고 대꾸하자 "주보珠寶 장사를 하면요?" 하고 물으니 백 배의 이윤을 낼 수 있다고 했다. "그럼 국왕을 옹립하면은요?" 하고 묻자 아버지가 한숨을 길게 내쉬더니 "그야 헤아릴 수 없이 많지." 하는 것이었다. 그러자 여불위는 왕손 이인에게 투자하기로 결심했다.

왕손 이인은 원래 진나라 소양왕의 태자 안국군安國君의 아들이었는데 안국군에겐 아들이 20여 명이나 있는데다 그의 모친이 총애를 받지 못하는 바람에 이인이 인질로 조나라에 가게 된 것이었다. 그 후 진나라가 수시로 조나라를 침공하고 장평 전토에서 40여 만의 조나라 군사를 생매장하자 조나라 사람들은 인질로 있는 이인을 뼈에 사무치도록 미워하게 되었다. 하지만 예의상 차마 죽이지는 못하고 내쫓자 이인은 자기 나라에서 쫓기고 타국에서는 무시당하는 가련한 신세로 전락해 기아에 허덕이며 길바닥에서 헤매고 있었다.

여불위는 왕손 이인을 찾아가 대뜸 "난 자네를 출세시켜 권세를 갖게 할 수 있네."라고 말했다. 이인은 여불위가 자기를 놀리는 줄로만 여기고 쓴웃음을 지으며 "자네나 벼락출세를 하게. 그때에 가서 나를 끌어 주거나 하게나." 하고 시큰둥하게 말했다. 그러자 여불위가 정색을 하며 "아니 자네가 출세해야 나도 따라 출세할 수 있네." 하고 말했다. 이인은 그가 진지하게 말하는 것을 보고 터놓고 이야기를 나누었다. 여불위는 "지금 진나라 왕이 연세가 높아 안국군이 곧 뒤를 잇게 되었어. 그런데 안국군이 출산하지 못하는 화양 부인을 총애하고 있으니 장래에 화양부인이 안국군의 현재 아들 가운데서 태자를 골라야 할 것이 아닌가? 그런데 자네가 장기간 국외에서 떠돌이 생활을 한데다 안국군이나 화양 부인의

채색 두

이 대형 채색 두豆(옛날 제기의 일종)는 하북성의 전국 시대 초나라 고분에서 출토된 것이다. 전국 시대에 칠기 공예가 비약적인 발전을 가져왔는데 당시에 영토가 제일 넓은 초나라의 칠기는 그 문화 중에서도 극히 중요한 자리를 차지한다. 또한 초나라에서는 장례를 지낼 때 백고白膏로 목질 구조의 관을 봉하는 방법을 썼기에 초나라의 칠기가 지금까지 잘 보존되어 있다.

403~221 전국

《여씨춘추》에 기재된 〈상농上農〉, 〈임지任地〉, 〈변토辯土〉, 〈심시審時〉 등 4종

| 중국사 연표 |

기원전 256년   초나라가 노나라를 멸하고, 진나라가 서주를 멸했다.

환대를 받지 못하니 어찌 다른 형제들과 비길 수 있겠나?" 했다. 여불위의 말이 사실인지라 이인은 울상을 지으며 "그런데 무슨 방도가 있는가?" 하고 한탄했다. 그러자 여불위가 "내가 그다지 부유하지는 못하지만 황금 천 냥을 내어 함양에 가 안국군과 화양 부인이 자네를 태자로 세우도록 할까 하네." 하고 말했다. 이인은 어두운 밤에 횃불을 본 듯 한 가닥의 희망이 보여 황급히 절을 올리며 "정말로 일이 성사되면 부귀영화를 그대와 함께 누릴 것이옵니다!" 하고 사례했다.

화양 부인을 구슬린 여불위

여불위는 황금 1000냥의 절반을 이인에게 주면서 천하의 호걸들을 사귀도록 하고 나머지 절반으로 금은보화들을 장만해 가지고 함양으로 갔다. 그는 우선 화양 부인의 언니를 만나 예물을 안기고 나머지를 화양부인에게 전하라고 하면서 왕손 이인이 드리는 것이라고 했다. 화양 부인의 언니는 뜻밖에 많은 금은보화를 얻자 여불위가 시키는 대로 화양 부인에게 "왕손 이인은 인자하고 의롭고 현능하며 사교가 넓습니다. 그는 사람들 앞에서 늘 화양 부인과 안국군을 칭송하면서 화양 부인과 안국군은 자기의 친부모라고 한답니다."라고 말했다. 화양 부인은 그 말을 듣자 기뻐했다. 이 소식을 들은 여불위는 또 화양 부인의 언니를 시켜 화양 부인에게 "여색으로 남을 섬기면 세월이 감에 따라 자색이 떨어져 총애를 잃기 마련입니다. 지금 부인이 비록 태자의 총애를 받고 있으나 후사가 없으니 어서 아들 가운데서 현능하고 효성스러운 아들을 하나 골라 적자로 삼아야 앞날을 의탁할 수가 있습니다. 지금 보면 왕손 이인이 현능하며 화양 부인을 생모로 생각하고 있는데 그를 적자로 삼으면 부인이 한 몸에 받고 있는 총애로 보아 장래에 왕위를 계승할 가능성이 큽니다. 그러면 안국군이 세상을 뜬 후에라도 부인께선 그대로 부귀영화를 누리실 것이 아니옵니까?" 하고 구슬렸다.

화양 부인은 언니의 말에 일리가 있다고 생각해 왕손 이인이 좋다고 안국군의 귀에 못이 박히도록 말했다. 이렇게 시간이 흐르자 안국군도 이인에게 좋은 감정을 갖게 되었다. 시기가 성숙되었음을 간파한 화양 부인은 어느 날 안국군 앞에서 눈물을 흘리며 "신첩은 태자님의 총애를 다함없이 받고 있사오나 애석하게도 아들을 하나 낳아 드리지 못했습니다. 신첩은 장차 늙으면 의탁할 곳이 없어 걱정이온데 이인을 아들로 삼을까 하옵니다. 태자께선 그를 적자로 삼을 생각이 없으신지요?" 하고 넌지시 물었다. 그 후 며칠이 지나 안국군과 화양 부인은 여불위를 집에 불러 놓고 풍성한 예물을 주면서 이인을 데려오라고 부탁했다. 여불위는 그 말이 떨어지자 한단에 돌아와 왕손 이인에게 조나라를 빠져나갈 준비를 하라고 일러 주었다.

애첩을 넘겨준 여불위

조나라의 도읍 한단은 장사꾼들이 많이 모여드는 번화한 시내로, 여불위도 그곳에 자주 드나들면서 무녀인 조희趙姬를 첩으로 맞아들였는데 그녀가 임신 중인 어느 날 왕손 이인이 여불위의 집에 와 술을 마시다가 조희를 보고 반해 여불위에게 처로 삼게 해 달

●●● **역사문화백과** ●●●

[진나라가 주나라를 멸하다]

기원전 367년, 서주 환공桓公의 아들 위공威公이 죽자 그의 두 아들이 세력 다툼을 하다가 작은아들 근根이 공鞏에서 즉위해 혜공惠公이라 칭했다. 그리하여 주나라는 서주와 동주로 나뉘었다. 그 후 기원전 256년, 한, 조 두 나라가 각 제후국을 연합해 진나라를 칠 때 서주도 합세했다가 패하자 서주의 군주가 진나라에게 36개 읍과 3만여 명의 인구를 헌납하는 바람에 서주가 멸망했다. 기원전 249년, 진나라 장양왕이 여불위를 파견해 동주를 멸해 서주와 동주가 선후로 멸망하게 되었다.

| 세계사 연표 |

기원전 262년 — 아소카 왕이 북쪽의 히말라야 산으로부터 인도의 남동부, 오리사 해안의 칼링가 지방을 정복하여 고대 인도의 역사상 가장 강성한 시기를 이룩했다. 대략 그해에 아소카 왕이 불교에 귀의했다.

전국 시대의 석제 육박반

육박반六博盤은 전국 시대에 크게 유행하던 도박의 일종으로서 모두 12개의 쪽으로 노는데 두 사람이 각각 6개씩 나누어 가지고 쪽을 쓴다. 그 방법은 고전에 기록되기도 했으나 지금은 전해지지 않는다. 사진의 그림은 전국 시대의 석제 육박반이다.

라고 했다. 여불위는 그 자리에서 수락했다. 하지만 임신 사실은 말하지 않았다. 후에 조희가 아들을 낳았는데 정월에 낳았다고 해서 이름을 정正이라 지었다가 정政으로 고쳤다. 이 아이는 명의상으로는 이인의 아이였으나 사실은 여불위의 아들로서 후에 역사상 이름을 떨친 진시황이다.

분에 넘치는 보답

한편 이인이 조나라에서 도망칠 준비를 하고 있을 때 뜻밖의 사건이 일어났다. 그것은 기원전 257년, 진나라 군사가 한단을 포위 공격하자 화가 난 조나라 효성왕이 이인을 죽여 앙갚음을 하려는 것이었다. 여불위의 뇌물을 받은 한 관리가 이 소식을 여불위에게 전했다. 여불위는 그 말을 듣자 이인을 자기의 하인으로 변장시켜 함께 남문으로 달려가 갖고 있던 600근의 황금을 문지기 관병들에게 주었다. 그리고 자기는 위나라 상인인데 진나라군이 한단을 공격하면 고향으로 돌아갈 수 없어 그러니 좀 도와달라고 했다. 평생 이렇게 많은 황금을 보지 못했던 문지기들은 대충 검사하는 체하고 성문을 열어 내보냈다. 안국군과 화양부인은 그들이 무사히 돌아온 것을 보자 기뻐했다. 화양부인은 바로 이인을 정식으로 아들로 삼고 이름을 자초子楚라고 고쳐 주었다.

기원전 250년, 진나라 소양왕이 세상을 뜨자 안국군이 왕위를 이어받아 진나라 효문왕孝文王이 되고 화양 부인을 왕후로 자초를 태자로 봉했다. 그러자 조나라 왕은 새로 등극한 진나라 왕에게 잘 보이려고 자처의 처인 조희와 그의 아들 정까지 진나라로 돌려보냈다. 한 해 후 효문왕이 세상을 뜨자 자초가 뒤를 이어 등극해 장양왕莊襄王이 되고 조희를 왕후로 정을 태자로 봉했다. 그리고 여불위를 승상 자리에 앉히고 문신후文信侯에 봉했으며 낙양에 10만 호의 채읍을 주고 동시에 진나라의 일체 군정 대사를 총괄하도록 맡겼다. 그야말로 여불위는 '기화가거奇貨可居'에 성공해 권세와 재물을 모두 거두었으니 그 이윤이 정말로 헤아릴 수 없었다.

●●● 역사문화백과 ●●●

[《죽서기년》의 공적]

진나라 무제 태강武帝太康 2년, 급군汲郡의 한 전국 시대 무덤에서 많은 고서가 출토되었는데 그중에 죽간에 쓴 편년체 사서가 있었다. 이 죽간 사서를 《기년紀年》, 혹은 《죽서기년竹書紀年》이라 부른다. 급군은 지금의 하남성 북부에 위치하고 있다. 이 책에서는 5제부터의 역사 사실을 위나라 양왕襄王 20년(기원전 299)에 이르기까지 기술했다. 이런 중요한 사료가 지하에 무려 500여 년이나 파묻혀 있다가 빛을 보게 되어 기타 사서에 잘못 적혀진 많은 것들을 시정해 주었다.

기원전 255년 | 중국사 연표 |
진나라 승상 범저가 죽다.

출전 《사기史記·여불위열전呂不韋列傳》

084

일자천금

대상인이었던 여불위는 상국相國의 보좌에 오르자 많은 빈객들을 청해 책을 편찬했다. 그는 이 책의 품위를 높이기 위해 한 자라도 고치면 천금의 상을 준다는 '일자천금一字千金'의 간판을 내세웠다.

여불위의 권세

진나라 효문왕이 죽고 태자 자초가 즉위해 장양왕이 되자 등극한 당년인 기원전 249년에 여불위를 승상의 자리에 앉히고 문신후文信侯로 봉했다. 그리고 남전藍田 부근의 12개 현을 식읍으로 봉해 주었다가 후에는 하남성 낙양의 10만여 호의 조세를 봉록으로 주었다. 기원전 247년, 장양왕이 죽고 태자 정이 즉위하자 여불위를 '상국'으로 존대하고 호를 '중부仲父', 즉 왕의 숙부로 칭했다. 여불위는 당시에 명성이 자자한 위나라의 신릉군, 조나라의 평원군, 제나라의 맹상군, 초나라의 춘신군 등을 본따 수하에 각종 특징을 지닌 식객을 3000명이나 두었다.

여불위의 저서《여씨춘추》

장사꾼이던 여불위는 권세와 부를 누리게 되자 저서를 펴내 문화면에서도 명성을 날리려 했다. 그래서 여불위는 빈객들을 청해 그들이 보고 들은 바를 적게 하고 그것들을 종합 정리해 마침내 20여만 자에 달하

는 책을 펴내게 되었다. 이 책은 《유시람有始覽》,《효행람孝行覽》 등 '8람' 과 《신행론信行論》 등 '6론',《맹춘기孟春紀》로부터 《계동기季冬紀》에까지 매 달의 천상天象과 인사 변화를 서술한 '12기'로 분류되어 있다. '람', '론', '기'는 각각 얼마간의 문장이 들어 있어 모든 책에 든 문장이 160편이나 된다. 이런 문장들은 도가, 유가, 법가, 묵가, 병가, 농업, 음양 등에 대한 각파의 학설을 망라했다. 여불위는 이 책이야말로 천지 만물, 고금의 일들을 망라했다고 하면서 이름을 《여씨춘추呂氏春秋》라 하였다. 이 책은 또한 '8람'으로부터 시작되었기 때문에 후세에서는 《여람呂覽》이라 부르기도 한다.

공을 들여 편찬한《여씨춘추》가 큰 반향을 일으키지 못하자 그는 편찬된 책을 함양을 드나드는 성문 옆에 쌓아 놓고 그 위에 황금 1000냥을 올려놓고는 "누구든 이 책에서 단 한 글자라도 고칠 수 있으면 황금 천 냥을 상으로 준다."는 고시를 내붙였다. 후세 사람들은 이 이야기를 빌어 '일자천금'이란 성구로 시와 문장의 진귀함을 형용하게 되었다.

각파 학설을 망라한《여씨춘추》 (위 사진)
《여씨춘추》는《여람》이라고도 하는데 전국 말기의 진나라 승상 여불위가 수하의 문객 3000명을 거느리고 편찬한 책이다. 이 책은 여러 사람들의 손을 거쳐 제각기 자기가 보고 들은 바를 썼기에 내용이 유가와 도가의 학설 위주이지만 기타 학파들의 학설도 적지 않다. 후세에서는 이 책을 각파 학설의 대표작으로 칭하고 있다. 이 책은 모두 26권, 160편의 문장으로 엮어져 춘추 전국 시대 백가쟁명의 성과를 집대성하고 있다. 또한 언어가 간결하고 생생한데 그 중 '각주구검刻舟求劍' 같은 우화는 지금까지 사람들에게 전해지고 있다. 사진은 명나라 만력 연간에 각본으로 찍은《여씨춘추》이다.

●●● 역사문화백과 ●●●

[전국 시대의 28수도]

중국 고대의 천문도는 증후을 무덤에서 발견되었는데 의복 상자의 덮개 밑에 검은 칠을 하고 중앙에 전서로 북두성을 상징하는 '두斗' 자가 씌어 있으며 그 둘레에 28수의 명칭을 쓰고 좌우 양쪽에 흰색으로 백호와 청룡을 그렸다. 그 위치는 고적에 기록된 사상四象의 분류와 대체적으로 일치한다. 이는 중국에서 지금까지 28수의 명칭을 전부 기입하고 또 북두성, 사상과 서로 배합해 그린 최초로 발견된 천문 실물 자료이다.

| 세계사 연표 |

기원전 255년 — 스파르타의 용병 대장 크산티포스가 이끈 카르타고 인은 로마 인을 격파하고 집정관과 일부 로마 군대를 포로화 했다.

085 진나라 왕 정의 철권 통치

《사기史記·진시황본기秦始皇本紀》
《사기史記·여불위열전呂不韋列傳》

대권을 틀어쥔 상국 여불위와 환관 노애嫪毒가 진나라 왕 정에게 권력을 넘기지 않으려고 암투를 벌이던 가운데 노애가 반란을 일으켰다. 결국 그 반란은 진압당하고 여불위는 배척당하게 되어 대권은 끝내 진나라 왕 정의 손에 들어갔다.

대권을 쥔 태후

진시황은 이름이 정政으로서 장양왕의 아들인데 기원전 247년에 장양왕이 붕어하자 겨우 13세의 나이에 즉위했다. 그래서 정사를 그의 모친인 태후가 쥐고 여불위가 상국으로 있으면서 '중부仲父'로 존대받았다.

진나라의 법도에 따르면 국군國君은 22세가 되어야 대관식을 거행할 수 있게 된다. 기원전 239년, 진 왕 정이 21세 되던 해에 진나라의 조정 내부에서 치열한 권력 투쟁이 벌어졌는데 상국인 여불위가 문객 3000에 노복 만 명을 두었고, 태후가 총애하는 환관 노애는 문객 1000에 노복 몇 천을 두고 있었다. 그해에 태후가 노애를 장신후長信侯로 봉하고 산양山陽을 떼어주어 거처하도록 하자 노애는 산양에서 아무런 구애도 받지 않고 크고 작은 일을 제멋대로 결정했다. 태후는 후에 또 하서와 태원까지 그의 봉지로 내주었다. 이는 진 왕 정이 친히 정사를 관리하기 전에 미리 기반을 닦아 자기의 권세를 유지하고 확장하려 함이 분명했다. 거기에다 여불위마저 그해에 《여씨춘추》를 성문에 갖다 놓고 "한 글자만 고쳐도 상금 천 냥을 준다."는 고시를 내붙이는 일이 발생했다. 이는 여불위도 진 왕 정이 정사를 친히 다스리기 전에 자기의 학설을 내세워 진 왕 정으로 하여금 그틀에서 벗어나지 못하게 하려는 심산에서였다. 여불위와 노애가 이처럼 암투를 벌이며 권력 다툼을 하자 진나라 경내에서는 법을 다스리는 고관후작들로부터 마차를 모는 하등 관리에 이르기까지 너나없이 "노애를 따를 것인가, 아니면 여불위를 따를 것인가?" 하는 뒷공론이 자자했다. 이 두 정치 세력간의 치열한 투쟁은 진 왕 정의 통치를 직접적으로 위협했을 뿐만 아니라 나아가서는 나라를 분열시킬 위험까지 내포하고 있었다.

노애 반란의 평정

기원전 238년, 진 왕 정이 22세가 되자 대관식을 치르기 위해 함양에서 옛 도읍인 옹雍으로 갔다. 진나라의 예법에 따라 조상의 종묘에서 대관식을 치르기 위

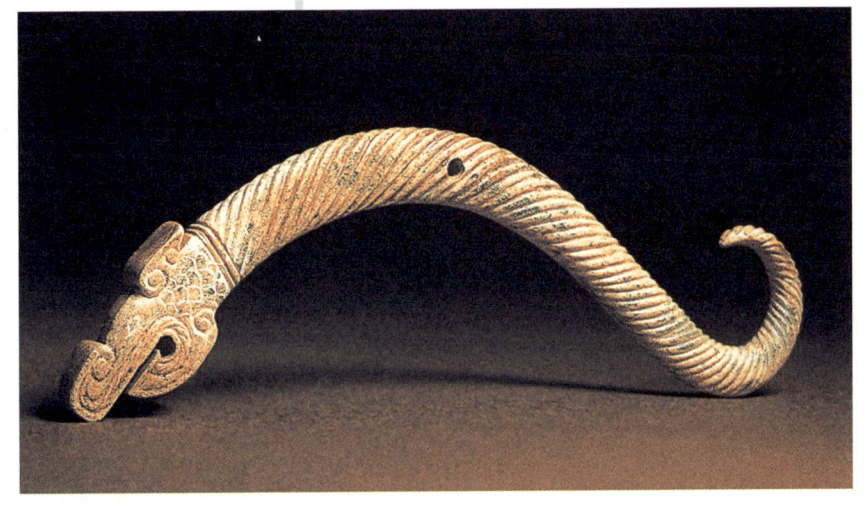

나사 모양 무늬 용

전국 초기로서 증후을 무덤에서 출토되었다

-403 ~ -221 전국

금도금에 은장식을 한 단지와 국자
출토될 때에 긴 자루 국자가 그릇 안에 세워져 있던 것으로 보아 이 단지는 술을 데우거나 차게 하는 데 쓰였던 그릇으로 추정된다. 이 단지와 국자는 정교하고 무늬와 조형이 우아해 전국 시대 청동기의 도금과 장식 기술이 상당한 수준이었음을 보여 준다.

| 세계사 연표 |

기원전 253년 — 기원전 260년에 시작된 시리아와 이집트 간의 제2차 시리아 전쟁이 평화협정으로 종전되었다.

전국 시대 위나라의 편경
전국 시대에는 악기가 커다란 발전을 했다. 이 전국 시대 위魏나라 편경編磬은 모두 10개의 경을 달았는데 악보에 따라 편곡을 연주할 수 있게 되었다.

해서였다. 이때 누군가 진 왕 정에게 노애는 환관이 아니고 태후와 사통해 이미 아들을 둘이나 낳았으며 또 궤계를 꾸며 정권을 탈취하려 한다고 고했다. 진 왕 정은 몰래 이 일을 조사해 사실임을 확인하고 손을 쓰려 했다. 그러나 이러한 기미를 알아챈 노애는 진 왕 정과 태후의 인장을 훔쳐 각 현, 읍의 군대와 경위병, 기병, 융적의 수령 및 집안의 사람들을 모아 기년궁蘄年宮으로 쳐들어가려고 했다. 이 소식을 들은 진 왕 정은 상국인 창평군昌平君과 창문군昌文君을 보내 노애의 반란을 평정했다. 진 왕 정은 반란을 평정하는 과정에서 공을 세운 자에게는 작위를 주고, 환관으로서 자기 쪽에 서서 싸운 자는 직위를 한 급씩 높여 주었다. 싸움에서 대패한 노애가 도망치자 진 왕 정은 노애를 생포하면 상금 백만을 주고 죽이면 50만을 준다고 선포했다.

그리하여 얼마 후에 노애 등 반란자들이 모조리 잡혔다. 진 왕 정은 노애와 그의 일족을 전멸했다. 그리고 노애가 자기 모친인 태후와 사통해 낳은 두 사생아도 죽여 버리고 태후는 옹에 연금시킨 다음 다시는 함양에 돌아오지 못하도록 엄명을 내렸다. 또한 노애의 반란에 참여한 가운데서 죄악이 큰 20명을 골라 목을 자르고 죄가 가벼운 자는 3년 도형에 처했다. 이 반란 사건에 연루되어 벼슬을 빼앗기고 궁벽한 촉蜀 땅에 유배간 사람만 해도 4000명이 넘는데 그들은 모두 방릉房陵에 거주했다.

노애는 원래 여불위의 문객이었는데 여불위가 천거하여 왕궁에 들어갔던 것이다. 이 때문에 여불위마저 반란죄에 연루시켜 그 이듬해에 벼슬을 떼고 하남성의 낙양에 봉지를 주어 가 있도록 했다. 여불위가 있는 낙양에 각국의 빈객들이 문안하러 드나든다는 소문을 들은 진 왕 정은 여불위가 또 반란을 일으키지나 않을까 걱정되어 각국의 사절들과 내왕이 잦은 그의 소행을 견책하고 그에게 가족을 거느리고 촉나라에 가 살도록 명했다. 그러자 여불위는 이제 좋은 끝이 없으리라는 것을 예감하고 독주를 마시고 자결하고 말았다.

강한 의지와 결심

진 왕 정은 대관식을 치르고 정권을 잡자마자 태후가 총애하는 환관 노애의 반란을 평정하고 엄한 벌을 내렸다. 이는 진 왕 정의 강한 의지와 결심을 과시했으며 진나라가 내외 정책에서 새로운 국면이 이룩될 것을 예시해 준 것이다.

••• 역사문화백과 •••

[전국 시대 상相 제도]
전국 시대에 초나라가 영윤슈尹제를 실시한 외에 모두 상相제를 실시했다. 비록 모두 상제이나 위, 조, 한에서는 상국相國이라 칭하고 진나라에서는 승상이라 했는데 이 두 가지 유형은 그 실행 범위, 기원, 군신 관계, 직권 등 여러 방면에서 많이 다르다. 전자는 행정상에서 일정한 독립성을 가지고 있으나 후자는 왕의 의지에 따라 해야 했다. 진나라가 전국을 통일한 후 계속해 원래의 승상 제도를 답습했으나 위, 조, 한나라의 상국제는 6국의 멸망과 더불어 역사 무대에서 퇴출되고 말았다.

| 중국사 연표 |
기원전 254년 위魏나라가 위衛나라를 멸했다.

086

나이 어린 상경

12세밖에 안 되는 감라甘羅가 정치, 외교의 수단을 이용해 싸우지 않고 조, 연 두 나라의 성읍을 열 개나 차지해 상경의 벼슬까지 받고 이름을 날렸다. 전국 말기에 진나라에서 12세의 어린 소년 감라가 출중한 지혜로 나라를 위해 공훈을 세운 미담이 널리 전해졌다.

고난 속에서 자란 소년

감라는 진나라의 전임 승상인 감무의 손자였다. 그런데 감무는 정적의 배척을 받아 위나라로 도망쳤다가 객사했다. 여불위가 승상이 되자 감씨 가문의 어려움을 측은히 여겨 어린 감라를 데려다 시중을 들게 했는데 '소서자少庶子'라 불렸다. 소서자 감라는 가문이 몰락한 것을 수치로 생각해서 열심히 공부했고 자질이 원래 총명해 승상부에서 두각을 나타냈다. 바로 이때 공교롭게도 진나라에 일이 생겨 겨우 12세밖에 안 된 감라에게 재능을 과시할 기회가 주어졌다.

사건은 3년 전의 일부터 시작되었다. 그때 진나라의 승상으로 있던 여불위는 동쪽으로 확장하려는 의도를 실현하기 위해 강성군剛成君 채택을 연나라에 파견했고 3년간의 설득

어린 상경 감라
전국 시대에 12세밖에 안 되는 상경 감라의 전기적 이야기가 널리 전해졌다.(상세한 내용은 본문 참조) 그림은 청나라 말 민국 초기의 석인본 《동주열국지》에 실려 있다.

천문학상의 중요한 발견 - 28수 천문도
주나라 시기에 중국 고대 천문학에서 28수 체계가 건립되었는데 이를 통해 일월성신의 운행을 측정하고 항성을 관측하며 비교적 정확한 역법을 제정했다. 그림은 전국 초기의 증후乙 고분에서 출토된 천문도로 칠한 의복궤 덮개에 그려진 것으로서, 맨 처음 발견된 28수 명칭이다.

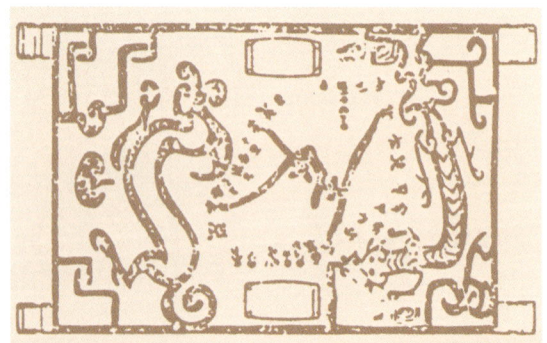

●●● 역사문화백과 ●●●

[중국 고대 천문 28수의 배열]

고대인들은 '28수宿'를 구분하기 위해 부동不同한 '성궁星宮'에 따라 명명했다. 또 '사상四象', 즉 동 창용蒼龍, 서 백호白虎, 남 주작朱雀, 북 현무玄武와 배합해 4조를 두었으며 북두칠성의 자루가 가리키는 각수角宿를 기점으로 동쪽으로 순서에 따라 배열하고 명칭을 붙였는데 다음과 같다. 동방 창용에 각角·항亢·씨氐·방房·심心·미尾·기箕가 들어 있고, 북방 현무에 두斗·우牛·여女·허虛·위危·실室·벽壁이 들어 있으며, 서방 백호에 규奎·루婁·위胃·묘昴·필畢·취觜·삼參이 들어 있고, 남방 주작에 정井·귀鬼·유柳·성星·장張·익翼·진軫이 들어 있다. 이 '28수'가 3원垣, 즉 태미太微, 자미紫, 천시天市 등과 조합되어 중국 고대에 천상을 구분하는 표준이 되었다.

| 세계사 연표 |

기원전 250년

박트리아 국이 대략 이 시기에 건립되었다.

《사기史記·저리자감무열전樗里子甘茂列傳》
《전국책戰國策·진책秦策 5》 출전

끝에 마침내 연나라 왕이 진나라와의 동맹을 수락하고 연나라의 태자 단丹을 진나라에 인질로 보냈다. 그에 대응해 여불위는 수하의 장당張唐을 연나라의 승상으로 파견하려 했는데 그 말을 들은 장당이 펄쩍 뛰며 "연나라에 가려면 반드시 조나라를 거쳐야 하지 않습니까? 그런데 지금 바로 조나라에서는 100리 땅을 상금으로 걸고 저를 붙잡으려 하는데 죽을 길로 가는 것이 아니옵니까?" 하는 것이었다. 여불위는 무척 불쾌했고 기분이 상해 돌아온 여불위를 본 감라가 어찌 된 영문인가를 묻자 여불위가 사실을 말했다. 그러자 감라가 "걱정마세요. 제가 그자를 가도록 할 수 있습니다." 하고 장담하는 것이었다. 여불위는 감라를 보더니 "내가 가라고 해도 안 가겠다는데 네가 무슨 수로 그를 보낼 수 있단 말이냐?" 하며 신경 쓰지 않았다. 그러자 감라는 "춘추 시대에 노나라의 항탁項橐은 일곱 살 때에 벌써 공자의 선생이 되었습니다. 전 이미 열두 살이나 되었으니 한번 써 보십시오." 하고 여쭙는 것이었다. 이 말에 여불위는 어린 나이지만 패기가 만만치 않다는 생각이 들어 한번 시험해 보기로 했다.

예리한 의론

장당은 감라가 나이는 어리지만 여불위 신변의 시중인지라 공경스레 자리를 권했다. 감라는 장당에게 질문했다. "당신은 무안군 백기와 공로를 비길 만합니까?" 그러자 장당은 "무안군께선 적을 무찌르고 무수한 땅을 탈환했는데 제가 어찌 그와 견줄 수 있겠습니까?" 하고 대답했다. 감라가 머리를 끄덕이더니 이어서 "진나라에서 응후(범저)와 문신후(여불위) 중에서 어느 분을 더 중용합니까?" 하고 묻자 장당은 "응후는 문신후에 비길 바가 못 됩니다."라고 대꾸했다. 감라는 "정말로 응후의 권위가 문신후보다 못하다고 생각합니까?" 하고 따졌다. 장당이 그렇다고 대답하자 감라는 손뼉을 치며 "그럼 그렇겠지요. 한때 응후가 조나라를 치려 했으나 무안군이 응하지 않다가 함양에서 쫓겨나고 성에서 나간 후 7리도 못 가 죽음을 당하고 말았습니다. 오늘 문신후께서 당신에게 연나라의 승상을 맡으라고 하는데 당신이 거절했습니다. 그러니 난 당신이 언제 어디서 죽을지 모르겠습니다." 하고 말했다. 어린 나이에 으름장을 놓는 듯하지만 사실 이해관계를 딱 잘라 말한 것이었다. 그의 말귀를 알아차린 장당은 허리를 굽히며 "말씀대로 행하겠습니다."라고 대답했다. 그리고 그날로 길 떠날 차비를 했다.

장당이 떠난 며칠 뒤 감라는 여불위에게 "승상께서 저에게 마차 다섯 채만 빌려 주시면 조나라로 가 장당이 갈 길을 열어 주겠습니다. 자칫하면 장당에게 불상사가 생겨 대사를 망칠 수 있습니다." 하고 말하는 것이었다. 여불위는 자기 주장을 하지 못하고 이 일을 진나라 왕에게 고했다. 진나라 왕은 감라를 만나 보자 그의 비범한 행동거지에 탄복해 열두 살의 어린 감라를 사절로 조나라에 파견했다. 이때의 조나라 도양왕悼襄王은 즉위한 지 얼마 안 되는데다 진·연 두 나라의 협공으로 불안한 나날을 보내던 터라 진나라의 사신이 화해하러 왔다는 소식을 듣자 비록 삼척동자이기는 했지만 친히 한단 성문 밖에까지 나가 영접했다. 감라는 도양왕과 예를 마치자 바로 "대왕께선 연나라

증후을 편경의 경쇠 받침대

| 중국사 연표 |

기원전 253년
초나라에서 수도를 임시로 거양巨陽으로 옮겼다.

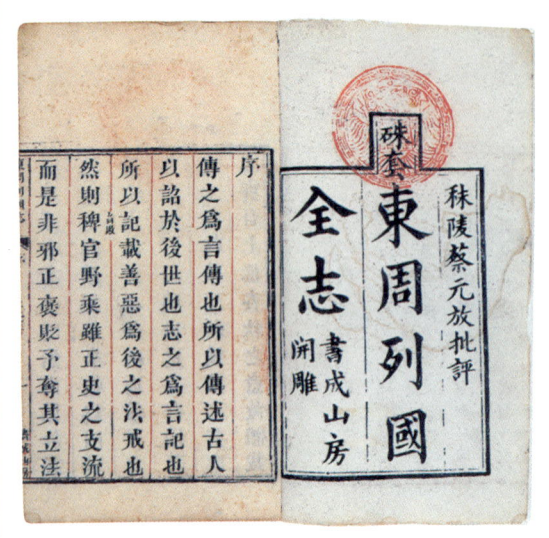

중국 소설 사상의 중요 저작 – 《동주열국지》

《동주열국지東周列國志》는 장회체章回體(장편 소설에서 횟수를 나누어 매회마다 표제를 붙여 소설 전체의 내용을 개괄해 볼 수 있게 한 체재) 역사 소설로서 청나라 건륭乾隆 연간 채원방蔡元放이 명대의 유명한 소설가 풍몽룡馮夢龍이 편찬한 《신열국지新列國志》에 의해 수정 편찬한 것이다. 이 책은 108회로 되어 있는데 춘추 전국 시대 500여 년 사이의 역사 사실을 묘사했다. 소설의 내용은 사실에 많이 의거했지만 일부는 전설도 사용했다. 이 책은 《삼국연의》 등에 버금가는 일류 소설로서 중국 소설사상에서 매우 높은 지위를 차지하고 있다. 사진은 청나라 각본 《동주열국전지》이다.

에서 태자 단을 진나라에 인질로 보냈다는 소식을 들으셨습니까?" 하고 물었다. 도양왕이 들었다고 하자 "그럼 진나라에서 장단을 연나라에 승상으로 파견했다는 소문도 들었겠지요?" 하고 물으니 그 소리도 들었다고 하자 감라는 열변을 토했다. "연나라의 태자 단이 진나라에 인질로 간 것은 연나라가 진나라에 충성함을 표한 것이요, 진나라가 장당을 연나라의 승상으로 파견함은 진나라가 연나라를 넘보지 않겠다는 뜻입니다. 진·연 두 나라가 동맹을 맺은 것은 둘이 연합해 조나라를 치려는 것이 분명하오니 조나라의 처지는 위험하게 되었습니다. 사실 진나라가 연나라와 연맹하려 함은 조나라의 하간河間 땅을 차지하려 할 따름입니다. 만일 대왕께서 하간의 다섯 성을 진나라

에 떼어 줘 진나라 왕의 욕망을 만족시키기만 하면 제가 곧 진나라 왕에게 상주해 연나라 태자 단을 본국에 돌려보내고 진나라가 조나라를 도와 연나라를 치도록 하겠습니다. 이렇게 해서 조나라가 강해지고 연나라가 약해지기만 하면 보다 큰 보상을 받을 수 있지요." 도양왕은 감라의 말을 듣자 진나라와 연나라 양쪽의 공격을 받기보다는 한쪽을 끌어들이고 한쪽만 대처하는 것이 낫겠다는 생각이 들어 환영 연회를 베풀고 감라에게 하간의 다섯 성의 판도를 넘겨주었다.

어린 나이에 벼슬길에 오른 감라

얼마 후 진나라 왕이 과연 연나라 태자 단을 본국에 돌려보내자 조나라가 곧 연나라를 공격해 연나라 상곡의 36개 성읍을 점령하고 그중의 열한 개를 떼 내어 진나라에 넘겨주었다. 열두 살 난 감라의 두 번의 유세를 통해 진나라는 중요한 전략적 위치에 있는 10여 개의 성을 얻음으로써 진나라가 동진하는 통로를 개척하는 전략적 배치를 완성했다. 진나라 왕은 감라를 상경上卿으로 봉하고 감씨의 옛 저택을 돌려주었다. 사람들은 감라를 '어린 상경'이라 하며 칭찬이 자자했다.

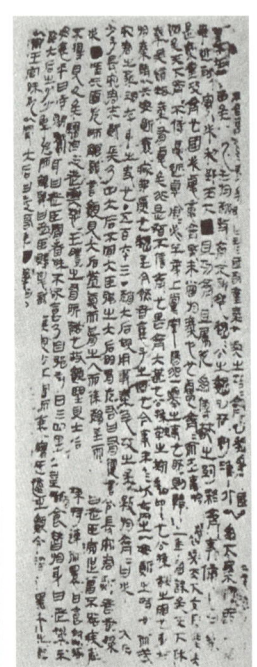

장사 마왕퇴에서 출토된 《전국책》

1973년, 장사시 마왕퇴 3호 고분에서 《전국책戰國策》에 상당한 백서帛書 26편이 발굴되었다. 백서 중 지금의 《전국책》과 맞물리는 것이 11편으로 5분의 2를 차지한다. 《전국책》은 한漢대에 와서야 완전해졌다. 지금 쓰는 《전국책》 판본은 송末대의 증공曾鞏의 판본으로 이번 마왕퇴의 백서와 판이하다.

| 세계사 연표 |

기원전 247년 파르티아 인 파르티아가 안식력을 창립하고 그해를 기원년으로 정했다.

087

《사기史記·진시황본기秦始皇本紀》

위료의 합병 모략

위료尉繚가 교묘한 책략을 내놓아 진나라 왕 정의 중용을 받았다. 그는 진나라가 전국을 통일하는 대업에서 자기의 사상을 실행해 큰 성과를 올렸다.

천하의 통일은 주로 전쟁에 의해 이룩된다. 그런데 전쟁에서 승리하려면 걸출한 전략가가 효과적인 전략을 펼쳐야 할 뿐더러 출중한 군사 총수가 영활靈活하게 그 전략에 따라 행동해야 한다. 진나라 왕 정이 천하를 통일하는 군사적 조치를 세움에 있어서 그에 대한 영향력이 가장 큰 사람이 있었는데 그 사람이 위나라 대량大梁 사람 위료였다.

제후국을 각개 격파

진 왕 정 10년(기원전 237), 진 왕 정은 장신후 노애의 반란을 엄하게 진압하고 여불위의 벼슬과 칭호를 박탈했다. 진 왕 정이 이처럼 대권을 틀어쥐고 천하를 통일할 계획을 세우고 있을 때 위나라 도읍 대량 사람인 위료가 진나라에 왔다. 그는 "진나라와 각 제후국의 역량을 비교하면 진나라가 월등해 각 제후국은 작은 군현에 지나지 않습니다. 하지만 만약 이들이 연합해 진나라를 공격한다면 진나라는 이전의 지백知伯이나 부차夫差 혹은 제나라 민왕처럼 망하고 말 것입니다." 하고 알려 주었다. 실정에 맞는 위료의 분석은 진 왕 정에게 깊은 인상을 주었다. 위료는 이어서 "이러한 때에는 대왕께서 금은 보화로 각국의 권세가들을 우리의 뜻에 따라 움직이도록 함이 무엇보다 중요합니다. 30만 근의 황금이면 각 제후국을 소멸하고 천하 통일의 대업을 이룩할 것입니다." 하고 계책을 내었다.

진 왕 정은 위료의 계책에 만족해 하면서 위료를 각별히 대했다. 그는 위료를 평등하게 대하고 심지어 의복도 같게 입고 음식도 함께 먹었다. 위료는 진 왕 정이 자기의 계획을 빨리 실행하도록 하기 위해 도리어 뒤에서 진 왕 정의 허물을 들춰냈다. 그는 "진나라 왕은 코가 크고 눈은 실오리 같으며 가슴은 독수리 같고 소리는 늑대 같다. 그는 각박해 은혜를 베풀 줄 모르고 어려울 때면 비굴할 지경으로 굽히다가도 득세하기만 하면 남을 잡아먹을 것이야. 나는 일개 포의布衣 백성에 지나지 않지만 진나라 왕이 나를 겸허하게 대하는 것은 아직 천하를 통일하지 못해 우리 같은 책사들이 쓸모 있기 때문이지. 만일 진나라 왕이 천하를 통일하고 득세하기만 하면 천하 사람들은 죄다 그의 포로로 전락하고 말 것이야. 그러니 그와는 장기간 같이할 수 없어!" 하고는 얼마 후에는 다른 곳으로 도망가는 것처럼 꾸몄다. 진 왕 정은 이 소식을 듣자 그가 떠나기 전에 국위國尉 벼슬에 앉히고 그의 계책을 쫓았다. 진 왕 정은 위료의 계책에 따라 중금으로 상대편을 매수하는 술책을 써 상대국 군신을 이간시켰다. 결국 조나라와 제나라가 이런 술책에 걸려들어 망하고 말았다. 조나라의 명장 이목李牧은 용맹하고 슬기로워 여러 차례 진나라군을 격파했다.

전국 시대의 청동 인물상

《상서尙書·우공禹貢》 247

| 중국사 연표 |

기원전 251년 — 연나라의 60만 대군이 조나라를 정벌하다가 조나라의 노장 염파와 명장 악의에게 대패했다. 조나라군은 그 여세를 모아 연나라의 도읍을 포위했다.

진나라에서는 거금을 내어 조나라 왕의 신하인 곽개 郭開를 매수해 이목이 반란을 꾀한다고 소문을 퍼뜨렸다. 그 말을 들은 조나라 왕은 이목의 병권을 박탈한 후 그를 처형해 결국 망하고 말았다. 제나라도 말엽에 후승後勝이란 국상을 두었는데 후승이 진나라에게 매수되어 왕에게 전쟁 준비를 하지 않도록 상주하고, 또 5국의 연합에 동조하지 않아 싸움도 해보지 못한 채 멸망하고 말았다. 이는 모두 진 왕 정이 위료의 계책을 받아들여 이룬 성과였다.

고대의 인장
춘추 중·말엽 이후부터 사회의 왕래가 빈번해지면서 국군國君이나 벼슬아치 사이, 동료들 사이에서 인장으로 신분을 증명하는 것이 유행했다. 그래서 관인官人과 사인私人이 각계각층에서 널리 쓰이게 되었다. 사진의 포역도우사마인浦易都右司馬印도 전국 시대에 쓰이던 관인 중의 하나다.

걸출한 군사 사상

위료가 쓴 군사 저서《위료자尉繚子》를 보거나 위료가 통일 전쟁 중 진나라의 국위로 있었던 점으로 미루어 보아 위료는 많은 전략과 책략을 제정했음을 알 수 있다. 그가 아니었으면 진나라가 10년도 채 안 되는 사이에 통일 대업을 이룩할 수는 없었을 것이다. 위료의 군사 사상은 주로 그가 지은《위료자》라는 군사 저서에서 엿볼 수 있다. 이 책은 원래 35편인데 현존하는 것은 24편밖에 없다. 이 책은 모두 군사상에서 필승할 수 있는 정책 법령과 조치들로 씌어졌다. 위료는 이 책에서 승전하는 세 가지 방법을 말하는데 하나는 적을 잘 알고 싸우는 것이며 적이 기세를 잃게 한 다음 부대를 무너뜨리는 것으로 이를 '도승道勝'이라고 한다. 그 다음은 법제를 세우고 상벌을 명확히 하며 사람을 잘 쓰는 것인데 백성들이 필승의 신념을 갖게 하는 것으로 이를 '위승威勝'이라고 한다. 또 한 가지는 적을 격파하고 땅을 탈취하는 것인데 이를 '역승力勝'이라고 한다. 그는 이 세 가지 중에서 주로 '위승'에 대해 논술했다. 우선 '위승'을 하기 위해선 법가의 정책을 실시해 정치상에서 '필승'의 형세를 이루고 법령 제도를 확립해 군사상에서 '필승'의 형세를 이루어야 하며, 전략상에서 '필승'의 형세를 이룩하고, 마지막으로 전쟁 준비에서 '필승'의 형세를 이루어야 한다고 주장했다. 위료의 이러한 군사 사상은 진나라의 통일 전쟁 중에 많은 전과를 올렸다.

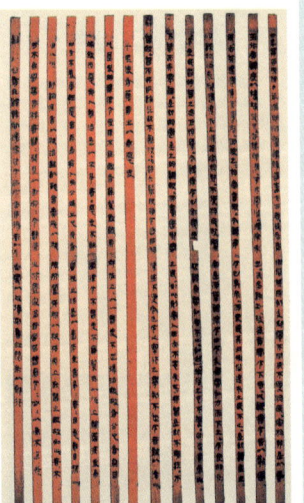

진나라의 정법政法 제도를 기록한 죽간
1975년, 호북성 운몽현 수호지雲夢縣睡虎地의 진나라 무덤에서 발굴된 1100매의 죽간은 대부분 완전하게 보존되어 먹으로 쓴 진나라 예서 글자가 똑똑히 보인다. 그 죽간에는 당시의 정치, 경제, 군사, 문화 등 각 방면의 내용이 들어 있는데 주로 진나라의 정법 제도에 관한 것이다. 이 죽간에는 진나라의 법률이 그대로 많이 적혀 있어 중국 정법사를 연구함에 중요한 자료가 된다.

●●● 역사문화백과 ●●●

[제帝 관념의 역사적 연혁]

'제帝'라는 글자의 최초의 상형 문자는 상대商代의 갑골문에서 나타났다. '황皇'과 '제帝'를 합쳐 '황제皇帝'라고 쓴 것은 서주 시대의 금문金文과《시詩》,《서書》등의 경전에서 발견되었는데 그 의미는 모두 천신天神을 가리킨다. 춘추 시대에 와서는 역사상의 성왕과 현신을 '제'로 불렀다. 또 전국 시대에는 진·제 등의 나라에서 현존의 군왕을 '제'라고 자칭했다. 진 왕 정 때는 법령을 내려 나라의 최고 통치자를 '황제'라 칭했다. 이것으로 이 호칭은 역사적 맥락이 있음을 알 수 있다.

| 기원전 247년 | | 세계사 연표 |
아르사케스가 이란에 파르티아 왕국을 창건했다.

088

《사기史記 · 이사열전李斯列傳》 출전

축객령을 반대한 이사

명성이 드높은 진나라의 승상 이사李斯는 원래 초나라의 작은 관리였는데 순자를 따라 제왕지술帝王之術을 배운 후 진나라에 와 머물렀다. 그는 많은 노력에도 불구하고 모든 일에 평탄치 않았는데 진나라 왕이 축객령을 내리자 그에 반대하는 글을 올려 이름이 나게 되었다.

운명을 결정하는 환경

진나라의 승상 이사는 원래 초나라 상책上策 사람으로 젊었을 때 창고의 양식을 관리했다. 어느 날 그가 화장실에 들어갔더니 한 무리의 쥐들이 더러운 것들을 주워 먹다가 사람이 들어오는 것을 보자 사방으로 도망치는 것이었다. 창고로 돌아온 이사는 무의식중에 창고 안에 있는 쥐들을 살펴보게 되었다. 그런데 그놈들은 살이 피둥피둥 찌고 기름기가 번들번들한 것이 마구 창고의 양식을 먹으면서 사람이 들어와도 아랑곳하지 않는 것이었다. 다 같은 쥐들인데도 이처럼 판이한 생활을 하고 있는 것을 본 이사는 "아! 인간도 이 쥐 무리와 마찬가지로 어떤 위치에 있는가에 따라 사는 것이 천양지차이다." 하며 개탄했다.

제왕지술을 배워 진나라로 감

이에 자극받은 이사는 창고지기를 버리고 유학의 일대 종사인 순황, 즉 순자를 스승으로 모시고 제왕지술과 치국지술에 전념했다. 공부를 마친 그는 당시 각국의 정세를 분석해 초나라는 큰일을 하지 못하고 6국은 모두 약소한데 유독 진나라만 천하를 통일해 패업을 이룩할 수 있는 조건을 구비하고 있다는 판단을 내렸다. 그래서 진나라로 가 자기의 재능을 발휘하고 포부를 실현해 보겠다고 결심했다.

이사가 진나라에 도착했을 때에는 진나라 장양왕이 이미 세상을 뜨고 진나라의 대권을 여불위가 장악하고 있었다. 그래서 이사는 여불위의 문하로 들어갔는데 얼마 후 여불위의 눈에 들어 진 왕 정의 시위侍衛로 배치되었다. 이사는 진나라 왕과 가까이 지내는 기회를 이용해 형세를 분석하고 진나라 왕에게 〈통일을 논함〉이란 글을 올렸다. 그는 진 왕 정에게 만세에나 나타날 한 번의 기회를 놓치지 말고 통일을 실현해 제업을 이룩하라고 역설했다. 진 왕 정도 같은 생각을 가지고 있던 터라 이사의 건의를 받아들여 그를 먼저 장사長史로 삼았다가 후에 객경客卿으로 모셔 천하를 통일할 책략과 조치를 구체적으로 제정하고 실시하도록 했다.

축객령을 받다

이때 한나라 사람 정국이 진나라에 와 거도를 파고 수리 공정을 대대적으로 벌였는데 명분상으로는 진나라의 관중 지구를 개발해 수 백리에 달하는 황폐한 그곳 땅을 옥토로 만드는 것이라고 했지만 그는 한나라의 첩자로, 진나라로 하여금 대량의 인력과 물력을 방대한 수리 공정에 투입함으로써 동방의 6국을 침공하는 역량을 약화시키고 점령의

낙타를 탄 사람 모양의 등대
전국 시대의 등대는 다양한데 사진의 낙타를 탄 사람 모양의 등대는 남방의 초나라 고분에서 발굴되었다. 이는 남북간에 교류가 이미 광범위하게 진행되었음을 상징한다.

-403 ~ -221 전국

순자荀子 249

| 중국사 연표 |

기원전 249년
조나라군이 또 연나라의 도움을 포위. 진秦나라가 여불위를 국상으로 앉히고 동주를 멸한 후 이어 한나라를 공격해 한나라의 성고成皐, 형양滎陽을 공략하고 삼천군三川郡을 설치했다.

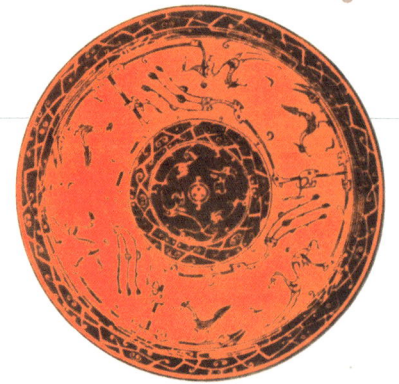

발걸음을 늦추도록 하려는 것이었다. 후에 이런 의도가 탄로나자 진나라의 귀족들은 진 왕 정에게 "열국의 사람들이 진나라에 오는 것은 모두 자기 본국의 이익을 위해 온 것이고 그중에는 첩자도 많이 있습니다. 그러니 대왕께서 객경들을 진나라에서 모두 쫓아내시길 바랍니다."라고 말했다. 진 왕 정도 그 말에 일리가 있다고 여겨 모든 객경들을 나라에서 쫓아내도록 하는 축객령을 내렸다.

축객령 반대 상소로 얻은 명성

물론 이사도 축출 대상이었지만 그는 이에 불복해

●●● 역사문화백과 ●●●

[《주역》의 사상과 유가, 법가의 계승 발전]

《주역》은 주나라 때 점을 치는 데 쓰인 책으로서 선민들의 천지 우주와 인류 사회의 발전 법칙에 대한 보편적 인식을 반영했다. 후에 법가는 《주역》 가운데의 모순 운동법칙을 내세워 모든 인류 역사를 충돌에 입각해 강제적 수단으로 사회 구성원들을 통치자와 피통치자로 분류하고 재조합하려고 했다. 반면에 유가는 '태화太和' 사상을 계승해, 충돌은 야만적이고 비이성적이므로 당연히 인도적 윤리 규범에 따라 사회 모순을 중화하고 질서를 유지하면서 사회 문명의 양성, 발전을 추진해야 한다고 주장하고 있다.

진 왕 정에게 반대하는 상소를 올렸다. 상소에서 이사는 "진나라 목공께서 현자를 구해 서융西戎에서 유여由余를 얻고, 동완지국東宛之國에서 백리계百里溪가 왔으며, 송나라에서 건숙蹇叔을 얻고, 진晉나라의 비표丕豹·공손지公孫支 등이 모여왔기 때문에 패업을 이룩하게 되었습니다. 또한 효공께서는 상앙을 중용해 변법을 실시함으로써 나라가 강성해졌고, 혜문왕께서는 장의를 잘 써서 6국의 연맹을 해체시켰으며, 소양왕께서는 범저를 썼기에 제업을 성취할 수 있었습니다. 이 네 분의 군주는 모두 객경에 의지해 업적을 이룩한 것이 아닙니까? 그런데 대왕께선 지금 외지에서 온 인재들을 모두 내쫓으려 하니 그러면 진나라가 텅텅 비지 않겠습니까?" 하고 따졌다. 이처럼 근거가 충분하고 관점이 선명한 이사의 상소문을 본 진 왕 정은 축객령을 취소하고 이사의 관직을 회복시켜 주었다. 그리고 얼마 후에는 형벌을 관리하는 사법관인 정위廷尉로 관직을 올려 주었다. 그 후 20여 년 사이에 진나라는 날로 강대해져 마침내 통일의 대업을 이룩했으며 이사도 일약 진나라의 승상으로 발탁되었다.

이사가 축객령을 반대해 올린 상소는 근거가 명확하고 도리가 투철하며 감정이 격앙되어 있어 천고의 명문으로 칭송받고 있다.

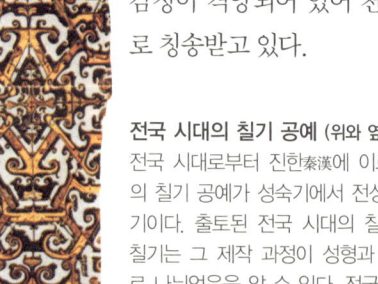

전국 시대의 칠기 공예 (위와 옆 사진)

전국 시대로부터 진한秦漢에 이르기까지는 중국의 칠기 공예가 성숙기에서 전성기로 발전한 시기이다. 출토된 전국 시대의 칠기를 보면 당시 칠기는 그 제작 과정이 성형과 장식 두 부분으로 나뉘었음을 알 수 있다. 전국 칠기는 채색 그림, 상감, 침화 등 제작 기법이 다양하다. 전국 시대 초나라 무덤에서 발굴된 관에 그려진 채색 도안은 무늬가 규칙적으로 이어졌는데 띠 모양과 비슷하다. 위의 채색 칠 쟁반에는 변형된 봉황새와 용의 형상이 선명하게 그려져 있다.

| 세계사 연표 |

기원전 245년 — 그리스 알렉산드리아 시기의 수학자이며 천문학자인 아르키메데스가 아르키메데스 나선을 발견했다.

089

출전 《사기史記·노자한비열전老子韓非列傳》
《전국책戰國策·진책秦策 5》

한비가 모해되다

한비韓非는 어려서부터 말을 더듬었지만 문필이 출중하고 생각이 깊었다. 그러나 그는 동창인 이사의 모해를 받아 진나라의 감옥에서 비참히 죽었다.

현실에 분노해 쓴 책

한비는 한나라의 공자로서 어려서부터 '형명법술지학刑名法術之學'을 즐겼으며 소년 때 명성이 높은 유학자 순자의 제자가 되어 후에 진나라의 승상이 된 이사와 함께 공부했다. 한비는 말을 더듬거렸지만 생각이 깊고 문필이 출중했다.

당시 전국 7웅 중에서 한나라가 제일 약소했고 또한 강대한 진나라와 인접해 있었기에 늘 침공을 받을 공포 속에 있었다. 게다가 이때의 한나라 왕은 연약해 대권을 권신들이 쥐고 있었다.

애국 열정에 끓어넘친 한비는 쇠잔해 가는 나라의 형편을 통탄해 하며 변혁을 일으키지 않으면 나라가 망할 위험이 있다고 한나라 왕에게 상주해 자기의 주장을 피력했다. 하지만 한나라 왕은 들은 체도 하지 않았다. 한비는 법을 세우지 않고 나라를 구할 현자를 등용하지 않으며, 방탕하고 아첨하는 자들이 공功과 재능이 있는 인재들의 머리 위에 올라앉아 호의호식하는 당시의 현실을 비통한 심정으로 바라보았다. 한비는 청렴하고 강경한 인사들이 간신들과 어울리지 못하며, 기른 자는 쓸 수 없고 쓸 만한 자는 기르지 않는 현실에 분노하여 성패득실의 경험, 교훈과 결부해 무려 10만여 자나 되는 《고분孤憤》, 《오두五蠹》, 《내외저內外儲》, 《설림說林》, 《설난說難》 등의 저술을 써냈다.

진 왕 정의 흠상

한비의 저서를 본 진나라 왕 정은 무척 맘에 들어 했다. 한비자는 인간의 아름다운 정감을 믿지 않고 인간이란 교화를 통해 선량해질 수 있다는 것을 믿지 않

-403 ~ -221 전국

금도금한 전국 시대의 준

준奪이란 고대 주기酒器의 일종이다. 전국 시대에 이르러 여러 가지 형태의 청동기를 주조해 냈을 뿐만 아니라 금은·도금을 하기도 하고 옥이나 은장식물을 박아 넣기도 했다. 사진의 청동 주기는 짐승 모양인데 몸체에 무늬가 아롱지고 금도금에 은, 녹송석 장식물을 박아 넣었다.

《한비자》에서 '은睅'이라고 불렀다 251

| 중국사 연표 |

기원전 247년

진秦나라가 조나라를 침공해 유차楡次, 신성新城 등 37개 성을 공략하고 그곳에 태원군太原郡을 설치했다. 진나라가 또 위魏나라를 침공하자 위나라의 신릉군이 5국의 군사를 거느리고 진나라군을 하간에서 패배시켰다. 진나라 장양왕이 죽고 아들 영정이 즉위했다.

명나라 만력萬曆 연간의 각본 《한비자韓非子》

한비는 전국 시대 한나라의 귀족 가문 출신으로 전국 말년의 사상가이다. 그는 법法·술術·세勢 사상을 통합해 법가 학설의 내용을 풍부히 했기 때문에 법가 학설의 집대성자라고 해도 손색이 없다. 한비는 정치적으로는 운명이 기구했는데 일찍 한나라에서 변법을 실시해 나라를 부강하게 하려 했으나 한나라 왕이 듣지 않았고, 후에 진나라 왕이 무력으로 한비를 진나라로 데려왔으나 동창인 이사의 모해로 젊은 나이에 옥에서 독살되었다. 한비는 문필이 유창하고 생각이 깊어 유명한 정론집 《한비자》를 세상에 남겼다.

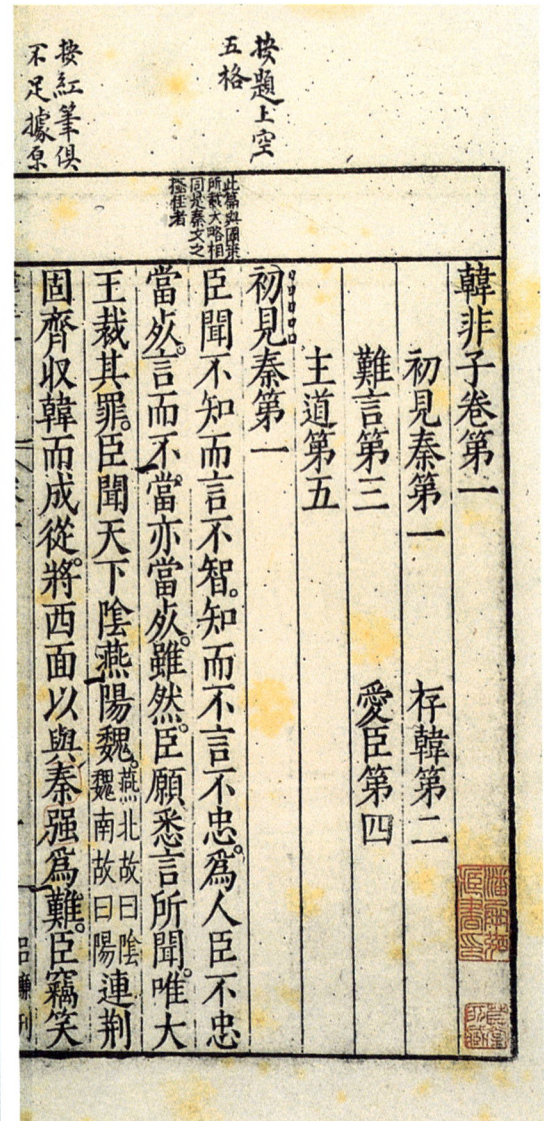

으며, 오직 상벌이 분명해야만 사람들이 나쁜 일을 하지 못하도록 단속할 수 있다고 했다. 또한 대신이라고 해 형벌을 가하지 않아도 안 되며, 필부라 해 상을 내리지 않아도 안 된다고 주장했다. 한비의 이런 논조가 진 왕 정의 고유한 관점과 맞아떨어졌던 것이다. 그래서 진 왕 정은 "평생에 이런 사람과 한번 만나 이야기를 나누었으면 죽어도 한이 없겠다."고 하며 찬사를 아끼지 않았다. 그러자 옆에서 지켜보고 있던 이사가 아첨하며 "소신이 한비와 함께 글공부를 했으니 만나기는 별로 어렵지 않을 것이옵니다."라고 아뢰었다.

진 왕 정은 이사에게 모든 방법을 강구해 한비를 데려오라고 분부했다. 그러나 이사가 그다지 적극적이지 않자 진 왕 정은 한나라를 공격하면서 한비를 내놓으라고 으름장을 놓았다. 겁에 질린 한나라 왕은 하는 수 없이 한비를 사절로 임명해 진나라에 보내는 수밖에 없었다.

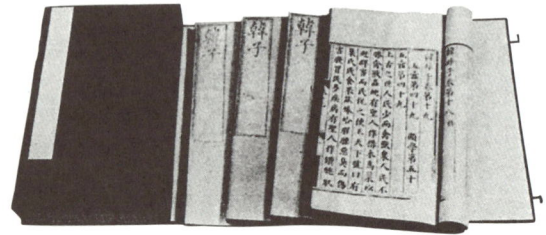

명나라 만력본 《한비자》
명나라 만력 10년(1582)에 《한비자》와 《관자管子》의 합본인 각본 《관한합각管韓合刻》이 나왔다.

> ●●● 역사문화백과 ●●●
>
> **[법가의 대표적인 인물 - 한비]**
>
> 한비(기원전 280년~233년)는 전국 말기 한나라 귀족 출신으로 법가의 대표적 인물이다. 한비의 학설은 상앙의 '법', 신불해의 '술', 신도愼到의 '세'를 통합하고 법을 중심으로 군주가 집권 전제를 실행하는 통치 이론을 제출했다. 한비는 중국 선진 시대 법가 사상의 집대성자로서 중국 수천 년 봉건제의 이론적 기초를 닦아 중국 사회에 많은 영향을 주었다. 한비의 저서로는 《한비자》가 있다.

| 세계사 연표 |

기원전 244년 — 스파르타 왕 아기스 4세가 즉위하자 사회 모순을 완화하고 공민 집단과 국가의 실력을 강화하기 위하여 사회변혁을 실행했는데 귀족들의 반대를 받았다.

용, 봉 무늬가 새겨진 전국 시대 방패
사진의 방패는 호남성 장사시 오리패五里牌의 전국 시대 무덤에서 출토되었다. 가죽으로 만들었는데 겉면에 붉은 칠을 하고 용봉 무늬를 그렸다. 다른 고분에서도 같은 시기의 이런 방패가 출토된 것으로 보아 이런 모양의 방패가 당시에 많이 쓰였음을 알 수 있다.

이사의 모해로 비참한 죽음을 맞은 한비

한비가 진나라에 도착하자 진 왕 정은 융숭히 접대한 후 이야기를 나누었는데 연 사흘 밤을 꼬박 새워도 끝이 없었다. 진 왕 정은 한비를 뒤늦게야 만난 것이 한이었다. 이 모든 것을 옆에서 지켜보던 이사는 왕이 이처럼 한비를 극진히 대하는 것을 보자 질투심이 솟구쳐 올랐다.

얼마 후 초·월·연·조나라 4국이 연합해 진나라를 치려 한다는 소식이 전해졌다. 그러자 진 왕 정이 60여 명의 대신들을 모아 놓고 대책을 의논하는데 대신 요가姚賈가 나서며 큰돈을 가지고 가서 4국이 연합하지 못하도록 매수하겠다고 했다. 그리하여 4국 연합은 요가가 다녀온 다음 잠시 조용해졌다. 진 왕 정은 요가의 이번 처사에 매우 만족해 하며 그를 상경으로 봉하기까지 했다.

일의 진상을 환히 꿰뚫어 보고 있던 한비는 진 왕 정을 찾아가 "요가의 이번 출사는 나라의 재산을 가지고 개인의 세력을 늘리는 것밖에 없으니 후환이 있을 것입니다."라고 예리하게 제기했다. 이에 왕이 요가를 불러 엄하게 따지자 "소신이 대왕께 충성을 다 했는데 대왕께서 모르고 있사옵니다." 하며 울상을 지었다. 그리고는 이사와 함께 한비의 험담을 늘어놓더니 "지금 대왕께서 제후들을 모두 멸하려 하온데 한나라의 공자인 한비가 자기 나라를 위하지 대왕을 도울 수 있겠습니까? 만일 대왕께서 한비를 그대로 눌러 두고 중용하지 않으면 언제든 한나라로 돌아가고 말 것입니다. 그러니 그때에 가면 후환이 클 것입니다." 하고 진 왕 정을 부추겼다.

그 말을 들은 진 왕 정은 일리가 있는 듯해 당장 한비를 옥에 가두라고 명했다. 한비가 억울하다고 진 왕 정을 만나게 해 달라고 했으나 이사의 방해로 성사되지 못했다. 이사는 한비를 죽이지 않으면 후에 자기에게 불리하리라 생각하고 사람을 시켜 한비에게 억지로 독주를 마시게 해 죽여 버렸다. 이리하여 일대 문필가이며 사상가인 한비가 친구의 손에서 짧은 인생을 비참히 끝마치게 되었다. 후에 진 왕 정이 한비를 다시 찾았을 때 이미 독약을 먹고 자살했다고 이사가 아뢰자 진 왕 정은 후회를 했다.

동창간에 질투를 해 서로를 모해하는 일이 경쟁의 시대인 전국 시대엔 수없이 생겨났다. 방연이 동창인 손빈의 재능을 질투해 손빈을 불구자로 만든 사실이나, 이사가 동창인 한비를 모해해 옥에서 독살한 사실 등은 얼마나 잔혹한가!

| 중국사 연표 |

기원전 242년 — 진나라가 위나라의 산조酸棗, 연燕 등 20개 성을 공략하고 동군東郡을 설치했다.

090

원한을 품고 죽은 이목

조나라의 명장 이목李牧은 평생 혁혁한 공을 이룩했으나 간계에 걸려 살해되었다. 명장이 죽자 나라마저 망했으니 어찌 통분할 일이 아니겠는가!

튼튼한 방어선

이목은 조나라 효성왕孝成王 시기의 모략이 풍부한 대장으로서 북부 변경인 안문군雁門郡을 사수하며 흉노의 침공을 막고 있었다. 이목은 그 당시 실권자였지만 항상 겸손하고 병졸들을 아꼈을 뿐 아니라 군사들의 훈련을 직접 지도했으며 엄격한 방어 태세를 취했다. 그리고 흉노가 공격하면 즉시 모든 물자들을 성 안으로 옮겨 놓고 출전을 절대 금하도록 백성들과 약조했다. 그래서 여러 차례 흉노군의 침공에도 아무런 손실을 입지 않았고, 오히려 군사를 정예군으로 키워 나갔다.

이목의 이런 조치에 흉노군은 이목이 자기들을 무서워한다고 생각했고 심지어 이목의 내부에서도 수장首將이 겁쟁이라고 수군대는 자도 생기게 되었다. 조나라 효성왕도 이런 소문을 듣고 이목을 질책했으나 이목이 듣지 않자 노한 효성왕은 이목 대신 다른 장수를 파견했다. 새로 부임한 장수는 한 해 동안 흉노가 공격할 때마다 응전했지만 패해 막중한 피해를 입었다. 이에 효성왕이 다시 이목을 파견하려 하자 이목은 병을 핑계로 완강히 사절했다. 효성왕의 거듭된 청에 이목은 "대왕께서 기어코 저에게 다시 가라고 하면 소신은 예전대로 하겠습니다. 대왕께서 동의하셔야만 영에 따를 것입니다." 하고 조건을 달았다. 그 요구에 효성왕이 응한 후에야 이목은 다시 변방으로 나갔다.

한 번 출격의 대승

이목이 종전처럼 방어만 하자 흉노는 몇 해가 되도록 아무것도 얻지 못했다. 이목 휘하의 군민들은 몇 해간의 발전을 거쳐 원기를 회복하자 저마다 한번 싸워 보자고 벼르고 있었다. 이런 상황을 알고 있는 이목은 비밀리에 병거 1300승에 준마 1만 3000필을 준비하고 결사대 5만과 사격수 10만 명을 뽑아 훈련시켰다. 그와 동시에 군민이 성 밖의 들에서 마음대로 방목하도록 해 흉노군이 공격해 오도록 유인했다.

어느 날, 흉노군이 소부대를 풀어 습격해 오자 조나라군은 패한 듯 퇴각하면서 몇 천 명의 백성들을 흉노군이 끌어가도록 놔 두었다. 그러자 자신감에 찬 흉노군 10만이 대거 공격해 왔다. 그러자 이목은 적을 독 안의 쥐처럼 포위 공격해 흉노의 기병 10만을 일거에 전멸시키고 그 기세를 타 잃었던 땅을 수복했다. 흉노군은 그제야 이목의 무서움을 알고 줄행랑을 쳤다. 그 후 흉노는 10여 년이 넘도록 조나라의 변경을 침공할

실용적이면서도 예술적인 등잔
전국 시대의 이 등잔은 긴 옷을 입은 사람이 오른손에 이무기를 잡고 있고 그 위에 등잔을 고정했다. 왼손은 이무기의 꼬리를 잡았는데 그곳과 연결되어 두 개의 등잔이 달려 있다. 이 등잔은 조형이 예술적일 뿐만 아니라 세 개의 등잔이 아래위로 나뉘어 있어 집 안을 환히 비출 수 있다.

| 세계사 연표 |

기원전 241년

3월 10일, 로마 해군과 카르타고 해군이 시칠리아 서쪽의 아이가테스 제도에서 결전을 벌인 결과 카르타고가 패해 땅을 바치고 배상금을 물었다. 이로부터 제1차 포에니 전쟁이 종결되었다.

《사기史記·염파인상여열전廉頗藺相如列傳》 출전

엄두를 내지 못했다.

이처럼 이목이 북방 변경을 물샐 틈 없이 튼튼히 지켰기에 인상여藺相如, 염파廉頗, 조사趙奢 등의 군사軍師가 뒷근심이 없이 진나라군에 맞서 싸울 수 있었다. 그러자 아무런 진척도 보지 못한 진나라군은 골머리를 앓았다.

놀라운 전공을 이룬 이목

그 후 몇 해가 지나 조나라 도양왕悼襄王이 즉위했는데 그때는 조사와 인상여도 이미 세상을 뜨고 노장군 염파는 타국에 가 있어 이목만이 중신으로 남게 되었다. 기원전 243년, 이목이 군사를 이끌고 연나라의 무수武遂와 방성方城을 함락했다. 이와 동시에 진나라에서도 위나라의 대부분 땅을 점령하고 위나라를 굴복시킨 후 예봉을 조나라에 돌렸다. 기원전 234년, 진나라의 대장 번어기樊於期가 대군을 이끌고 침공해 조나라의 평양平陽, 무성武城 등을 공략하고 조나라 대장 호첩扈輒의 목을 벤 동시에 당지의 무고한 백성 10만여 명을 살해했다. 그리고는 그 기세를 몰아 조나라를 대거 진공했다. 이목이 이 위급한 시기에 대장군의 중임을 맡고 진나라군과 결전을 벌여 의안宜安에서 진나라군을 대패시키자 진나라군의 대장 번어기가 도망쳤다. 조나라는 이 틈에 조금이나마 숨을 돌릴 수 있었고, 이목은 혁혁한 전공으로 무안군武安君으로 봉해졌다.

●●● 역사문화백과 ●●●

[제후 열국의 장성]

춘추 전국 시대에 전쟁이 빈번히 발생하자 각 나라는 대량의 인력과 물력을 들여 규모가 엄청난 방어 공사를 수축했다. 각 나라마다 변경을 따라 높이 성벽을 쌓았다. 이런 성벽은 길이가 수백 리에서 수천 리에 달해 '장성長城'이라 부르게 되었다. 각 나라에 따라 '제 장성', '중산 장성', '위 장성', '정한 장성', '조 장성', '진 장성', '초 장성' 등으로 부른다.

금·은도금을 한 전서 조각
전국 시대의 청동기에 새겨진 명문은 서법 예술의 발전을 보여 주기도 하지만 한편으로는 장식성을 지나치게 추구해 벌레, 새, 올챙이 모양 등을 많이 본따 썼다. 사진의 전서로 쓴 명문도 적지 않은 필획을 새 모양처럼 그리고 거기에 금은으로 도금까지 해 마치 그림처럼 보인다.

간계로 피살된 일대 명장

기원전 233년, 진나라가 또 출병해 번오番吾를 공격하자 이목이 출전해 진나라군을 또 대패시켰지만 조나라군의 손실도 막중했다. 그때 위와 한, 두 나라는 진나라군의 지휘에 따라 조나라를 협공했다. 그러자 이목은 하는 수 없이 남으로 나가 위나라와 한나라를 대처할 수밖에 없었다.

기원전 229년, 진나라의 대장 왕전이 다시 대거 공격해 오자 조나라 왕이 이목과 사마상을 보내 진나라군의 공격을 막아 쌍방은 근 2년이나 대치 상태에 있었다. 진나라 왕은 빨리 승전을 못하게 되자 이전에 쓰던 간계의 술책을 써 큰돈으로 조나라 왕의 총신인 곽개를 매수했다. 곽개가 이목과 사마상이 반란을 획책한다고 모함하자 조나라 도양왕은 다른 장수를 파견시켜 이목을 대체하도록 했다. 그러나 이목은 나라와 백성들을 생각해 병권을 내놓기를 거절하고 진나라군에게 완강히 저항했다. 그러자 도양왕은 밀정을 보내 이목을 잔인하게 살해하고 사마상을 파면시켰다. 그 후 석 달도 채 되지 않아 왕전은 조나라군을 대파하고 한단을 함락해 도양왕을 생포했고 한때 강국임을 자랑하던 조나라는 멸망하고 말았다.

순황, 즉 순자 255

| 중국사 연표 |

초나라가 도읍을 수춘壽春으로 옮겨 진나라의 공격을 피하려 했다. 진나라가 위나라의 조가朝歌를 함락했다. 조나라가 조·초·위·연·한 나라 5국 연합군에 속해 진나라에 대항하다가 패배했다.

기원전 241년

091

진 왕 정에 대한 태자의 증오

연나라 왕 희喜의 아들인 태자 단은 볼모로 진나라에 3년간 잡혀 있었다. 그 3년 동안 진 왕 정의 수모를 수없이 받아온 단은 기회를 틈타 연나라로 도망쳤으나 진 왕 정에 대한 증오심은 날이 갈수록 더해만 갔다. 마침 진나라는 각국에 군대를 파견해 중원의 여러 제후국을 하나하나 점령하면서 연나라

전광의 의협심

연나라 태자 단冊이 진나라 왕을 암살하려고 은사인 전광田光을 불러 의논한 후, 거사를 비밀에 붙여 줄 것을 간절히 부탁했다. 전광은 형가荊軻를 추천하면서 자신은 태자와의 비밀을 지키려고 자결하고 말았다.

의 국경까지 밀고 들어왔다.

태자 단은 가슴에 불이 붙는 것 같아 스승인 연 태부燕太傅 국무鞠武를 찾아가게 되었다. 태자 단이 "연나라와 진나라는 같은 하늘을 이고 살 수 없는 사이니 지금 연나라의 위기에 대해 무슨 방법이 없겠습니까?" 하고 물었다. 그러자 국무는 "진나라의 세력이 중원의 한·위·조나라에 미쳐 연나라의 역수易水 이북 땅이 위험하오니 태자께서는 냉정을 되찾고 절대 경거망동으로 진나라를 건드리지 말아야 합니다."라고 답했다. 태자 단이 더욱 마음이 초조해져 어떻게 해야 하는지 가르쳐 달라고 간청하자 국무는 안방으로 태자를 안내했다.

태자 단과 국무가 대책을 의논하는 중에 진나라 장수 번어기樊於期가 연나라로 도망와서 구원을 요청했

금은으로 장식한 수렵 무늬 거울 (왼쪽 그림과 오른쪽 페이지 사진)
전국 후반기의 작품. 거울은 백동으로 되어 있으며 거울 뒷면은 금은으로 장식되어 있다. 거울 뒷면의 그림은 말을 탄 무사가 호랑이와 싸우는 장면, 두 마리 괴수가 다투는 장면, 날개를 펼친 독수리 등 세 개의 부분으로 나뉘어져 있다. 이 거울은 전국 후기의 금속 공예 제작 기술이 높은 수준에 도달했음을 말해 준다.

●●● **역사문화백과** ●●●

[은사와 모사]

은사隱士는 전통적인 사대부 계층의 특수한 단체이다. 이들은 대체로 유교, 도교에 정통해 명예와 절조를 숭상하며 도덕 수양, 청렴 자율을 중히 여긴다. 통치자들은 이런 은사들을 불러들이는 것을 영광으로 여겨 이들은 객관적으로 정치를 깨끗하게 하고 사회 모순을 완화시키는 역할을 했다.
모사謀士는 다른 사람의 휘하에서 그들의 지혜와 계략으로 살아가는 사람들을 말한다. 모사들은 독립적인 인격이 결핍된 사람들로서 독립 인격을 추구하는 모사들은 비참한 끝을 맞았다. 걸출한 모사들은 비범한 담략으로 적극적인 소질과 매사에 조심하는 성격을 겸비하고 있다.

| 세계사 연표 |

기원전 237년
카르타고 장군 하밀카르 바르카가 이베리아 반도(현재의 스페인)를 원정, 이베리아 반도 남부와 동남부 연해 지역을 점령하고 이어서 로마를 공격하려 시도했다.

《사기史記·자객열전刺客列傳》《전국책戰國策·연책燕策 3》
《자치통감資治通鑑·진시황제秦始皇帝 19년》 출전

-403~-221 전국

다. 태자 단이 이를 허락하려고 하니 국무가 "절대 안 됩니다. 번어기는 진나라 왕을 노엽게 한 사람입니다. 진나라 왕은 이미 번어기의 일가족을 참수하고 천금을 상으로 걸고 잡으려 하오니 이때에 번어기를 받아들이면 큰 해를 입게 됩니다. 번어기를 잠시 북쪽의 흉노 땅으로 피하게 하고 태자는 서쪽으로 위·조·한 나라와 연계하고, 남으로 제·초나라, 북으로는 흉노의 선우單于와 합심해 진나라에 대항해야 합니다."라며 막았다. 태자 단이 "번어기는 나의 옛 친구인데 내가 어찌 거절할 수 있겠습니까? 나를 희생해서라도 번어기를 도우려고 하니 좋은 방법이 없을지 다시 생각해 주십시오."라며 난색을 표하자 국무는 잠시 생각하고 나서 말했다. "전광 선생이란 은사가 한 분 계시는데 지모가 뛰어나니 한번 찾아가 보십시오."

사남司南 257

| 중국사 연표 |

기원전 238년

진나라 왕 정이 관례(冠禮)를 행하고 노애의 반란을 평정했다.

엄밀한 검사를 거친 되
산동성 교주시(膠州市)에서 출토된 전국 시대 동으로 만든 계량기. 양쪽에 손잡이가 있으며 측면에는 글자가 새겨져 있다. 전국 시대 계량기의 검사와 제작, 관리가 상당히 엄밀한 과정을 거쳤음을 말해 준다.

천지를 감동시킨 장렬한 의협심

전광이 태자 단의 요청으로 태자부(太子府)를 방문하자 태자는 전광을 안내한 다음 무릎까지 꿇고 상좌에 모셨다. 그리고 태자 단은 주위를 물리친 다음 연나라와 진나라의 형세에 대해 소개하고 나서 정중하게 방법을 청했다. 그러자 전광은 "말이 건장할 때 하루에 천 리를 달린다고 하지만 늙으면 수레도 끌지 못합니다. 태자가 소개받은 전광은 젊고 패기있을 때의 전광이지 지금은 늙고 능력이 없어 아무 쓸모도 없습니다."라고 담담한 목소리로 말했다. 태자 단의 실망한 표정을 읽은 전광이 "그러나 저에게 형가(荊軻)라는 친구가 있는데 소개해 드릴까요?"라고 여쭙자 태자 단은 급히 소개해 줄 것을 요청했다. 전광은 머리를 끄덕이고 나서 자리에서 일어났다. 태자 단이 문 밖까지 전송하면서 "오늘 있은 일은 나라의 흥망성쇠와 관련된 일이오니 절대로 비밀을 지켜 주십시오."라며 재삼 부탁하자 전광은 웃으면서 "태자께선 근심하지 마십시오."라고 한마디만 하는 것이었다.

집에 돌아온 전광은 형가를 불러 부탁했다. "태자가 오늘 나에게 진나라에 대항하는 책략을 상론하면서 나를 지기(知己)로 생각해 주었소. 내가 다시 자네를 태자에게 추천했으니 지금 찾아가 보시오." 호방한 성격의 형가가 당장 찾아뵙겠다며 자리를 뜨려 하자 전광이 이렇게 부탁했다. "내가 들건대 인격이 고상한 사람이면 행동을 의심스럽게 하지 않는다고 했소. 오늘 태자부에서 나올 때 태자가 나에게 비밀이 새지 않도록 정중하게 당부하던데 아직 나를 완전히 신임하지 않는 것이라 생각하오. 한 사람의 행동이 의심스럽게 보인다면 의협심이 있는 의사가 될 수 없소. 이제 태자를 뵙게 되면 내가 이미 죽었으니 비밀이 새나갈 염려가 없을 것이라고 전해 주오." 말을 마치자 전광은 보검을 빼 들어 그 자리에서 자결을 했다.

전광이 자살한 것은 일시적인 충동이 아니라 심사숙고한 결과였다. 전광이 자신의 목숨을 끊은 것은 태자 단의 의심을 풀어 주기 위해서 뿐만 아니라 의협심으로 형가를 감동시켜 목숨을 걸고 나라를 구하는 거사에 동참시키기 위해서였던 것이다.

●●● 역사문화백과 ●●●

[진나라 이전의 즉위 예와 조례]

진나라가 전국을 통일하기 전 여러 제후국들에는 모두 종묘(宗廟)가 있었고 이곳에서 조상에 제를 지내고 정치적인 행사를 치렀다. 춘추 시대 군주는 매월 초하룻날 종묘에서 고삭례(告朔禮)를 행했고, 새해 첫날에는 종묘에서 조정례(朝正禮)를 행했다. 새 군주가 즉위하면 두 번째 해의 조정례 때, 개원즉위(改元卽位)의 예를 행하기도 했다. 전국 시대 중앙 집권 제도가 건립되면서 매년 봄 정월의 대조(大朝)를 궁정(宮廷)에서 치르도록 바뀌었으나 개원즉위례는 여전히 이듬해 종묘에서 치러졌다.

| 세계사 연표 |

기원전 235년
스파르타 왕 클레오메네스 3세가 즉위했다.

092

《사기史記·자객열전刺客列傳》《전국책戰國策·연책燕策 3》
《자치통감資治通鑑·진시황제秦治皇帝 19년》

출전

진나라 격파를 위한 책략

형가는 위衛나라 사람으로 협객이었다. 그는 일찍 조나라 등지를 떠돌아다니다가 연나라에서 전광의 휘하에 투신했다. 형가가 태자 단을 찾아가 전광의 죽음을 전하자 태자는 크게 통곡하며 "전광 선생, 제가 비밀을 지켜 줄 것을 재삼 부탁한 것은 적들이 낌새를 알아차릴까 봐 근심해서 그런 것이었는데 그것이 선생의 목숨을 앗아갈 줄은 생각하지 못했습니다."라며 땅에 머리를 조아렸다.

머리를 내놓은 번어기

진나라 왕은 번어기의 머리에 거금의 상금을 내걸었다. 형가의 거사를 돕기 위해 번어기는 자결해 머리를 태자 단에게 바쳤다.

형가가 태자를 따라 들어서자 태자 단은 주위를 물리치고 무릎을 꿇었다. "전광 선생이 형가 선생을 소개해 주셨

역수에서 작별하다

기원전 227년, 연나라 태자 단은 번어기의 머리를 형가에게 주어 진나라 왕을 암살하려 했다. 형가가 떠날 때 태자 단과 빈객들은 상복을 입고 역수易水 강변까지 형가를 배웅했다. 형가는 "바람은 소슬하고 역수 물은 차갑구나. 장사는 한번 떠나면 돌아오지 않노라."라는 노래를 불렀다. 이 그림은 청나라 말, 민국 초기 마태의 《마태화보》에 실려 있다.

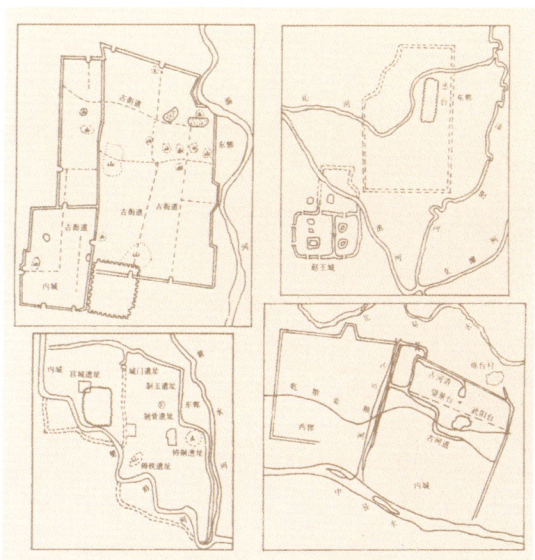

전국 시대 옛 도시 유적도
전국 시대 여러 제후국들은 모두 도성都城을 쌓았다. 도성은 소성小城과 대곽大郭으로 나뉘어져 있는데 대곽은 여러 관리들과 서민들, 그리고 수공업과 상업이 집중된 도시 구역이었다. 소성은 군주와 귀족들이 살고 있는 곳, 즉 궁성이었다. 궁전은 도성의 제일 높은 지역에 지어졌다. 위 그림은 차례로 제나라 도성 임치臨淄, 한나라 도성 신정新鄭, 조나라 도성 한단邯鄲, 연나라 도성 무양武陽의 유적도이다.

-403~-221 전국

《묵경墨經》

| 기원전 230년 | **중국사 연표** |

진나라가 한나라를 멸망시키고 한나라 땅에 영천군穎川郡을 설치했다.

습니다. 오늘 선생의 가르침을 받을 수 있는 것은 하늘이 연나라를 버리지 않았다는 걸 말해 줍니다. 지금 진나라가 한나라를 점령하고, 또 남으로는 초나라를, 북으로는 조나라를 공격하고 있습니다. 진나라의 장수 왕전이 수십만의 군사를 이끌고 장수漳水, 업성鄴城을 위협하니 조나라가 위험한데 조나라가 투항하게 되면 연나라의 병력으로는 상대가 안 됩니다. 천하의 제후들이 진나라의 위엄에 꺾여 대항을 하지 못하니 제가 마지막으로 계책을 꾸며 보았습니다. 천하에 둘도 없는 용사 한 분을 모셔 진나라에 사신으로 파견해 진나라 왕을 잡아들이거나 암살하게 되면 진나라 국세가 크게 문란해질 것입니다. 그때 여러 제후국들과 합세해 진나라를 쳐부술 예정입니다. 이 생각은 오래전부터 했으나 아직 합당한 사람을 찾지 못해 미루었는데 도와줄 수 있겠습니까?"

형가의 계책

형가는 이 말을 듣고 깊이 생각하더니 두 손을 모으며 말했다. "이는 나라의 대사인데 일개 평민인 제가 어찌 감당해 낼 수가 있겠습니까?" 형가가 거절하는 것을 보고 태자 단은 수없이 머리를 조아리며 나라를 위해서라도 제발 수락해 달라고 요청했다. 거절할 수 없음을 알게 된 형가는 마지못해 승낙할 수밖에 없었다. 태자 단은 즉시 형가를 상빈으로 모시고 진수성찬을 대접하며 많은 보물을 하사했다. 그리고 매일 아침 문안을 드리며 그의 모든 요구를 들어주었다.

이렇게 하루하루가 지나갔건만 형가는 움직일 조짐이 전혀 보이지 않았다. 이때 진나라 장수 왕전은 조나라를 정복하고 동으로 향해 연나라의 국경까지 진군해 오고 있었다. 태자 단은 참다 못해

붉은색과 검은색의 매력
중국은 세계에서 제일 먼저 칠漆의 특성을 이해하고 여러 가지 색상을 만들어 이용한 나라이다. 하모도 문화河姆渡文化 유적지에서 발굴된 나무로 된 그릇에는 신비스러운 검은색과 붉은색으로 조합된 기하 도안이 그려져 있어 칠의 매력을 한껏 더해 주고 있다.

| 세계사 연표 |

기원전 232년 — 인도의 아소카 왕이 사망하고 마우리아 왕조는 쇠약해졌다.

형가를 찾아갔다. "진나라 군대가 조만간에 역수易水를 넘어오겠는데 어찌하면 좋겠습니까?" 형가는 "태자가 오시지 않았으면 제가 찾아뵈려고 했습니다. 그러나 내놓을 만한 예물이 없어서야 어떻게 진나라 왕을 만날 수가 있겠습니까?"라고 반문했다. 태자 단이 어떤 예물이 좋을까 묻자 형가가 대답했다. "진나라 왕이 천금으로 번어기의 목숨을 노리는데 그 이상 좋은 예물이 있을까요? 번어기의 머리와 독항督亢의 지도를 가지고 가면 진나라 왕이 꼭 나를 만나자고 할 터이니 그 때 기회를 봐서 손을 쓰리다." 독항이란 지금의 하북성 탁주시涿州市, 정흥현定興縣, 용성현容城縣, 고안현固安縣 일대로서 연나라의 가장 기름진 땅이었다. 태자 단은 "땅은 괜찮으나 번어기는 나에게 의탁하러 온 사람인데 어찌 목숨을 앗을 수가 있겠는가?"라며 난색을 표했다.

전국 시대의 붓
붓은 중국에서 일찍부터 사용되었다. 상商나라 때 이미 붓이 사용되었으나 그 당시의 붓은 남아 있지 않다. 지금 발견된 붓 중 가장 오래된 것은 초나라 무덤에서 나온 원형 참대와 토끼털로 된 붓이다.

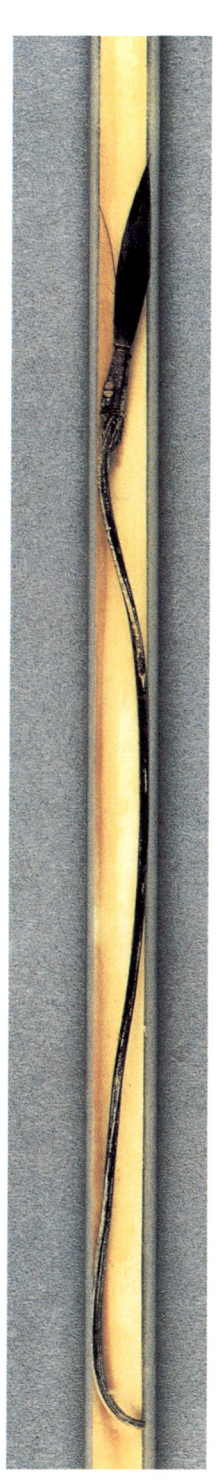

칼을 뽑아 자결해 복수를 다짐한 번어기

형가는 태자 단이 번어기를 죽일 수 없다는 것을 알게 되자 직접 번어기를 찾아갔다. "진나라 왕이 장군의 부모뿐만 아니라 모든 가족을 참수하고 천금으로 장군의 머리를 얻으려고 하는데 어떤 대책이 있으시오?" 이 말을 들은 번어기의 눈에서는 눈물이 하염없이 흘렀다. 잠시 생각에 잠겼던 번어기가 말했다. "지금 제 가슴이 갈기갈기 찢어지는 듯 아파 오지만 아무런 방법도 생각나지 않소." 그러자 형가가 "나에게 방법이 있소이다. 연나라를 구할 수도 있고 장군의 원한도 풀어 드릴 수 있는데……."라고 말하자 번어기는 형가의 손목을 덥석 잡으며 빨리 말해 달라고 간청했다. "장군의 머리를 나에게 주시오. 내가 장군의 머리를 들고 가면 진나라 왕이 꼭 나를 만나 줄 것이오. 그 때 내가 진나라 왕에게 가까이 가서 진나라 왕의 가슴에 칼을 박으리다. 진나라 왕을 죽이면 장군의 바다보다 깊은 원한을 풀어 드릴 수 있을 뿐더러 연나라의 치욕도 씻어 줄 수 있으니 승낙해 주시겠소?"라고 물었다. 번어기는 이 말을 듣고 나서 가슴에 불덩이가 솟구쳐 올라 자리에서 벌떡 일어나 "이게 바로 내가 고대하던 일이 아니었던가."라고 외치더니 그 자리에서 칼을 빼어 자결했다.

태자 단은 번 장군이 자결했다는 소식을 듣자마자 달려와서 시체를 쓰다듬으며 통곡했다. 번 장군이 자기의 머리를 바쳤으니 형가의 출발은 활 위에 놓인 화살인 셈이었다.

●●● 역사문화백과 ●●●

[전국 시대 초나라의 붓]
1954년, 장사시 남교南郊의 좌가공산左家公山에서 발굴된 초나라 무덤에서 붓이 출토되었다. 붓은 곽 안의 상자에 들어 있었는데 곁에 죽간을 감았다. 붓은 토끼털로 만들었고 붓대는 참대를 썼다.

| 중국사 연표 |

기원전 228년

진나라가 한단을 공격해 조나라 왕 천遷을 붙잡았다. 조나라 공자 가嘉는 대代로 도망처 대 왕代王으로 자칭했다.

093

형가가 진 왕 정을 찌르다

진나라의 군현郡縣이 되기를 바란다며 번어기의 목과 독항 지역의 지도를 가지고 독을 묻힌 예리한 비수를 지도 속에 숨겨 진나라로 간 형가는 진 왕 정을 암살하는데 실패해 죽음을 당했다.

비장한 노랫소리

형가는 떠날 준비를 하면서 번어기의 머리를 특별 제작한 함 속에 넣었다. 태자 단은 급히 고시告示를 내어 천하의 제일 예리한 비수를 찾았다. 조나라에는 칼을 아주 잘 만드는 서부인徐夫人이란 사람이 있었는데 태자 단은 금 100냥으로 그의 칼을 사들였고 조금만 찔려도 죽을 수 있게 칼날에 독약을 발라 놓았다. 태자 단은 또 진무양秦武陽이란 용사를 형가의 조수로 파견했다.

떠나는 날 태자 단은 비밀을 아는 몇몇 빈객들과 흰색의 상복을 입고 역수 강변에서 형가를 배웅했다. 모든 사람들이 묵묵히 아무 말도 하지 않는 가운데 제사 의식이 치러졌고 형가의 친구인 고점리高漸離가 축築(참대 가지로 현을 치는 악기, 13개의 현을 두드리는데 소리가 처량하다.)을 쳤고 형가는 비장한 목소리로 노래를 불렀다. 노래가 하도 비장하고 처량해 듣는 사람들의 얼굴에는 눈물이 비 오듯 했다. "바람은 소슬하고 역수 물은 차갑구나. 장사는 한번 떠나면 돌아오지 않노

비장한 의사 – 형가

형가는 위나라 사람으로 책 읽기를 좋아하고 칼을 잘 다루었다. 비록 그의 암살 계획이 실패하고 연나라도 멸망하고 말았지만 형가의 의협심과 영웅의 기개는 역사에 지울 수 없는 한 페이지를 남겼다.

지도를 펼치자 비수가 나오다

형가가 진나라 왕을 암살할 때 지도를 펼치면서 그 속에 숨겨 두었던 비수로 진나라 왕을 찌르려 했다. 결국 암살은 실패하고 형가는 난도亂刀에 목숨을 잃고 만다. 그림은 명나라 말기 《신열국지》에 실려 있다.

| 세계사 연표 |

기원전 230년

그리스의 천문학자이며 수학자인 아리스타르코스가 처음으로 지구의 일주日周 운동과 지동설을 처음으로 제창했으며, 지구와 달, 지구와 태양 사이의 거리를 추산했다.

《사기史記·자객열전刺客列傳》《전국책戰國策·연책燕策 3》
《자치통감資治通鑑·진시황제秦治皇帝 20년》   출전

진나라 왕을 만난 형가

라." 형가는 마지막 한마디를 부르고는 머리도 돌리지 않고 마차를 타고 떠났다.

형가는 진나라의 도성인 함양咸陽에 도착하자마자 진나라 왕 정의 충신인 중서자 中庶子 몽가蒙嘉에게 천금을 주고 그에게 "연나라 왕이 진나라 왕의 위엄이 두려워 대항하지 못하고 다른 제후국들과 마찬가지로 진나라의 군현郡縣이 되기를 원하며 매년 공물을 바치기로 했다. 진나라 왕을 함부로 배알하기가 두려워 번어기의 머리와 독항 지역의 지도를 가지고 배알하러 왔다."며 진나라 왕에게 전해 달라고 부탁했다. 진 왕 정은 이 말을 듣고 크게 기뻐하며 조복朝服을 입고 타국의 투항을 접수하는 예로 연나라의 사자를 만나기로 했다.

기원전 227년의 어느 날, 형가는 번어기의 머리가 들어 있는 함을 들고 진무양에게 지도가 들어 있는 함을 들고 뒤에 따르게 하면서 진 왕 정을 만나러 갔다. 함양 궁은 기세가 웅장했고 신체가 건장하고 위풍당당한 철갑무사들이 양쪽에 늘어서 있었다. 계단을 오를 때 이런 장면을 꿈에도 보지 못했던 진무양은 낯빛이 하얗게 질려서 몸도 제대로 움직이지 못했다. 진나라 대신들은 이를 보고 킬킬 웃어 댔지만 형가는 일이 틀어질까 봐 진무양을 돌아보며 씩 웃어 보이고는 돌아서서 이렇게 말했다. "이놈은 북쪽 오랑캐 땅에서 온 촌놈이어서 천자의 위엄에 걸음도 제대로 걷지 못하니 여러분들이 많이 양해해 주시길 바랍니다."

생사일각의 순간

진 왕 정은 오만하게 진무양을 힐끗 내려다보고는 앞에 꿇어앉은 형가에게 말했다. "어서 일어나 지도를 바쳐라." 형가는 천천히 몸을 일으켜 진무양의 손에서 지도를 넘겨받았다. 진 왕 정 앞까지 다가가 지도를 천천히 펼치던 형가는 지도가 거의 펼쳐질 무렵, 숨겨 둔 비수가 눈에 띄자마자 비수를 번개같이 잡아 쥐고 한 손으로 진 왕 정의 소매를 낚아채며 왕의 가슴을 향해 힘껏 찔렀다. 진 왕 정이 깜짝 놀라서 뒤로 펄쩍 뛰니 그만 소매가 찢어지며 비수가 빗나가고 말았다. 형가는 앞으로 몇 발짝 다가서며 또다시 비수를 날렸다. 진 왕 정은 대경실색해 도망쳤고 대신들은 정신이 나간 채로 멍하니 서 있기만 했다. 진나라의 왕법에 의하면 조정에서 대신들은 모든 무기의 휴대가 금지되었고 왕을 보호하는 무사들도 궁전 앞의 계단 밑에서 대기하고 있을 뿐 왕의 명령이 없이는

꿇어앉은 사람 형태의 구리 등잔
이 등잔은 1975년 하남성 삼문협시 상촌령 三門峽市上村嶺에서 발굴되었다. 꿇어앉은 인형은 주인을 위해 봉사하는 노복의 전형적인 형상으로 알려져 있다.

참대 가지로 현을 치는 고대의 악기이다 263

| 중국사 연표 |

기원전 226년 — 진나라가 연나라의 도성 계蓟를 함락하고 조나라 왕 희喜는 요동遼東으로 도망쳤다.

위기일발의 순간

형가가 진나라 왕을 찌르는 이 그림은 산동성 가상현 무씨사 嘉祥縣 武氏祠 왼쪽 석실의 4번째 그림이다. 《사기·자객열전》에 적힌 대로 그린 그림으로서 번오기의 머리를 담은 함이 기둥 옆에 놓여 있고 비수는 기둥에 꽂혀 있다. 진나라 왕은 칼을 빼려 하고 형가의 조수인 진무양은 땅에 벌렁 나뒹굴려져 있다. 그때의 위기일발의 순간을 생생하게 보여 주는 그림이다.

함부로 궁전에 들어올 수 없었다. 진 왕 정이 형가의 추격에 이리저리 피하면서 자기가 차고 있는 칼을 빼려고 했으나 칼이 너무 길어서 칼집에서 빠져나오질 않았다. 위기일발의 순간 어의御醫 하무차夏無且가 지니고 있던 약주머니를 들어 형가를 향해 내리쳤다. 형가가 잠깐 멈칫하는 사이 진 왕 정은 조금 멀리 달아나 추격에서 잠시 벗어났다. 옆에 있던 대신들이 급기야 "칼을 등 뒤로 가져가십시오."라고 외치는 소리를 듣고 진 왕 정이 칼을 등 뒤로 향하며 칼자루를 당기자 칼이 쑥 빠져나왔다. 칼을 손에 쥐자 진 왕 정은 즉시 형가를 향해 내리쳤다. 짧은 비수만 몸에 지닌 형가는 막을 사이도 없이 왼쪽 다리가 잘려 나갔다. 바닥에 푹 주저앉은 형가는 있는 힘을 다해 진 왕 정을 향해 비수를 뿌렸으나 칼은 기둥에 박히고 말았다. 형가의 손에 무기가 없는 것을 본 진 왕 정은 몇 걸음 다가서서 연속 여덟 번이나 형가를 찔렀다. 진 왕 정을 죽일 수 없음을 알게 된 형가는 기둥에 기대어 앉아 큰 소리로 웃으며 울부짖었다. "오늘 너를 죽이지 못한 것은 원래는 내가 네놈을 사로잡아 여러 제후들의 땅을 되돌리고 다른 나라를 침략할 계획을 포기하라고 강요하려 했기 때문이다." 이 사이 왕을 지키는 무사들이 우르르 달려들어 난도로 형가를 참했다. 진 왕 정은 형가의 그 무서운 두 눈을 보더니만 그 후 며칠간 잠도 제대로 자지 못했다.

형가가 진 왕 정을 암살하려던 계획이 성공하지는 못했지만 이 장렬하고 가슴 뛰게 하는 장면은 몇 천년 동안 사람들의 이야깃거리가 되었다.

●●● 역사문화백과 ●●●

[상대를 멸시하는 자태의 앉음새 – 기거]

예의에 맞지 않고 상대를 멸시하는 앉음새로 기거箕踞 혹은 기좌箕坐라고도 한다. 두 다리를 벌리고 곧게 펴는데 윗몸과 두 다리가 직각을 이룬다. 형가가 진나라 왕을 죽이지 못하게 되자 기거의 앉음새로 기둥에 기대어서 욕설을 퍼부었다고 한다.

| 세계사 연표 |

기원전 227년 스파르타 왕 클레오메네스 3세가 개혁을 실행했다.

094

《전국책戰國策·진책秦策⑤》 출전

4국의 최후 결전

진나라의 합병 전쟁이 최후 단계에 이르자 연·조·초·월나라 4국은 연합해 진나라와 최후의 결전을 하려고 했다.

연합군에 대처할 요가의 대책

진나라의 정벌 전쟁이 막바지에 이르자 한·위 두 나라는 멸망의 변두리에서 허덕였고, 제나라는 상국인 후승后勝이 진나라에 매수되어 지탱하기 어렵게 되었다. 그때 북방의 연·조나라와 남방의 초·월나라 4국이 연합해 진나라와 최후의 결판을 겨루려고 했다.

이 소식을 들은 진 왕 정은 빈객 60여 명을 모아 놓고 대책을 상의했지만 아무도 대책을 내놓지 못했다. 그때 위나라에서 건너온 요가姚賈라는 자가 "제가 한번 네 나라를 돌면서 그들의 연맹을 끊고 다시는 범접하지 못하도록 하겠나이다." 하며 나서는 것이었다. 진 왕 정은 요가에게 기꺼이 마차 100대와 황금 1000근을 내주고 또 왕의 복장과 보검까지 하사하면서 네 나라에 가서 유세하고 뇌물로 매수하라고 일렀다.

비방에의 반박

요가가 4국을 한 바퀴 돌고 돌아오자 어떤 대신들은 진 왕 정한테 "요가가 금은보화를 가지고 남의 초,

월나라와 북의 연, 조나라에 가서 왕권과 국보로 자기 생색을 냈다고 하는데 대왕께서 성찰하시기 바라옵니다." 하고 말했다. 진 왕 정이 들어보니 그럴듯해 요가를 불러 놓고 따졌다. "듣기에 자네가 과인의 재물로 여러 제후들과 사사로이 사귀었다고 하는데 사실인가?" 그러자 요가는 "증삼曾參이 부모를 효성스레 대했기에 천하 사람들이 모두 그의 자식이 되려 했고, 자서子胥가 군주에게 충성했기에 천하 사람들이 그를 따라 신하가 되길 원했습니다. 오늘 소신이 왕의 재물로 4국과 사귀는 것은 대왕께 충성함인데 대왕께선 어이하여 모르시옵니까? 이전에 하나라 걸桀이 틀린 말을 듣고 양장良將을 참했기에 망했고, 은나라 주왕은 남의 헐뜯는 말을 곧이듣고 충신을 멸해 마침내 목숨을 잃고 나라를 망쳤습니다. 지금 대왕께서 남이 중상하는 말을 믿으신다면 대왕을 위해 힘을 낼 충신이 더는 없을 것입니다."라고 말했다.

진 왕 정은 요가의 조리 있는 말에 고개를 끄덕이고는 그를 다시 네 나라에 사신으로 보냈다.

공을 이루어 상경이 된 요가

요가가 천금을 가지고 청산유수와 같은 말주변으로 네 나라를 돌며 유세하자 4국 모두가 연맹을 포기하고 진나라와 가까이 지내기로 약속했다. 그래서 4국이 연합해 진나라를 공격하려던 계획은 수포로 돌아가고 말았다. 요가가 사명을 원만히 완수하고 돌아오자 진 왕 정은 흡족해 하며 천 호의 조세를 봉읍으로 주고 상경으로 앉혔다. 그 후 진 왕 정은 4국을 하나하나씩 멸망시켜 버렸다.

●●● 역사문화백과 ●●●

[중산국]

중산中山국은 춘추 시대에 백적별족白狄別族이 하북성 정정正定의 동북쪽에 건립한 국가로 전국 초기에 도읍을 고顧에 정했다. 위魏나라 문후가 장군 악양樂羊을 파견해 중간의 조나라를 거쳐 중산국을 공격해 기원전 406년에 멸망시켰다. 그러나 위나라와 중산국 사이에 조나라가 있어 위나라가 중산에 대한 통제를 잘할 수 없는 틈을 타서 중산 무공中山武公의 아들 환공桓公이 중산국을 재건하고 도읍을 도령수都靈壽로 옮겼다. 그리고 위·조·한·연나라와 서로 왕으로 칭하면서 국력이 날로 강성해졌다. 그 후 조나라의 끊임없는 침공으로 버티지 못하고 기원전 296년에 조나라에 의해 멸망하고 말았다.

전국 시대, 《상군서商君書》, 《한비자》, 《관자》 등의 저서에 많은 법학 사상이 있다

| 중국사 연표 |

진나라의 장수 왕분王賁이 황하와 대구大溝의 물로 위魏나라의 대량大梁을 침수시켜 위나라를 멸망시켰다. 진나라가 우북평군右北平郡, 어양군漁陽郡, 요서군遼西郡을 설치했다.

095

노장 왕전의 청탁

진나라 왕은 병력 60만을 왕전王翦에게 주어 초나라를 공격하게 했다. 진나라 왕이 의심이 많은 사람인 줄을 아는 왕전은 눈앞의 작은 이익을 탐하는 사람처럼 보이기 위해 진나라 왕에게 여러 가지 청탁을 했다.

천군만마로 제후국들을 평정

진나라 장수 왕전은 빈양동향頻陽東鄕 사람으로서 진나라 군대에 가담한 후 혁혁한 공으로 전군을 통솔하는 장수에까지 이르렀다. 진 왕 정 11년(기원전 236), 왕전은 군사를 이끌고 조나라의 9개 성을 빼앗았고, 기원전 229년에는 또다시 조나라의 도읍 한단邯鄲을 함락하고 조나라 왕을 사로잡았다. 형가가 진 왕 정을 암살하려 한 사건에 대로한 진 왕 정이 왕전에게 연나라를 침공하게 하자 도읍 계성薊城은 함락되고 연나라 왕은 요동으로 도망쳤다. 진 왕 정은 또 왕전의 아들인 왕분王賁에게 군사를 주어 초나라를 멸망시킨 후 북쪽으로 진격해 위魏나라의 도읍 대량을 포위하게 했다. 때마침 장마철(기원전 225년)인지라 왕분은 댐을 짓고 물길을 빼 황하 물을 대량성에 마구 퍼부었다. 세찬 물결에 성벽이 뚫리자 진나라 군대는 일거에 성 안에 들어가 위나라를 멸망시켰다.

늙음을 핑계로 고향에 돌아간 왕전

한·조·위·연나라를 멸망시키고 초나라를 포위 공격하면서 진나라 군대의 사기는 하늘에 충천했다. 천하를 통일하려는 진 왕 정은 강적인 초나라를 하루빨리 없애기 위해 대신들을 모아 놓고 방법을 토론했다. 진 왕 정은 먼저 대장 이신李信에게 물었다. "과인이 초나라를 없애려 하는데 장군은 군대 얼마면 된다고 생각하오?" 이신이 "20만 명이면 충분합니다."라고 대답하자, 이번엔 왕전에게 물었다. 왕전은 "적어도 60만은 있어야지 그 이하면 성공할 수 없습니다."라고 딱 잘라 말했다. 진 왕 정이 크게 놀라면서 "장군은 늙더니 담력이 줄었구만. 그래도 이신 장군이 젊고 패기가 있는 것 같아." 하고는 이신을 대장으로 몽념蒙恬을 부장副將으로 20만의 군사를 주어 초나라를 정벌하게 했다. 왕전은 자신이 중용되지 못하자 늙음을 핑계로 고향에 돌아갔다.

이신과 몽념은 군사를 두 갈래로 나누어 한 갈래는 평여平輿를 공격하고, 다른 한 갈래는 침구寢丘를 들이쳐 성부城父에서 합류하기로 했다. 이신은 젊고 혈기가 왕성한지라 평여를 공략한 후 쉬지도 않고 초나라 군대를 추격하다가 초나라 대장인 항연項燕과 맞부딪치게 되었다. 항연은 이신이 적을 우습게 여기는 단점을 이용해 자신의 20만 군사를 7곳에 나누어 매복시킨 후 이신을 유인해 깊숙이 들어오게 했다. 이신이 매복에 걸리자 초나라 군대가 사방에서 돌연 습격했고 이신이 갈팡질팡하다가 도망치자 항연은 연속 사흘을 추격해 진나라군을 대패시켰다. 진나라군의 사상자는 그 수를 헤아릴 수 없었는데 이신 휘하의 장군만 해도 7명이나 죽었다.

금 호랑이

섬서성 신목현神木縣의 흉노 무덤에서 출토된 이 한 쌍의 금 호랑이는 머리를 숙이고 걷는 모양을 하고 있는데 두 마리가 대칭된 형태를 가지고 있다. 온몸에 볼록하게 튀어나온 무늬는 호랑이의 근육을 생생하게 보여 주고 있으며 이국적인 멋을 풍기고 있다.

| 세계사 연표 |
기원전 227년
로마가 시칠리아를 제1행성省으로 정하여 해외 행성 제도를 확립했다.

《사기史記·백기왕전열전白起王翦列傳》

다시 군사를 이끈 왕전

진 왕 정은 이 소식을 접하고 대로해 이신을 면직하고 친히 왕전의 고향인 빈양동향을 찾았다. 진 왕 정은 왕전에게 간곡히 요청했다. "과인이 장군의 말을 듣지 않고 이신에게 군사를 주어 대패하고 치욕을 겪게 되었소. 초나라 군대가 승리를 우쭐대며 진나라를 공격해 오니 장군은 그래, 앉아서 보고만 있겠소?" 그러나 왕전은 거절했다. "신은 늙고 또 병도 있으니 대왕은 다른 사람을 찾아보십시오." 진 왕 정이 여러 차례 잘못을 사과하면서 다시 군사를 이끌어 달라고 부탁하자 왕전은 "그럼, 저에게 60만 군사를 주십시오."라고 말했다. 진 왕 정은 왕전의 요구를 약속하고 나서 자기가 타던 마차에 왕전을 앉히고 함양으로 돌아왔다.

여러 차례 상을 요구한 묘계

진 왕 정은 길일을 택해 왕전을 대장으로 봉하고 역시 몽념을 부장으로 해 60만 군사를 이끌고 초나라를 정벌하게 했다. 출병 전에 왕전은 진 왕 정에게 술 한 잔을 따르고 나서 한 마디 했다. "신에게 작은 청이 하나 있는데 들어주시겠습니까?" 진 왕 정이 말해 보라고 하자 왕전은 품 속에서 글이 적힌 족자 하나를 꺼내 건넸다. 족자에는 함양성의 제일 좋은 땅과 집, 연못 따위들이 적혀 있었다. 진 왕 정은 처음엔 흠칫하다가 크게 웃으며 말했다. "장군은 곧 출전하게 되는데 내가 후에 알아서 주지 않을까 봐 근심하는 거요?" 왕전이 대꾸했다. "우리 무장武將들은 공로가 아무리 커도 제후로 봉해지지 못하니 대왕께서 상을 내리셔서 저의 자손들이 살아갈 곳이나 있게 해 주십시오." '노장군이 군대는 잘 지휘해도 큰 포부가 없군.' 진 왕 정은 이렇게 생각하며 왕전의 요구를 들어주었다.

다른 타산

그런데 왕전은 60만 대군을 몰아 초나라를 향한 지 며칠이 지나지 않아 또 진 왕 정에게 땅과 집을 요구했다. 이렇게 무려 다섯 번이나 사람을 보내자 부장인 몽념이 보다 못해 왕전에게 웃으며 말했다. "노장군이 번번이 이걸 달라 저걸 달라 하는 건 좀 과분하지 않소이까?" 왕전은 주위를 살피더니 낮은 소리로 몽념에게 귀띔했다. "몽 장군이 오해하셨소. 대왕은 의심이 많은 분이라 전국의 병력을 모두 나한테 주었으니 필경 나를 믿지 못하고 있을 것이오. 내가 이렇게 누차 사람을 보내 물건을 요구하면 대왕은 내가 눈앞의 작은 이익을 탐하는 사람인 줄로 알고 시름을 놓을 거요." 그제야 깨달은 몽념은 노장군의 세심함에 다시 한 번 탄복했다. 군주와 왕들은 대체로 장군이 대군을 통솔하게 되면 반란을 제일 무서워했다. 진 왕 정 또한 의심이 많아 사람을 잘 믿지 않는 습관이 있었다. 왕전이 한 번 또 한 번 땅과 집을 달라고 간청한 것은 물질적인 이익도 얻을 수 있고 왕의 의심도 덜어 줄 수 있는 일거양득의 묘계라 하지 않을 수 없다.

전국 시대 초나라 무덤의 짐승 조각 (위 사진)
고대의 대형 무덤에는 사악한 기운을 누르기 위해 만들어 넣은 짐승 조각품이 있다. 주로 맹수를 조각했는데 일부분은 사람의 머리에 짐승의 몸을 한 경우도 있다. 그림에 있는 호복성 전국 시대 무덤에서 발견된 이 조각은 사슴 머리를 한 짐승의 모양으로 초나라 특유의 섬세한 칠漆 공예가 확실하게 나타나 있다.

참대와 토끼털로 되어 있고 붓대에 칠을 올렸다

| 중국사 연표 |

기원전 224년

진나라의 대장 왕전과 몽념이 초나라 군대를 격파하자 초나라 장수 항연이 자살했다. 진나라는 상곡군上穀郡과 광양군廣陽君을 설치했다.

096

초나라를 점령하다

60만 진나라 군대와 100만 초나라 군대의 군사력에는 별 차이가 없었다. 왕전은 병졸들을 충분히 먹이고 휴식을 취하게 해서 병력이 왕성하고 사기가 충천했다. 그리고 어느 날 갑자기 군영이 열리며 60만 대군이 밀물처럼 초나라 군대를 향해 진군했다.

두 나라의 군사 대치

진나라 대장 왕전의 60만 대군은 진陳나라의 옛 땅을 거쳐 초나라에 이르렀다. 초나라 왕은 진나라가 또 공격해오자 항연을 대장으로 전국의 병력을 전부 동원해 응전했다. 왕전은 초나라 군대의 규모가 상당하고 또 이전에 이신을 격파한 일이 있는지라 정면 충돌로는 도저히 당해 낼 수 없음을 간파했다. 왕전은 전군에게 명해 그 자리에 군영을 짓고 항연이 아무리 욕설을 퍼부으며 싸우러 나오라고 해도 움직이지 않았다. 이렇게 되어 두 나라 군대는 평여平輿 일대의 수십 리에 걸쳐 대치하게 되었다.

이렇게 몇 개월이 지나니 병졸들은 심심해서 견딜 수가 없었다. 왕전은 이곳저곳을 순찰하다가 병졸들이 할 일 없이 빈둥거리는 것을 보고 문득 생각이 들어 수시로 넓이뛰기, 높이뛰기, 돌 뿌리기 등의 활동을 많이 할 것을 명했다. 당시 전쟁에는 돌을 뿌리는 도구가 있었는데 10kg이 넘는 돌을 뿌리게 되어 있고 제일 멀리는 300보까지 갈 수 있었다. 병졸들에게 돌 뿌리기를 명한 것은 튼튼한 신체를 유지하기 위한 것 외에도 전쟁에서 직접 사용할 수도 있고, 또 심심풀이도 할 수 있기 때문이었다. 왕전은 또 이긴 자에게는 포상도 했다. 그러자 얼마 안 되어 병졸들은 재미있어 하며 하루도 빠짐없이 활동에 참가했다. 밥을 잘 먹고 신체 단련도 할 수 있으니 병졸들은 더는 집을 그리지 않았고 저도 모르는 사이에 매일 같은 군사 훈련에 참가하게 되었다. 한편 초나라 쪽은 매일같이 싸움을 청해도 응전하러 나오지 않으니 그냥 풀 없이 돌아가고 말았는데 이렇게 1년이 지났다.

어느 날은 왕전이 부하에게 병졸들이 무얼 하는가 알아보라고 했다. 부하가 병졸들은 여전히 돌 뿌리기와 넓이뛰기를 하고 있다고 하자 왕전은 "이제 손을 쓸 때구만." 했다.

섬세한 구름 무늬의 정鼎

전국 시대 금은으로 무늬를 한 솥이다. 발이 세 개에 손잡이가 두 개 달려 있고 뚜껑에는 고리가 있다. 솥뚜껑에는 4개의 꽃잎이 새겨져 있고 겉면에도 섬세한 구름 무늬 모양이 그려져 있다.

●●● 역사문화백과 ●●●

[무덤의 변화]

전국 시대 무덤에는 수장품에 등급이 있는 외에 무덤의 모양에서도 등급 변화가 나타나기 시작했다. 원래 무덤에 흙을 올리지 않고 나무를 심지 않던 것이 점차 무덤을 높이 쌓기 시작했다. 상앙 변법에서는 직위가 높으면 높을수록 무덤의 높이도 그만큼 높고 나무도 많아야 한다고 규정했다. 국왕의 무덤 이름도 능陵이라고 부르기 시작했는데 이때부터 제왕들의 무덤을 능이라고 했다.

| 세계사 연표 |

기원전 226년

로마가 사군툼에 사신을 파견하여 카르타고 사람들과 계약을 맺었다. 계약에는 이베리아 반도에서의 쌍방 세력 범위를 확정했다.

출전 《사기史記·백기왕전열전白起王翦列傳》
《자치통감資治通鑑·진시황제秦治皇帝 21년~23년》

번개 같은 공격

그러던 어느 날, 초나라는 또 진나라 군영까지 다가와 싸움을 청해 왔다. 초나라군은 여느 때와 마찬가지로 진나라의 군영 문이 굳게 닫힌 것을 보고 돌아가려고 발길을 돌렸다. 바로 그때, 갑자기 진나라 군영 문이 활짝 열리더니 진나라 군사들이 밀물처럼 쏟아져 나왔다. 아무런 준비가 없었던 초나라 병사들은 60만 진나라 대군의 파도 같은 인파에 우왕좌왕하며 사방으로 뿔뿔이 도망을 쳤고 항연은 진나라 군사의 기세를 도저히 막아 낼 수가 없었다. 왕전은 우신于薪에서 초나라 군대를 크게 격파하고 초나라 장수 항연은 자살을 했다. 이듬해 왕전은 초나라 도읍인 수춘壽春을 함락하고 초나라 왕을 사로잡았다.

기원전 223년 진 왕 정은 초나라의 땅에 초군楚郡, 구강군九江郡을 설치했다. 기원전 222년 왕전은 또 초나라가 통제했던 강소, 절강 일대의 땅을 평정하고 월나라 왕의 투항을 받았다. 진 왕 정은 또 이곳에 회계군會稽郡을 설치했다.

왕전이 초나라를 멸망시킨 후 진 왕 정이 왕전의 아들 왕분을 대장으로 내세워 요동遼東을 공략해 연나라 왕 희喜를 사로잡고 대성代城을 함락시키자 대 왕 代王은 자살했다. 이어서 기원전 221년에는 진나라 대군이 동쪽으로 향해 제나라를 멸망시켜 끝내 중국을 통일하는 대업을 이루어 냈다.

채색 도두陶豆
진흙 회색 도기에 그림을 그린 전국 시대 채색 도두. 원형 다리에 두 개의 손잡이가 달려 있으며 도기 표면에 붉은색의 무늬가 있다.

●●● 역사문화백과 ●●●

[옛사람들이 신던 신과 양말]

진나라가 전국을 통일하기 이전 시기에는 신을 구屨 혹은 이履라고 불렀는데 풀, 마, 가죽이나 비단으로 만들었다. 바닥이 한 층인 신을 구라고 하고 바닥에 나무를 댄 신은 석潟이라고 불렀다. 목이 긴 신은 북방의 호인胡人들로부터 전해져 들어왔는데 중원 사람들은 이것을 제靴라고 불렀다.
옛사람들의 양말은 삶은 가죽이나 직물로 되었는데 옛 예절에 따르면 높은 사람을 만나 동석할 때 지위가 낮은 사람은 양말을 벗어야 했다.

●●● 전국 시대의 군명郡名표 ●●●

제나라를 제외한 전국 시대 각 제후국은 변경을 튼튼하게 하기 위해 변경에 군을 설치하고 중앙에서 직접 통제했다. 진나라가 6국을 합병할 때도 새로 정복한 땅에 군을 설치했다.

위魏나라	하서군河西郡, 상군上郡, 하동군河東郡, 방여군方與郡, 대송군大宋郡
조趙나라	상당군上黨郡, 안문군雁門郡, 운중군云中郡, 대군代郡, 안평군安平郡
한韓나라	상당군上黨郡, 삼천군三川郡, 상채군上蔡郡
초楚나라	완군宛郡, 한중군漢中郡, 신성군新城郡, 강동군江東郡, 검중군黔中郡, 무군巫郡
연燕나라	상곡군上穀郡, 어양군漁陽郡, 요동군遼東郡, 요서군遼西郡, 우북평군右北平郡
진秦나라	상군上郡, 하동군河東郡, 한중군漢中郡, 파군巴郡, 촉군蜀郡, 농서군隴西郡, 북지군北地郡, 남군南郡, 남양군南陽郡, 도군陶郡, 상당군上黨郡, 검중군黔中郡, 태원군太原郡, 삼천군三川郡, 동군東郡, 언문군雁門郡, 운중군云中郡, 영천군穎川郡, 한단군邯鄲郡, 거록군巨鹿郡, 광양군廣陽郡, 상곡군上穀郡, 어양군漁陽郡, 우북평군右北平郡, 요서군遼西郡, 탕군碭郡, 초군楚郡, 사수군泗水郡, 설군薛郡, 구강군九江郡, 장사군長沙郡, 회계군會稽郡, 대군代郡, 요동군遼東郡, 제군齊郡, 낭사군琅邪郡

| 중국사 연표 |

기원전 223년 — 진나라가 초나라를 멸망시키고 초나라 왕을 사로잡았다. 진나라가 초군楚郡을 설치했다.

포악한 세력을 두려워하지 않는 초나라 사람들의 정신 – 호랑이 받침대와 두 마리 봉황 틀에 들려 있는 북

| 세계사 연표 |

기원전 223년
마케도니아 왕 안티고노스 3세가 새로운 헬라스 동맹을 결성했다.

097

《사기史記·조세가趙世家》
《사기史記·화식열전貨殖列傳》 출전

뛰어난 미모와 가무에 능한 여자들

조나라의 순자荀子는 일찍이 여인들의 어여쁜 자태를 서술하고 찬탄한 적이 있다.

조나라 여자들은 용모와 춤, 노래 솜씨가 뛰어났을 뿐만 아니라 사생활도 아주 난잡했다. 여불위는 조나라 도읍인 한단에서 장사를 하다가 결혼하기 전에 자색과 춤 솜씨가 뛰어난 조희라는 무녀와 동거해 임신까지 시켰다. 여불위는 조희를 진나라 공자인 자초子楚한테 바쳤는데 그녀는 후에 진나라의 황후, 태후까지 되었다. 태후가 된 후에도 조희는 여전히 여불위, 노애와 음란한 짓을 꺼리지 않아 아들 진 왕 정의 엄벌을 받았다.

조나라 사람 이원李園은 여동생의 용모가 뛰어나서 원래 초나라 고열왕考烈王에게 바치려 했으나 고열왕이 불임이 있음을 알고 초나라 왕의 친신인 춘신군春申君에게 먼저 바쳐 임신하게 한 후 다시 고열왕에게 바쳤다. 이원의 여동생은 왕궁에 들어간 후 아들을 낳아 초나라 황후로 봉해졌고 아들은 태자로 세워졌다. 그녀는 아들이 춘신군의 소생이라는 것이 들통날까 봐 춘신군 일가를 모조리 죽였다.

조나라 왕 천遷의 생모도 역시 가녀였다. 조나라 도양왕悼襄王은 그녀의 미모가 출중하다는 말을 듣고 궁에 불러들였는데 아들 천을 낳은 후, 그녀는 여러 가지 수단을 써서 마침내 왕후가 되었다. 아들 천이 태자로 봉해지자 그녀는 창후倡后로 불렸는데 왕후가 된 후에도 창후는 음란한 짓을 계속 해서 조나라가 멸망한 후 격분한 사람들에게 처형당했다.

전국 시대는 여러 제후국들이 경쟁하고 합병한 시

조나라의 가녀歌女

조나라의 중산 일대는 인구가 많지만 토지가 기름지지 못했다. 그래서 백성들은 농업에 종사하기를 꺼려 했으며 투기나 교활한 행동을 자주 하며 다른 사람의 재물을 갈취하곤 했다.
중산 일대의 남자들은 모여서 도박이나 살인, 강탈, 무덤 파기를 일삼았고, 여자들은 화장을 요란하게 하고 요염한 자태로 부유한 자들을 유혹하는 것으로 세월을 보냈다.

기로서 예의와 도덕, 교육이 형편없이 약해졌다. 전국 말기 진나라가 6국을 평정할 무렵에 두려움에 떨던 사람들은 갖은 수단을 다 써 가면서도 살아갈 길을 모색할 수밖에 없었던 것이다. 조희나 이원의 여동생, 창후 모두가 이 시기의 전형적인 인물들로서 사회가 격변하는 시대의 혼란상을 보여 준다.

청동기를 모방한 원시 자기
이 자기는 변두리를 구부려 만들었는데 발이 세 개이며 양측에는 짐승 모양의 맹수가 붙어 있다. 청동기를 모방한 이런 모양의 원시 자기는 상당히 보기 드물다.

●●● 역사문화백과 ●●●

[동전의 4가지 형태]

동으로 만든 화폐가 나타난 것은 춘추 후기부터이다. 전국 시대에 이르러 4가지 모양의 화폐가 크게 유행했다.
1. 포폐布幣 : 위·조·한나라 3국에서 유행 삽 모양을 하고 있다.
2. 도폐刀幣 : 제·연·조나라 3국에서 유행했는데 제나라의 도폐가 제일 크고 칼끝이 날카로웠고 조, 연나라의 도폐는 조금 작고 칼끝이 무뎠다.
3. 원전圓錢 : 원래 구멍이 없다가 후에 정방형의 구멍이 생기게 되었다. 진·위·조나라 등 황하 연안의 나라들에서 유행했다.
4. 동패銅貝 : 초나라에서 유행.
동패 외의 모든 화폐는 농사 도구 등에서 모양을 따온 것이다.

전국 시대의 한아韓娥. 그녀의 노래는 청아하여 사흘 동안이나 메아리쳤다고 한다

| 중국사 연표 |

기원전 222년

진나라가 초나라의 강남 지역을 평정하고 백월百越 군주를 투항시켜 회계군會稽郡으로 앉혔다. 진나라 왕이 요동까지 추격해 연나라 왕 희喜를 생포하자 연나라가 멸망했다. 이어 대代를 정벌해 대 왕 가嘉를 생포하자 조나라가 망했다.

출전 《맹자·공손추公孫醜》 《한비자·5두五蠹》

098

《백가》

전국 시대 제자백가 중의 소설가들이 지은 작품들은 《백가》라는 이름으로 엮어져 유행했다.

소설은 민간의 구두 문학으로부터 탄생되었다. 전국 후기에 이미 소설들을 묶은 《백가》라는 책이 나왔다. 그리고 일부 소설가들의 저서도 나오기 시작했는데 송나라 사람이 쓴 《송자宋子》가 바로 그 예이다. 전국 시대의 이야기 중에는 송나라의 것이 특별히 많은데 전국 시대의 대표적인 소설 이야기들을 일부 소개한다.

도끼를 잃은 이야기

어떤 사람이 도끼를 잃고 옆집 아이를 의심했다. 그가 보기엔 그 아이의 얼굴색과 말하는 모습을 보아도 자기 도끼를 훔친 것 같았다. 그러나 그 사람이 자기 집에서 도끼를 찾게 되자 그 아이의 행동이나 태도가 도끼를 훔치지 않은 것처럼 보이는 것이었다.

이 이야기는 실제적 증거 없이 편견만 갖고 사물을 관찰한다면 착오를 범할 수 있다는 도리를 제시한다.

전국 시대의 병기 - 동월銅鉞
월은 고대 병기의 일종으로 청동이나 철로 제조했는데 모양은 도끼와 비슷하나 조금 크다. 상·주 시대에는 월을 군권을 상징하는 의장으로 많이 썼다. 월은 네모났는데 앞부분은 호형으로 날을 세우고 뒷부분에는 나무 자루를 맞췄다.

황금을 강탈하다

제나라의 어떤 사람이 황금을 갖고 싶어서 황금 시장에 갔다. 사람들이 황금을 내놓자 그는 다짜고짜로 달려들어 황금을 강탈했다. 시장 관리가 달려와 그를 붙잡고 황금을 강탈한 이유를 묻자, 그는 "내 눈엔 황금만 보일 뿐 사람은 보이지 않소." 하고 말했다.

이는 사람이 극도로 탐욕스러워지면 황당한 짓도 어렵지 않게 한다는 이치를 제시한다.

벼를 잡아당겨 자라게 한 농부

송나라의 어떤 사람이 논의 벼가 너무 더디게 자라는 것을 보고 한 포기씩 잡아당겼다. 일을 마친 그는 집에 돌아와 "오늘 벼를 잡아당겨 자라게 하느라고 피로해 죽겠어." 하고 자랑을 했다. 그의 아들이 그 말을 듣고 달려가 보니 벼는 이미 누렇게 죽어 있었다.

이는 일을 빨리 하려고 하나 순리를 따르지 않으면 도리어 일을 그르치고 만다는 도리를 알려 준다.

나무 밑에서 토끼를 기다린 농부

송나라의 한 농부가 밭일을 하고 있는데 토끼 한 마리가 뛰어오다가 나무를 들이박고 죽었다. 그러자 그 농부는 밭 갈기를 그만두고 토끼가 다시 부딪혀 죽기만 기다리다 보니 농사는 황폐해지고 말았다.

이 이야기는 사람들이 작은 경험에만 의지해 노력하지 않음을 일깨워 주고 있다.

전국 시대의 소설은 짧지만 사람들의 사색을 자아내게 하여 '소 소설'이라 칭하게 되었다. 이런 소 소설은 후에 장편 소설의 온실이 되고 있다.

| 세계사 연표 |

기원전 222년

로마가 이탈리아 북부의 주요 거점인 밀라노를 점령하고, 포 강 유역을 로마의 행정 구역으로 만들었다.

099

《손빈병법孫臏兵法》 출전

《손빈병법》의 발견

군사 성인聖人인 손무의 후대이며 걸출한 군사가인 손빈이 저술한 병법서가 장기간 소실되었다가 20세기 70년대에 새로 나타났다.

손씨의 부동한 병서

춘추 시대에 두 명의 걸출한 성인이 나타났는데 그중 한 명은 문성文聖인 공자이고 다른 한 명은 무성武聖인 손무로서 그들의 학설과 사상은 전국 시대에 이르러 더욱 발전하게 되었다. 공자의 계승자인 맹자는 유가 사상을 선양하고 창조적으로 발전시켜 후세에 '아성亞聖'이라 존대해 부르게 되었고, 손무의 계승자인 손빈은 병가 사상의 이론과 실천면에서 창조적인 발전을 이룩해 역시 군사상의 '아성亞聖'으로 존대받게 되었다. 유가와 병가가 두 개의 학술 원류로서 춘추 전국 시대에 이와 같이 특출한 성과를 올리게 된 것은 중국 역사의 귀감이 되고 있다. 역

사적 기록에 의하면 손무와 손빈이 각각 병서를 저술했다고 한다. 사마천의 《사기·손자오기열전》에서는 "손자는 병서를 갖고 오나라 왕을 만났다."고 썼고, 손빈도 "그 병서를 전해 내려왔다."라고 적었다. 《한서漢書》에는 《오吳손자병법》 82편과 《제齊손자》 89편이 적혀 있는데 여기서 '오손자'란 손무, '제손자'란 손빈을 가리킨다. 그러나 《수서隋書》에는 오와 제의 구별이 없이 《손자병법》이란 한 가지만 적고 있다. 이는 당시 손무와 손빈이 각자 병서를 저술했으나 그중의 하나가 사라졌음을 말해 준다.

《손빈병법》의 실종

손빈의 병법서는 대략 동한 말년과 삼국 시기, 위·진 시기의 긴 전란 속에서 소실된 것 같다. 두 개의 저술 중에서 한 개만 남았으니 송나라 이후로부터 여러 가지 추측들이 쏟아져 나왔다. 어떤 학자들은 손무와 손빈은 원래 한 사람으로서 '무'란 그의 이름이고 '빈'이란 그의 별명이며, 병법 책은 전국 시대의 손빈이 썼다고 주장했다. 또 일부 학자는 손무와 손빈은 확실히 서로 다른 두 사람인데 《손자병법》은 손무가 먼저 쓰고 손빈 때에 와서 완성했다고 주장했다.

병서의 부활

1972년 4월, 산동성 임기현 은작산臨沂縣銀雀山의 한漢대 초기 고분 중에서 《손자병법》, 《손빈병법》, 《6도六韜》, 《위료자尉繚子》 등을 적은 죽간이 많이 발견되었다. 그중 《손빈병법》은 이미 사라진 지 1700여 년이

청자기 사발
온 몸체에 황록색 유약을 칠한 전국 시대의 이 원시적 청자기 사발은 정예하게 제작된 공예품이다.

●●● 역사문화백과 ●●●

[전국 시대 성시에서 쓰던 급수관]

1984년, 하남성 등봉현 고성진 양성산登封縣告城鎭陽城山 근처에서 전국 시대에 썼던 급수관이 발견되었다. 이미 출토된 관도가 5000여㎡ 정도 되는데 토기로 만들었고 매 30~50㎡ 사이에 삼통 연결을 달았다. 급수관도의 중간에 조약돌로 쌓은 여과 못과 구덩이, 물 저장 못이 있었다. 급수 원리는 이처럼 현대적 급수와 비슷했는데 이 발견은 중국 초기의 성시城市 건축 시설을 연구함에 있어 중요한 실물적 증거를 제공해 주었다.

| 중국사 연표 |

기원전 221년
진나라 왕이 연나라 남으로부터 제나라를 침공해 제나라 왕을 생포했다. 마지막으로 제나라가 망하자 진나라가 중국을 통일했다.

걸출한 병법서
《손빈병법》은 중국 고대의 병법서로서 《제손자》라고도 부른다. 1972년에 발굴되었는데, 《손빈병법》은 중국 군사상의 유명한 경전 저서로서 높은 군사 이론적 가치가 있다. 손빈의 전쟁관, 전략 전술 사상 및 도道에 대한 인식 등이 극히 뛰어나다.

나 되니 그 가치가 제일 컸다.

정리를 거쳐 《손빈병법》이 적힌 죽간을 440쪽 가려 냈는데 글자 수는 무려 1만 1000자가 넘는다. 그중 손빈의 사적을 기록했거나 매 쪽 위에 '손자'라는 글이 새겨진 것은 틀림없는 《손빈병법》으로 분류해 상편으로 묶고, 손자라는 글자는 쓰여 있지 않았지만 내용이나 문장 짜임새에서 《손빈병법》에 근사한 것을 분류해 하편을 묶었다.

이와 같은 정리를 거친 후 살펴보니 《손빈병법》은

●●● 역사문화백과 ●●●

[새로 발견된 손빈의 화상과 《손씨족보》]
1993년, 산동성 견성현 홍선진 손로가촌鄕城縣紅船鎭孫老家村에서 손빈의 화상畵像 두 폭과 손빈을 시조로 한 《손씨족보》가 발견되어 손로가촌이 손빈의 고향이라던 전설을 실증했다.

●●● 역사문화백과 ●●●

[황노학파]
전국 시대 도가 학파의 한 부류로서 대표적 인물로는 신도慎到·전병田騈·환연環淵·접자接子 등이 있다. 이 학파는 노자의 '천도자연, 무위이치天道自然 無爲而治'의 도 본체 사상에 기초해 유가의 덕치 사상, 법가의 법치 사상 등을 융합해 '청정무위, 애민혜민, 형명법술淸靜無爲, 愛民慧敏, 刑名法術'을 핵심으로 하는 신 학설 체계를 건립했다. 그들은 황제를 시조로 모시고 노자를 근조로 모셔 약칭 황노 학파黃老學派라 부른다. 1973년 장사시의 마왕퇴에서 출토된 《법경》, 《16경》, 《도원道原》, 《칭稱》 등은 모두 이 학파의 대표적 저서들이다.

전국 시대 손빈이 쓴 저술로서 그 특색이 나타났다. 우선 손무는 실례를 들 때 오나라와 월나라의 투쟁을 들었는데, 손빈의 저작에는 〈방연龐涓을 사로잡다〉, 〈위왕威王의 물음〉 등이 들어 있는 것으로 보아 분명히 전국 시대 중엽에 쓴 것이다. 그리고 작전시의 병종兵種으로 보아 손무는 병거, 보병, 수군 등을 들었는데, 손빈은 기병과 궁수 등을 추가시켰다. 또 성새를 공격하는 책략을 볼 때 손무는 '힘으로 굴복시키는' 한 가지 방법밖에 없다고 했지만, 손빈은 7가지 상황의 성새는 모두 공격할 수 있다고 했다. 이처럼 손빈의 병법은 손무가 쓴 것과 명확히 구별된다.

지혜가 넘치는 고전

《손빈병법》은 내용이 풍부하고 전략 전술이 영활하다. 저서에서는 계릉과 마릉의 두 개 전투의 과정을 서술하면서 손빈이 각종 계책을 대 완승을 거두는 장면을 기술해 과거 전적에서는 볼 수 없던 많은 사실을 보충해 주었다. 또한 손빈이 형세를 면밀히 관찰하는 전쟁 이론과 신선 같은 군사 모략, 부국강병의 정치 주장 등을 기술해 걸출한 군사가, 사상가 손빈의 형상이 눈앞에 선히 나타난다.

《손빈병법》의 발견으로 전국 시대의 역사가 한결 빛나게 되었다.

기원전 221년 | 세계사 연표 |
마케도니아의 극왕 필리포스 5세가 즉위했다.

전국 시대 소용돌이 무늬가 새겨진 자기 단지

전설에 의하면 황제와 기백이 함께 의논해 《내경》을 펴낸 데서 유래됨

초점: 기원전 403년부터 기원전 221년까지의 중국

진한秦漢 이후 역대 통일 왕조의 정치, 경제 제도는 모두 전국 시대의 성과를 답습하고 발전시킨 것이며, 문화와 학술 역시 전국 시대의 추세를 계승하면서 일부 변혁시킨 것이다. 전국 시대의 '구류십가九流十家' 사상은 후세에 많은 영향을 주었다.

양콴楊寬

비록 학술계에서는 이 시기의 역사에 대해 여러 가지 다른 인식과 이해를 갖고 있기는 하지만, 동주東周에서 진秦대에 이르는 이 시기가 위대한 변혁의 시기임은 그 누구도 부인할 수 없다. 가령 우리가 이 500여 년 사이의 두 끝, 즉 두 개의 주나라 왕조가 생길 때와 진한秦漢이 건립될 때를 서로 비교해 보면 사회, 경제, 정치, 문화 등 모든 면에서 현저한 변화가 일어났음을 알 수 있다. 그러므로 우리들이 그 시대를 깊이 이해하려면 반드시 변혁의 관점으로 그 시기의 역사 맥락을 짚어 보아야 한다.

리쉐친李學勤

춘추 시대에 군주를 폐하고 모살한 사건이 36차례나 일어났고, 망한 나라가 52개나 되며 제후가 사직社稷을 지키지 못하고 도망친 일은 부지기수였다. 왕공王公의 봉록을 받아 한 고장을 부자가 이어가며 차지하던 자들도 모두 평민으로 전락했다. 관아에서 꾸리던 학당도 점차 사학으로 바뀌었다. 세도가 변하면서 현군양상賢君良相은 인재를 얻어 보필하고 인인군자仁人君子들은 도술로 세상을 구하려 했으며, 수하 사람들도 자기 주인에게 금은보화를 내어 경상卿相의 자리를 차지하라고 권고했다. 이처럼 사회 조직이 변화됨에 따라 평민 가운데에서도 학문을 하는 자가 나오고 제자백가諸子百家가 솟아났다.

뤼쓰몐呂思勉

전국 시대에 봉건 제도가 노예 제도를 전승하면서 사회 경제가 신속한 발전을 가져오고 계급 관계도 중대한 변화를 일으키게 되었다. 그래서 모든 낡은 관념과 낡은 사상 및 낡은 생활 습성에 동요가 생기면서 그에 상응한 변화가 사상에서도 일어나게 되었다. 제자백가는 서로 다른 계급, 계층과 집단의 이익을 위해 다른 각도로 당시의 문화 지식을 받아들여 '저서입설著書立說'하고 제자를 모으며 서로 변론을 해 '백가쟁명百家爭鳴'의 국면이 출현했다.

궈모뤄郭沫若

전국 시대의 역사는 겉으로 보기엔 '칠웅병립七雄幷立'의 역사인 듯하지만 사실 그 내면은 바로

문단의 태두와 학술 명가들이 기원전 403년부터 기원전 221년까지의 중국 역사를 묘사하고 있다. 그들은 거시적이고 미관적인 안광으로 전국 사회의 정치 경제와 사회 문화의 각 분야에 대해 설득력 있으면서도 생생한 해석을 가했다. 이 같은 고도의 지혜가 응집된 학술의 정화는 읽을수록 새로우며 우리를 중국 역사 문화의 전당으로 이끌어 주고 있다.

각 지역의 경제 발전이 평형 상태를 이루고 있다는 정치적 표현이다.

젠보짠剪伯贊

전국 시대는 비록 잔혹하고 혼란한 시대였다고는 하지만 또한 매우 평등하고 자유로운 시대였다고 할 수 있다. 모략으로 대업을 이룬 자가 있는가 하면 은둔해 행적을 알리지 않은 자들도 있었다. 왕공귀족으로 자기를 낮추지 않고 현자를 얻으려고 해 현자가 따르지 않은 일도 있는가 하면, 자기를 낮추어도 평생 인재를 구하지 못한 일도 많다. 하지만 귀천의 지위는 서로 상반되는데 이 역시 다른 나라의 역사책에서 보기 드문 일이다.

류이정柳怡微

춘추 시대의 가장 위대한 사상가는 공구(공자)이고, 전국 시대의 가장 위대한 사상가는 묵적(묵자)이다. 공자가 춘추 시대를 빛나게 마무리했다면 묵적은 전국 시대를 빛나게 열었다.

장인린張蔭麟

전국 시대에는 근 200년이 되도록 장기적인 전쟁을 했는데 그 본질은 지주 정권이 영주 정권을 대체하는 전쟁이며, 가족 제도가 종족 제도를 대체하는 전쟁이며, 중앙 집권적 통일국가가 제후가 할거하는 현상을 대체하는 전쟁이다. 진나라가 마침내 전쟁의 승리를 거두었는데 이는 역사 발전의 위대한 업적이다.

판원란範文瀾

전국 시대의 문화는 경제 발전과 사상 해방으로 인해 중국 유사 이래의 최고봉을 이루었다. 이 문화는 그 후 중국 2000여 년의 봉건 문화 발전에 기초를 닦아 주었을 뿐만 아니라 고대 세계 문화 보물창고 가운데에서도 찬란한 빛을 발하고 있다.

진징팡金景芳

'사士'는 대부분 고대의 지식인으로서 당시의 정치 문화에 대해 중요한 역할을 했다. 그래서 그들 중에 많은 사상가, 교육가, 과학자, 정치가, 군사가들이 나와 수많은 저서들을 써 중국의 역사에 귀중한 문화유산을 남겼다.

상웨尙鉞

고대 중국에서는 각 지역간에 교환이 늘어나 상품 유통이 점차 증가되고 그리 크지 않던 지방 시장들이 전국적 시장으로 집중되면서 각국의 융합, 통일과 민족의 연계가 형성되었다.

리야눙李亞農

기원전 403년부터 기원전 221년까지의 사회 생활 및 역사 문화 백과
(각 조항은 페이지 번호에 따라 검색)

전국 시대는 중국 사회가 변화다단하고 백천귀일百川歸一하는 역사 대변혁의 시기로서 신생 사물이 용솟음쳐 나오고 전통적인 풍속이 빛을 뿌려 선인들의 불굴의 정신과 의젓한 자태를 남김없이 과시하고 있다.

1. 왕공 제후
변장卞庄이 호랑이를 잡다 76
봉호封號의 세 가지 유형 87
전국 시대 시호諡號의 연변 91
진나라 무왕이 보정을 들다 125
연나라 왕의 직과職戈 150
최초의 은 주기銀酒器 156
전국 시대 제후 연표 174
고대 천자의 면복冕服 189
증후을 탄로 196
증후을 묘지의 놀라운 발견 236

2. 군사와 전쟁
성을 지킬 때 쓰는 기계 28
《묵자墨子》중의 군사 논술 29
칼을 든 병사 목각 인형 31
전국 시대의 정예 부대 45
네 필의 말이 끄는 병거兵車 46
동으로 된 삼지창 73
전국 시대의 무기 일부 81
손빈이 지휘한 계릉전 형세도 82
마릉의 싸움 83
신기한 무기 – 화살 102
외교 정책 – 합종연횡合從連橫 102
진나라가 초, 제나라를 전승한 작전도 106
정밀한 화살촉 140
청동 차축車軸, 갈고리, 재갈 145
진나라 동부 지역의 요새要塞 – 무관武關, 함곡관函谷關 146
걸송 초망桀宋招亡 154
황금대黃金臺의 장군 – 악의 159
병권의 상징 – 한장서호절韓將庶虎節 160
악의가 제나라를 크게 격파하다 160
전국 시대 성과 요새 공격에 쓰였던 도구 –
연시, 분온, 운제, 충거 160
신비한 청동 창 161
악의가 제나라를 공격한 시의도示意圖 161
함매와 장휘 163
지혜로운 수장 – 전단 164
화우진火牛陣 165
노弩, 거래距來, 전사기轉射機 195
금과과두金戈頭 202
가죽 갑옷 218
조나라를 구할 때 죽은 군사 무덤 225
옥새와 병부 제도 225
전국 시대 진나라 군사가 – 백기 226
백기가 초나라를 공략한 시의도 227
용, 봉 무늬가 새겨진 전국 시기 방패 253
제후 열국의 장성 255
전국 시대의 병기 – 동월銅鉞 272
걸출한 병법서 274
새로 발견된 손빈의 화상과《손씨 족보》 275

3. 경제와 무역
'삼진三晉'의 포폐布幣 32
초나라의 화폐 제작 기구 33
목형木衡과 동환권銅環權 49
폐승마幣乘馬 58
제나라 도폐 59
부창府倉, 부고府庫, 부인府人 64
상앙의 구리 되 68
평수포平首布 70
농사를 중시하고 상업을 억제하는 정책 70
통일적인 저울추 85
초나라의 동패폐銅貝幣 114
중국 최초의 황금 화폐 115
춘추 전국 시대의 염업鹽業 131
'왕'자 동형王字銅衡 135

기원전 403년부터 기원전 221년까지의 사회 생활 및 역사 문화 백과

황금 화폐의 유통 152
삽 모양의 포폐布幣 153
원자 환전垣字環錢 163
제나라의 제법화齊法化 도폐 180
의비전蟻鼻錢 182
전錢과 패폐貝幣 189
전국 시대 시장 경제 용어 193
중농억상 정책 207
칼 모양의 동폐 222
규모가 웅장한 옛 도시 234
엄밀한 검사를 거친 되 258
동전의 4가지 형태 271

4. 귀족들의 생활
전국 시대의 비단 그림 41
전국 시대의 칠차마렴漆車馬奩 100
간소한 '가마' 100
초나라의 마차 유적 205

5. 자랑할 만한 과학 기술 성과
도자기에 새긴 무늬 59
백서帛書《족비십일맥구경足臂十一脈灸經》 79
중국 최초의《상마경相馬經》 80
음양오행설陰陽五行說의 기원과 영향 89
의학 보전 -《황제내경黃帝內經》 97
선진先秦 시대 중의中醫의 오색진단법五色診斷法 145
최초의 완벽한 의서醫書 -《황제내경》 166
목성木星과 그 위성衛星 176
《감석성경甘石星經》 176
핼리 혜성에 대한 최초 기록 177
각종 목제木制 공구 190
혜성에 대한 첫 발견 202
구침, 구장 205
도강언都江堰 수리 공정도 208
이빙 부자의 이왕묘 209
보병구寶瓶口 209
위대한 수리 공정 - 도강언都江偃 211
선진 시대의 중의 문진법 - 5형지五形志 213

전국 시대의 과학 기술 216
정국거 유적 232
정국거 시의도 233
천문학상의 중요한 발견 - 28수천문도 244
중국 고대 천문 28수의 배열 244

6. 생활과 풍속
전국 시대의 술잔 34
전국 시대의 술을 빚는 항아리 55
전국 시대의 전형적 특징을 가진 도자기 두豆 59
신선이 살았다는 지방의 전설 61
코끼리 모양의 구리 등잔 62
양 모양의 기구 63
반리 무늬蟠螭紋를 박은 그릇 65
구리로 된 취사도구 67
사람 머리 모양의 구리 등잔 73
구리 등잔 86
순장에 쓰인 조각 사람 95
최초의 통행증 - 왕명 전달시 쓴 용절龍節 103
도금한 악군계동절鄂君啓銅節 104
무산 신녀巫山神女의 전설 106
짐승 모양의 고리가 달린 도자기 병 109
2500년 전의 7개 지역 문화권 110
인형 구리 등잔 119
새 모양의 손잡이가 달린 청동 등잔 124
동물 모양의 정鼎 126
전국 시대 우물 129
진귀한 호인 조각상 129
중산국 선우족鮮虞族의 복장 131
전국 시대 취사도구의 부속품 - 정 갈고리 136
각지의 특산물 136
전국 시대 채색 목용木俑 137
고대인들이 숭배한 8신 139
교통 공구의 제작 141
전국 시대 대형 토기 양식 저장 단지 150
채색 인형 사녀 155
고대인의 전렵 155
채색 출행도彩色出行圖 칠기 잔편漆器殘片 171

279

기원전 403년부터 기원전 221년까지의 사회 생활 및 역사 문화 백과

짐승 위에 사람이 서 있는 경반擎盤 183
존경이나 사죄를 표시하는 예절 – 단袒 186
전국 후기의 동용銅桶 187
장식품 영양羚羊 211
전국 시대 묘소의 세 등급 228
전국 시대의 석제 육박반 239
낙타를 탄 사람 모양의 등대 249
꿇어앉은 사람 형태의 구리 등잔 263
상대를 멸시하는 자태의 앉음새 – 기거 264

7. 전국 시대의 명인
묵자가 비공非攻을 주장하다 28
목공의 선조 공수반 29
예양의 자결 32
하백이 장가들다 35
상인의 스승 – 백규 43
섭정이 협루를 찌르다 51
맹모가 짜던 베를 자르다 53
추기가 국상이 되다 58
손빈의 지혜 80
병가 아성兵家亞聖 – 손빈 82
백성의 소원을 대변한 묵자墨子 83
아성 맹자 92
'군은 가볍고 민은 귀하다'를 창도한 아성 맹자 92
맹모가 아들을 교육한 유적지 93
장주(장자) 상 98
자유를 추구한 철학자 – 장자 99
장자가 꿈에 나비가 되다 99
장의가 초나라에 가다 105
애국 시인 굴원 110
굴원 도축 111
풍환 탄협馮驩彈鋏 137
말주변이 좋은 종횡가縱橫家 소진 156
춘추 전국 시대의 인구 156
《사걸사경도四傑四景圖·처불하기妻不下機》 157
걸출한 종횡가 소진 158
제나라 고사高士 노중련魯仲連 167
순황 상荀況像 170

범저가 죽음에서 벗어나다 201
잉어를 탄 금고 215
조괄의 탁상공론 219
신릉군이 현자를 방문 224
걸출한 사상가 – 양주 233
이원이 여동생을 바치다 234
법가의 대표적 인물 – 한비 252
역수에서 작별하다 259
비장한 의사 – 형가 262
지도를 펼치자 비수가 나오다 262

8. 신성한 종교 의식과 예기
영호군 사자 항아리 50
구리로 만든 매 74
마귀를 쫓는 묘지기 짐승 88
사악한 것을 물리치는 조각 91
가장 오래된 영옥靈屋 91
쌍룡 녹각雙龍鹿角 묘지기 짐승 99
군사를 호위하는 법기法器 141
전국 시대 박수巫師 형상 143
〈인물용봉도〉 173
봉황새 모양의 국자 229

9. 문자와 문화 예술
《묵자》 각본 30
묵가 30
중국 최초의 법전 –《법경》 36
상해박물관의 전국 시대 초죽서楚竹書 40
중국 최초의 고등학부 – 직하학궁 52
모략 대전《전국책》 54
명나라 초본抄本《전국책戰國策》 54
법가法家 56
청동기에 새겨진 장식 문자 – 조서鳥書 57
소를 세운 호리병 모양의 생황 66
종횡가縱橫家의 서적 발굴 76
낙마인감烙馬印 78
마릉도馬陵道 비문 83
옥으로 된 최초의 인감 93

기원전 403년부터 기원전 221년까지의 사회 생활 및 역사 문화 백과

유가 경전 – 《공양전公羊傳》 벽돌 탁본 97
호리병 모양의 생황 103
《초사楚辭》 명간본明刊本 111
〈구가九歌〉 그림 – 동황태일東皇太一 112
〈구가九歌〉 그림 – 상부인湘夫人 112
굴원의 〈천문〉 청나라 말 각본 113
25현 대금 117
중국 논리학의 창시학파 – 명가名家 117
명 각본 《전국책戰國策·위책魏策》의 금주禁酒에 관한 글 121
선진 고고 지리 학설 – 대구주 121
시가를 새긴 석고와 문자 탁본 122
독특한 선진先秦 시대 서법書法 – 석고문石鼓文 123
최초의 예서 – 청천목독清川木牘 138
전국 시대에 성행한 도장 138
다양한 모습의 무도용舞蹈俑 139
'진장원호'의 명문 해석 149
반룡 건고 좌盤龍建鼓座 166
옛 나라의 천서天書 – 파촉 문자 168
유학과 의학醫學의 주요 저서 – 6경 171
남북 문화 융합의 견증 171
북명도北溟圖 172
오행五行 173
뇌양사구牢陽司寇 동인銅印 182
세상을 놀랜 증후을曾侯乙 무덤의 편종 185
은도금한 편종 190
기공양신氣功養身의 창립 – 행기 명문行氣銘文 197
전국 시대의 양생 기공비결養生氣功秘訣 – 행기 옥명 197
전국 시대의 묘지기 비석 204
서법의 기원 216
전국 시대 문자의 변혁 219
증후을 편경編磬 220
초나라 죽간 222
전국 시대의 '역서' – 《초백서》 235
《죽서기년》의 공적 239
각파 학설을 망라한 《여씨춘추》 240
전국 시대 위나라의 편경 243
중국 소설 사상의 중요 저작 – 《동주열국지》 246

장사 마왕퇴에서 출토된 《전국책》 246
고대의 인장 248
《주역》의 사상과 유가, 법가의 계승 발전 250
명나라 만력萬曆 연간의 각본 《한비자韓非子》 252
명나라 만력본 《한비자》 252
금은도금을 한 전서 조각 255
전국 시대의 붓 261
전국 시대 초나라의 붓 261
위기일발의 순간 264
황노학파 274

10. 기묘한 공예품
전국 시대의 구리거울 37
긴 뿔 구리 사슴 39
전국 시대 청동 말 42
은도금한 구리 소 43
구름 무늬 그릇 48
수륙공전 무늬를 그린 그릇 49
금은 상감 기술의 창조 56
백옥 쌍룡雙龍 장식품 57
용, 봉황새, 사슴이 뒤엉킨 청동 탁자 60
전국 시대의 옥기 63
양 뿔 모양의 구리 종 64
증후을 묘지 칠관漆棺 67
채색으로 용봉을 그린 관 71
코뿔소 모양의 주기酒器 72
섬세하고 아름다운 증후을 주기酒器 77
공예가 성숙된 유리 구슬 87
전국 시대 사냥 그림 89
한 쌍의 용 무늬 옥패 94
호랑이와 봉황의 틀에 건 북 96
누워 있는 소 형상의 돌조각 101
새와 뱀을 조각한 채색 틀 107
채색 오리 도자기 116
선진先秦 시기 가장 크고 가장 무거운 금 기구 118
전국 시대 초나라의 손잡이가 달린 술 기구 120
용, 봉황 무늬 황옥패물 121
사슴뿔을 가진 학 127

도금한 청동 짐승 130
금은을 상감해 만든 청동 호랑이 131
오리 모양의 도자기 132
연등잔連燈盞 133
쌍봉雙鳳 무늬 술잔 134
조형이 우아한 적도자기 135
유리 대료주大料珠 141
채색 칠한 조각 병풍 142
채색 도자기 병 145
맹상군의 진나라 탈출 146
초나라 풍격을 보여주는 옥고玉鼓형 패물 148
새 모양의 도자기 두豆 150
청동용 158
용 모양의 옥 패물 158
아름답고 화려한 전국 새대 채색 자기 단지 162
전국시대의 금·은도금 청동기 정鼎 165
소박한 원시 자기 주전자 169
정형등鼎形燈 169
전국 후기의 옥 척 177
화씨벽和氏璧 180
금은으로 장식한 서우기좌犀牛器座 184
구어반려 무늬 네모 접시 185
야수野獸 무늬의 주전자 191
용봉龍峰 무늬 패물과 투각 용봉 무늬 패물 192
독수리 모양의 금관 194
증후을曾侯乙 편종編鍾 199
새 모양 덮개 주전자 206
나무 조각 사슴 207
개구리와 뱀 모양의 말 장식품 210
전국 중·말기의 안읍安邑 하관종下官鍾 211
술 담는 그릇 – 청동감青銅鑒 212
독특한 모양의 술잔 213
전국 시대의 투광 동경 214
전국 시대의 자기 단지 219
유약 칠 도자기 잔 228
금은으로 장식한 전국 새대의 유리 단지 230
신기한 전국 시대 초나라 편종 235
채색 두 237

나사 모양 무늬 용 241
금도금에 은장식을 한 단지와 국자 242
전국 시대의 칠기 공예 250
금도금한 전국 시대의 준 251
실용적이면서도 예술적인 등잔 254
금은으로 장식한 수렵 무늬 거울 256
붉은색과 검은색의 매력 260
금 호랑이 266
전국 시대 초나라 무덤의 짐승 조각 267
섬세한 구름 무늬의 정鼎 268
채색 도두陶豆 269
청동기를 모방한 원시 자기 271
청자기 사발 273
전국 시대 소용돌이 무늬가 새겨진 자기 단지 275

11. 초기 규모를 갖춘 농업 생산
전국 시대의 누에치기 36
채상도採桑圖 – 청나라·민정閔貞 38
거름 주는 기술 65
경작에 관련한 나무 서판 69
전국 시대 토지 계량 단위 114
경작도耕作圖 151
전국 시대에 이미 보급된 양잠업養蠶業 179
전국 시대 경작지의 노동을 반영한 〈경직도耕織圖〉 188
제사祭祀에 쓰는 청동 기물 189
관개灌漑 기술의 발달 193

12. 전국 시대의 복장과 방직품
용봉 무늬 견직 이불 36
전국 중기의 봉황새 꽃무늬 수繡 47
용, 봉황, 호랑이를 수놓은 편직물 84
짐승 모양의 장식품 85
아름다운 방직품 조각 108
초나라의 여자 복장 108
고대인의 옷 127
보기 좋은 공예 장식품 – 대구 132
두 표범이 사슴을 먹는 패쪽 141
용봉을 수놓은 꽃무늬 147

기원전 403년부터 기원전 221년까지의 사회 생활 및 역사 문화 백과

초나라 비단 창고 178
금은 대구金銀帶鉤 186
전국 시대 소사면포素紗棉袍 231
옛 사람들이 신던 신과 양말 269

13. 경상과 대신
조간자趙簡子의 진양성晉陽省 수축 31
군사가 오기 44
오기가 아내를 죽이다 45
오기의 죽음 48
상앙 변법 69
공손앙을 능지처참하다 75
전국 시대의 관리 제도 77
전기의 경마 80
인상여가 진나라 왕을 두 번 굴복시키다 180
인상여의 완벽귀조 181
어린 상경 감라 244

14. 전국 시대의 건축
기사 무늬 기와 30
서문거화와 서문갑 35
전국 시대의 수리 공사 - 대구大溝, 홍구鴻溝 38
아성묘亞聖廟의 석방石坊 52
홍구鴻溝의 유적지 55
전국 시대의 기와 58
짐승을 새긴 전국 시대의 기와 66
사하沙河의 옛 다리 78
봉황과 용을 새긴 문고리 107
초나라의 도성 - 영郢 107
굴원 기념 사당 113
봉황 무늬가 새겨진 기와 149
호랑이 머리 모양의 수도관水道關 입구 152
보불 무늬의 통와당 153
다양한 와당 도안 153
도철 무늬 와당 168
전국 시대의 수도 연결관 213
전국 시대 성시에서 쓰던 급수관 273

15. 기타
'전국 7웅'의 형성을 표징하는 사건 32
전국 7웅과 도성 표 33
전국 시대 형세도 40
상계上計 63
전국 시대의 호뮬, 호율戶律 66
연좌, 연질, 연형 73
천고의 수수께끼 - 벼랑 묘지 74
능지처참의 원 이름 - 차렬 75
전국 시대의 선관船棺 묘지 93
사람 순장 제도의 폐지 법령 95
고석우보古石牛堡 비석 98
파촉巴蜀 지역의 옛 나라와 민족 - 파巴, 파인巴人 109
진나라의 도읍 - 평양平陽, 옹성雍城, 역양櫟陽, 함양咸陽 134
진나라 동부 지역의 요새 - 무관武關, 함곡관函谷關 146
전국 시대 연나라의 주요 강 - 거마하 149
성과 곽 166
조세 제도租稅制度 - 세무稅畝, 구갑丘甲 192
전국 시대 진령포사잔도秦嶺褒斜棧道 복원 모형 201
험한 벼랑에 낸 길 221
소실된 고성 - 진나라 검중 도성 유적 231
진나라가 주나라를 멸하다 238
전국 시대 상相 제도 243
진나라의 정법政法 제도를 기록한 죽간 248
제帝 관념의 역사적 연혁 248
은사와 모사 256
진나라 이전의 즉위 예와 조례 258
전국 시대 옛 도시 유적도 259
중산국 265
무덤의 변화 268
전국 시대의 군명郡名표 269

283

찾 아 보 기

ㄱ

감라甘羅 244-246

감무甘茂 106~107, 122~123, 244

감석성경甘石星經 176, 217

거마하拒馬河 149

거래距來 195

거열車裂 75, 158

경마競馬 79~80

계릉전桂陵戰 82

고석우보古石牛堡 98

공손앙公孫鞅 66~70, 72~75, 97, 134, 176

공손룡公孫龍 116~117

공수반公輸般 28~30

과戈 141, 150, 202

구도계명狗盜鷄鳴 146

9정鼎 94~95

구주신정九州神鼎 124~125

굴원屈原 107, 110~114

금고琴高 215

기남성紀南省 107

ㄴ

낙마인감烙馬印 78

노弩 195

노금盧金 115

노애嫪毒 241, 243, 247, 271

누답累答 28

ㄷ

대구大溝 38

대구주설大九州說 118~119, 121

도강언都江偃 208~209, 211

도폐刀幣 59, 180, 222, 271

동주열국지東周列國志 45, 58, 70, 83, 105, 125, 137, 146, 154, 158, 180, 234, 244, 246

동패銅貝 33, 189, 271

동패폐銅貝幣 114

동환권銅環權 49

동황태일東皇太一 112

ㅁ

마릉馬陵 대첩 83

찾 아 보 기

맹상군孟嘗君 전문田文 88, 137, 142

맹자孟子 52~53, 92~93, 96~97, 170, 273

모사謀士 36, 165, 256

모수毛遂 220~222

무畝 114, 192

무관武關 108, 111, 146

묵가墨家 28, 30, 240

묵자墨子 28~30, 233

ㅂ

백가百家 272

백규白圭 41, 43

백기白起 111, 134~135, 168, 194, 218, 226~228, 245

범저範雎 199~202, 204, 207~214, 216, 226~228, 230~232, 245, 250

법가法家 43, 56, 240, 248, 250, 252

법경法經 36, 274

병거兵車 46, 82, 145, 254, 274

보병구寶瓶口 209

부고府庫 64

부인府人 64

부창府倉 64

분온糧醞 160

ㅅ

삼가 분진三家分晉 32

상계上計 63

상相 제도 243

상부인湘夫人 112

상앙 변법商鞅變法 68~70, 74~75, 171, 268

서문표西門豹 34~35, 38

석고문石鼓文 123

선관船棺 장례 93

소무小畝 114

소진蘇秦 156~158

손빈孫臏 79~83, 85, 87, 90, 97, 253, 273~274

손빈병법孫臏兵法 80, 82, 273~274

송宋나라 왕 언偃 154~155, 159

송자 삼공포宋子三孔布 128

순우곤淳于髡 52, 59, 64~65

순자荀子 52~53, 170~171, 173, 249, 251, 271

신릉군信陵君 126~127, 142, 169, 223~225

신불해申不害 56~57, 252

285

찾아보기

ㅇ

아성묘亞聖廟 52

악군계동절鄂君啓銅節 104

악의樂毅 153, 158~162, 164, 170, 219

양주楊朱 233

양후穰侯 134~135, 204~207

여불위呂不韋 87, 232, 237~241, 243~247, 271

여씨춘추呂氏春秋 29, 240~241

역수易水 256, 259, 261~262

연燕나라 소왕昭王 119, 152, 157~161, 164

연燕나라 왕 쾌噲 104, 149~151, 158

연시煙矢 160

염파廉頗 184, 186~187, 195, 212, 214~216, 218, 227, 255

영郢 107, 110, 114~115, 117, 194

오기吳起 43~49, 97, 230~231

오덕종시설五德終始說 119

오색진단법五色診斷法 145

오자병법吳子兵法 44

오행五行 118, 119, 173

5형지五形志 213

왕전王翦 255, 260, 266~269

용절龍節 103

운제雲梯 28~30, 49, 160, 226

원자 환전垣字環錢 163

원전圓錢 271

월鉞 272

위료尉繚 247~248

위료자尉繚子 248, 273

위염魏冉 134, 204

6경卿 32, 171

은사隱士 223, 256~257

음양십일맥구경陰陽十一脈灸經 79

음양오행설陰梁五行說 89

의비전蟻鼻錢 33, 114, 182

이목李牧 247~248, 254~255

이빙李氷 131, 208~209, 211

이사李斯 249~253

이소離騷 110, 113

28숙도宿圖 240

인상여蘭相如 180~187, 195, 218, 255

인장印章 150, 182, 219, 243, 248

임치臨淄 30, 52, 90, 96, 139~140, 159, 161~162, 164, 166~168, 170, 200, 259

찾아보기

ㅈ

자차藉車 28

장사 마왕퇴 246

장상화將相和 187

장의張儀 54, 87, 102, 104~108, 110~111, 114, 156, 176~177

장자莊子 54~55, 98~101, 172~174

적현 신주赤縣神州 118, 121

전국책戰國策 54, 121, 221, 246

전단田單 164~168, 170, 199

전사기轉射機 195

전자방田子方 38~40

정국鄭國 232~233, 249

정국거鄭國渠 232~233

정형등鼎形燈 169

제나라 위왕威王 53, 58~59, 61~64, 76, 79~83, 87~90

조나라 무령왕武靈王 128~132, 136

조나라 효성왕孝成王 171, 196, 212~214, 216, 218~220, 226, 239, 254

조사趙奢 191, 194~195, 218~219

조서鳥書 57, 61, 75, 126~127, 144, 228

족비십일맥구경足臂十一脈灸經 79

종횡가縱橫家 76, 102, 156, 158, 171

죽서기년竹書紀年 239

중산中山국 130~132, 136, 265

증후을曾侯乙 67, 73, 77, 87, 94, 118, 120, 127, 136, 185, 196, 199, 207, 220, 236, 240, 244~245

증후을 묘지 67, 73, 87, 94, 118, 120, 236

직하학궁稷下學宮 52~53, 64, 96, 170

진 왕 정政 241, 243, 247~253, 256, 262~267, 269, 271

진秦나라 효공孝公 66~70, 75, 230, 250

진령포사잔도秦嶺褒斜棧道 201

진 시황秦始皇 40, 54, 85, 94, 134, 239, 241

진진陳軫 76~77, 102, 104~105, 107

ㅊ

채택蔡澤 221, 230~231, 244

초사楚辭 111, 113

추기鄒忌 58~59, 61~62, 86

추연鄒衍 52, 118~119, 121, 153, 170

축객령逐客令 249~250

춘신군春申君 143, 170, 225, 234~236, 240, 271

충거衝車 160

칠거마렴漆車馬娜 100

찾아보기

ㅍ

파巴 109, 131, 168

파촉 문자巴蜀文字 168

편종編鍾 185, 190, 199, 220, 228, 235~236

평수포平首布 70

평원군平原君 조승趙勝 187, 191, 212

폐승마幣乘馬 58

포폐布幣 32, 153, 271

풍환馮驩 137~141

ㅎ

한단邯鄲 81~83, 131, 167~169, 186, 195~196, 216, 220, 223~227, 230, 237~239, 245, 255, 259, 266, 271

한비韓非 56, 251~253

한비자韓非子 56, 251~252

한장서호절韓將庶虎節 160

함곡관函谷關 106, 145~147, 207

함양咸陽 69~70, 75, 78, 95, 105, 109, 122, 134, 144, 146, 205, 208, 211~212, 226, 228, 230, 233, 238, 240~241, 243, 245, 263, 267

행기옥명行氣玉銘 197

헬리 혜성 177, 202

현량懸梁 28

현패懸牌 28

형가荊軻 256, 258~266

혜시惠施 54~55, 100, 117

호율戶律 66

홍구鴻溝 38, 55

화씨벽和氏璧 180~184

화우진火牛陣 164~167, 170, 199

황금대黃金臺 152~153, 159

황제내경黃帝內經 97, 166, 205

편집위원

김경선
문학박사
북경 중앙민족대학 한국어학과 졸업, 부산대학교 국어국문학과 박사과정
현재 북경 외국어대학교 한국어학과 교수
저서 : 《한국문학선집》《중·한 30년대 소설 비교 연구》외 다수

문일환
문학박사
북경 중앙민족대학 조선언어문학 학과 졸업, 김일성종합대학 박사원, 연변대학 연구생원
현 북경 중앙민족대학 언어문학학원 교수, 중국 사회과학원 학술위원회 및 직함평의위원,
중국 소수민족문학 학회 부이사장, 중국 인민대학 국학원 전문가 위원
저서 : 《조선 고대 신화연구》《조선 고전문학 연구》《조선 고전문학사》외 다수

서영빈
문학박사
북경 중앙민족대학 졸업, 북경대학 대학원 및 한남대학교 대학원 졸업
홍익대학교 및 한남대학교, 신라대학교 초빙교수 역임
현 중국 대외경제무역대학교 교수, 외국어대학 부학장, 한국경제연구소 소장
저서 : 《한국현대문학》《서사문학의 재조명》《중국의 불가사의》외 다수

이선한
문학박사
연변대학 조선어문학과 졸업
오사카 경제법과대학 객원교수, 숭실대학교 국어국문학과 및 서울대학교 국어국문학과 객원 연구원
북경대학 조선문화연구소 소장, 북경대학 한국어학과 교수 역임.
현 북경대학 조선문화연구소 고문, 북경대학 외국어학원 동방학부 교수
저서 : 《패설작품집》《한국고전문학선집》《중국 조선민족 문학선집》《중국 조선민족문화사 대계》외 다수

장춘식
문학박사
북경 중앙민족대학 조선언어문학 학과 졸업, 전북대학교 국어국문학과 박사과정
현 중국사회과학원 민족문화연구소 교수
저서 : 《시대와 우리 문학》《해방전 조선민족 이민소설 연구》《일제 강점기 조선족 이민문학》외 다수

최순희
문학박사
연변대학 조선어과 졸업, 인하대학교 대학원 졸업
현 북경 언문화대학교 교수, 한국문화연구센터 센터장, 중국 비통용어교육연구회 이사
저서 : 《한국어 어휘 교육연구》《사랑차 한잔 둘이서》외 다수

번역위원

김동휘
장춘광학정밀기계학원 졸업
중국조선어규범위원회 상무위원, 연변번역가협회 부회장, 연변인민출판사 사장·주필·편심 역
번역서 : 《청대철학》《중국유학사》《중국오천년황궁비사》《치국방략》《상도와 인도》등

김봉술
길림공업대학, 연변대학 조문학부 졸업
동북과학기술신문사 사장·주필·고급기자 역임
문학, 과학보급 및 번역 작품 다수 발표

김순림
연변대학 조문학부 졸업
중학교 조선어문 교연실 부실장 역임
현 연변교육출판사 편집

김춘택
길림사범대학 중문학부 졸업
정부 통·번역, 고등학교, 사범학교 교원 역임
현 연변교육출판사 부편심
번역 서 : 1980~90년대 소설, 시 및 2007년 고등학교 역사교재 등

남광철
연변대학 한어학부 졸업
연변번역국 부역심, 정부 통·번역 역임
번역 서 : 중국 방송대학 교재 (중한번역), 한국 산업(한중 번역, 합작 및 주역),
《한방 치료법 해설》《돈을 버는 사람은 따로 있다》《한국 명가 요리》등

남홍화
연변대학 한어학부 및 한어학부 한어문 석사 졸업
연변대학 학보 편집
문학 및 번역 작품 다수

남희풍
연변대학 조문학부 졸업
연변대학 교수, 중국조선족가사문학연구소 소장
저서 : 《알기 쉬운 우리 민족역사》《중국항일전쟁과 조선족》《중국조선족가사문학대전》《가사 학창작연구》《음악문학창작의 길》, 시조 가사 집 《푸른 하늘 푸른 마음》및 대학교과서 등 다

박기병
연변대학 중문학부 졸업, 길림성 대학학보연구회 부이사장, 연변대학 농학학보 주임 역임
저서 : 《신문출판이론과 실천》《연변농업과학기술사 개론》등 다수

이원길
연변대학 및 중앙민족대학, 북경대학 대학원 졸업
현 중앙민족대학교 소수민족언어문학대학 부학장·교수
저서 : 《설야》《춘정》《땅의 아들》《한국어의 표현방식과 그 체계》등
번역서 : 《지낭》《천년상도》《인물과 사건으로 보는 중국상하오천년사》등

이인선
연변대학 역사학부 졸업
중국 흑룡강신문사 기자·편집, 중국 전국인대 통·번역 역임
시, 산문, 수필, 소설 등 번역 작품 다수 발표

중국을 말한다
04 열국의 쟁탈

초판 1쇄 인쇄 2008년 6월 25일
초판 1쇄 발행 2008년 6월 30일

총기획 | 허청웨이
지은이 | 천쭈화이
옮긴이 | 남희풍 · 박기병
펴낸이 | 신원영
펴낸곳 | (주)신원문화사

편집 | 최광희, 김은정, 김숙진, 장민정
교정 · 교열 및 디자인 | 인디나인
영업 | 윤석원, 이정민, 박노정
총무 | 양은선, 최금희, 전선애, 임미아, 김주선
관리 | 조병래, 김영훈

주소 | 서울시 강서구 등촌1동 636-25
전화 | (02) 3664-2131~4
팩스 | (02) 3664-2130
출판등록 1976년 9월 16일 제5-68호

ISBN 978-89-359-1443-2 (04910)
ISBN 978-89-359-1439-5(세트)

 '本书获得中国图书对外推广计划支持'
이 도서는 중국 도서 대외 보급 계획의 번역 원고료 지원을 받았음.